Stanley Kubrick und seine Filme

Stanley Kubrick 26.7. 1928 – 7.3. 1999

Georg Seeßlen/Fernand Jung

Stanley Kubrick
und seine Filme

SCHÜREN

Die Deutsche Bibliothek – CIP-Einheitsaufnahme

Seeßlen, Georg:
Stanley Kubrick und seine Filme / Georg Seeßlen/Fernand Jung. -
Marburg : Schüren, 1999
  ISBN 3-89472-312-2

Schüren Presseverlag
Deutschhausstraße 31
D-35037 Marburg
www.schueren-verlag.de
2. Auflage 2001
© Schüren 1999
Covergestaltung: Rolf Zöllig
Erschienen in Zusammenarbeit mit ARTE Deutschland TV GmbH
Druck: Clausen & Bosse, Leck
ISBN 3-89472-312-2

Inhalt

Vorbemerkung

Meine Liebe zum Kino hat nichts mit Stanley Kubrick zu tun. Meine Probleme mit dem Kino haben mit Stanley Kubrick noch weniger zu tun. Etwas anderes ist geschehen. Einige von Stanley Kubricks Filmen haben mich so sehr getroffen, daß ich mich von ihnen, glücklicherweise, für kurze oder sogar längere Weile aus der Bahn geworfen fühlte. Das hatte damit zu tun, vermute ich, daß diese Filme selber so sehr von der Bahn handelten, und davon, wie man aus ihr geworfen werden kann, und damit, daß sie mit vielem zu tun hatten, aber immer wesentlich mehr als mit diesem vielem mit sich selbst. Stanley Kubricks Filme überschritten, was mich anbelangt, immer die Grenzen der Wahrnehmung und der Konvention ihres Gesprächs, sie reichten in den tiefen Grund meiner Kultur, in meinen Bücherschrank und in meine Seele, in den absurden Fundus meiner Selbstvergewisserungen wie in den ebenso absurden Kreis der Übertretungen.

Kaum etwas war so Zeichen und Wunder für mich, wie die Szene in Godards LA CHINOISE, in der Novalis überleben soll, in dem Modell der radikalsten Kulturrevolution. *Pauvre* Novalis! Einmal, der Tag wird kommen, wie Ethan in THE SEARCHERS sagt , werden wir auch mit dem Kino so verfahren müssen, wie mit dem Wegwerfen der Geschichte, und große und größere Filme müssen dabei verworfen werden, und dann würde Kubrick, zum Beispiel, übrigbleiben, die Vollendung in der Negation. *Pauvre* Kubrick! Der Schritt hinaus aus der Filmgeschichte, hinaus aus der Geschichte der Bewegungsbilder, ließe ihn nicht so sehr als den Überschreitenden (also durch das, was Kubrick möglicherweise in seinen Filmen gesagt hat) unsterblich werden, sondern mehr noch durch das Projekt der Überschreitung: Ein Kino, das nicht nur unsere

Welt abbilden, verbessern und kritisieren kann, unser Leben feiern oder betrauern, sondern das dorthin gelangen wollte, wo noch niemand war.

Stanley Kubrick hat die Filmkamera als wissenschaftliches Instrument benutzt, so wie es Dsiga Vertov einst postulierte: „Unser Auge sieht sehr schlecht und sehr wenig – und deshalb haben die Menschen das Mikroskop erdacht, um unsichtbare Erscheinungen zu sehen, und deshalb haben die Menschen das Teleskop erdacht, um ferne, unbekannte Welten zu sehen und zu erforschen, und deshalb haben die Menschen die Filmkamera erfunden, um tiefer in die sichtbare Welt einzudringen, um die visuellen Erscheinungen zu erforschen, und aufzuzeichnen, um nicht zu vergessen, was geschieht und was man in Zukunft zu berücksichtigen hat".

Was haben wir, am Leitfaden der Filme von Stanley Kubrick, in Zukunft zu berücksichtigen? Vielleicht, daß die Grenzen unserer Welt nicht mehr allein durch unsere Sprache bestimmt werden, sondern durch die Grenzen unserer Wahrnehmung, durch die Grenzen unserer Bilder. Dieser Regisseur hat manisch, genau und stets im Spiel mit dem, was wir uns als mehr oder minder kontrollierten Wahnsinn vorstellen, stets an diesen Grenzen gearbeitet. Keiner seiner Filme war sonderlich menschlich, freundlich und hoffnungsfroh, viel häufiger glichen sie Verurteilungen, sie machten in der Welt des Sichtbaren deutlich, daß unsere Wahrnehmung, auch und gerade wenn sie alle Grenzen überschreitet, immer nur auf uns selbst zurückgeworfen wird. FEAR AND DESIRE hieß sein erster Film, und das absurde Paar der gegenläufigen Impulse mag über Kubricks gesamter Arbeit stehen: Angst und Begehren als Triebkräfte einer endlosen Kreisbewegung, die den beiden großen Erzählungen unserer Geschichte

Bei den Dreharbeiten zu 2001

nicht rückgängig, er trieb sie voran über die selbstgesteckten Grenzen, voran auch zu einer Selbstaufklärung des Mediums. Und dies ist die andere Seite von Stanley Kubricks Kino von Angst und Begehren. Wie alle großen Künstler im Zeitalter der Angst, von Kafka bis Hitchcock, hat er in seinem Werk aus dem eigenen Tumult von Angst und Begehren Bilder geschaffen, die eine andere Aufklärung beginnen: ein Wissen an den Grenzen des Wissens, der Weg von den Zielen zur Struktur der Wahrnehmung. Kubrick hat in seinen Filmen nicht weniger unternommen als eine eigene Geschichte des Kinos, eine eigene Geschichte der Wahrnehmung, schließlich eine eigene Geschichte der Zivilisation zu schreiben. Ästhetik ist darin weder eine Geste der Distanzierung noch ein Mittel, sie ist, ganz im Sinne Nietzsches und der Subjektphilosophie, eine Fortsetzung des Denkens, eine Fortsetzung der Geschichte. Sein Kino ist nicht solidarisch und nicht parteiisch, während es zurückschaut, greift es voraus. Es ist ein Kino, das nicht vom Menschen, sondern von der Zeit und vom Raum handelt, in dem er sich bewegt, und von der Gegenwart des Blicks in der Welt der Bilder. Ein Kino, das den Mythos und die Moral überschreitet, das danach fragt, was jenseits der großen Erzählungen liegt. Es handelt vor allem von der Einsamkeit. Und es produziert Einsamkeit. Jeder Kubrick-Film ist ein Anschlag auf unsere Gewißheit, nach jedem seiner Filme mußte man empfinden, als habe man einen Nullpunkt der Wahrnehmung durchschritten. Und man müßte und dürfte noch einmal zu sehen beginnen.

widerspricht, der christlichen Hoffnung auf Erlösung und der materialistischen Hoffnung auf den Fortschritt der Zivilisation.

Eine negative Philosophie in Bildern also, durchsetzt von grandioser, kalter Schönheit und von einem grimmigen, schwarzen Humor, entstand da in Filmen, die mehr komponiert und gedacht als erzählt und empfunden schienen, das ist die eine Seite. Und entsprechend harsch und manchmal ignorant mußte alle Kritik auf sie reagieren, welche dem Kino einen Platz im Projekt der ästhetischen Selbstverbesserung des Menschen zuordnen will. Doch Kubrick machte die Aufklärung im Kino

Lauter letzte Filme: Das Kino des Stanley Kubrick

Prolog

„An einer andren Stelle", schreibt Friedrich Nietzsche in einer Notiz zu seinem Projekt „Also sprach Zarathustra" über das Subjekt seiner Untersuchungen, „bestimmt er so streng als möglich, was für ihn allein 'der Mensch' sein kann – *kein* Gegenstand der Liebe oder gar des Mitleidens – auch über den *großen Ekel* am Menschen ist Zarathustra Herr geworden: der Mensch ist ihm eine Unform, ein Stoff, ein häßlicher Stein, der des Bildners bedarf".

Leben und Werk

Stanley Kubrick, 1928 geboren, wuchs in der New Yorker Bronx auf, Sohn einer eher wohlsituierten jüdischen Familie, die ihre kulturellen Wurzeln in jenem habsburgischen und anti-habsburgischen Mitteleuropa hatte, das durch die Filme des Regisseurs, mehr noch: in seiner Haltung des Filmemachens, zu spuken scheint. Die Familie des Vaters stammt aus Rumänien, die der Mutter aus Österreich-Ungarn. Einige Kubrick-Filme kann ich mir bildhaft erklären, indem ich mir vorstelle, zumindest die ersten Drehbuchentwürfe müßten an einem Ort wie der Kapuzinergruft entstanden sein. Dieses solitäre Werk atmet förmlich den Geist der untergehenden Donaumonarchie, eines beinahe grenzenlosen Reiches, das sich weder durch seine Form noch durch ein Projekt, sondern am ehesten durch eine „Stimmung" definiert, das zugleich von dunklen Plänen und Parallelaktionen durchzogen und chaotisch ist, das die hellsten Köpfe und die dunkelsten Bilder hervorruft. Verwandter als irgendeinem anderen Filmemacher – sieht man vielleicht einmal von Orson Welles ab, der im übrigen als erster Kubricks überdurchschnittliche Begabung und zugleich die Gefährdungen seiner Arbeitsweise erkannte – näher als an der Filmgeschichte also ist Stanley Kubrick den großen Erzählern der melancholischen k.u.k-Reiche: Robert Musil, Joseph Roth, auch Franz Kafka, den Kubrick wegen seiner Fähigkeit schätzte, das Phantastische in einer nüchternen, „journalistischen" Sprache wiederzugeben – eine Haltung, die Kubrick vor allem in seinen drei phantastischen Filmen, 2001, A CLOCKWORK ORANGE und THE SHINING im Filmischen anzuwenden versucht hat.

Nicht nur in der Musik versuchte Kubrick in dieser Zeit und an diesem magischen Ort Wien einen Bezug zu finden, immer wieder wollte er auch Stoffe dieser Zeit verfilmen, von Zweigs „Angst" bis Schnitzlers „Traumnovelle", aus der schließlich, nach einem Prozeß schwerer Bearbeitung, auch sein letzter Film werden sollte. Es ist die Idee eines historischen Augenblicks: die gespannteste und empfänglichste Wahrnehmung der Welt in einer Situation des sicheren Untergangs, der Höhepunkt der Verfeinerung der Sinne gegenüber der größ-

Bei den Dreharbeiten zu A CLOCKWORK ORANGE ...   ... und Barry Lyndon

ten Roheit, die Erkenntnis im Angesicht ihrer Unbrauchbarkeit.

Der Sohn eines Arztes wuchs in einer li-
beralen und aufgeklärten Umgebung auf,
seine Erziehung war „nicht im mindesten"
(Kubrick) religiös. Er entwickelte früh eher
widersprüchliche Neigungen des Selbst-
ausdrucks: den Jazz (Stanley Kubrick spielte mit dem Gedanken, professioneller
Schlagzeuger zu werden), die Fotografie
und das Schachspiel – beides wurde ihm
von seinem Vater, Jacques Kubrick, vermittelt, der ihm im Alter von 13 Jahren den
ersten Fotoapparat schenkte. Es ist schwer,
der Versuchung zu widerstehen, seine späteren Filme nicht auf diese drei Komponenten hin zu befragen. Es ist dieses Spiel
komplexer Rhythmen, des analytischen,
fotografischen Blicks, und nicht zuletzt
eine Komposition der Handlungselemen-
te, die gelegentlich ganz direkt Züge des
Schachspiels aufnehmen, was die „Hand-

schrift" dieses Regisseurs ausmacht. Aber
es ist nicht das Wesentliche seiner Kunst.

Mit der Schule tat sich Stanley Kubrick
schwer; seine Leistungen ließen, abgesehen vom Fach Physik, so sehr zu wünschen
übrig, daß er schließlich einem Intelligenz-
test unterzogen wurde. Das Ergebnis: Stanley gehörte zu jenen Hochbegabten, die
sich in der Schule nicht integrieren können, weil sie beständig unterfordert sind.
Seine Noten jedenfalls erlaubten Stanley
Kubrick kein Studium, und auch die einzige Möglichkeit, nämlich das Physik-Stu-
dium, erwies sich als unmöglich, weil man
in solchen Fällen den heimkehrenden Soldaten den Vorzug gab.

Im Alter von 13 Jahren also erhält er
seine erste Kamera, eine „Graflex". Und
von Anfang an sucht Kubrick nicht nur das
Bild des Menschen, sondern seinen Blick.
Bezeichnend vielleicht auch das Thema
der ersten Fotografie, die Kubrick im Alter

von 14 Jahren an die Zeitschrift *LOOK* (für 25 Dollar) verkaufte: Sie zeigt einen Zeitungsverkäufer vor der Nachricht, die er zu verkaufen hat, nämlich der von Roosevelts Tod. Seinem Blick ist nicht zu entnehmen, ob er tief erschüttert oder vollkommen ungerührt ist; er scheint in eine entfernte Leere zu reichen. Im folgenden verkaufte Kubrick zwei weitere Fotogeschichten an *LOOK*. Die eine zeigt seinen Literaturprofessor am New Yorker City College, Aaron Traister, der den „Hamlet" gibt, und dabei alle Rollen selber spielt (diese Doppelung werden wir in seinen Filmen wiederfinden und wird in seinem ersten Spielfilm zum Prinzip der Darstellung). Die zweite zeigt den Mittelgewichtsboxer Walter Cartier. Schließlich verließ Kubrick die Schule, wurde einer der festen Fotojournalisten der Zeitschrift und unternahm in ihrem Auftrag eine Reihe von Reisen. „Aus Mitleid", sagte Kubrick später, habe man ihm den Job gegeben, und er beschrieb sich selbst als einen „mageren, ungekämmten Jungen, der seine Kamera in einer Papiertüte versteckte, damit man ihn nicht für einen Touristen hielt". Nein, mit einem touristischen Blick hatten seine Bilder wirklich nichts zu tun. Er suchte weder das Monumentale noch das Pittoreske, nicht einmal das Verborgene. Wenn man seine Bilder im Nachhinein sieht, unabhängig davon, wieviele Themen seiner späteren Filme man darin entdecken möchte, fällt vor allem die Vermeidung der „leichten Beute" auf, eine „Situation", kein Drama, wollte er zeigen.

Einige seiner Fotogeschichten weisen in der Tat schon ein Interesse an den späteren Motiven seiner Filme auf, ein Vergnügen am Absurden, die Neugier für jenen „leeren" Moment, in dem ein Mensch nicht zu blicken weiß (wie in seiner Bilderserie über Leute im Wartezimmer eines Zahnarztes). „Sie gaben mir", erzählt Kubrick über seine Arbeit bei *LOOK* in den

Jahren, „die Möglichkeit zu erleben, wie es in der Welt wirklich zugeht. Wäre ich aufs College gegangen, ich wäre nicht Regisseur geworden, sondern irgend etwas wie Wissenschaftler, Jurist oder Mediziner". Aber zu dieser Zeit war er auch schon ein hoffnungsloser Film-Buff. An den Wochentagen verbrachte er seine Abende in der Filmabteilung des Museum of Modern Art, um sich die alten Filme anzusehen, am Wochenende sah er die Erstaufführungen in den Kinos an.

Kubricks Fotos zeigen nicht die dramatische Aktion, wollen selten auf etwas Sensationelles oder Melodramatisches hinaus. Wir sehen den Boxer vor dem Kampf, sein Blick ist irgendwo hinauf, ins Leere gerichtet. Es mag Angst sein, Konzentration, vielleicht sogar so etwas wie Trauer. Oder wir sehen einen kleinen Jungen, der eine Zeitung mit einem großformatigen Bild vor sich hat sinken lassen und mit den großen Augen des Kindes aus dem Fenster sieht, als wollte es erforschen, ob es da „draußen" wirklich das gibt, was in den Bildern versprochen oder angedroht wird. In seinen Fotografien sucht Stanley Kubrick stets die Augen der Menschen, die er in einer durchaus rätselhaften Situation zeigt. Es entsteht eine Art rationaler *Suspense* in diesen Bildern: Was mögen diese Menschen in diesem Augenblick denken? Die Antwort kann natürlich nur vollkommen subjektiv und irrational ausfallen. Aber eine andere, vielleicht noch beunruhigendere Frage ist: Was sehen sie? Weder das Bild gibt darauf eine Antwort – in der Mehrzahl von Kubricks Fotografien sehen die Menschen in eine Leere, die jenseits der konkreten Situation liegt, in der sie sich befinden – noch die Situation (die „Story" des Bildes) – Kubrick fängt vor allem Augenblicke des Übergangs, eigentlich „blinde Stellen" im Leben der Menschen ein, Momente, in denen sie, wie man so sagt, nicht ganz bei sich, noch nicht einmal „ganz da" sind. Aber wo sind sie?

Immer wieder werden wir diesen Augenblicken auch in seinen Filmen begegnen, in der furchtbarsten Version als aufgerissene Augen, die doch blind bleiben müssen, weil sie zuviel oder zuwenig sehen. Der Blick, diese Institution, die die Innenwelt mit der Außenwelt zu synchronisieren hat, bewirkt bei Kubrick eher das Gegenteil. Und auch dies ist in seinen Fotografien für LOOK gegenwärtig: daß dieser Blick, der sich verzweifelt an der Welt entleert, den Menschen auf eine radikale Weise einsam macht.

Es ist der Blick, der keine eigene Expressivität hat und sich deshalb gegen die Welt auch nicht mehr zur Wehr setzen kann. Eines der bekanntesten seiner Bilder vom Boxer Walter Cartier zeigt den Augenblick, in dem der Schlag kommt, der unabwendbar den Schmerz, die Niederlage, die Ohnmacht bringen könnte. Eine andere Serie zeigt Menschen im Wartezimmer eines Zahnarztes (Kubricks Papiertüte muß dabei als Tarnung hervorragend funktioniert haben); der Augenblick von Krise und Schmerz wird bald kommen, wo aber soll man bis dahin mit sich selber hin, und was soll man sehen? Die doppelte Gewißheit, die Gewißheit des Schmerzes (eines kleinen Todes) und die Gewißheit der Zeit, machen den Blick leer.

Schon damals stand Stanley Kubrick in dem Ruf, ein „Besessener" zu sein, der an einer simplen Fotostory, wie sich sein Freund Alexander Singer erinnert, arbeitete, „als würde er 'Krieg und Frieden' drehen". Daneben beschäftigte er sich weiterhin mit Naturwissenschaften und war ein manischer Kinogänger mit einer Vorliebe für europäische Regisseure wie Federico Fellini, Michelangelo Antonioni und Ingmar Bergman. Kubrick gehörte in dieser Zeit zu den Stammgästen der Filmabteilung des Museum of Modern Art. Er war dort, „jedesmal, wenn das Programm gewechselt wurde". Seine erklärten Favoriten damals waren Elia Kazan, den er wegen seiner Schauspielerführung schätzte, und Max Ophüls, „den Meister der eleganten Anschlüsse". Trotzdem nannte er beide, Ophüls und Kazan, nicht, als er pflichtschuldigst über die zehn für ihn wichtigsten Filme Auskunft gab. Seine theoretischen Vorlieben lagen auf der Montagetheorie von Pudowkin, die Kubrick nach eigenen Aussagen mehr als die von Eisenstein beeinflußt haben. Eisenstein dagegen schätzte er als Inszenator der einzelnen Szenen, so sehr wie Charles Spencer Chaplin. „Bei Eisenstein ist alles Form ohne Inhalt, während es bei Chaplin nur Inhalt, dafür aber keine Form gibt" behauptete er. Das mag ein wenig arg apodiktisch klingen, es bezeichnet aber wohl am besten den Beginn einer cineastischen Suchbewegung. Nicht eine Mitte wird in Kubricks Filmen gesucht, mit Freud, Schopenhauer und Nietzsche im Gepäck vielleicht, mit dem Gefühl des Jazz, der sinnlichen Nähe der Fotografie und der Logik des Schachspiels, sondern eine neue Verbindung.

Vor allem aber liebte Kubrick die Lektionen, die aus schlechten Filmen zu erhalten waren: „Ich war mir bewußt, daß ich nicht die geringste Ahnung von Filmkunst besaß; ich war aber aber auch andererseits fest davon überzeugt, daß meine Filme auch nicht schlechter werden könnten als der Großteil der Filme, die ich mir ansah. Schlechte Filme ermutigten mich geradezu, auch einmal zu versuchen, einen Film zu drehen".

Kubrick heiratete die Studentin Toba Metz, zog mit ihr nach Greenwich Village und arbeitete zusammen mit seinem ehemaligen Schulfreund Alexander Singer für die Produktionsfirma der legendären Wochenschau „March of Time" (nebenbei Einfluß und Nukleus für Regisseure und Techniker der *semi-documentaries*, jener Gangster- und Polizeifilme, die nach den Schattenspielen des *film noir* auf die Authentizi-

Der Boxchampion Walter Cartier. Fotografie von Stanley Kubrick aus dem Jahr 1949

tät der Straße, eine Art Genre-Variation des italienischen Neorealismus, setzten). Singer war damals „Bürobote" bei der Firma, und er hatte erfahren, daß man bei „March of Time" 40.000 Dollar für Kurzfilme von sieben oder acht Minuten Länge zu bezahlen bereit war. Singer und Kubrick waren überzeugt, einen Dokumentarfilm für ein Zehntel dieser Summe herstellen zu können.

So entstand die erste gemeinsame Arbeit, der 1951 gedrehte 16minütige Dokumentarfilm DAY OF THE FIGHT, in dessen Mittelpunkt wieder der Boxer Walter Cartier stand. Die Musik stammte von Gerald Fried, der auch die Soundtracks seiner ersten langen Filme gestaltete. Unglücklicherweise ging „March of Time" in dem Augenblick bankrott, als Kubrick und Singer den Film fertiggestellt hatten. Sie verkauften DAY OF THE FIGHT schließlich für eine ausgesprochen bescheidene Summe, die nicht einmal die Produktionskosten erreichte, an RKO. Der Deal erwies sich für Kubrick indes als unverhoffte Chance, denn er erhielt überdies einen Vorschuß von 1500 $ für die Produktion seines nächsten Dokumentarfilms, FLYING PADRE, der 1953 fertiggestellt wurde. Es ist eine Reportage über den Priester Fred Stadtmueller in New Mexico, der mit dem Flugzeug unterwegs ist, um die über 400 Quadratmeilen verstreuten Dörfer seiner indianischen Gemeinden zu besuchen. Kein Film über den anstrengenden Alltag eines Seelsorgers war dies (und schon gar kein religiöser Erbauungsfilm), sondern der cineastische Versuch über die Raumerfahrung eines solitären Menschen, so wie DAY OF THE FIGHT auch weniger mit einem herkömmlichen Boxerfilm zu tun hat, sondern eine eigenwillige Variation zum Thema des „Doppelgängers" ist (vgl. Seite 42; der Film ist geradezu abenteuerlich anti-dramatisch: Wir beobachten die Vorbereitungen zu einem Kampf, den Cartier schon in der zweiten Runde durch k.o. gewinnt). Weitere zwei Jahre später entstand Kubricks letzter Doku-

mentarfilm, THE SEAFARERS, über eine Gewerkschaft der Seeleute.

Diese Filme waren noch sehr von Kubricks Arbeit für *LOOK* geprägt, es geht um das Festhalten eines außergewöhnlichen Moments in einem ansonsten eher gewöhnlichen Geschehen, die besonders elegante Lösung eines „normalen" Problems. Und immer wieder um die Erfahrung des Blickes, der in der äußeren Welt keinen Halt findet.

Zu diesem Zeitpunkt gab Stanley Kubrick seine Arbeit bei *LOOK* auf, um seinen ersten abendfüllenden Spielfilm vorzubereiten. Wenn ihm das Geld für den persönlichen Lebensunterhalt fehlte, beteiligte er sich an professionellen Schachwettbewerben in den New Yorker Clubs „Marshall" und „Manhattan", die er in der Regel mit einem passablen Preisgeld verließ. Was ihm dabei zugute kam, war nicht nur die Klasse seines Spiels, sondern auch die geschickte Ausnutzung der räumlichen Gegebenheiten, indem er zum strategisch wirksamen Moment bei Einbruch der Dämmerung seinen Spielplatz wechselte: „Wenn ich diesen Wechsel im richtigen Moment vornahm, dann konnte ich den Tag über einen Tisch im Schatten haben und einen in der Nähe des Brunnens unter den Lichtern in der Nacht".

Daneben arbeitete Kubrick in verschiedenen Funktionen bei Filmproduktionen. Der Filmverleiher Joseph Burstyn, der sich vor allem um den Vertrieb europäischer Filme in den großen Städten der USA kümmerte, ermutigte ihn zu dem Schritt, sein Spielfilm-Debüt in eigener Produktion zu wagen. Kubrick sammelte Geld bei Freunden und Verwandten, sowie verschiedenen kleinen Investoren, um das Budget für FEAR AND DESIRE zusammenzubringen, für den sein Freund, der „Village-Poet" Howard Sackler, das Drehbuch geschrieben hatte. Man drehte mit einer Gruppe von Freunden (darunter der spätere Regisseur Paul

Mazursky als Schauspieler) und einigen billigen mexikanischen Hilfskräften in Kalifornien eine karge Kriegsgeschichte: Vier Männer werden in einem historisch nicht näher bezeichneten Krieg hinter den feindlichen Linien abgeschossen und müssen sich in einer fremden und feindlichen Umgebung zurechtfinden; sie versuchen, zu den eigenen Linien zurückzufinden und entführen hinter den Frontlinien feindliche Offiziere (wobei die Militärs der einen von denselben Darstellern wie die der anderen Seite verkörpert werden). Die Produktionsweise bei diesem Film war denkbar reduziert: „Das gesamte Team bestand aus mir als dem Regisseur, Kameramann, Operator, Administrator, ich war für Kleidung, Haartracht und Make-Up zuständig, war Bote und Chauffeur usw. Der Rest des Teams bestand aus meinem Freund Steve Hahn, der mit uns Ferien machte und etwas von Elektrizität verstand, und einem weiteren Freund, Bob Dierks, der beim LOOK-Magazin Studio-Assistent war, und der mir half, die Ausrüstung aufzubauen und wieder abzuräumen und nebenbei noch tausend andere kleinere Arbeiten übernahm. Meine erste Frau, Toba, versuchte, mit dem anfallenden Papierkram fertigzuwerden und erledigte nebenbei die kleineren Verwaltungsarbeiten." Und doch stiegen die zunächst auf 10.000 $ veranschlagten Kosten auf eine Summe von 40.000 $, die den Regisseur und seine Mitstreiter erst einmal ruinierten. FEAR AND DESIRE wurde von den großen Verleihern abgelehnt, und als ihn Burstyn im Rahmen seiner bescheidenen Möglichkeiten schließlich doch noch herausbrachte, fiel die Resonanz bei Publikum und Kritik höchst verhalten aus. „Eine gewaltsame, unüberzeugende, wenngleich deutlich aufrichtige Antikriegsstory, einigermaßen beeinflußt von A WALK IN THE SUN (Lewis Milestone, 1947)" nannte ihn der englische Kritiker Gavin Lambert. Auch Kubrick selber stand später seiner Arbeit eher skeptisch gegenüber: „Die Ideen, die wir verwirklichen wollten, waren gut. Wir besaßen aber nicht die notwendige Erfahrung, sie filmisch umzusetzen. Im großen und ganzen war es nicht mehr als die 35mm-Version eines Filmes, den eine Klasse von Filmstudenten auch in 16mm hätte drehen können".

Filmschulen aber gab es damals noch nicht, und so waren die einzigen Möglichkeiten, zur eigenen Filmarbeit zu gelangen, entweder, sich von unten in der Hierarchie der Produktion hochzuarbeiten, oder aber eigene Produktionen auf die Beine zu stellen. Kubrick wählte den harten Weg und entwickelte sich dabei zu einem *total filmmaker*, der alle Aspekte der Produktion aus eigener Arbeit kannte.

1954 gelang es Kubrick noch einmal mit Hilfe seiner Familie, das Budget für einen zweiten Versuch aufzubringen: KILLER'S KISS (der unter dem Arbeitstitel „Kiss Me – Kill Me" projektiert war) entstand auf den Straßen von New York und in einem kleinen Studio. Diesmal schrieb Kubrick selbst das Drehbuch (um sich im Verlauf seiner Karriere nur noch einmal, bei SPARTACUS, eines fremden Skripts anzunehmen, ohne selbst eine Bearbeitung letzter Hand vorzunehmen); Sackler beteiligte sich als Co-Autor. Weil man keinen Originalton verwenden konnte, versuchten die beiden, den äußeren Dialog auf ein Minimum zu beschränken und stattdessen den inneren Monolog der Hauptfigur zu betonen. Wieder war es ein Unternehmen einer befreundeten Gruppe von begeisterten Amateuren: Frank Silvera übernahm erneut die Hauptrolle; Ruth Sobotka, Kubricks zweite Frau (die später als *art director* von THE KILLING fungierte), spielte die Rolle der Schwester der Heldin, des Dance Hall-Mädchens, die ein junger Boxer gegen eine Verbrechergang beschützt, eine Ballerina, die ihren großen Auftritt in einer surrealen Traumse-

Bei den Dreharbeiten zu Shining

quenz hat. Es gibt in diesem Film eine Reihe jener Motive, die in Kubricks späterem Werk wieder aufscheinen: die subjektive Erzählweise, das Thema des Voyeurismus und den Fetischismus als Handlungszentrum.

Im Nachhinein ließ Kubrick nicht viel gelten von diesem Film, abgesehen davon, daß es wohl die erste privat finanzierte Produktion war, die den Weg in den regulären Filmverleih fand. „Ich weiß nicht mehr, was ich da im Sinn hatte. Zu der Zeit war ich viel mehr an der Montage, der Kameraführung usw. interessiert. Ich dachte, wenn man gute Einstellungen und eine gut gemachte Montage bringt, dann genüge das, um einen Film zu rechtfertigen. Ich glaube nicht, daß ich diesen hier allzu ernst genommen habe. Ich war so glücklich, einen Film über *irgendein* Thema machen zu können, daß mir alles andere egal war".

Mit KILLER'S KISS gewann Kubrick zwar ein wenig die Aufmerksamkeit der Kritiker. Finanziell aber erwies sich die Arbeit erneut als Fiasko. Damit waren die Möglichkeiten,

Filme aus eigener Kraft zu produzieren, erschöpft, auch wenn er als Regisseur, Drehbuchautor, Kameramann, Produzent und Cutter in dieser Zeit genug über das Filmemachen gelernt hatte, um sehr genau zu wissen, was er wollte, und wie man es realisiert. Kubrick brauchte einen Produzenten, und er fand ihn in James B. Harris, dessen Vater Eigentümer von *Flamingo Films* war und der nach einer Möglichkeit suchte, sich selbst als Produzent zu bewähren. Die beiden gründeten *Harris-Kubrick-Films*, deren erste Produktion THE KILLING wurde. An der Produktion beteiligte sich auch *United Artists*, nachdem man dort Kubricks Skript nach einem Roman von Lionel White und der Adaption von Jim Thompson für wert befunden und die Zusage von Sterling Hayden für die Hauptrolle erhalten hatte. Der Film stand zum einen in der Tradition der *semi-documentaries*, zugleich nahm er aber auch die *noir*-Stimmungen vieler der Fotografien Kubricks für *LOOK* wieder auf; in der Geschichte des Kriminalfilms erscheinen beide Gangsterfilme Kubricks, KILLER'S KISS und THE KILLING, als die dialektische Verbindung des Pessimismus' des *film noir* und der Authentizität der „helleren" semi-dokumentarischen Gangster- und Polizeifilme der fünfziger Jahre. Etwas, das in Kubricks Arbeiten sich wiederholen wird: Eine dunkle Geschichte in hellstem Licht zu zeigen (oder umgekehrt, wie in BARRY LYNDON), die Anwendung der Stilmittel der Reportage auf die Metaphysik.

Die Geschichte eines *big caper* (ein eben aus dem Gefängnis entlassener Gangster rekrutiert vier Helfer, um den Tresor des Wettbüros einer Pferderennbahn zu knacken) und seines Verrates ist der erste Film, zu dem Kubrick selbst vorbehaltlos stand. Und auch ökonomisch trug sich das Unternehmen.

Dieser erste Erfolg von Harris-Kubrick machte den Produktionschef von MGM, Dore Schary, auf sie aufmerksam, der die

beiden schließlich nach Hollywood holte.
Aber keines der neuen Projekte wurde akzeptiert, und nachdem auch eine Verfilmung von Stefan Zweigs dokumentarischer
Kriegserzählung „Angst" („The Burning Secret") in Zusammenarbeit mit MGM gescheitert war, suchten Harris und Kubrick
nach einem neuen Projekt. Kubrick entdeckte den Roman „Paths of Glory" von
Humphrey Cobb, den er zusammen mit
Jim Thompson und Calder Willingham
adaptierte. Doch das Buch erhielt bei den
Studios keine Zustimmung, und schließlich
war es Kirk Douglas, der als Hauptdarsteller
UNITED ARTISTS davon überzeugen konnte,
in die Produktion einzusteigen. Der Film
konnte, vorwiegend aus Kostengründen,
aber auch wegen seiner politischen Ten-
denz, weder in den USA noch an „Original-
schauplätzen" in Frankreich entstehen;
man produzierte ihn in den Geiselgasteig-
Studios in München und *on location* rund
um das Schloß Oberschleißheim in der
Nähe der Stadt.

Auch dieser Film, die Geschichte eines
grotesk ungerechten Kriegsgerichtsurteils
im Ersten Weltkrieg, mag zunächst als ausgesprochen pessimistisch empfunden werden. Kubrick, so scheint es, „glaubt" weder
an die Gesellschaft noch an den Menschen;
die eine hat ihren ganzen Sinn in der Unterdrückung des anderen, und der Mensch ist
weder willens noch in der Lage, sich ihr zu
widersetzen. Nicht gerade der Stoff, aus
dem die Hollywood-Träume gewöhnlich
gefertigt sind.

Nach PATHS OF GLORY war Kubrick ein
anerkannter Regisseur. „Bevor er diesen
Film drehte, besaß er den Ruf eines interes-
santen Neulings, der sich sehr origineller
Techniken bediente, um den Hollywood-
Thriller etwas aufzufrischen. Nach der Produktion dieses Filmes jedoch wurde er als
bedeutender   amerikanischer   Regisseur
anerkannt" (Alexander Walker). Ein Regisseur freilich, dem nun auch ein Faible für

unbequeme Stoffe nachgesagt wurde. Trotz
des Erfolges von PATHS OF GLORY fand er zunächst keine neuen Arbeitsmöglichkeiten.
Wieder war es die Zusammenarbeit mit einem der großen Stars, die ihm die Stu-
dio-Türen öffnete: Sein nächstes Projekt
war ein höchst bizarrer Western nach dem
Roman „The Authentic Death of Hendry
Jones" von Charles Neider, einer psychologisch motivierten Billy the Kid/Pat Gar-
rett-Geschichte, in dem Marlon Brando die
Hauptrolle spielen sollte und auch als Produzent fungierte. Brando und Kubrick freilich – das waren wohl zwei zu eigenwillige
Charaktere, um zu einer stabilen Partner-
schaft zu gelangen. Kubrick verließ die Produktion, und Brando selber übernahm die
Regie bei ONE-EYED JACKS (Der Besessene) –
und offenkundig hat er dabei das eine oder
andere verwirklicht, was mit Kubrick zusammen entwickelt worden war. (Brando
versuchte Kubrick wohl auch in Bezug auf
die Besessenheit beim Filmemachen zu
übertreffen und trieb damit die Produktionskosten in die damals schwindelerre-

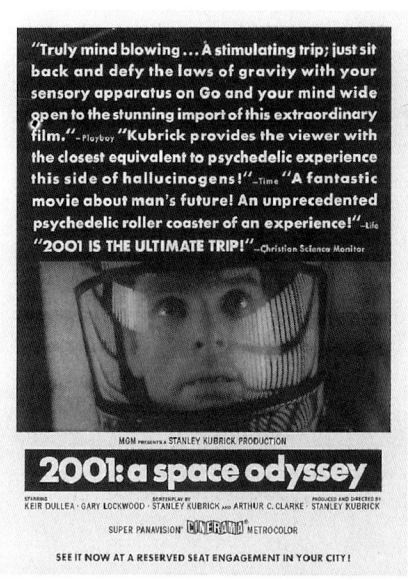

gende Höhe von sechs Millionen Dollar. So ließ er bei Kosten von 50.000 $ täglich die Dreharbeiten so lange ruhen, bis das Meer die für seine Vorstellungen richtige Färbung hatte.) Tatsächlich war die Hauptfigur des Films, Rio (gespielt von Brando selbst), der gegen seinen einstigen väterlichen Freund, der ihn nach einem Banküberfall verraten und die Seiten gewechselt hatte, ein durchaus Kubrickscher Held, ein Mensch in einer absurden Revolte, zwischen Freiheit und Destination, das *missing link* zwischen SPARTACUS und dem anarchischen Alex in A CLOCKWORK ORANGE.

1958 hatten Harris und Kubrick bereits die Rechte an Vladimir Nabokovs Roman „Lolita" gekauft, als Kubrick von Kirk Douglas gebeten wurde, die Nachfolge von Anthony Mann als Regisseur des spektakulären SPARTACUS zu übernehmen, einer jener Breitwand-Gemälde, mit denen Hollywood sich damals gegen die Konkurrenz des Fernsehens zu behaupten suchte und zugleich eine Geste gegen den McCarthyismus. Der gerade dreißigjährige Kubrick er-

hielt mit dieser Zwölf-Millionen-Dollar-Produktion die Chance, in die erste Riege der amerikanischen Regisseure aufzusteigen. Zugleich aber hatte er sich mit den Produktionsbedingungen und mit den Privilegien der Produzenten und Stars abzufinden, die seine Arbeitsweise erheblich behinderten. Kubrick konnte nicht, wie es seine Absicht war, das Drehbuch, das er als „lächerlich" empfand, in seinem Sinne verändern. So setzte er alles darein, dem Film wenigstens im Visuellen seine Handschrift zu geben.

SPARTACUS war für Kubrick nach einer Reihe von unrealisierten Projekten eine willkommene Chance: „Dieser Film kam nach einer langen, auf PATHS OF GLORY folgenden leeren Periode. Ich hatte ein Drehbuch für Kirk Douglas geschrieben, das ihm nicht gefiel. Darauf folgte eine Drehbuchskizze für einen Film, der zur Zeit der Sezessionskriege spielen sollte. Dieses Projekt wurde aufgegeben. Dann hatte ich sechs Monate mit Marlon Brando gearbeitet, und fast zwei Jahre waren seit meinem letzten

Film vergangen, ohne daß ich irgendwas zustande gebracht hätte. Als Kirk mir dann die Regie für SPARTACUS anbot, dachte ich: Daraus kann ich vielleicht etwas machen. Aber die Erfahrung beweist, daß, wenn nicht ausdrücklich im Vertrag eine Berücksichtigung Ihrer Entscheidungen zugesichert ist, diese nicht respektiert werden. Ich war der Meinung, daß viele Dinge im Buch während der Dreharbeiten eine Änderung verlangt hätten, aber in dieser Richtung ist nichts geschehen".

Obwohl Kubrick später SPARTACUS nicht als einen „seiner" Filme akzeptieren wollte, bedeutete der Film nicht nur von der Entwicklung der Motive, vom Mensch in der Revolte, einen bedeutenden Schritt, sondern auch in seiner Einstellung zum Filmemachen. „Zu Beginn", so erinnert sich James B. Harris, „zog es ihn eher zur Kameraarbeit; er neigte dazu, die Kamera zum Star des Filmes zu machen. Erst nach SPARTACUS hat er auf diese Einstellung verzichtet. Er hatte damals eine Technirama-Kamera, die sich ohne Verlust der Ein-

stellung nicht bewegen ließ. Das hat ihn, glaube ich, dazu gezwungen, den Bewegungen der Schauspieler, der szenischen Ausgestaltung mehr Bedeutung beizumessen. Dabei muß ihm klar geworden sein, daß er vorher technischen Spielereien allzuviel Aufmerksamkeit gewidmet hatte".

Kubrick überzeugte in der Zeit, als er noch an SPARTACUS arbeitete, Vladimir Nabokov davon, selbst eine Film-Adaption von „Lolita" zu verfassen. Der Autor legte eine vierhundert Seiten umfassende Version vor, in der er einiges aus dem Roman getilgt, manches auch hinzugefügt hatte. 1973 wurde dieser Text publiziert. Für den Film mußte Nabokov das Buch um die Hälfte kürzen. MGM, von Protesten bei der bloßen Ankündigung der Verfilmung von „Lolita" alarmiert, verlegte die Produktion nach England, nicht zuletzt auch, weil man dort noch über Kapital verfügte, das nach den englischen Gesetzen im Lande selber ausgegeben werden mußte.

Ein Skandal wie Nabokovs Roman wurde Kubricks Film nicht, unter anderem

auch, weil seine Lolita (von Sue Lyon dargestellt) erheblich älter erschien als die Heldin der Erzählung: aus einem zwölfjährigen
Mädchen war ein Teenager geworden. Das
Bild der leicht gekleideten Hauptdarstelle-
rin mit dem Schmollmund und der Herzbrille ging zwar in die Ikonographie des
erotischen Films ein, aber Kubrick war an
etwas ganz anderem interessiert, als das
Publikum mit gewagten Bildern zu scho-
ckieren. Es wurde ein Film über Abhängigkeit und Täuschung, die Geschichte des
englischen Professors Humbert Humbert
(James Mason) in den USA, der sein Objekt
der Begierde gerade durch das Paradoxon
seiner Konstruktion verlieren muß: das
Mädchen, das noch nicht Frau sein soll.
Vor den Augen der Kritik fand dieser Film
kaum Gnade, wenn das Urteil auch nicht
stets so apodiktisch ausfiel wie in der Zeitschrift „Filmkritik": „Alles in allem läßt
sich sagen, daß Nabokov sich mit diesem
Film an die Vergnügungsindustrie verkauft
hat (falls er nicht von ihr überfahren worden ist), und daß Stanley Kubrick, einst Rebell gegen Hollywood, hier den endgültigen Beweis seiner Korruption geliefert hat".

LOLITA wurde der letzte Film des *winning
team* James B. Harris und Stanley Kubrick.
Man trennte sich freundschaftlich, weil
Harris nun auch selbst ins Regiefach wechseln wollte. Sein Debüt, die Adaption des
Cold War-Thrillers von Mark Rascovich, THE
BEDFORD INCIDENT (Zwischenfall im Atlan-
tik – 1965), erscheint zugleich als Fortsetzung und Revision des DR. STRANGELOVE: Richard Widmark spielt den hartleibigen und
fanatischen Kommandanten eines mit neu-
ester Supertechnik ausgerüsteten Zerstö-
rers, Bedford, der vor Grönland auf einen
russischen Fischkutter trifft, den er für ein
getarntes Versorgungsschiff der feindlichen
U-Boote hält. Als nach endlosem gespann-
ten Warten das U-Boot schließlich auftaucht, wird einer der militanten Sprüche
des Kommandanten als Befehl mißverstan-

den, Atomraketen abzuschießen. Anders
als in DR. STRANGELOVE freilich wird das
Schlimmste verhindert, weil sich der pat-
riotische Offizier entschließt, sich als Opfer
dem atomaren Gegenschlag kampflos aus-
zusetzen.

Stanley Kubrick blieb von da an in England. Hier entwickelte er seinen eigenwilligen, sehr abgeschiedenen Lebens- und Ar-
beitsstil, zog sich in den Kreis seiner Familie, die immer um ihn sein mußte, zurück,
und betrieb langwierige, an Reißbrett und
Computer entworfene, Vorbereitungen für
seine sorgfältig ausgewählten Projekte. Er
ließ sich in einem Landsitz in der Nähe von
London nieder (1958 heiratete er die
Schauspielerin und Malerin Christiane
Harlan, mit der er bis zu seinem Tode zu-
sammenlebte) und drehte in den Shapper-
ton Studios DR. STRANGELOVE, OR HOW I
LEARNED TO STOP WORRYING AND LOVE THE
BOMB, die makabre satirische Umsetzung
eines durchaus dramatischen Romans von
Peter George, den der Autor unter dem
Pseudonym Peter Bryant veröffentlicht
hatte („Red Alert"). Kubrick hatte sich lange mit dem Thema des drohenden Atom-
kriegs auseinandergesetzt. In seine so groteske Beschreibung des schlimmsten anzu-
nehmenden Unglücksfalls im kalten Krieg
floß eine genaue Sachkenntnis ein: Das Al-
lerkomischste an DR. STRANGELOVE war, daß
man in jeder Szene das Gefühl haben
konnte, genau so könnte es jederzeit
wirklich geschehen: General Jack D. Ripper
(Sterling Hayden), Kommandant einer Ab-
schußbasis amerikanischer Atomraketen,
dreht durch, weil er seine „Körpersäfte"
von den Russen durch Vergiftung des
Trinkwassers bedroht sieht und befiehlt
den Atomangriff seines Bombergeschwa-
ders. Zurückzuholen sind die Bomber nur
durch einen Geheimcode, den er allein
kennt. Während der englische Offizier
Mandrake (Peter Sellers) vergeblich versucht, ihn umzustimmen, befiehlt Präsi-

dent Muffley (Sellers) den Angriff von Fallschirmjägern auf den Stützpunkt. Zur gleichen Zeit versucht er, den russischen Premierminister über das rote Telefon zu warnen, und Dr. Strangelove, der aus einem inneren Zwang immer noch mechanisch die Hand zum Hitlergruß erhebt, errechnet die Möglichkeiten für wenige Auserlesene, das apokalyptische Geschehen zu überleben und eine neue Rasse aus den Ruinen der Menschheitsgeschichte zu züchten.

DR. STRANGELOVE wurde zu so etwas wie einem „Kultfilm" (auch wenn dieser Begriff damals noch nicht gebräuchlich war); nach der Erstaufführung zirkulierte er in den Studentenkinos und *Art Houses* und trug seinen Teil zu einer kritischen Beurteilung der Hochrüstung, vor allem bei den Jugendlichen, bei.

Der enorme, auch ökonomische Erfolg dieses Filmes versetzte Kubrick in die Lage, eines der ehrgeizigsten Projekte seiner Karriere zu verwirklichen, einen Film über die bemannte Raumfahrt und die Suche nach Leben im All. Auch hier gingen der eigentlichen Arbeit lange Recherchen voraus, ehe sich Kubrick zusammen mit dem englischen SF-Autor Arthur C. Clarke an die Ausarbeitung eines Skripts machte. Der 130-Seiten-Entwurf zu 2001 – A SPACE ODYSSEE, entstanden in Zusammenarbeit mit einer Reihe namhafter Wissenschaftler, diente sowohl dem Drehbuch als auch dem Roman von Clarke als Grundlage. Vier Monate benötigten die Aufnahmen mit den Schauspielern, weitere 18 Monate arbeitete Kubrick an den Spezialeffekten und der subtil eingesetzten Musik. Eine Woche vor der Uraufführung war der Film fertig, und Kubrick war nicht nur endgültig in den Rang eines Meisterregisseurs erhoben, sondern hatte auch seinen Ruf als Perfektionist, als „Generalstabschef im Regiestuhl" – so der Schauspieler Gary Lockwood, als solitäres Genie, gefestigt.

Die amerikanische Kritik aber verachtete 2001. Von wenigen Ausnahmen wie Penelope Gilliat im NEW YORKER abgesehen, veranstalteten die US-Journalisten ein kritisches Massaker. „Doch das Publikum, das einen Drogenfilm im Astronautenkostüm natürlich auf Anhieb erkannte, liebte ihn und sah ihn zweimal, dreimal, viermal ..." (Maitland McDonagh). Bis dann wieder eine Phase der Ernüchterung eintrat und Autoren wie Günter Peter Straschek sich von ihrem Kino-Rausch als „fast perfektem Bluff" verabschiedeten.

In dieser Zeit reifte in Kubrick ein Projekt, das 2001 an Aufwand bei weitem in den Schatten stellen würde, ein „Napoleon"-Film, der alle bis dahin erdenklichen Budget- und Organisationsgrenzen gesprengt hätte (von „mindestens 50.000 Statisten" sprach Kubrick selbst). Und welch ein Kubrick-Thema: „Von einem rein formalen Standpunkt aus gesehen waren die Napoleonischen Schlachten wunderschön, wie riesige Todesballette", sagte der Regisseur in der Zeit der Vorbereitungen. „Sie sind von einer unvergleichlichen Ästhetik, es ist beinahe wie eine musikalische Komposition, oder die Reinheit einer mathematischen Formel. Und diese Qualität möchte ich auf die Leinwand bringen, ebenso wie die grausame Realität der Schlachten."

Aber sogar für diesen nun durchaus erfolggewohnten Regisseur war es unmöglich, die Mittel für ein solches Unternehmen zusammen zu bekommen, zumal die Studios ihr Vertrauen in die „Monumentalfilme" verloren hatten und eine junge Generation von Filmemachern (wie Dennis Hopper mit EASY RIDER) zu beweisen schien, daß die Zukunft eher in schnellen, spontanen *low budget*-Filmen lag. Der „Napoleon" wurde eben jenes nie realisierte Projekt in der Arbeit eines Regisseurs, das dennoch oder gerade deswegen viel über Absichten und Motive des Künstlers aussagt (wie, sagen wir, „Die Reise des Giuseppe Matorna" von Federico Fellini, oder „Ronny Rocket" von David Lynch). Noch „nach CLOCK-WORK ORANGE wollte Kubrick einen Film über Napoleon mit Jack Nicholson in der Titelrolle drehen und Burgess sollte das Drehbuch vorbereiten. Burgess setzte sich hin, schrieb gleich einen Roman und verfeinerte ihn zur 'Napoleon-Symphonie'. Mit Beethovens Eroica als Matrix folgte er Napoleon und der Symphonie durch vier Sätze so werkgetreu, daß drei Manuskriptseiten jeweils acht Takte der Partitur abbildeten. Für alle Fälle widmete er diesen Roman Stanley Kubrick, *maestro di color*. Vergebliche Liebesmüh." (Willi Winkler) 1969 fiel Kubricks Augenmerk statt dessen auf den Roman „A Clockwork Orange" von Anthony Burgess, den es in einer englischen Fassung mit einem 21. Kapitel gab, in dem der anarchische Held sich wahrhaft zum guten Bürger läutert, und in einer amerikanischen, in der dieses letzte Kapitel sehr zum Ärger des Autors fehlte, der damit nicht nur seine Absichten verfälscht, sondern auch die arithmetische Struktur seiner Erzählung zerstört sah. Dennoch verwendete Kubrick die amerikanische Fassung, die er selbst für das Drehbuch adaptierte.

Nach den reinen Studioproduktionen davor entdeckte Kubrick für A CLOCKWORK ORANGE wieder den Reiz des Außendrehs, die Idee von Landschaft und Architektur als integraler Kompositionsbestandteil, wie sie seine nächsten Produktionen bestimmen sollten. Die – einmal mehr als pessimistisch empfundene – Reflexion über Gewalt und Konditionierung menschlichen Verhaltens brachte Kubrick, nach LOLITA, DR. STRANGE-LOVE und 2001 im Rang eines eigenwilligen Genies, Beachtung auch im cineastischen Mainstream ein. *Newsweek* nannte ihn damals den „provozierendsten und brillantesten aller lebenden amerikanischen Regisseure". Und in Großbritannien wurde der Film (bester Beleg dafür, daß man „verstanden" hatte) erst einmal verboten und kam

dort erst in den neunziger Jahren in die Kinos.

Die Adaption von William Thackerays „The Luck of Barry Lyndon" wurde wieder von Kubrick allein vorgenommen. Sie machte es erforderlich, aus einem riesigen Repertoire von Figuren und Ereignissen Ausschnitte zu wählen, ein langer Prozeß der Reduktion; dennoch wuchs das Budget erneut von ursprünglich geplanten 3 auf beachtliche 12 Millionen Dollar. Und wie bei den Filmen zuvor war auch BARRY LYNDON nicht nur ein ästhetisches Wagnis, sondern auch ein Schritt in technisches Neuland. Eine neuartige Aufnahmetechnik etwa machte es möglich, Szenen zu drehen, in denen die Beleuchtung ausschließlich aus natürlichem Kerzenlicht bestand.

BARRY LYNDON wurde nicht der erhoffte Erfolg. Zur Vorbereitung seines nächsten Projektes, der Verfilmung von Stephen Kings „The Shining", nahm sich Kubrick vier Jahre Zeit. Während er zusammen mit der Autorin Diane Johnson an der Drehbuch-Adaption arbeitete, suchte er in den Schriften der Psychoanalyse ebenso wie in der klassischen Phantastik nach Spiegelungen und Modellen für die Geschichte eines Schriftstellers, der in einem einsamen Hotel in den Wahn verfällt und seine eigene Familie zu massakrieren trachtet. War schon BARRY LYNDON von einem Teil der Kritik als überproduziertes *l'art-pour-l'art*-Werk mißbilligt worden und auch geschäftlich – zumindest in den USA – kein Erfolg, so wurde THE SHINING trotz oder gerade wegen seines kommerziellen Potentials am Anfang beinahe noch negativer aufgenommen. Empfanden die einen Kubricks Talente an einen allzu trivialen Stoff vergeudet, so sahen die anderen (einschließlich des Autors Stephen King selber) den Film als Verfehlung von Inhalt und Geist seiner Vorlage. Erst Jahre später erkannte man, daß Kubrick in THE SHINING vielleicht ebenso radikal über das Genre „Horror" nach-

und hinausgedacht hatte wie in 2001 über die Science Fiction. Wegen des anfänglichen Mißerfolgs kürzte Kubrick seinen Film zunächst zwei Tage nach der Uraufführung um die 4-minütige Schlußsequenz (in der wir Shelley Duvall nach dem schrecklichen Geschehen im *Overlook*-Hotel im Krankenhaus sehen), und für die Auswertung in Europa nahm er noch einmal 22 Minuten aus seinem Film. Kubrick hat im übrigen später untersagt, die europäischen Fassungen dem Ursprung nach zu rekonstruieren, während umgekehrt in den USA nur die längere Version zu erhalten ist.

Daß es sieben Jahre dauerte, bis Kubrick seine nächste Arbeit realisieren konnte, hat, neben der Arbeitsweise des Regisseurs, wohl auch mit dem mangelnden Erfolg seiner letzten Filme zu tun. Die Aufnahmen zu dem Vietnam-Film FULL METAL JACKET begannen im August 1985 und endeten im September 1986. Und wieder versuchte Kubrick, nicht nur den „ultimativen" Film über diesen Krieg zu drehen, sondern auch so viel Reflexion wie möglich in die Arbeit einfließen zu lassen. An der Adaption des Romans „The Short-Timers" des Marine-Soldaten Gustav Hasford war auch Michael Herr, selbst Vietnam-Veteran und Autor („Dispatches") beteiligt, der auch bei Francis Ford Coppolas APOCALYPSE NOW mitgearbeitet hatte. Man kann sich wohl indes kaum einen größeren Widerspruch zwischen diesen beiden Autoren vorstellen: Wo Herr eine dunkle, mythopoetische Phantasmagorie entwickelt, die zwischen Schrecken und Faszination zu vermitteln versucht, unternimmt Hasford einen zornigen Angriff auf den Krieg und vor allem auf die Propagandamaschine, die ihn begleitet.

Doch der eigentliche Ausgangspunkt für die Idee eines Filmes über den Vietnam-Krieg war eine Fotografie aus Hué aus dem Jahr 1968. Und diese Fotografie zeigte Kubrick die bemerkenswerte Verwandtschaft der Architektur der einstigen Kaiser-

stadt und postkolonialer Urbanisierung in den Fabrik-Bauten des England der dreißiger Jahre. So benutzte er die abbruchreifen Gebäude der Gas-Gesellschaft von Beckton, nahe London, um sie für seinen Film so gründlich zu zerstören, wie der Krieg Hué zerstörte.

Mehr denn je sind Kubricks drei Leidenschaften, die Fotografie, das Schachspiel und die Musik, wieder im Vordergrund eines Filmes, dessen Schauplatz aus der peniblen Rekonstruktion von Ruinen besteht. Nie zuvor hat Kubrick so viel Organisationstalent und so viel materiellen Einsatz darauf verwendet, eine Welt im Zustand ihrer Zerstörung zu zeigen. Und erneut waren die Kritiker und das Publikum zunächst nicht bereit, ihn auf seinem radikalen Weg zu begleiten.

Eine Reihe von Projekten nahm Kubrick in den nächsten Jahren in Angriff. 1989 kaufte er die Rechte an Patrick Süskinds Roman „Das Parfüm". Andererseits trug er sich mit dem Plan, die Geschichte einer Familie in Mitteleuropa während des Faschismus und des Zweiten Weltkrieges zu erzählen, ein Panorama von Opfern und Tätern. Am weitesten gediehen war das Projekt AI (Artificial Intelligence), für das das Drehbuch bereits in der Endphase schien, und dessen Kino-Start bereits für das Jahr 1996 angekündigt war. Aber Kubrick verwarf schließlich alle diese Projekte. So mußten mehr als zehn Jahre vergehen, bis Kubrick seinen nächsten Film drehen konnte und wollte: EYES WIDE SHUT, der sein letzter werden sollte. Und die Legenden um die Menschenscheu, die „Kontrollwut" und die Exzentrik des Regisseurs bekamen neue Nahrung. Im Herbst 1994 hatte Kubrick dem amerikanischen Autor Frederic Raphael die fotokopierten Seiten eines Romans ohne Verfasser-Angaben geschickt. Kubrick bat Raphael um einen Drehbuchentwurf, in dem die Handlung vom Wien der Jahrhundertwende ins New York von heute verlegt werden sollte. Später erzählte Raphael von den Zusammenkünften mit Kubrick in seinem Haus, davon, wie Kubrick scheinbar unbeabsichtigt den Autor preis gab, von den Krisen und schließlich vom glücklichen Abschluß der gemeinsamen Arbeit, die, auch das ein Bild des „wirklichen" Stanley Kubrick, nach so viel Zweifel und schwierigen Neuanfängen, mit einer überraschenden, freundschaftlichen Umarmung endet. Am 7. März 1999 starb Stanley Kubrick in seinem Haus an Herzversagen während des Schlafes, kurz nachdem sein Film fertig geschnitten und von den Produzenten abgenommen war. „Er ging" sagte Terry Semel, *co-chairman* von WARNER BROS., „an diesem Abend bestimmt mit einem Lächeln zu Bett".

Bei den Dreharbeiten zu EYES WIDE SHUT

Ein vergleichsweise schmales Œuvre von 13 Filmen also (verglichen mit, sagen wir Hitchcock, Fellini oder Kurosawa), ein Œuvre, in dem es so etwas wie Neben- und Zwischenwerke scheinbar nicht hat geben dürfen. Keine Lockerungsübungen, keine Abschweifungen; jeder Film mußte immer wieder die Quintessenz der eigenen Arbeit enthalten und ein Schritt in ein noch nicht erreichtes visuelles Stadium sein. Die große Kunst des Stanley Kubrick bestand nicht zuletzt in der Fähigkeit zu warten, bis der richtige Stoff kam, bis er nicht nur in der Entwicklung der jeweiligen Motive und ihrer technischen Umsetzung, sondern auch in ihren philosophischen Implikationen „so weit war". Dann aber fand er Bilder, die, wie Kay Kirchmann schreibt, „eingegangen sind ins kulturelle Gedächtnis dieses Medienjahrhunderts".

Kubrick, die Legende

Stanley Kubrick hat, so sehr wie ablehnende Kritik, stets auch rückhaltlose Bewunderung erfahren. Aber die Branche und die offizielle Filmkultur taten sich ausgesprochen schwer mit seinem Werk. Keiner seiner Filme gewann einen der wichtigen „Oscars" für den besten Film oder die Regie, nie ist eine Arbeit Kubricks mit einem Hauptpreis bei einem der ganz großen internationalen Festivals ausgezeichnet worden. Erst 1997 zeichnete ihn die amerikanische Director's Guild mit ihrem *D.W. Griffith Award* für sein Lebenswerk aus, und im selben Jahr erhielt er den Goldenen Löwen in Venedig zu Ehren seines Gesamtwerkes. Natürlich ließ Kubrick sich bei der Preisverleihung entschuldigen. Statt dessen gab es eine Veranstaltung unter dem Titel „Malcolm McDowell Revisits A CLOCKWORK ORANGE", bei der der Hauptdarsteller eine restaurierte Fassung des Filmes präsentierte. Dort erklärte McDowell Kubricks „Methode". Auf die Frage nach seiner Arbeitsweise habe er dem Schauspieler geantwortet: „Well, I never shoot anything I don't want". Und eben dies, so McDowell, sei der Schlüssel zu Kubricks filmischer Kunst: „Keinen vergeudeten Augenblick auf der Leinwand".

Steven Spielberg bemerkte anläßlich der Oscar-Verleihung 1999: „Er schuf mehr als nur Filme. Was er uns schenkte, sind ganzheitliche Erfahrungen, die nicht schwächer, sondern intensiver werden, je öfter man seine Filme betrachtet." Das alles mag uns mißtrauisch stimmen: Immer nur das Ganze zählt, selten der genaue Blick auf das Detail. Natürlich macht die Abwesenheit alles Zufälligen, Abschweifenden, Improvisierten auch das Erratische dieser Filme aus, die stets damit drohen, ihre Zuschauer zu erdrücken, die keinen Dialog, sondern nur das Staunen erlauben.

Stanley Kubrick war ein großer Künstler und ein, auf den ersten Blick gesehen, etwas wunderlicher Mensch. Einer, der sich immer wieder Gewaltiges vornahm und es durchführte, und der zugleich von Furcht bei den kleinsten Dingen des Alltags geschüttelt war. Kubrick-Legenden sind selber bizarre kleine Kunstwerke, Miniaturen von Besessenheit und Lebensangst: Während der Vorbereitungen zu DR. STRANGELOVE berichtete er seinem italienischen Freund, dem Gestalter der Synchronfassungen Riccardo Aragno, von seinem Plan, eine Insel im pazifischen Ozean zu erwerben, um dort den möglichen Atomkrieg zu überleben. Bei der Arbeit an 2001 versuchte er sich bei Lloyd's gegen die Existenz von Marsmenschen versichern zu lassen, als während der Dreharbeiten die amerikanische Marssonde Mariner 4 zu ihrer Mission aufbrach, weil er fürchtete, daß durch die Entdeckung fremden Lebens in manifester Form die Basis seiner Story ruiniert würde. Freilich waren dann doch, wie der Co-Autor Arthur C. Clarke sarkastisch bemerkte, die errechneten Prämien „zu astronomisch".

Obwohl Kubrick einen Pilotenschein besaß, ließ ihn Zeit seines Lebens die Flugangst nicht los. „Ich mag Flugzeuge, aber ich mag nicht in ihnen sitzen", erklärte er. „Irgendwann wurde mir der große Risikofaktor beim Fliegen bewußt, und seither fliege ich nicht mehr". Er lebte zurückgezogen in einem großen Landhaus im Norden Londons und vermied die Kontakte mit der Bilderfabrik Hollywood, für die seine Filme entstanden. Seit 1968 hatte er nicht mehr amerikanischen Boden betreten und gab als Erklärung nur an: „Ich hatte keine Zeit". Interviews gab er nur selten, die wenigen Preise, mit denen er ausgezeichnet wurde, ließ er von anderen entgegennehmen. Nur wenn er einen neuen Film vorstellen mußte, dann stellte er sich den Fragen der Journalisten und Kritiker mit freundlicher Offenheit, ohne sich dabei allzusehr in die Karten sehen zu lassen.

Manchmal indes wurde die Auseinandersetzung zwischen dem Regisseur und den Journalisten auch für beide Seiten ein wenig strapaziös, so etwa im Fall des acht Stunden dauernden Interviews, das Vertreter der Zeitschrift BOOKS mit ihm anläßlich von 2001 geführt, und von dem sie am Ende, nach dem Recht zur letzten Kontrolle, das sich Kubrick ausbedungen hatte, nur gerade vier Antworten übrigbehalten hatten. Unter der Überschrift „Der territoriale Imperativ des Stanley Kubrick" veröffentlichte die Zeitschrift auf dem Platz, der für das Gespräch reserviert worden und nun vakant war, den immer wiederholten Satz: „Wir haben gerade acht Stunden damit verbracht, Stanley Kubrick zu interviewen". Dazwischen die übriggebliebenen Sätze des Regisseurs: „Ich möchte eigentlich nicht über den Film sprechen". („Wir haben gerade acht Stunden damit verbracht, Stanley Kubrick zu interviewen. Wir haben gerade …") „Es dauert ein Jahr, bis ein Gedanke ein solches Besessenheitsstadium erreicht, daß ich weiß, was ich wirklich damit machen kann". („Wir haben gerade acht Stunden …"). „Das Gefühl der Erfahrung ist das Wesentliche, nicht die Fähigkeit, sie in Worte zu fassen oder zu analysieren". („Wir haben gerade …") „Man muß darauf vorbereitet sein, Berichtigungen vorzunehmen" („Wir haben gerade acht Stunden damit verbracht, Stanley Kubrick zu interviewen.") Zum Bild des manischen Perfektionisten paßt das andere Bild des Stanley Kubrick, das Bild des kontaktscheuen Hypochonders, der von der Angst besessen schien, sich irgendwie zu infizieren (ein Jack D. Ripper, der nicht die Kommunisten, sondern die ganze Welt verdächtigte, den eigenen Körper zu vergiften) oder zu viel von sich zu verraten. Stanley Kubrick, so hieß es, habe nach dreißig Jahren im englischen Exil immer noch nach „amerikanischer Zeit" gelebt, seine Arbeitsstunden in die Nacht und seinen Schlaf in den Tag verlegt. Belegt ist immerhin, daß seine Schwester ihm regelmäßig Videokassetten mit den wichtigsten Footballspielen sandte. Sein selbstgewähltes Exil in Hertfordshire habe er, so hieß es, über Jahrzehnte hinweg nicht verlassen. (1997 machte die Nachricht die Runde, Stanley Kubrick sei in verschiedenen englischen Orten gesehen worden; es stellte sich jedoch heraus, daß es sich dabei – passend für diesen Regisseur – um ein Double handelte).

Die merkwürdigsten phobischen Kulte wurden dem Regisseur in Bezug auf seine Katzen nachgesagt, die dem Vernehmen nach nur Evian-Mineralwasser bekamen, während eine von ihnen in einem aseptischen Raum gehalten worden sein soll. Noch nach seinem Tod machten einander überbietende Kubrick-Legenden die Runde. Aber wieviel von alledem Mythisierung und Selbstmythisierung ist, wird sich vollends nicht mehr erschließen lassen. Die kolportierte Geschichte, daß Kubrick beim Autofahren einen Football-Helm trage und seinem Chauffeur verbiete, schneller als 50 km/h zu fahren, dürfte immerhin einigermaßen widerlegt sein (Kubrick stellte jedenfalls in einem Interview mit dem *Spiegel* klar, er habe gar keinen Chauffeur und fahre selber einen Porsche 928 S); seine Furcht vor Insekten wird wohl auch nicht so weit

gegangen sein, Hubschrauber mit Pestiziden über seinem Garten kreisen zu lassen. Und das Hyper-Kontroll-Syndrom charakterisiert Kubrick selber als Mythos: „Das ist die Mär vom verrückten Wissenschaftler. Ich sitze da, eingekreist von Computern und Maschinen, und kontrolliere die ganze Erde. Ein zweiter Dr. Mabuse."

Kubrick war kein Regisseur für die gängige Ware des *Mainstream*, aber auch kein „Autorenfilmer". Er mußte stets lange nach den geeigneten Stoffen suchen. Er arbeitete am liebsten mit dem, was er ironisch selbst „vorfabrizierte Ideen" nannte, aber bei ihrer Umsetzung war er der totalste Filmemacher, den es je gegeben hat. Daß diese Arbeitsweise indes geradezu prädestiniert war, mit seinen Drehbuchautoren während und vor allem nach der Zusammenarbeit zu Konflikten zu führen, liegt auf der Hand. Manche von ihnen rächten sich auf die eine oder andere Weise, indem sie ihre eigenen Beiträge zur großen, grotesken Kubrick-Legende beisteuerten. Er überwachte nicht nur Kamera und Schnitt, sondern auch Verleih und Projektion, bis hin zur Gestaltung des Werbematerials. Als ihn der Drehbuchautor Frederic Raphael in seinem Haus besuchte, um die Arbeit an EYES WIDE SHUT zu besprechen, fand er auf dem Boden eines Zimmers ausgebreitet Zeitungen aus Djakarta. Warum er sich so für Indonesien interessiere, fragte ihn der Autor. Und der Regisseur antwortete: „Nichts besonderes. Ich habe nur die Anzeigen für FULL METAL JACKET kontrolliert, um mich zu vergewissern, ob sie die vertraglich zugesicherte Größe haben". Kubrick „entließ" seine Filme nicht, wie es andere Regisseure machen, die nach getaner Arbeit ihre Filme ihren eigenen Weg gehen lassen; er verfolgte ihre Spuren, sorgte bei ihrer Synchronisation für entsprechende Übertragungen, er wachte beinahe eifersüchtig über sie. Nicht nur der Perfektionist sprach da, der sein Werk in jeder Projektion – natürlich vollkommen zu Recht – in seiner Vollendung präsentiert haben wollte, der dem Ort Kino wenigstens ein Minimum der handwerklichen Redlichkeit und Leidenschaft abverlangen wollte, die er in seine Filme gesteckt hatte, sondern auch der Einsame, der seine Beziehung zur Welt durch seine Filme in jeder Phase kontrollieren will, der, selbst hier noch, Furcht vor der „Infektion" hat.

Zu den Legenden seiner Produktionsweise gehören die zahlreichen Takes, die er auch für „einfache" Szenen benötigt. Fünfzig bis neunzig Aufnahmen waren die Regel. „In einer Szene", erinnert sich Scatman Crothers an die Dreharbeiten zu SHINING, „mußte ich aus einer sogenannten Schneekatze aussteigen und über die Straße gehen. Kein Dialog. Vierzig Einstellungen. Dann ließ er Jack Nicholson über die Straße gehen. Kein Dialog. Fünfzig Aufnahmen. Als Shelley, Jack und das Kind über die Straße gehen mußten, machte er 87 Aufnahmen. Mann, er will immer wieder etwas Neues und hört nicht eher auf, bis er hat, was er sich vorstellt".

Kubrick selber hat diese Vorgehensweise freilich damit erklärt, er müsse in der Regel mit Schauspielern arbeiten, die es nicht verstünden, sich richtig vorzubereiten. „Man merkt bald, daß am ersten Drehtag nichts Gescheites zustande kommt, verliert eine Stunde um die andere. Und man denkt, okay, vielleicht fange ich besser einfach zu drehen an. Dann drehe ich, weil vieles verkehrt ist, die gleiche Szene wieder und wieder, in der Hoffnung, es könnte hier und da ein Fitzelchen Richtiges unter dem vielen Falschen sein. Am Ende eines solchen Tages habe ich dann vielleicht wirklich sechzigmal die gleiche Einstellung gedreht, um mir anschließend die richtigen Schnipsel herausfischen zu können. Dann aber passiert folgendes: Der Schauspieler geht am Abend nach Hause, gibt dann vielleicht ein Interview und erzählt, was Mr. Kubrick für ein phantastischer Regisseur sei, der eine Szene hundertmal drehe. Was er nicht erzählt: Warum ich sie so oft drehen mußte". Daß Stanley Kubrick tatsächlich nicht gerade nachsichtig mit seinen Schauspielern umging, zeigt indes der Dokumentarfilm THE MAKING OF THE SHINING, den Kubricks Tochter Vivian drehte. Da sehen wir einen Regisseur am Werk, der von allen Beteiligten bedingungslose Unterwerfung unter den „Masterplan" des Filmes zu verlangen scheint, der die Atmosphäre nicht ein einziges Mal mit einem Scherz oder einer Aufmunterung auflockert und der Schauspielerin Shelley Duvall relativ deutlich zu verstehen gibt, daß sie ihm gehörig auf die Nerven geht. (Shelley Duvalls brillante Darstellung einer Hysterikerin scheint schließlich nicht zuletzt direkter Ausdruck einer vor allem vom Regisseur selbst erzeugten Stimmung am Set zu sein.)

Den Perfektionismus und seine paranoide Bedrohung hat einmal Jack Nicholson liebevoll-sarkastisch beschrieben: „Stanley versteht sich besonders gut auf den Ton – aber das tun eine Menge anderer Regisseure auch. Stanley hingegen ist auch gut, wenn es darum geht, einen neuen Galgen fürs Mikro zu entwerfen. Und er ist gut, was die Farbe des Mikros angeht; und er ist gut, was den Händler angeht, von dem er das Mikro gekauft hat; und er ist gut, was die Tochter des Händlers angeht, die eine Zahnkorrektur braucht". Das Titanische und die kleinen absurden Ängste entsprechen einander perfekt, jedes neue Filmvorhaben brachte Kubrick (und nicht wenige seiner Mitarbeiter) an den Rand des Zusammenbruchs. „Jeder Film verlangt alles, was man ihm geben kann, um die künstlerischen und gedanklichen Probleme, die er stellt, zu überwinden", meinte der Regisseur in dem zitierten Interview.

Nicht das „verrückte Genie", wohl aber den besessenen Perfektionisten erkennen wir in diesen Legenden ebenso wie in seinen Filmen, in denen kaum Platz zum Atemholen scheint. Es ist, als hätte sich die Legende vom „Herrn von Hertfordshire" schützend um eine Arbeitsweise gelegt, die dem Kino stets das Äußerste abverlangt. Und Kubrick-Legenden konnten gar nicht unsinnig genug sein, um von Fans und Verächtern gleichermaßen aufgenommen zu werden. Eine der letzten dieser Legenden, ob wahr oder nicht, faßt noch einmal zusammen, wie er sein Werk verteidigte: Als EYES WIDE SHUT den Verantwortlichen von Warner Bros. vorgeführt wurde, mußte der Vorführer den Film einlegen, Schärfe und Bildrahmen einstellen, und dann mit dem Rücken zur Projektion verharren.

Aber wer, um Himmels willen, konnte der Autor all dieser Kubrick-Legenden sein? Zum Beispiel der Legende, er habe bei THE SHINING den kleinen Darsteller des Danny in Dutzenden von verschiedenen Kleidungsvarianten dieselben Szenen spielen lassen, nur um am Ende beim Schnitt eine möglichst große Auswahl von Farbkombinationen zu haben. Das ist natürlich purer Nonsens, zumal bei einem Regisseur, der so genau mit Farben und ihren Beziehungen zueinander umzugehen weiß wie Stanley Kubrick. Oder die Legende, für Ryan O'Neal seien in der Garderobe bei BARRY LYNDON nicht weniger als fünfzehn Perücken bereitgehalten worden. Es waren in Wahrheit und sehr vernünftigerweise gerade zwei, nebst drei Haarteilen zum Einflechten. Es gab keine Dreharbeiten nach 2001, bei denen nicht Nachrichten von neuerlichen Anfällen von Gigantomanie und Hyperperfektion ausgestreut wurden. Wir vermuten: Der PR-Abteilung werden sie selten ungelegen gekommen sein, und der Künstler Stanley Kubrick, ansonsten ein durchaus scharfer Kritiker, reagierte ausgesprochen milde darauf. Er war geborgen in diesen Legenden, ein wenig unberührbar.

Denn all das, die Legende vom bizarren Eigenbrötler und das Bild des wissenschaftlichen Perfektionisten, scheint vor allem eines zu verhindern, nämlich Stanley Kubrick als „autobiographischen" Regisseur zu verstehen. Der Mensch Kubrick hat sich so gründlich entzogen, daß man nur ein monomanes Monster zu sehen meint, ungeachtet all der Berichte seiner Mitarbeiter, die sich von ihm zwar enorm gefordert, immer aber fair behandelt und vor allem in die Vorbereitungen und Recherchen miteinbezogen sahen. Kubrick wollte als Person nichts scheinen; 25 Jahre lang erschien er stets in der mehr oder weniger gleichen Aufmachung: eine dunkle Hose, ein weißes Hemd, schwarze Schuhe, Bart und nicht allzu sorgfältig gekämmtes Haar. „Er braucht nicht mehr als eine Hose und acht Kassettenrecorder zum Glücklichsein", sagte seine Frau in einem *Rolling Stone*-Interview.

Stanley Kubrick war kein Regisseur, wie Milena Canonero, die Kostümbildnerin bei A CLOCKWORK ORANGE, BARRY LYNDON und SHINING berichtet, der sich mit seinen Mitarbeitern „an einen runden Tisch setzte, um mit ihnen die Botschaften und Absichten seiner Filme zu diskutieren", aber auf der anderen Seite akzeptierte er die Kompetenz und die Phantasie seiner technischen *Crew* und ließ sie mehr von ihren Ideen einbringen als es die kritische Legende will. Als Wolfgang Staudte die Regie der Synchronisation bei A CLOCKWORK ORANGE mit Jörg Pleva als Stimme von Alex (mit erheblich mehr Aufwand und Sorgfalt, als es die Synchronisation in Deutschland in der Regel erlaubt) durchgeführt hatte, bedankte sich der Regisseur in einem Brief: „Die Stimme Jörg Plevas ist in der Rolle des Alex sogar überzeugender als die englische Originalbesetzung Malcolm McDowell!" (Diese Euphorie hatte freilich eine leicht irritierende Konsequenz: Staudte übernahm die Synchronregie auch bei BARRY LYNDON und THE SHINING, und Pleva sprach dabei die Rollen von Ryan O'Neal und Jack Nicholson und stellt dadurch auf der Tonspur eine merkwürdige Kontinuität des Kubrick-Helden her.)

Kubrick hat sich, eine Besonderheit unter den Regisseuren, immer Gedanken darüber gemacht, wie ein Film nicht allein in der Synchronisation von einer Cinematographie in die andere zu übertragen sei. Um zum Beispiel den Titel von DR. STRANGELOVE, OR HOW I LEARNED TO STOP WORRYING AND LOVE THE BOMB in die verschiedenen Sprachen der Länder zu übertragen, in denen Synchronfassungen laufen sollten, ließ er 14 Sprachforscher und Übersetzer aus Oxford konferieren. Die Diskussionen erwiesen sich indes als ausgesprochen schwierig: Nachdem nach zwei Tagen immer noch keine den Regisseur befriedigende Lösung für die französische Version gefunden war – es blieb dann bei DR. FOLAMOUR, OU COMMENT APPRENDRE À AIMER LA BOMBE – erklärten die beiden französischen Experten: „Etwas verlieren Sie bei dieser Übersetzung auf jeden Fall, Monsieur – nämlich uns". Als längste und poetischste Übersetzung des ursprünglichen Titels erscheint im übrigen das japanische HAKESENO ILJONA AIJO MATAWA WATASHIWA IKANISHITE SHINPAI SUNUNED YAMETE GENBAKU AISURU YONI NATTAKA.

Kubrick war indes mehr die Instanz als die Person in seinen Filmen. Er führte einen Feldzug gegen alle Beschränktheit des Kinomachens, sein Bewegungsbild sollte in keinem Augenblick mehr seine Herkunft verraten. Sein Kino ist nicht Abbild, sondern Vision, nicht Beobachtung sondern Gestalt. Und gerade da wird Kubricks Kino, wenngleich alles andere als „autobiographisch", doch wieder Abbildung seines Autors. Denn was das Problem dieses „besessenen" Filmemachers zu sein scheint, jene Perfektion, die in der Konsequenz auch zur Lähmung führen kann, jene Kontrolle, die dem Kino alles Zufälli-

ge und am Ende vielleicht sogar das austreibt, was für andere Filmemacher gerade das Leben in den Bewegungsbildern ausmacht, das ist auch das große Thema seiner Arbeit: Das System und seine Störung. Die Überlagerung von Kreis und Schachbrett (eine mehrdimensionale Abbildung des unmöglichen mathematischen Problems der „Quadratur des Kreises"), die Spaltung als Reaktion auf den Plan, oder allgemeiner: das Leben als irrationale Antwort auf die Idee und umgekehrt.

Während man bei, sagen wir, Alfred Hitchcock beinahe unendlich interpretieren kann, was das frivole, kokette, tückische und vielleicht auch zärtliche Verhältnis zwischen dem Bild und dem Blick anbelangt (dieser Regisseur liebte es so sehr, unsere Gefühle in Bewegung zu versetzen, daß uns nichts anderes übrig blieb, als ihre neuen Bewegungen zu verstehen), während man die mehr oder weniger dunklen Seiten des Regisseurs in seinem Werk variieren und reflektieren kann, während man bei Federico Fellini oder Martin Scorsese alles glücklich durch eine Person hindurch, oder umgekehrt, eine Person durch die Filme hindurch, sehen kann, sind Stanley Kubricks Filme genaue Essays um eben jene „gedanklichen Probleme", von denen der Regisseur spricht. Filmkritische Verve muß sich bei ihm mit der Genauigkeit verbinden. Es sind Filme eines Menschen, der sich unentwegt und bis ins kleinste Detail „etwas gedacht" hat.

Nie hat Kubrick versucht, eine (seine) eigene Geschichte zu schreiben und zu verfilmen; ständig war er auf der Suche nach den Büchern, die ihm die Grundlage für seine Filme geben würden. „Es kostet mich immer mehrere Jahre, um eine Story zu finden, von der ich glaube, daß sich ein Film daraus machen läßt". Er mißtraute den Autoren von Originaldrehbüchern (ließ neben Woody Allen, François Truffaut und Ingmar Bergman gerade noch den Orson

Welles des CITIZEN KANE gelten), und verbrachte die Zeit zwischen seinen Projekten mit der intensiven und reflektierten Suche nach dem neuen Stoff.

Warum gibt es keine Person Stanley Kubrick, die jenseits seiner Filme oder durch sie hindurch sichtbar würde? Eine einfache Erklärung: Seine Filme waren sein Leben. Was außerhalb ihrer stattfand, war nur ein geborgenes Nichts, das Leben in einer Familie von Menschen, die sich nur als Künstler verstehen konnten. „Ich bin glücklich – manchmal – wenn ich Filme mache. Zumindest bin ich unglücklich, wenn ich keine drehe". Und Stanley Kubrick hat seine Filme selbst als Kunstwerke respektiert, er hat Filme nicht gemacht wie andere, die durch ihre Filme hindurch gehen, als ein *work in progress*, sondern nach einer Vollendung gesucht, die, vielleicht, dem Medium eigentlich nicht eingeschrieben ist. Die Kunst des Vorläufigen, des Fragmentarischen, die Kunst, die selber nach immer neuer Montage verlangt, wurde bei Stanley Kubrick zu einer endgültigen Form. Ein Vorgang von absurder Poesie, beinahe so, als wollte jemand am Telefon das letzte Gedicht der Welt schreiben.

Eben dies hat Kubrick die gewiß nicht unberechtigte Kritik von Theoretikern und vor allem von anderen Filmemachern eingebracht, die im Kino eher die Dokumentation eines menschlichen, kommunikativen oder auch etwas frivolen Vorgangs sehen (wie es François Truffaut einmal leichthin formuliert hat: Daß Filmemachen nichts anderes sei, als „mit hübschen Frauen hübsche Dinge zu machen"). Und das, was Umberto Eco einmal – sich auf Federico Fellini beziehend – als das „offene Kunstwerk" bezeichnet hat, sind Kubricks Filme gewiß so wenig wie sie kaleidoskopisch in der Art von Akira Kurosawa sind. Zwar läßt uns der Regisseur mit unseren eigenen Gedanken durchaus allein, er schreibt gewiß keine Deutung vor, aber die Form ist streng, die

Bei den Dreharbeiten zu SHINING

Konsequenzen der Methode unerbittlich und jedes Detail dem künstlerischen Willen des Regisseurs unterworfen.

Wahrscheinlich ist es daher nicht vollkommen falsch, zu behaupten, daß jeder Film Kubricks zwar einerseits ein gewaltiger innovativer Schritt in Sprache, Technik und Philosophie des Films war, darin zugleich aber auch ein angestrengter und anstrengender Schritt zurück in eine Vergangenheit des Kunstwerks, zurück in jene Zeit, in der das Kunstwerk die einzige Hoffnung, die Erlösung der Gesellschaft in der Ästhetik, die Selbsterlösung des Menschen im Genius, wie wir sie seit mehr als hundert Jahren verstehen oder vor allem mißverstehen, zu liegen schien. Jeder Kubrick-Film ist auch ein Gleichnis auf diese Sehnsucht, im Kunstwerk über sich selbst hinaus zu gelangen und einer Produktion der Einsamkeit darin. Müssen wir uns nicht vorstellen, Stanley Kubrick selber könne nicht viel anders leben und arbeiten als der unglückselige Jack Torrence im Hotel *Overlook* von THE SHINING, nur daß er, statt seine Familie zu massakrieren, einen Film im Kopf zustande brachte, den er dann mit der unerbittlichsten Willensanstrengung mit seinen Mitarbeitern auch realisieren würde? Eine Klischee-Vorstellung, gewiß. Aber ist nicht jeder groß- und spätbürgerliche Künstler – jener Künstler, der statt die Grenzen zwischen dem Leben und der Kunst zu öffnen, sich die Kunst zur eigenen Metaphysik zieht – von Klischees umstellt, die ihn schützen, ein wenig Karikatur, ein wenig Mystizismus? Es ist das Wesen dieses Künstlers, daß er isoliert ist, und daß er das eigene Werk mit einer Mischung aus Erhabenheit und Grauen betrachtet. Der Mensch dient dem Werk und nicht umgekehrt. Stanley Kubrick sprach in seinen Interviews, auch in den freundlich und verständig geführten, niemals über Erfahrungen, über etwas, das die Wahrnehmung des Menschen Stanley Kubrick verändert hätte, sondern über Ideen und Absichten.

Kubricks Filme haben die Gegner, die sie verdienen: Jacques Rivette, der ihm seine Kälte vorwarf, Godard, der ihn der „Effekthascherei" zieh, Achternbusch, der ihn einen „Kino-Idioten" nennt und doch von seiner Faszination nicht vollkommen schweigen kann: „Irgendwann habe ich aufgehört, seinen Schmarren anzusehen und zu bewundern".

Und wenn es auch kaum ein Werk eines Filmschöpfers gibt, das so häufig mit dem Begriff „bildmächtig" beschrieben wurde wie das von Stanley Kubrick, so gibt es auf der anderen Seite auch keines, das so entsetzt ist vor der Macht, die Bilder über den Menschen haben können. Es sind Zeichen, die die Menschen zum Aufbruch bringen, Worte, die sie in ihrer Gegenwart festhalten, Visionen, die sie in ihre Zukunft führen, und Bilder, die sie wieder in ihren barbarischen Ursprung zurückfallen lassen. Jeder Film von Stanley Kubrick geht über die Geschichte des Bewegungsbildes hinaus und stellt sie zugleich in Frage. Die Rolle des solitären Genies scheint dieser Ausgangsposition durchaus angemessen (so wie das Lächeln des Buddha bei Jacques Rivette und das Spiel des Clowns bei Jean-Luc Godard die angemessenen Verhaltensweisen für die persönliche Darstellung ihres Stils sein mögen).

Kubrick hat stets mit liebevollem und mißtrauischem Blick beobachtet, was aus seinen Filmen wurde. Das war nur zum einen Ausdruck einer artistischen Egomanie, zum anderen gehörte es zu der Sehnsucht des Regisseurs, das Kino in den Rang einer für sich respektierten Kunstform zu erheben, und so konnten es nur Minimalforderungen sein, die Filme mit den richtigen Lampen im Projektor, mit funktionierenden Lautsprechern und bis zum letzten Bild gezeigt zu sehen. Würden wir akzeptieren, wenn bei „Rigoletto" die Beleuch-

tung ausfallen, eine Arie vergessen oder ein Sänger nuscheln würde? Bei BARRY LYN-DON kümmerte er sich, über sein System der Leute „seines Vertrauens", um den technischen Standard aller Abspielstellen; während der Auswertung von 2001 fand er Zeit, des Nachts einen Kinobesitzer in einer Kleinstadt des amerikanischen Mittelwestens anzurufen, um ihn darauf hinzuweisen, daß einer seiner Projektoren falsch eingestellt sei (und wenn es nicht wahr ist, dann ist es doch wirkungsvoll erfunden), und noch 1997, als man ihn auf dem Filmfestival von Venedig ehrte, untersagte er es, eine synchronisierte Fassung von A CLOCKWORK ORANGE zu zeigen (obwohl er auch hier, wie bei allen Synchronisationen seiner späteren Arbeiten, selbst beteiligt gewesen war). Kubrick beschäftigte eine Reihe Leute seines Vertrauens, die die Vorführbedingungen seiner Filme zu kontrollieren hatten – er zog persönlich die Aufführungsgenehmigung zurück, als ihm

hinterbracht wurde, daß die Projektionslampen eines Kinos in Rom zu wenig lichtstark waren. So hat er seine Filme, die er liebte, begleitet. Umgekehrt, so will es die Legende immerhin, hat er Zeit seines Lebens versucht, den Film FEAR AND DESIRE vernichten zu lassen, was nur deshalb mißlang, weil er die Rechte an ihm nicht zurückerwerben konnte.

Wenn Regisseure wie François Truffaut oder Martin Scorsese von sich mit Fug und Recht behaupten können, der Film sei ihr Leben, – sie leben durch den Film, und ihr Leben wird durch den Film sichtbar – so ist Stanley Kubrick, nach allem, was wir von ihm wissen, einer, der das Kino an die Stelle des Lebens gesetzt hat. Seine Biographie, sein Körper ist nur noch unbedeutendes, sich entziehendes Anhängsel. Auch darin folgt Kubrick dem Ästhetizismus der späten k.uk.-Zeit, der das Verschwinden des Menschen hinter dem Werk provoziert. „Ich bin Literatur, und alles, was ich bin, ist Literatur", hat Kafka einmal gesagt. Und Stanley Kubrick wollte – zumindest für die Öffentlichkeit – nichts anderes sein als seine Filme.

Aber vor allem ist Kubricks Abgeschiedenheit, die er sich auch insofern leisten konnte, als er sehr gut gelernt hatte, daß seine künstlerische Unabhängigkeit als Voraussetzung den ökonomischen Erfolg hat, die Grundlage für eine Arbeitsweise wie die seine. Alles ist dem Film selber untergeordnet, während umgekehrt sein Nimbus von den Verleihern als Marktargument verwendet werden kann: Die lange Vorbereitung, die Exzentrik, das Genie. Wenn Kubrick nicht so gewesen ist, wie seine Legende erzählt, hätte er gut daran getan, sie zu erfinden.

Die Familie, in der Kubrick sich zurückziehen konnte, ähnelte offensichtlich einer offenen Künstlergemeinschaft. Kubricks dritte Ehefrau Christiane Harlan ist als Malerin über den Insider-Kreis hinaus bekannt, und die Töchter, Katharine, Anya und Vivian, arbeiten als Musikerinnen und Komponistinnen, Schauspielerinnen und Künstlerinnen. Die Abgeschiedenheit hieß nie Einsamkeit, es war nur eine strikte Trennung vom „Betrieb", die einen Künstler anfällig für Kompromisse macht.

Zeit seines Lebens hat er sich nicht nur geweigert, Interpretationen seiner Arbeit zuzulassen, sondern auch moralische Verantwortung für sie zu übernehmen. „Ich glaube nicht", erklärte er in einem Interview mit Penelope Houston und Philip Strick im Jahr 1971, „daß irgendein Kunstwerk eine andere Verantwortung übernimmt, als Kunstwerk zu sein". Gibt es eine größere?

Fear and Desire

Stanley Kubrick ist einer der großen Künstler der Angst in diesem Jahrhundert. Was sofort in den Sinn kommt, wenn man an seine Filme denkt, sind Panoramen von überwältigender Schönheit, komisch-poetische, höchst unerwartete Verbindungen von Bild, Bewegung und Musik – und der Blick auf menschliche Gesichter, die vor Entsetzen, Grauen, Haß und Furcht entstellt sind. Es ist ein und derselbe Schrei, der die Gesichter seiner Soldaten in PATHS OF GLORY oder FULL METAL JACKET zeichnet, den Gewalttäter Alex, der in A CLOCKWORK ORANGE selbst zum Opfer wird, den Astronauten im stummen Kampf mit der Maschine in 2001, die mörderische Familie in THE SHINING.

Was die Kritik an Kubricks Filmen anbelangt, so haben sich dafür einige Schlüsselbegriffe herausgebildet. Schnell war man stets bei der Hand, ihn einen „reaktionären Pessimisten" zu nennen, seine Filme „inhuman", kalt und mechanisch. Tatsächlich möchte man keine allzu warmherzigen Filme von jemandem erwarten, der rundheraus erklärt: „Mit der menschlichen Persönlichkeit ist schon von Natur aus etwas nicht in Ordnung". So absurd dieser Satz auch schon in sich sein mag, er ist zugleich eben das, was Religion, Philosophie und Wissenschaft in Gang setzt.

Kubrick selbst verweist auf einen Satz von Joseph Conrad: „'Der Mensch, obwohl ein Schwächling, ist oft auch noch ein Narr': Das scheint mir eine zutreffende Beobachtung zu sein. Und wenn man das in seinen Filmen zeigt, ist man kein Misanthrop, sondern ein genauer Beobachter". Man kann diesen Satz vielleicht so auf Stanley Kubricks Filme erweitern: Der Mensch, obwohl schwach und dumm, wird oft auch noch in Situationen getrieben, deren unerbittliche Konsequenzen selbst die Stärksten und Klügsten überfordert hätten. Natürlich ist dies eine Konstitution, die zugleich grausam und komisch ist.

Ein Pessimist? Ein Menschenfeind? Der Genius auf der Suche nach jenem „Gesamtkunstwerk", das uns schon bei Richard Wagner verdächtig werden mußte? Aber all diese Vorwürfe treffen viel weniger auf die Haltung des Regisseurs Kubrick zu, als sie Teil jener philosophischen Probleme sind, die er behandelt.

Das wohl zentrale Problem aller Kubrick-Filme ist die Frage nach der Entscheidungsfähigkeit des Menschen, nach der Chance, die sein Geist hat gegen die Mächte, denen er ausgeliefert ist, sei es die Computer-Intelligenz wie in 2001, eine bewußtlose Historie wie in BARRY LYNDON, eine psychologische Konditionierung wie in A CLOCKWORK ORANGE, ein wahrhaft erbarmungsloser Umbau der Person durch militärischen Drill in FULL METAL JACKET, das Zusammentreffen des persönlichen Wahns mit dem Wahn als politischem System wie in DR. STRANGELOVE, den inneren Dämonen oder auch der Dämonologie der Kleinfamilie in THE SHINING, dem Unterdrückungsstaat wie in SPARTACUS. „Pessimistisch" ist Kubrick wohl insofern, als er nicht eindeutig beantwortet, ob der Mensch oder sein Schicksal, das Subjekt oder was ihm entgegensteht, Anlaß und Ursache des Scheiterns ist. Weder den Menschen als Individuum noch als Gattung läßt er triumphieren über das, was er sich als Schicksal gezogen hat. Umgekehrt wird der Mensch aber auch nicht aus der moralischen Schuld entlassen, seine Suche nach einer metaphysischen Erklärung geht ins Leere. Was sich ergibt sind daher, in Filmen wie 2001, A CLOCKWORK ORANGE oder FULL METAL JACKET, enge Kreisbewegungen zwischen den Kräften der Konditionierung und den freien Entscheidungen (der Gewalt, die als strukturelle empfunden und empfangen wird, und der Gewalt,

die als individuelle und archaische weitergegeben wird).

Der „visionäre" Stil Kubricks ist dabei durchaus nie, wie viele Kritiker gemeint haben, entweder der reine Selbstzweck, oder eben jene Schönheit, mit der sich der pessimistische Künstler aus den moralischen Fallen seines Metiers ins Transzendentale der Ästhetik verabschiedet. Kubricks Stil scheint mir viel eher jenem verwandt, den Friedrich Nietzsche meint: „Die Lehre vom Stil kann einmal die Lehre sein, den Ausdruck zu finden, vermöge dessen man jede Stimmung auf den Leser und Hörer überträgt; sodann die Lehre, den Ausdruck für die wünschenswerteste Stimmung eines Menschen zu finden, deren Mittheilung und Uebertragung also am meisten zu wünschen ist". Es gibt zweifellos jene „Kubrick-Stimmung", also das dem Hitchcockschen Spielen mit den Emotionen der Zuschauer wie auf einem Instrument diametral entgegengesetzte Schaffen des metaphorischen Bild-Raumes für das, was Kubrick das „gedankliche Problem" seiner Filme nennt. Der „Ästhetizismus" bei Kubrick ist kein Selbstzweck, sondern eine besondere Form der Spiegelung. Ihre Schönheit ist nicht nur Kontrast zur „schwarzen" Aussage, sie ist die Erweiterung der Empfindung, der, nach dem Tod der Götter und nach dem Verschwinden der großen Erzählungen, einzig verbliebene Raum der Transzendenz.

Angst und Begehren bilden eine kreisförmige Bewegung: Wer dem Begehren folgt (Barry Lyndon so sehr wie Alex DeLarge) erreicht automatisch irgendwann das Reich der Angst, und im Reich der Angst finden alle, von Jack Torrance bis Private Joker, Bilder ihres Begehrens. Die lächerliche Apokalypse von DR. STRANGELOVE wird durch nichts anderes ausgelöst, als dadurch, daß sich beständig das Begehren und die Angst in die Quere kommen und beim entscheidenden Charakter, bei General Jack D. Ripper, sogar zu einem Kurzschluß gekommen sind: Er hat vor seinem eigenen Begehren Angst.

Die Angst (und die Gewalt) der Männer in Stanley Kubricks Filmen ist zweifellos nicht allein durch ihre Isolation bestimmt, sondern in ebenso hohem Maße durch ihre Sexualität. Man könnte sie im freudianischen Sinne gewiß als die Angst vor Impotenz und Kastration verstehen, und dafür gibt es genügend heftige und starke Bilder: der kleine, sexuell wie sozial versagende George in THE KILLING, der, selber todgeweiht, sein Pistolenmagazin auf die untreue Frau entleert; Humbert Humbert in LOLITA, der seinen Rivalen durch das Bild einer Frau hindurch erschießt; General Jack D. Ripper, der den Weltkrieg auslöst, weil er befürchtet, die Kommunisten könnten seine Körpersäfte vergiften und die Frauen würden seine Kraft zersetzen; die sexuelle Frustration von Jack Torrance in THE SHINING; die Sexualisierung der Waffen bei den Rekruten in FULL METAL JACKET; der lange schwere Traum des Helden von EYES WIDE SHUT, ausgelöst durch Eifersucht, der sein Begehren zunehmend in Furcht verwandelt. Aber die Angst steckt auch im Grunde der sexuellen Gewalttäter wie Alex in A CLOCKWORK ORANGE und der Verführer wie in BARRY LYNDON. Der Weg führt diese Helden ganz buchstäblich nicht zur Frau, sondern durch die Frau hindurch und am Ende in den Tod.

In Kubricks Filmen wird, durchaus nicht ohne Pathos, die Frage nach dem Subjekt in einer Welt gestellt, die zwar Regeln und Determinanten, aber keine wirkliche Transzendenz mehr kennt, und deren einzige Heiligung jene Nietzscheanische ewige Wiederkehr ist, der gegenüber Zarathustra zuerst einmal seinen Ekel überwinden mußte, bevor er zum „Ja-Sager", zum „Segnenden des Subjekts" werden konnte, das seinen eigenen Himmel (und seine eigene Hölle) hat. Und wie Nietzsche von seiner Philosophie spricht als ein Gelangen in einen eisigen Raum, in dem nur der frei denkende Mensch die klare Luft genießen kann, so sind auch Kubricks Filme gelegentlich von dieser eisigen Kälte eines ästhetisch-philosophischen Raumes, in dem der Mensch, jenseits von Gut und Böse, mit sich selber vollkommen allein ist. Die wütende Hoffnung Nietzsches auf diese Transition des Menschen teilt Kubrick indes offensichtlich nicht. Wenn seine Charaktere am Ende gelegentlich in einer Form „wiedergeboren" werden, die mit dem „gewöhnlichen" und historischen Menschen nicht mehr identisch sind, dann scheint dies am ehesten in einer Form der Karikatur, am wenigsten als Erlösung oder Befreiung zu geschehen. Angst und Begehren aber scheinen verschwunden, wenn der gewalttätige Mann als Bild (THE SHINING), als Sternenkind (2001), als vollkommene Einheit des Menschen und seiner sozialen Maschinen (A CLOCKWORK ORANGE, FULL METAL JACKET) wiedergeboren wird. Sie sind „geheilt" wie der Gewaltkünstler Alex, sie haben keine Angst mehr, wie Private Joker in der Schlußeinstellung von Kubricks Vietnamfilm sagt, sie sind „aufgewacht" wie Bill in EYES WIDE SHUT. Geheilt und ohne Angst, so müssen sie verschwinden.

Es gibt in kaum einem filmischen Werk solche klaren und kalten Bilder von Einsamkeit (nicht: vom Alleingelassensein), im Weltraum, auf dem Schlachtfeld, in den Labyrinthen des Hotels Overlook. Und diese Einsamkeit wird umso unerträglicher, als es von irgendwoher immer einen Blick gibt, der die Menschen beobachtet, eine böse Parodie des Transzendentalen, des „Gottesblicks", unter dem der Mensch das Eisige seines Lebens erkennen muß, und in dem er sich noch einmal von seinen Dingen entfernen muß. Nicht das Labyrinth in THE SHINING ist so grausam, sondern der Blick des potentiellen Mörders darauf; nicht der Computer als manifeste

Machtmaschine bedroht die Astronauten in 2001, sondern der Blick seines Kameraauges, das durch sein *lip-reading* noch die Intimität der menschlichen Kommunikation in der Sprache durchdringt, nicht die Drohungen der Geheimgesellschaft in EYES WIDE SHUT, sondern die Blicke durch die Masken hindurch. Während wir uns in A CLOCKWORK ORANGE an dem bösartigen Blick von Alex infizieren, überlagern sich in FULL METAL JACKET der Blick des Zuschauers und der Blick der Scharfschützin auf ihre Opfer, bis sie schließlich vollkommen zur Deckung gebracht werden. Wir erschrecken immer wieder vor diesem kalten und eindringenden Blick in Kubricks Filmen, der so große Ähnlichkeit mit dem des Kinozuschauers hat. Und fast dankbar sind wir, wenn dieser Blick nicht auf einem Menschen, sondern auf einer Form ruht.

Die Kritikerin Pauline Kael hat, wie so oft, dafür einen hübschen Satz gefunden, der so vieles zu erklären scheint, und dann doch am Wesentlichen vorbeigeht: „Für Kubrick sind Menschen widerlich und Dinge entzückend". Das Ding aber, in der Philosophie und mehr noch in der Komposition des Bewegungsbildes im Kino, ist mehr als der Gegenstand in der alltäglichen Wahrnehmung, es ist ein Bedeutendes, das erst in seiner Beziehung zum Menschen zu leben beginnt. Daher ist Kubrick alles andere als ein ornamentaler Filmemacher, und auch keiner, der, wie Fellini, sein Entzücken über die belebte Welt der Dinge mit den Augen eines Kindes Ausdruck verleiht; das Ding bei Kubrick ist eben das, was den Menschen transformiert. Oder, um es mit Ralph Waldo Emerson zu sagen: „Immer ist der Gedanke vereint/Mit dem Ding, das als sein Ausdruck erscheint". Deshalb sind, vom Knochen zum Raumschiff in 2001, von den scheinbar so widersprüchlichen Zeichen, die Alex und seine *Droogs* in A CLOCKWORK ORANGE benutzen, bis zur Einrichtung des Hotels

Overlook in THE SHINING alle Dinge in Kubricks Filmen Ausdruck von Ideen. Sie sind weder bloßes Kompositionselement, noch Verfremdung, noch, wie man von Quiltys Villa in LOLITA oder vom *War Room* in DR. STRANGELOVE gesagt hat, bloße Charakteristika einer Situation. Die Dinge leben in diesen Filmen so sehr wie Kubricks Menschen in einem Noch-nicht-Leben befangen sind.

Nein, jener Ekel, der Zarathustra übermannte, wird erst in den Dingen überwunden, die das Menschliche spiegeln. Es ist wahr: In Kubricks Filmen kommen die Menschen gleichsam stets „am Rande" vor; sie erscheinen winzig, zum Verschwinden verurteilt gegenüber dem majestätischen Raumschiff in 2001 oder den prachtvollen Landschaften und Bauten in BARRY LYNDON, sie werden verschluckt von den Ruinen in Hué, der eisigen, erhabenen Kälte der Berge in THE SHINING. In alledem sind die Menschen wie kleine, verlorene Punkte; am Beginn jeder Kubrick-Anordnung steht die Erkenntnis von der Kleinheit des Menschen, der gleichwohl exakt der „blinde Fleck" im Bild ist, jener Punkt, der zugleich den Blick auf sich zieht, der selber blickt, der das Bild verändern wird. Der Mensch steht, ganz buchstäblich, nicht im Zentrum seiner Welt in Kubricks Filmen, und wenn er sich doch dieses Zentrum des Bildes erobert, zerfällt er auch schon, wird Auge, Schrei, Zerfließendes zwischen Mechanik und Organischem. Aber wenn es ihn nicht gäbe, gäbe es auch das Bild nicht. Wir sind immer wieder in Situationen versetzt, die an japanische Tuschezeichnungen erinnern, das „Vorhandene" bekommt erst seine Harmonie durch die Gegenwart des leeren Raumes.

Kubricks Filme müssen daher so „grandios" sein, damit der Mensch überhaupt noch wahrgenommen werden kann, und damit gleichzeitig wahrgenommen werden kann, welche Rolle er in dieser Welt spielt, nämlich die des umherirrenden Individuums, das so wenig Zentrum seines Bildes wie Zentrum seiner Geschichte werden kann. Je mehr er sich als Subjekt begreifen lernt, desto mehr verliert der Kubricksche Mensch an Vertrauen, so scheint er immer ein wenig am Rande seiner eigenen Story zu stehen.

Wenn in Kubricks Filmen Menschen so häufig nur noch wie Punkte wahrzunehmen sind – Wendy und Danny im Labyrinth in THE SHINING, der Astronaut in 2001, der das Raumschiff verlassen hat, die Menschen von BARRY LYNDON – dann kann man dies durchaus auch grammatikalisch verstehen: Es ist das Ende, das, was zwischen zwei Sätzen steht. Und es ist der Punkt, an dem das Bild sich bricht, der Spiegel seinen Sprung erhält.

Aber gerade diese Marginalität, in der Filmsprache Kubricks der Wechsel von höchster Distanz und höchster Intimität (wenn seine Menschen von der Entfernung zur Nähe kommen, erscheint dies immer als verzweifelter Angriff, ein Angriff auch auf unseren Blick), macht auch ihr Hauptproblem deutlich, das Kubrick in einem schönen, lapidaren Satz erläutert: „Mangelhafte Verständigung ist ein Thema, das sich in einigen meiner Filme wiederfindet".

Die Frage des Subjekts entwickelt sich an einer Bewegung, die zugleich der Weg des Begehrens und Opfergang ist. Kubricks Helden sind Suchende, die in der Suche das Selbstopfer als eigentlichen Sinn entdecken. Aber da sie kein Bezugssystem außer sich haben, wissen sie nicht, wie das Opfer zu vollziehen sei, sie transformieren sich, ohne sich zu verändern. Es sind Ausgeschlossene – und darin hat man doch immer wieder einen „biographischen" Bezug in Kubricks Filmen zu konstruieren versucht –, die in einen sozialen und architektonischen Raum eindringen, dort für Unruhe sorgen, bis der Raum sie wieder aus-

stößt. Ist dies nicht die Erfahrung des Künstlers, der der Gesellschaft, die er beschreibt, ja, der seinem eigenen Werk nicht angehört, sich am Rand behauptet wie jener Velázquez, der sich in „Las Meninas" aus seinem Bild nicht vollständig vertreiben lassen will, und dabei ein Werk endloser Spiegelungen und Spaltungen anrichtet? Oder ist es gar eine Erfahrung, wie Frederic Raphael argwöhnt, die von Kubricks sonst so wenig thematisiertem jüdischen Lebenshintergrund herrührt? Der Ausgestoßene, der hinein will und dort drinnen nur das Entsetzlichste oder, schlimmer, das Trivialste erleben kann, wie die Astronauten von 2001 ins Zentrum der Technokratie, Barry Lyndon in die Aristokratie, der Arzt von EYES WIDE SHUT in die erotische Geheimgesellschaft und seine Wiedergeburt nur als endgültig Einzelner erleben kann – es ist in jedem Fall ein konsistentes Menschen-Bild im Kubrick-Kosmos: Ein Ich, das sich nach dem vergeblichen Versuch, Teil eines Wir zu werden, auflösen muß, statt der anderen seinem Schatten und seinen Spiegelungen, seinen eigenen Dämonen begegnet.

Ohne Zweifel: Kubricks Filme sind von „offenem Ästhetizismus" (Kay Kirchmann) und ein optimistisches Ende kann man nicht einmal der Wiedergeburt des Menschen im Weltraum von 2001 zuordnen. Sie sind philosophisch, aber nicht diskursiv. Sie kündigen den Pakt des Kinos mit dem positiven Wissen.

Nichts wäre absurder, als den Filmen von Stanley Kubrick eine „Meinung" des Regisseurs entreißen zu wollen; der Außenseiter, der in einen Raum hineinblickt und in der eisigen Kälte der Raumlosigkeit zu sich kommt, ist nicht das „Thema" der Filme – wie, sagen wir, der nach Heimat suchende und sie verfehlende Mensch Thema der Filme von John Ford ist –, worum es geht, ist sein Blick.

Der Traum, die Moderne und das Genre

Stanley Kubrick erzählt keine Liebesgeschichten. Er erzählt keine Rachegeschichten. Keine Bewährungs- und keine Initiationsgeschichten. Er erzählt nach den Regeln der populären Kultur also streng genommen überhaupt keine Geschichten. Was er erzählt, folgt weniger der Logik der Legende als der Logik des Traums, und darin weniger des chaotisch-wunscherfüllenden Traums, wie wir ihn von Sigmund Freud kennen, sondern eher der des archetypischen Träumens, wie es C.G. Jung beschreibt (Träume in vier Akten, nebenbei: Einführung, Verdichtung, Transition und Coda: als müßten wir nicht jeden Film von Stanley Kubrick nach diesem Rhythmus sehen!).

Und dennoch benutzt er dazu nicht nur die Genres, er greift mit seinen Filmen auch in die Geschichte der Genres ein, und er überschreitet ihre Grenzen, indem er ihre Grundlagen in Frage stellt. Daß seine Filme in der einen oder anderen Weise den Genres zugehören (und zugleich stets die Meisterwerke ihres Genres werden) macht, daß Kubrick zwar als größter künstlerischer Techniker des Kinos gilt, nicht aber als autonomer Künstler. Vincent LoBrutto indes erklärt: „Das Schlüsselelement für seine Filme ist der Umstand, daß zuerst das Genre kommt, und danach die Frage, was damit gemacht werden kann, damit etwas Neues entsteht, so, als wäre jeder Film Kubricks ein Experiment zur Neuerfindung eines Genres. Das einzige, das er nicht erneuern konnte, war der Western, und dies wäre ihm beinahe mit dem Marlon Brando-Film ONE-EYED JACKS gelungen."

Aber natürlich ist dieses Motiv – „ein Genre in der Krise zu betrachten und es auf eine neue Ebene zu heben" (LoBrutto) – nur eine Facette in einer Arbeit, die auch in sich selbst eine Kontinuität der Motive, Stimmungen und Methoden hat. Ein Ku-

brick-Film verhält sich zu seinem Genre offensichtlich auf drei Arten: als Summe, als Endpunkt und als Transzendierung. Nicht aber, und das scheint zunächst einen seltsamen Punkt der Anti-Moderne in Kubricks Arbeit zu bezeichnen, als seine Negation. Kubricks Filme sind nicht Teil jener „neuen Wellen", in denen das Kino seine Tauglichkeit zur Moderne ausprobierte, sie sind stattdessen eher konservativ in dem Bemühen, das Unerhörte in einer Form auszudrücken, die den Regelverstoß nicht als ästhetische Tugend für sich akzeptiert. Er verweigert sich den „Sackgassen der Moderne" (Michael Ciment) und wird dadurch, im postmodernen Blickwinkel, gleichsam automatisch zu so etwas wie einem *fake classic*, einem Vollender von Formen, die nicht mehr identisch sind mit den Empfindungen.

Tatsächlich verhält Kubrick sich da wieder ein wenig wie ein Schachspieler, der alle erdenklichen Partien kennt, um die eine, zugleich vollendete und überraschende, spielen zu können. Er verändert nicht die Spielregeln (wie es ein „Autorenfilmer" wohl tut), aber er findet Züge, die vor ihm noch niemand gewagt hat, gerade weil sie das Wissen um so viele andere Züge in sich tragen. Anders gesagt: ein Filmemacher sucht in der Regel eben jenes Bild, jene Einstellung, jenen Montageschritt, der ihm als einziger angemessen erscheint. Bei Kubrick sind, wie im Spiel, stets auch die Alternativen mitgedacht; und jeder Schritt in seiner Komposition will alles mögliche, nur nicht verleugnen, daß er durch eine Entscheidung zustande gekommen ist. (Auch dies erklärt ein wenig von der Arbeitsweise des Regisseurs: akribische Vorbereitung einerseits – Anhäufung von Wissen und möglichen Problemlösungen, sodann aber dazu nur scheinbar im Widerspruch, Experimentieren mit einer Vielzahl von Möglichkeiten andererseits – wie eben der fünfzig Möglichkeiten, über die Straße zu gehen.)

Wenn Kubrick die Ikonographie und die „Probleme" von Genres übernimmt, dann in der Regel ohne ihre Erzählungen und vor allem ohne ihre Mythologien. .

In der Mythologie eines Genres wird in der Regel eine („typische") Person – oder eine Gruppe von Personen – in ihren cinematografischen Medien, im Raum und in der Zeit, entwickelt. Bei Kubrick ist dieses Verhältnis nicht so eindeutig. Er stellt vielmehr den Raum, die Zeit und die Person in verschiedene Beziehungen zueinander, ohne eine eindeutige Priorität oder Hierarchie zu errichten. Die Welt ist bei ihm, so scheint es, weder durch das Auge eines Menschen gesehen, noch recht eigentlich für den Menschen erschaffen. Raum und Zeit erweisen sich als dem Menschen ebenso kalt und abweisend, wie die Menschen untereinander der Gewalt nur fähig sind.

Kubrick „verwendet" das Genre also weniger, er zerlegt es erst einmal. Und die Akte der Zerlegung sind bisweilen höchst komplex ineinandergeschachtelt, wie in THE SHINING, oder sie sind in klaren Partien strukturiert, wie in FULL METAL JACKET. Wenn es richtig ist, wie Peter Handke sagt, daß im Kino aus einem Problem ein Genre wird, so wird wohl umgekehrt in Stanley Kubricks Genre-Filmen aus dem Genre das Problem zurückgewonnen. Und jene Bilder, die magischen Momente, in denen die historischen und biografischen Widersprüche aufgehoben sind, die Bilder, auf die das Genre stets „hinauswill", das sind bei Kubrick die Ausgangsmaterialien: sie werden auf ihre Fähigkeit hin befragt, einen Sinn in der Geschichte zu konstruieren. Und sie müssen ihn verweigern.

Das Genre, ob Gangsterfilm, Science Fiction, Historienfilm oder Horror, betreibt seine Erzählung, um seinen archaischen, sozialen und psychischen Gehalt möglichst perfekt zu verbergen, es antwortet auf seine Probleme tautologisch (auf die Frage, warum etwas so ist, antwortet es: weil es immer so ist). Kubrick dagegen wendet sich zu einer Innenansicht der Genres; ihre zentralen Mythen halten dem aufgespaltenen Blick nicht stand. Seine Filme behandeln das Genre wie eine Krankheit, und was dabei als erstes zerstört wird, ist die überkommene Moralität der Genres. In seinen Kriegsfilmen werden wir nicht die sorgfältige Scheidung zwischen den guten Soldaten und den bösen Offizieren finden, in seinen Science Fiction-Filmen gilt nicht, was das Genre so konservativ macht, nämlich der Kampf des geknechteten Menschen gegen die Übermacht der zukünftigen Technik, in seinem Horrorfilm wird das Abgespaltene nicht bezwungen. Wenn jedes Genre einen kulturgeschichtlichen Grundwiderspruch auf eine mythische Weise behebt – kurz gesagt: mit der Angst auch das Begehren bezwingt – dann treiben Kubricks Genre-Filme den Widerspruch wahrhaft unbarmherzig voran. Sie enden nicht mit der (Er-) Lösung, sondern mit der Resignation. Und gerade dort, wo der traditionelle Genre-Film seine mythische Lösung anbietet, da blickt Kubricks Film in einen Spiegel und zerlegt Ikonographie und Mythologie bis zum endgültigen Bruch zwischen der Person und ihrer Welt. Weder kann das Gute vom Bösen geschieden werden, noch kann das Opfer des Einzelnen seinen Sinn im Fortschritt des Ganzen sehen. Die Illusion des Genrefilms, daß sich *story* und *history* zur Deckung bringen lassen, wird verweigert. Die Geschichte erweist sich gegenüber dem einzelnen Schicksal vielmehr als vollkommen gleichgültig.

Wiederkehr und Widerspruch

Der Doppelgänger

In einer seiner Foto-Serien für *LOOK* „The Prizefighter" und in seinem späteren Film DAY OF THE FIGHT zeigte sich Stanley Kubrick geradezu besessen von einem merkwürdigen Zwillingsmotiv. Der Mittelgewichtsboxer Walter Cartier, der sich für seine Kämpfe in eine halbe Maschine verwandelt, wird betreut von seinem Zwillingsbruder Vincent, und immer wieder kehrt der Fotograf zu einem Widerspruch der einander so ähnlichen und doch getrennten Brüder zurück: Der eine ist wach, während der andere schläft, der eine ißt und der andere füttert ihn, der eine ist im Ring aktiv als halbnackter Barbar und der andere gebannt und inaktiv beim Zusehen in seiner bürgerlichen Kleidung. Das letzte Bild der Serie allerdings zeigt die beiden auf der Straße, unterwegs nach Greenwich Village. Das harte Licht der Straßenbeleuchtung fällt im Dunkel auf sie, und nun sind sie beim besten Willen nicht mehr voneinander zu unterscheiden. Der eine zieht sich auf einem Hydranten die Schnürsenkel fest, und der andere schaut ihm, wartend, dabei zu. Walter und Vincent Cartier verschwinden in ihrem eigenen *film noir*, der eine der Blick, der andere das Bild. Daß diese Aufteilung eine „pragmatische" zwischen den Brüdern sein mag – im Blick des Bruders muß der Boxer siegen, in diesem Blick aber verletzt auch jeder Schlag den anderen – ist am Ende durchaus wieder fraglich.

Das Motiv des Doppelgängers ist nicht nur Ausdruck jenes „primären Narzißmus", der im Blick nicht das Andere, sondern stets nur sich selbst sehen kann, sondern in der populären Mythologie auch Hinweis auf die Gegenwart des Todes. Genauer gesagt: Die Konstruktion des Doppelgängers ist beides zugleich, eine „primitive" Abwehr des Todes und seine unleugbare Gegenwart.

In DAY OF THE FIGHT wird dieses symbiotische Spiel noch deutlicher: Vincent „salbt" mit großer Sorgfalt den Körper seines Bruders, und aus dem Off-Kommentar erfahren wir, daß sie gemeinsam (mit Walters Hund als drittem Lebensgefährten) in einer Wohnung, einem Zimmer leben. Ein perfektes System, so scheint es, es zugleich der Welt „zu zeigen", und sie aus der narzißtischen Inszenierung auszuschließen. In 2001 ähneln sich die beiden Astronauten, Bowman und Poole (der Schütze und das Ziel) beinahe wie Zwillinge, und sie betonen in ihrer Kleidung diese Spiegelung. Der eine stirbt, der andere überlebt, das ist die „rationale" Lösung. Und ein wenig verhalten sich Poole und Bowman zueinander wie Walter und Vincent Cartier; während Poole joggt und sich im Schattenboxen (!) übt, bleibt Bowman eher passiv und kontemplativ, ein Künstler eher, der sich am liebsten mit seinen Bildern beschäftigt. Es sind Spiegelungen: Bowman ist Rechtshänder, Poole Linkshänder. Ihre Gesichter spiegeln sich in den Bildschirmen, auf die sie blicken. Eine andere „Lösung" könnte es sein, daß der eine im anderen wiedergeboren wird, so wie ja auch Lolita nicht nur für sich steht, sondern auch Wiedergeburt und Doppelgängerin einer gestorbenen Liebe von Humbert Humbert ist.

Der abwesende Blick der Menschen in Kubricks Fotografien ist die Spiegelung dieses Ichs, das nur sich selber lieben kann und daher nicht über sich hinausgelangt. Ein Festhalten an einer kindlichen Entwicklungsphase ist dies, gewiß, wie uns die Psychoanalyse lehrt, vor allem aber ist es auch eine besondere Form der Wahrnehmung: die Welt existiert insofern sie sich im anderen Ich spiegelt, und sie verlischt, wenn es diesen Spiegel nicht gibt. So sehen wir die beiden Cartiers in der Kirche, der eine im Dunkeln, der andere im Licht, wir sehen den einen mit geschlossenen, den anderen mit offenen Augen, und im Ring, so bemerkt es der Kommentar, als wäre das noch nötig, „erscheint es, als wären beide gemeinsam im Kampf".

Wir begegnen in Kubricks Filmen immer wieder diesem gewalttätigen Narziß, der freilich, anders als die Gebrüder Cartier, sein Spiegelbild verloren hat und es entweder zu rekonstruieren versucht, oder die Welt selber zu einem solchen Spiegelbild machen will. Der narzißtische Mensch hat keine Seele, er ist innerlich so leer wie die Maschine „HAL" in 2001, wie Alex in A CLOCKWORK ORANGE, wie der angebliche Schriftsteller Jack in THE SHINING, wie der zur narzißtischen Maschine reduzierte Soldat in FULL METAL JACKET. Daher erscheinen sie wie ein Vakuum, das die Bilder der Außenwelt aufsaugt und zurückspiegelt, ohne ihnen die Konstruktion einer Person entgegenzusetzen.

Kubrick macht aus diesem Motiv des Doppelgängers in seinem Film ein expressives Spiel mit dem Hell und Dunkel (ein wenig sind wir auch hier wieder an das Schachspiel erinnert, in dem jede Figur ihre formhaft identische und farblich konträre Spiegelfigur hat). Die narzißtische Person ist zugleich eine ideale cineastische Figur; sie scheint automatisch nicht allein ins Zentrum der Handlung zu streben, wie der „Held", der seine Aufgabe, seinen Weg und sein Opfer sucht, sondern im Gegenteil im Zentrum des Bildes jenen Spiegel zu suchen, in dem sie sich nur erfahren kann.

Der Mensch begegnet seinem Double. In FEAR AND DESIRE werden ein General und sein Adjutant das Opfer von zwei gegnerischen Soldaten, die hinter die feindlichen Linien gelangt sind; und diese beiden Soldaten werden von denselben Schauspielern verkörpert wie die Offiziere. Der eindrucksvolle Schlußkampf in KILLER'S KISS findet in einem Lagerraum statt, der mit Schaufens-

terpuppen vollgestopft ist: Matrizen für eine verweigerte Individuation (und Vorahnung anderer „Puppen-Frauen" im Werk von Stanley Kubrick, von Lolita bis Lady Lyndon). In SPARTACUS übernimmt der Held die Rolle eines getöteten Legionärs; während am Anfang seiner Legende eine solche Übertragung steht, ist es am Ende eine endlose Multiplikation: Die römischen Sieger verlangen zu wissen, wer Spartacus sei, und einer nach dem anderen der Gladiatoren steht auf und bekennt: „Ich bin Spartacus". Alles in LOLITA scheint danach zu streben, sich zu verdoppeln und sich zu spalten. Das beginnt mit dem Namen des Helden, eine groteske Verdoppelung schon in sich, und es führt zur Auseinandersetzung mit einem Schatten, der ihm und Lolita folgt, mit Quilty. Und ganz ähnlich verhalten sich in A CLOCKWORK ORANGE Alex und der Schriftsteller Mr. Alexander (der andere Alex) zueinander, die sich wechselseitig „kastrieren" und einen spiegelverkehrten Weg von der Opposition in die Korruption gehen.

Aber der Doppelgänger ist nicht nur Abwehr und Gegenwart des Todes, nicht nur narzißtische Selbstvergewisserung eines Menschen, der keine Beziehung von Ich und Welt zustande bringt, sondern auch Projektion der Schuld und der verborgenen Impulse wie beim berühmten Mr. Hyde des Doktor Jekyll. Was in einer Person verborgen ist, das tritt in ihrem Doppelgänger, ihrer Spiegelung zutage. „Tony", das imaginäre andere Ich des Jungen Danny in THE SHINING sieht, was Danny selbst nicht sehen kann, Quilty tut, was Humbert Humbert in LOLITA, will man seinem Gedicht glauben, „niemals tat". In den zueinander spiegelbildlichen Teilen von FULL METAL JACKET wird jeweils getan, was im anderen verborgen ist. Und schließlich wird der Doppelgänger zu einer Instanz der Wahrnehmung; während der eine eher dem Es zugehörig erscheint –

körperlich und handelnd – ist der andere dem Über-Ich zugewandt, er wird zu einer Instanz des Verbotes und der Kontrolle. „Tony" verbietet Danny in THE SHINING über gewisse Dinge zu sprechen, Quilty in LOLITA tritt in den Masken von Autoritäten auf wie dem Psychiater oder dem Lehrer, Alexander nimmt in A CLOCKWORK ORANGE Alex gefangen.

Die Sprache

Kubricks Filme sind Bild-Meditationen, und die am meisten bewunderten Sequenzen seiner Arbeiten sind diejenigen, in welchen nicht gesprochen wird. Aber alle seine Filme sind zugleich höchst literarische Werke, in denen jeder Satz, jedes Wort mit ebenso großer Sorgfalt bestimmt ist wie die Kamera-Einstellung. Das Wort und das Bild verhalten sich nicht dienend und unterstützend zueinander, vielleicht nicht einmal besonders „brüderlich". Es sind gleichwertige Elemente, einander zugeordnet wie Doppelgänger der Bedeutung, Ergebnis einer kulturellen Spaltung vielleicht, nur gemeinsam schaffend und doch dazu verurteilt, sich nie wieder vereinen zu können.

In der Mehrzahl seiner Filme verwendet Kubrick einen Erzähler, manchmal identisch mit der Hauptfigur, wie in LOLITA oder A CLOCKWORK ORANGE, manchmal ein neutraler Berichterstatter, wie in THE KILLING oder BARRY LYNDON. Wenn diese Erzählstimme fehlt, wie in THE SHINING, beginnen wir förmlich danach zu suchen, als müßte sie sich nur besonders raffiniert verborgen haben. Mit seinem Erzähler „befreit" Kubrick das Erzählungsbild nicht zuletzt von überflüssigen Aufgaben der Narration; was nicht danach drängt, Bild zu werden, muß nicht gezeigt werden, nur damit wir den Fluß der Handlung verstehen. Auch deshalb gibt es keine „überflüssige Einstellung" in einem Kubrick-Film.

Der Regisseur selbst erklärt diese Technik sehr handwerklich: „Das dient einfach dazu, um dem Publikum schnell und von Anfang an eine Erklärung zu liefern, um es für das jeweilige Problem aufnahmefähig zu machen ... Das ist alles. Ich bin für jede Technik, die sich als notwendig erweist, um eine Geschichte zu erzählen ... Das hat natürlich nicht nur rein ästhetische Gründe: es ist eine Frage der Wirksamkeit". Vielleicht ist es doch nicht ganz so einfach. Denn in der Regel funktionieren Stanley Kubricks Filme gar nicht nach den dramaturgischen Prinzipien der gewohnten cinematografischen Narration. Die bauen sich in der Regel auf der Abfolge auf: Problem – Retardierung – Climax – Opfer – Lösung.

Kein Kubrick-Film gehorcht diesem Modell. Entweder zeigen seine Filme ein System, das sich selber zersetzt (THE KILLING, PATHS OF GLORY, DR. STRANGELOVE, THE SHINING) oder die Spiegelung von Aufstieg und Fall von Personen und Projektionen (SPARTACUS, LOLITA, 2001, BARRY LYNDON), wobei, wenngleich nicht immer so deutlich wie bei BARRY LYNDON, der Aufstiegs-Teil schon deutlich den des Abstiegs vorzeichnet. System und Störung also, Berechnung und Zufall, Vernunft und Leidenschaft, und nicht Tat und Lösung, Schuld und Sühne: Kubricks Filme „erzählen" gar nicht.

Der Erzähler gibt freilich auch die kreisförmige Art der Handlung vor. Er ist, sehen wir von dem inneren Monolog in KILLER'S KISS oder FULL METAL JACKET ab, nicht in der Zeit der Handlung. Er ist das Zentrum, um das sich der Kreis schließt. Sein Außerhalb verweigert das Mitgefühl, hat aber stets die Kraft der Verstellung und sogar der Lüge. An die *impassibilité*, die „Kaltblütigkeit des objektiven Erzählers", von der Gustave Flaubert spricht, fühlt sich Richard Stradner dabei erinnert. Und tatsächlich: Wie bei Flaubert wendet sich dieser Erzähler nicht nur gegen seinen Stoff, sondern immer wieder auch gegen seinen „Leser". Er akzeptiert ihn nicht als Partner, bleibt passiv und gleichgültig, verführt ihn und stößt ihn ab. Private Joker in FULL METAL JACKET ist schließlich der Erzähler, der (beinahe) nichts mehr zu erzählen hat, einer, der „Bericht erstattet", obwohl er es aufgegeben hat, zum Subjekt seiner Geschichte zu werden.

In den beiden einzigen Filmen, in denen Kubrick auf eine Erzählstimme verzichtet, 2001 und THE SHINING, übernehmen wiederkehrende optische Motive diese Funktion, der Raum selber wird gewissermaßen zum Erzähler. Dieses Element tritt in anderen Filmen, wie BARRY LYNDON gleichsam in Konkurrenz mit dem literarischen Erzähler.

Das Sprachspiel gehört zu den vertrauten Elementen in den Filmen von Stanley Kubrick. So sehr sich die Menschen in ihren Namen zugleich verbergen und kenntlich machen, wie Dr. Strangelove und seine Umgebung, aber auch schon jene Protagonisten aus SPARTACUS, die nicht auf direkte historische Vorbilder bezogen sind, so sehr tragen die Begriffe immer wieder ihren eigenen Widerspruch in sich, bis hin zum paradoxen Titel von EYES WIDE SHUT. Worte sind wie magische Signale, die auf tausendundeine Fährten locken wollen: Was ist ein *Full Metal Jacket* – wirklich nichts anderes als ein *Vollmantelgeschoß*? Oder gehorcht es einer ähnlichen Poetologie wie die „*clockwork orange*". Die Bezeichnung des Menschen als einen Prozeß, in dem sich das Mechanische und das Organische begegnen. Und schließlich tendieren Menschen in Kubricks Filmen dazu, eine Art der Sekundär- und Geheimsprache auszubilden wie das „nadsat" der *Droogs* in A CLOCKWORK ORANGE mit seinen vagen Anklängen an slawische Sprachen, oder jene seltsam anzüglichen Dialoge der Soldaten in FULL METAL JACKET, deren Sinn sich in Teilen nicht vollständig aufklärt.

Codes und „Passwörter" spielen immer eine große Rolle, so als könnte man Worte wie Schlüssel benutzen, Codes wie das

„Poe" in DR. STRANGELOVE oder das „Fidelio" in EYES WIDE SHUT, die anstatt das Problem zu beheben, zu seinem eigentlichen Ausdruck werden.

LOLITA und DR. STRANGELOVE sind die beiden Filme, in denen sich Kubrick beinahe ungehemmt dem Vergnügen einer Swiftschen Nomologie hingibt; jeder Name in diesen Filmen markiert eine abstruse und manchmal obszöne Demaskierung, Namen wie „Turgidson" (turgid = aufgeblasen) oder die Basis Burpelson (to burp = rülpsen) haben ihre Bedeutung offensichtlich, andere, wie der Präsident Muffley in DR. STRANGELOVE oder der Ort Ramsdale in LOLITA scheinen in ihrer Mehrdeutigkeit nicht recht zu ihren Objekten zu passen. Wer möchte einen Präsidenten namens Murkin Muffley haben, dessen Vorname (murky = trüb, undeutlich) auf seine Unzuverlässigkeit und sein Nachnamen (muffel = Vagina oder, anders gesagt: Pussy) seine Feigheit beschreibt (in wessen Blick auch immer). Wahrscheinlich hätte diesen doch so rührend kämpfenden Präsidenten der neue semiotische Barbarismus einfach „Weichei" genannt (sehen wir uns an, was Präsident Weichei alias Bill Pullman in Roland Emmerichs INDEPENDENCE DAY anstellt und laßt uns wütend werden ob der Übermalung einer Kino-Erfahrung: In Filmen wie INDEPENDENCE DAY wird einfach General Turgidson und Dr. Strangelove recht gegeben).

Es sind die Widersprüche, die in Kubricks Spiel mit den Namen zusammenkommen, wie Varinia in SPARTACUS, der zugleich auf ihre sexuelle Natur und auf ihre Reinheit verweist, wie Peatty in THE KILLING, mit dem wir durchaus Mitleid haben können, der aber so klein und bedeutungslos ist, daß er nur als Haustierchen seiner Frau leben kann (von der obszönen Bedeutung des „pea" ganz zu schweigen).

Wie mit Namen, so spielt Kubrick auch gern mit Zahlen; in einer Reihe seiner Filme gibt es Zeitangaben, die sehr eigenartige

Rhythmen vorgeben, in anderen verweisen historische Daten von der *story* auf die *history*. Eine regelrechte Obsession gibt es für die Zahl 114 (die zum Beispiel auf dem Serum aufscheint, das Alex in THE CLOCKWORK ORANGE in die Augen geträufelt erhält); und über die Nummer des ominösen Zimmers 237 in THE SHINING gibt es eine Reihe bizarrer Exegesen.

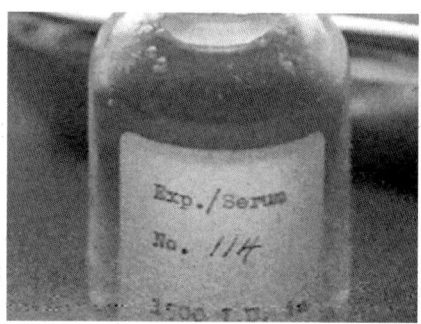

Dreimal greift Kubrick Texte von Autoren auf, die durch die Art der Erzählung den Erzähler als Lügner überführen (Vladimir Nabokov, William Makepeace Thackeray und, mit Einschränkungen, Anthony Burgess), und jedes Mal versucht Kubrick, diesen Sprachgestus als filmischen Gestus zu retten. Diese Denunziation beginnt damit, daß wir den Blicken Humbert Humberts folgen und nicht denen von Lolita, damit, daß ein Film, der BARRY LYNDON heißt, von unendlich vielem, nur fast nichts von dem Menschen dieses Namens erzählt. In A CLOCKWORK ORANGE versucht der Erzähler eben jenes Publikum zu seinen Verbündeten und „Brüdern" zu machen, das sich von seinen im Bild gezeigten Taten so abgestoßen fühlen muß.

Solange sie sich in der Revolte und in der Bedrohung befinden, verwenden Kubricks Helden oft so etwas wie eine sprachliche Selbstschöpfung, eine Geheimsprache. Daß Alex in A CLOCKWORK ORANGE nach *seiner* zweiten Heilung trotz seiner öffentlich ausgelebten Sex- und Gewaltphantasien keineswegs einfach nur wieder da ist, wo er als anarchischer Rebell begonnen hat, ist nicht zuletzt daran zu erkennen, daß er nun das „nadsat" nicht mehr verwendet, so wie auch Private Joker in FULL METAL JACKET nicht im Slang der Marines spricht, wenn er uns von seiner Heilung erzählt.

Das Labyrinth und der hohe Raum.
Stanley Kubricks Filme haben ihre enorme Suggestivkraft, weil sie immer beides zugleich sind, Filme der Bewegung und Filme

des Ortes. Der Schlüssel dafür ist das Labyrinth, ein Ort, und doch nur Anlaß für die Bewegung. Mehr noch – man kennt dies aus eigener Erfahrung: Im Labyrinth beginnt man, je mehr man fürchtet sich zu verirren, zu rennen, obwohl man wissen muß, daß man damit seine Chancen keineswegs erhöht, den Ort verlassen zu können. Je labyrinthischer der Ort (und die Situation), desto schneller die Bewegungen (und desto absurder werden sie).

So bekommt in Kubricks Filmen jede philosophische Frage ihren Ort, der von Ken Adam gestaltete *War Room* des Pentagon in DR. STRANGELOVE, das Hotel *Overlook* in THE SHINING, die Ruinenstadt Hué in FULL METAL JACKET. Zugleich aber sind diese Orte auch immer ihre eigene Dekonstruktion; Kubrick zeigt den Ort im Zustand seines Zusammenbruchs. Der Ort kann dem Menschen keinen Halt mehr geben, er ist nicht mehr sein Ausdruck noch sein Ziel. Der Ort zerstört den Menschen. Dieser Ort produziert Bilder und macht den Menschen blind.

Es gibt zwei primäre Raumerfahrungen in den Filmen von Stanley Kubrick. Da ist zum einen dieses Labyrinth, das den Menschen in immer raschere Bewegung versetzt (eine Raumanordnung, die den Menschen buchstäblich zu Tode hetzen möchte), die Schützengräben von PATHS OF GLORY, das Innenleben des Raumschiffes in 2001, das Buchsbaum-Labyrinth in THE SHI-

NING etc. Auf der anderen Seite gibt es den „hohen Raum", den Saal, in dem der Mensch nur zum Stillstand kommen kann: die Räume des Schleißheimer Schlosses in PATHS OF GLORY, in denen das Schicksal der Menschen verhandelt wird und die Unbeweglichkeit des Systems sich offenbart, der *Louis Seize*-Saal, in dem der Astronaut Dave Bowman von 2001 stirbt, die gigantische Empfangshalle des Hotel *Overlook*, die sich Jack zu seinem „Arbeitsplatz" erkoren hat.

Mit der Konstruktion dieser beiden Räume beginnen das Drama und die Farce der Filme. Die Errichtung dieser Räume beansprucht in der Regel einen gewichtigen Teil der *pre-production*-Arbeit (sieht man einmal von Kubricks persönlicher Vorbereitung ab) und häufig auch einen Löwenanteil des Produktionsbudgets.

Das Labyrinth und der hohe Raum sind einander nur in ihrer Lebensfeindschaft verwandt; der Übertritt vom einen zum anderen bewirkt nur die Spiegelung der Probleme, was sich im hohen Raum, bis hin zum Weltall, entzieht, das konzentriert sich im Labyrinth – Stillstand und Beschleunigung finden keine dialektische Einheit.

Noch einmal, wie in der Beziehung zwischen der Trägheit und der Dynamik, Euphorie und Agonie, und wie in der Be-

Oben der Raum aus 2001, links das Schloß aus PATHS OF GLORY, rechts die Hotelhalle aus SHINING

ziehung zwischen Determination und Freiheit, so gibt es auch eine Beziehung zwischen dem geschlossenen und dem offenen Raum, dem Labyrinth und dem hohen Saal, die eine eigene Transzendenz hervorbringt: Es ist der Raum, der sich selber ausdehnt oder öffnet. Es ist der Raum, der sich gleichsam selbst in Bewegung setzt. Er öffnet sich zum einen nach oben, bis in die Unendlichkeit, wie in 2001, aber schon bis zum Übermenschlichen, Über-Individuellen jedenfalls in PATHS OF GLORY; er ist zum anderen ein sich verengender, saugender Weg, wie die Gänge des Hotels *Overlook*, die immer wieder neue überraschende Wendungen annehmen. In beiden Fällen wird die Determination überschritten; weder in der Weite des unendlichen, aufgelösten Raumes noch in den irrationalen Wegen des Labyrinths ist irgend etwas vorhersehbar.

Beinahe alle Filme von Stanley Kubrick haben im Kern eine apokalyptische Vision. Der Mensch muß sterben, nicht als ein Individuum, das Opfer wird, nicht als Gruppe, die bestraft wird, sondern der Mensch, „wie er ist". Die Zukunft, die auch in den Filmen angestrebt wird, die nicht den phantastischen Genres zugehören, auf die wir uns zubewegen, scheint nichts anderes als das Ende des herkömmlichen Menschen zu sein und dahinter eine Form der Wiedergeburt zu versprechen. Aber was ist dieser Tod und die Wiedergeburt anderes als die ewige Transition zwischen dem hohen Raum und dem Labyrinth? Der Weg, der durch den Tunnel „ins Freie" führt, wie in 2001, oder umgekehrt, der Weg, der aus dem hohen Raum ins Labyrinth führt, wie in THE SHINING.

In vielen seiner Filme werden Menschen behandelt, als seien sie Marionetten oder Maschinen, wie in SPARTACUS, wo die reichen Römer ihren Gladiatoren und Sklaven nicht nur zusehen wollen, wie sie sich gegenseitig erschlagen, sondern auch

beim Sex; die Soldaten sind in PATHS OF GLORY wie Spielzeug in den Händen der Offiziere, ein leichtes Opfer wie auch in BARRY LYNDON. In THE SHINING betrachtet Jack Torrance das Modell des Pflanzen-Labyrinths und sieht, mit einem wahrhaft sardonischen Ausdruck, Frau und Tochter darin. Im *War Room* von DR. STRANGELOVE betrachten die Herrscher der Freien Welt auf ihrem gewaltigen Bildschirm die mit Lichtern vernetzte und labyrinthisierte Welt. Der äußeren Determination also steht eine innere gegenüber, eine gesellschaftlich produzierte. Der hohe Raum beansprucht die Herrschaft über das Labyrinth, und wird doch immer wieder von ihm bezwungen.

Das Panoramatische des Kubrick-Blicks macht daher nicht nur die Marginalität des einzelnen Menschen in der Natur und in der Geschichte deutlich, sondern auch den Mißbrauch des Menschen durch den Menschen. Daher nimmt er am allerwenigsten jene Mittel in Anspruch, mit denen ein Film Identifikation mit den Helden herstellt, sondern vielmehr Distanz. Der Blick aus dem hohen Raum und im Labyrinth, oder aus ihm heraus, treffen sich nie zu einem Dialog; es sind zwei Formen, die Welt zu erkennen.

Wenn General Broulard in PATHS OF GLORY meint, die Männer seien „auf wunderbare Weise gestorben", dann ist da vielleicht nicht nur Zynismus, die Unberührtheit der trägen durch die dynamischen Prozesse am Werk, es ist auch eine andere, eine zweite Wahrheit darin. Auf nicht viel andere wunderbare Weise wird Jack Torrance in THE SHINING sterben; er wird Teil eines Bildes, oder, anders gesagt: Teil der Geschichte, die nicht mehr vergeht, sondern als immer wiederkehrendes Zeichen immer ähnliche Automatismen auslösen wird. Auch die Wiedergeburt von Bowman als „Astralfötus" in 2001 ist nicht so sehr Mythos als Bild der Geschichte.

• Existenz einer gesellschaft. Randgruppe

Geburt und Tod, Einatmen und Ausatmen, Weite und Enge – immer wieder erzählen Kubricks Filme von Situationen, in denen das ineinanderfällt. Neben den Momenten der furchtbaren Stille gibt es jene, die von dem angsterfüllten Ringen um Atem erfüllt sind, der schieren Klaustrophobie. Dem Boxer in KILLER'S KISS wird durch die Schläge der Atem genommen; in PATHS OF GLORY ist es der Gaskrieg, der die Soldaten in den labyrinthischen Schützengräben ersticken soll; der Astronaut in 2001 gerät durch seine absurde Bewegung im Raumschiff als Laufrad in Schweiß und Keuchen (später wird der schwere Atem zur akustischen Leitwahrnehmung); Humbert Humbert in LOLITA raubt der Anblick der *nymphette* zunächst buchstäblich den Atem, und dann wird er an einer Herzbeklemmung sterben, in einer Situation der Angst, die Kubrick in seinen Fotografien für *LOOK* ebenso festgehalten hat wie in den Blicken von Alex' Opfern in A CLOCKWORK ORANGE und später, bei seiner *„re-education"*, in ihm selbst; die Hyperventilation gehört zum Wesen der soldatischen Aktion in FULL METAL JACKET. Das Labyrinth und der hohe Raum sind also nicht nur die architektonischen Pole, in die sich die Gesellschaft, Macht und Blick, teilen, die beiden Wahrnehmungs- und Leidensformen stecken auch in seinem Körper. Das Apollinische des hohen Raumes, der Wunsch des Menschen, zu gestalten, und das Dionysische des Labyrinths, der Wunsch zu empfinden, begegnen einander in ewiger Feindschaft.

Der Geist

Die Grenzen meiner Welt sind die Grenzen meiner Sprache. Aber was bedeutet dies für das Kino? Stanley Kubrick hat sich stets begriffen als ein Filmemacher, der aus dem Geist der Aufklärung die Krise, die Grenzen der Aufklärung beschreibt, eine Krise der Vernunft. Und umgekehrt *erzählen* Kubricks Filme auch von dieser Krise der Vernunft. Eine Krise der Vernunft, deren Op-

fer das Kino ist, zu der das Kino aber auch selbst beigetragen hat.

Das Kino, wenn es nicht sowieso gerade nichts anderes bebildert, als die von der jeweiligen Krisensituation vorgegebenen Probleme zwischen Angst und Lust (*Fear and Desire*), folgt in der Regel der inneren Struktur des Mythos. Er stellt die Fragen eines imaginären, durch die Zumutungen der Welt auf sich selbst zurückgeworfenen Individuums: Wer bin ich? Wo komme ich her? Wo gehe ich hin? Und in derselben Regel gibt das Kino eine individuelle, also „ungeteilte" Antwort, indem es mit den Helden und Heldinnen zwei Dinge gleichzeitig anstellt: Ein Problem wird gelöst, indem ein gesellschaftliches Problem auf einer privaten Ebene seine Antwort findet, die sich – in der melodramatischen Erzählweise des Mediums – immerhin als Abbild und Utopie der allgemeinen Lösung verstehen läßt. (Wie man es nimmt: Ist das Phantasma „She Married Her Boss" die erlösende Ausnahme der Regel oder Vorgriff ihres Falls?) Das zweite ist: Ein historischer Widerspruch wird in den Rang einer allgemeinen, ewigen und natürlichen Situation erhoben. Das Vergangene und das Zukünftige sind nur Variationen des Gegenwärtigen. Oder umgekehrt.

Stanley Kubrick zerbricht den inneren Kino-Mythos, um eine in der Tat unbescheidene Frage zu stellen: Was ist der Mensch? (Fast) alle seine Filme sind Erziehungsgeschichten und zugleich die Kritik daran, eine Untersuchung darüber, wo die gesellschaftliche und historische Konditionierung des Menschen aufhört, und die Selbsterziehung des Menschen beginnt.

Es mag durchaus – wie vielleicht von Arthur C. Clarke intendiert – in 2001 auch um die Idee jener Perfektionierung der Elektronik gehen, die sich gegen den Menschen selber nicht so sehr als terroristisches System richten muß, sondern als das Bessere gegenüber dem Antiquierten, in Kubricks filmischer Philosophie ist der Computer HAL (in dessen Name das *Hail* ebenso wie *Hell* spukt, nicht weniger aber auch ein makaber-freundliches „Hallo") wie reiner Geist (jenseits der Imagination).

In Kubricks Filmen begegnen wir der Intelligenz auf ebenso faszinierende wie bedrohliche Weise. Es sind gerade die intelligentesten Menschen in seinen Filmen, von denen die größten Gefahren ausgehen; die Intelligenz führt, so scheint es, immer zu Freiheit und Gewalt gleichzeitig. Es ist der Geist, der seine „Helden" isoliert.

THE SHINING

In den meisten Filmen Kubricks gibt es aber auch den anderen, den reinen Geist, der erbitterten und vergeblichen Widerstand gegen die Korruption leistet. Bourgon in PATHS OF GLORY bedauert den Colonel Dax als einen „Idealisten, der nicht an einer Beförderung interessiert ist"; in KILLER'S KISS wirft Glorias ehemaliger Geliebter ihr vor, „zu den Idioten" zu gehören, „die ihr Leben auf der Liebe aufbauen wollen, statt auf dem Geld". Halorann in THE SHINING bricht zur Rettung der mörderischen Familie auf und wird gleich bei der Ankunft ermordet. Am Beginn der inneren Katastrophe von EYES WIDE SHUT steht ein Impuls zur Offenheit, ein Wunsch nach einer Wahrheit, für die der Mensch nicht vorbereitet ist. Die „Idealisten", die Humanisten, wenn man so will, sind freilich so rar wie untauglich in Kubricks Universum. Ihre Option erweist sich als Illusion, wie Dax' rationale Verteidigungsrede für die zu opfernden Soldaten in PATHS OF GLORY, wie Mr. Alexanders liberaler Ansatz in A CLOCKWORK ORANGE, wie Private Jokers verschwimmende Distanz zu seinem Apparat in FULL METAL JACKET.

Das Bild, das Auge und der Blick

Es ist das Auge, durch das tritt, was das Böse in der Welt nur sein kann. Alex und seine *Droogs* in UHRWERK ORANGE unterstreichen mit ihrem Wimpern-Make-Up

den sadistischen Impetus ihres Blicks, HAL in 2001 wird zum Konkurrenten des Menschen durch das rote (Kamera-)Auge, vor dem die Astronauten hilflos erscheinen, (und in diesem Moment erleben wir auch eine absurde Situation in unserem eigenen Blick: ein Kamera-Auge, das in ein Kamera-Auge starrt!). In THE SHINING ist es der Blick des Kindes, der das verborgene Böse des Ortes offenbart. Es ist der Blick Humbert Humberts auf Lolita, mit dem der Abstieg beginnt. Durch das Auge wird die Welt zur Hölle; es zerstört den reinen Geist. So auch blicken die Duellanten in BARRY LYNDON in die Mündungen ihrer Gegner, nicht nur in den Augenblick der größten Angst, sondern auch in den eigenen Abgrund, in den Tod im Blick eines Spiegels, eines Doppelgängers.

Kubrick filmt sozusagen aus dem Auge und in das Auge; immer wieder sieht er den Blick im Bild gespiegelt, nicht zuletzt in den Bildschirmen, wie in 2001, wo die Astronauten in ihren Fernsehapparaten „The World Tonight" sehen, vor allem aber ihre einander so verwandten Physiognomien. Und am Ende ist die heftigste Spiegelung der Blicke im Blick jener Kubricksche Bruch mit den filmischen „Regeln", nach denen die Schauspieler nicht direkt in die Kamera sehen dürfen, um die geschlossene Welt ihrer „Realität" nicht zu zerstören. Nur Komiker dürfen das, wenn sie hilfesu-

THE SHINING

chend oder triumphierend zum Publikum blicken, wie der Kasperle, der sein Publikum in die Suche nach dem Schatz und die Flucht vor dem Teufel miteinbezieht. Daher sind diese Augenblicke, im Zentrum von Filmen wie THE SHINING oder FULL METAL JACKET, am Beginn von A CLOCKWORK ORANGE, wo die Protagonisten direkt in die Kamera, direkt in unseren Blick sehen, stets beides, grotesk und furchtbar, hypnotisch und absurd.

Das Auge ist das gefährlichste Organ in Kubricks Filmen; es ist, im Freudschen Sinn, Verlängerung, Ausdruck und Ersatz des Phallus' als Waffe, und es ist zugleich das Gefährdetste. Es ist der Wunsch, sehen zu wollen, und die Unfähigkeit, zu verstehen, was man sieht, was Kubricks Helden in ihre Ver- und Zerstörung führt, so wie der Held von EYES WIDE SHUT, gleichsam vertrieben aus dem heimischen Glück, von einem maßlosen Verlangen zu sehen getrieben wird. Und die Augen hinter den Masken, der Blick, der sich keinem Bild mehr öffnet, erscheint dabei nicht weniger erschreckend als unser Blick in das rote Auge HALs in 2001.

Wenn wir noch einmal, ohne die Analogie über Gebühr zu strapazieren, die Filme von Stanley Kubrick mit dem Schachspiel vergleichen, so gibt es den signifikanten Blickwechsel zwischen wiederkehrenden Einstellungen: der Blick auf das Spielfeld, immer wieder die Rückwärtsfahrt von der Situation einer Spielfigur auf die größere strategische Lage; gerade in seinen Bildern von militärischen Inszenierungen und Schlachten ist diese Verwandtschaft überdeutlich, von PATHS OF GLORY bis BARRY LYNDON. Die Figuren werden gesetzt und geführt, und in diesem Blick scheint alles Subjekthafte aus ihnen gewichen, jeder Gedanke sich gegen die Regeln zu verhalten. Sodann gibt es den Blick in das Gesicht des Spielers, so subjektiv, forschend, immer auch eine Grenze der Intimität und Schicklichkeit überschreitend, wie der andere objektiv erschien. Und nur allzu oft offenbart sich in diesem Blick die Erkenntnis der Niederlage, die aus der Spielanordnung selbst noch nicht gewonnen werden kann. Schon bevor sich auf dem Schlachtfeld die Niederlage vollzieht, sehen wir sie im Blick von Spartacus; schon bevor es zum blutigen Endkampf in THE SHINING kommt, sehen wir das Grauen im Blick von Hallorann; und daß sein Spiel verloren ist, im Blick auf Barry Lyndons Gesicht. Jack Torrance in THE SHINING sieht auf das Modell des Labyrinths, in dem sich seine Frau und sein Sohn befinden, wie ein Schachspieler auf das Brett, in bösem Triumph, aber zugleich so gebannt, daß er die Spieler nicht mehr sieht. Auch die riesige beleuchtete Weltkarte in DR. STRANGELOVE, auf die die Menschen im *War Room* blicken, ähnelt dem Blick auf das Schachbrett, und auch hier bekommen die Spieler die beiden Blicke nicht mehr zur Deckung, um so vieles größer ist das Spiel als die Spieler.

Ganz anders verändern sich die Perspektiven, wenn es um die Blicke zwischen Männern und Frauen geht. Zum einen suchen sie den Blickkontakt offenkundig eher über Bilder und Spiegel als in der direkten Begegnung. Wenn die rivalisierenden Männer, die Brüder- und Vatermörder in Kubricks Filmen, abwechselnd Spieler und Spiel fixieren und sich vergeblich mühen, aus den beiden Wahrnehmungen ein „Ganzes" zu formen – was sich ästhetisch als Komposition des „Filmischen" und des „Fotografischen" zeigen mag – dann bricht der Blick des Mannes auf die Frau das Bild in der Geste des Blickes selber. Genauer gesagt: Wenn Kubricks begehrende und angsterfüllte Männer die Frau ansehen, dann sieht sie nicht zurück. Humbert Humbert sieht – „eindringlich", wie man so sagt – auf Lolita, und deren Blick geht weit weg, der ganze Körper scheint an diesem Abwenden beteiligt. Schon Varinia in SPARTACUS hat diesen abwesenden Blick gegenüber dem begehrenden Mann. Alex in A CLOCKWORK ORANGE betrachtet als „Fetischist" den Körper seines weiblichen Opfers, aber ihre Blicke begegnen sich nicht, während er umgekehrt den Mann zwingt, seine Schandtat und sein Opfer genau anzusehen. In BARRY LYNDON wird der Held von seiner ersten Geliebten beim Kartenspiel fixiert, aber von da an treffen sich dieser männliche und weibliche Blick nicht mehr, und auch mit Lady Lyndon nimmt er nur Blickkontakt über dem Spieltisch auf; später wird auch ihr Blick unter dem seinen in weite Ferne weichen (um ihn nur noch ein Mal, in der Szene, da er für seine Verfehlungen um Verzeihung bittet, zu „erkennen".) Der gleiche Vorgang wiederholt sich freilich auch in umgekehrter Richtung; wenn die Frau den Mann anblickt, wie die Witwe Haze ihren neuen Mann in LOLITA, entfernt sich dessen Blick. Der Wahn von Jack Torrance in THE SHINING hat nicht wenig damit zu tun, daß seine Frau ihn „sieht" (schon in der ersten Szene, in der wir die beiden zusammen sehen, in der langen Fahrt zum Hotel *Overlook*, blickt Wendy Jack lange forschend an, und Jack verweigert sich diesem Blick und starrt in die Ferne der Landstraße). Und ist nicht der Blick der Scharfschützin in FULL METAL JACKET die grausamste Wiederkehr eben jenes weiblichen Blicks auf den eigenen Körper, den (nicht nur)

Kubricks Männer so angestrengt zu vermeiden suchen? Wenn Kubricks Paare tanzen oder sich umarmen, verlieren sie sich aus dem Blick; sie sind an einem Punkt, an dem sie sich zugleich am nächsten und am fernsten sind. Auch darum suchen sie immer wieder nach den Bildern, nach dem Schauspiel.

Der Blick und der Blick im Blick, die Spiegelung, stehen in Kubricks Filmen einer Form der äußeren Blindheit, einem Blick nach Innen gegenüber, den seine Protagonisten schon in FEAR AND DESIRE zeigen. Es ist der Blick jener, die das Bild der Welt nicht mehr ertragen. Es ist der *„thousand yard stare"* in FULL METAL JACKET, ein Blick, den diejenigen nur annehmen, die lange genug „in der Scheiße steckten": „It's like you're really seeing beyond". Die Reise durch Tod und Wiedergeburt führt den Astronauten Bowman am Ende von 2001 durch das in unnatürlichen („negativen") Farben glänzende Auge.

Und dort im Jenseits steht für den, der diesen Blick hat, das Schicksal geschrieben. Es ist der Blick, den Humbert Humbert auf Lolita hat (wie auf eine undurchdringliche Oberfläche, oder ein durchsichtiges Etwas), und der sich in ihrem Gesicht verliert; der Blick, den General Jack D. Ripper annimmt, wenn er von den Grauen seiner paranoiden Bedrohungen durch das florierte Wasser oder durch die Anmaßung der Frauen spricht; der Blick von Jack Torrance auf seine Familie. Es ist der Blick, der zuerst leer wird, um sich dann in wahrhaft namenlose Gewalt zu verwandeln. Der Blick von Barry Lyndon, der als Spion dem Kapitän Potzdorf und dem Polizeichef gegenübersteht, und während er mit ihnen spricht, in eine grenzenlose Leere sieht.

Die Bedeutung des Bildes wird nicht immer in der Anstrengung des Blickes aufgehoben. Es mag entrückt sein, wie die Choreographie der einsamen Tänzerin auf der Bühne in KILLER'S KISS, die erscheint, als die Heldin von ihrer Schwester, eben einer Tänzerin, erzählt. Dieses Bild erklärt die Narration nicht mehr, so wenig wie manche Bilder von Danny in THE SHINING eine Erklärung für das Geschehen abgeben. EYES WIDE SHUT ist insofern Summe und Zusammenfassung dieses Kubrick-Prozesses, als wir jemandem dabei zusehen, dem sich das Bild, je genauer er zu sehen wünscht, zunehmend ins Phantasmagorische entgleitet.

Immer wieder gibt es bei Kubrick Bilder, die von der „normalen" Erzählung nicht gedeckt sind und offenkundig in eine andere Bild-Welt führen. In SPARTACUS sehen wir in der durchaus „schweren" Szene, in der sich das Sklavenheer auf die kommende Schlacht vorbereitet, einen Zwerg, der selbstvergessen mit einem Dackel tanzt. Das ist, einerseits, eine kleine Groteske am Rande eines möglicherweise allzu pathetischen Panoramas, andererseits mag es sogar stimmig im Sinne der Geschichte sein: „Irgendwie scheint diese Szene für eine Sklavenarmee typischer zu sein, als all die Seligkeit, Brüderlichkeit und Liebe" (Daniel DeVries). Aber zum Dritten ist es auch eines derjenigen Bilder, in denen in Stanley Kubricks Filmen der geheimnisvolle Weg nach Innen beginnt.

Die Maschine.
A CLOCKWORK ORANGE – dieser Cockney-Ausdruck für etwas höchst Bizarres, im sexuellen, im ästhetischen wie im logischen Sinn, beschreibt am direktesten das Ineinander des Organischen und des Maschinellen, von dem in Stanley Kubricks Filmen immer wieder die Rede – und mehr noch: das Bild – ist.

Nicht um die Auseinandersetzung zwischen dem Menschen und der Maschine geht es in Kubricks Filmen, sondern um den Widerspruch zwischen dem Organischen und dem Mechanischen; *vita* und *ratio*. Auf der ersten Ebene kann man nahezu alle Filme von Kubrick lesen als die Entwür-fe von perfekten Plänen, die durch die Zufälle des Lebens durchkreuzt werden. Auf der zweiten Ebene behandeln sie die Maschine als Transitionsmedien der Entwicklungsgeschichte: Um sich vom Tier zum Menschen zu entwickeln, muß dieses Wesen die Maschine benutzen, damit aber beginnt er eine zweite Geschichte, die Geschichte der Maschine, die selber die Herrschaft anstrebt. Es ist nicht allein die produzierende Maschine und die Maschine als Waffe, die die Geschichte antreibt, es ist vor allem der maschinelle Anteil der Macht. Teil der Maschine zu werden ist der Wunsch der Soldaten in Kubricks Filmen über den Krieg. Aber diese Maschine weist sie auch wieder ab, sie bedarf ihrer nicht. Wenn die Menschen indes wieder auf sich selbst zurückgeworfen sind, wie Bowman im Weltraum, wie Barry Lyndon, der der militärischen Maschine entfliehen will, wie die Soldaten in FULL METAL JACKET, die nicht mehr wissen, wo sie sind, dann sind sie wieder barbarische Körper. Die Maschine wird selbst zum Doppelgänger des Menschen, aber auch zu einem Wiedergeburtsmedium. Auch Alex in A CLOCKWORK ORANGE wird ja durch eine maschinelle Anordnung geschleift.

Vielleicht macht man es sich ein wenig zu einfach, den *Meta-Plot* der Kubrick-Filme darauf zu reduzieren, wie Michel Ciment es getan hat, daß das Funktionieren des Maschinellen durch die menschliche Unzulänglichkeit gestört wird. Auch gegenüber seinem Umkehrschluß – „Das Wesen des Menschen zwingt Kubrick dazu, den Maschinen zu vertrauen" – wäre ich eher skeptisch.

A CLOCKWORK ORANGE spricht schon im Titel von der Beziehung des Mechanischen und des Organischen im Wesen nicht nur seines Helden, sondern auch seiner Gesellschaft. Eine Apfelsine, die von einem Uhrwerk betrieben wird, ein Uhrwerk, das sich die Form einer Apfelsine genommen hat? Das Maschinelle im Wesen wird immer wieder zu ihrer Verdammnis, so wie Soldaten in FULL METAL JACKET zu Maschinen umgebaut werden, und sie tritt doch auch immer wieder als das Eigene hervor, wie der Computer HAL, dem der Mensch in seiner Körperlichkeit begegnet.

Am furchtbarsten, natürlich, ist diese Maschinisierung des Menschen im Krieg. Immer wieder kommt Kubrick auf diese Verwandlung zurück, in seinen Kriegsfilmen ebenso wie in BARRY LYNDON, wo er – übrigens außerhalb der Thackerey-Handlung – die Schlacht bei Minden zeigt, bei der die britischen Soldaten, wie seelenlose Zinnsoldaten, in kollektiver Amnesie ins Feuer der französischen Feinde marschieren.

Es ist die unsinnigste Mechanik, etwa in PATHS OF GLORY: Ein unsinniger Angriff wird befohlen und von einem Regimentskommandanten ausgeführt. Der Angriff schlägt fehl, doch statt die Schuldigen vom Stab zu bestrafen, sollen die einfachen Soldaten wegen „Feigheit vor dem Feind" büßen; drei Soldaten werden als Exempel angeklagt, und der Regimentskommandant (Kirk Douglas) übernimmt ihre Verteidigung, weil er weiß, daß gerade diese drei alles andere als feige waren. Vergebens, die drei werden hingerichtet. Und den Inszenatoren dieses mörderischen Schauspiels ist es nur allzu klar, daß es sich dabei nicht um ein mythisches Opfer, sondern um eine Handlung zur Aufrechterhaltung der Mechanik handelt.

Wenn also der Mensch immer maschineller und die Maschine immer menschlicher werden müssen, dann ist der Punkt der Katastrophe nicht allein in jenem Blick zu suchen, in dem sich das eine im anderen erkennt, wie der Computer im Menschen in 2001 und umgekehrt, sondern auch in der Umkehrung der Macht: Das Werkzeug, das der Mensch geschaffen hat, um die Welt zu beherrschen, beherrscht nun ihn selber und wird dabei so bedrohlich und geheimnisvoll wie es vordem die Natur war.

Wenn der Vor-Mensch die Natur nicht verstanden hat, so versteht der Mensch seine eigene Gesellschaft nicht, und wenn der Vor-Mensch seine Einsamkeit im Raum erkennen mußte, so der Mensch seine Einsamkeit in der Zeit.

Die Zeit

Sehr einfach könnte man sagen, Stanley Kubricks Filme seien Versuche, die Grenzen von Raum und Zeit zu überschreiten, um damit die Verheißung des Kinos für eine Umformung des Sehens einzulösen. In seinen Filmen gibt es nicht die Erzählzeit, welche die *story* eindeutig mit der *history* verknüpft. Zeit und Raum sind statt dessen zunächst sich mehrfach überlagernde Konstruktionen, „militärische" Pläne, Spielregeln, aber auch eine Überlagerung der zyklischen und der linearen Zeitauffassung. Kubricks Kino ist auf der Suche nach den Bruchstellen zwischen diesen Zeitvorstellungen. Die widersprüchliche Beziehung zwischen der Determination auf der einen, der Freiheit auf der anderen Seite, die in jedem Kubrick-Film aufbricht (und der nicht zu entkommen ist), äußert sich auch in den verschiedenen Zeitauffassungen dabei: der Mensch ist zugleich in der linearen Zeit determiniert und in einer andern Zeit frei. Die Zeit von Quilty ist nicht die Zeit von Humbert Humbert; die Zeit von Parris Island ist nicht die Zeit von Hué; die Zeit im Raumschiff ist nicht die Zeit des Weltalls und die nicht die Zeit der Erde; und wenn wir THE SHINING genau ansehen, dann gibt es darin nicht eigentlich Erscheinungen des „Übersinnlichen" als vielmehr die Überlagerungen der verschiedenen Zeiterscheinungen: Alles, was Torrance oder sein Sohn im Hotel *Overlook* sehen, ist nicht „unwahr", sondern nur nicht in ihrer eigenen Zeit. Bill in EYES WIDE SHUT verliert nicht nur die Grenze zwischen der Wahrnehmung und dem Traum, er taucht im New York von heute auch in eine vollkommen andere Zeit, oder eine

Un-Zeit, in der nichts mehr an seine eigene Lebenszeit erinnert.

Wenn man gesagt hat, das eigentliche „Monster" in THE SHINING sei die Zeit, dann ist in BARRY LYNDON sogar der eigentliche Hauptdarsteller die Zeit. Die Personen werden von ihr nicht mehr aufgenommen.

Ein Meta-Modell für die Kubrick-Erzählung also könnte sein: eine Situation in der linearen, deterministischen Welt, eine Neurose oder ein extremer Streß, eine Beziehungsfalle oder ein unlösbares spielerisches oder philosophisches Problem, eine absurde Begierde oder ein tiefer Verlust, setzen den Menschen so sehr unter Druck, daß er die Grenzen seines „gewöhnlichen" Seins überschreiten muß. Freilich gibt es weder den Himmel noch die Hölle, keine metaphysischen Bilder von Erlösung oder Strafe, sondern ein Weiterleben in einer aufgelösten Welt.

Wenn man Kubricks Filme als Bewegungen auf einem philosophischen Spielfeld begreift, dann scheint es Spielfelder zu geben, die der deterministischen Logik vollkommen gehorchen (jene Augenblicke in seinen Filmen, die wir als satirische und kritische Abbildungen der Welt begreifen), und andere, die vollkommen frei von der Determination, frei sogar von einer Notwendigkeit oder Möglichkeit zur Wahl scheinen (jene Augenblicke in Kubricks Filmen, die wir gern als die „mystischen" bezeichnen).

Wir gelangen sehr häufig über eine Rückwärtsfahrt der Kamera in einen Kubrick-Film, der noch einmal die Beziehung zwischen der Trägheit des Blicks und der Dynamik des Geschehens betont. Von der Trägheit des Blicks von Alex in A CLOCKWORK ORANGE gelangen wir zu den schrecklichen Gewalttaten der *Droogs*; es ist Humbert Humberts Versuch, die Trägheit seines Blickes auf Lolita zu bewahren, und der doch die andere Zeit, die Zeit, in der Lolita ihre Kindheit überschreitet, die

dynamische Zeit, die Quilty bestimmt, als Angriff erleben muß, so wie der Held von EYES WIDE SHUT im zweiten Teil des Films vergeblich darum kämpft, seine Zeit wiederzugewinnen. Mit dieser Rückfahrt der Kamera beginnt aber auch die Welt sich aufzulösen, die beides zugleich ist: die Vervielfältigung der Phänomene und die Vervielfältigung der Blickpunkte. Jene Strahlen, von denen das Gedicht in BARRY LYNDON spricht, die sich immer wieder teilen, während sie den einen Punkt suchen, scheinen die innere Struktur der Filme selbst zu bestimmen, seit in THE KILLING das Geschehen in die verschiedenen Lebenszeiten der Beteiligten aufgesplittet wird und sich in einem Punkt, wohl nicht zufällig gerade dem siebenten Rennen auf der Pferderennbahn, wieder treffen, um sich nach dem Coup endgültig zu teilen.

In der Rückwärtsfahrt gewinnen wir in Kubricks Filmen keine Herrschaft über den Raum, sie zeigt vielmehr die Widersprüchlichkeit der Zeiten auf, bis zu jener ausgeprägten Kamerafahrt in BARRY LYNDON, die uns nichts anderes zu erklären scheint, als daß sich die Zeit der Erzählung und die Zeit des Zuschauens nirgendwo anders als im Unendlichen berühren.

Was sich dort berührt, ist die Zeitempfindung der Stimulation (der Euphorie) und diejenige der Agonie (des Verlöschens). Es sind die Momente der absurden Verwandlungen auf der einen Seite: Dr. Strangelove, der in der Erregung seiner rassistisch-sexuellen Visionen tatsächlich aus dem Rollstuhl aufstehen kann („Mein Führer, ich kann wieder gehen!"), Alex in A CLOCKWORK ORANGE, der erstaunt zur Kenntnis nimmt: „Ich war wirklich geheilt", der dicke Rekrut Pyle, der in FULL METAL JACKET wirklich zur Kampfmaschine wird, oder Private Joker im selben Film, der am Ende die Angst verloren hat, die Geburt des Sternenkindes in 2001. Die „Erlösungsvorgänge" in dieser Konstruktion sind so absurd, daß sie nur als Übergänge zu verstehen sind, als Neubeginn der Helix-Schleife. Denn keiner von Kubricks Helden erlebt seine Rettung in ihrer eigenen Geschichte; sie verschwinden vielmehr aus ihrer eigenen Geschichte und tauchen in einer neuen wieder auf (so wie Jack Torrance, der am Ende seiner Geschichte sterben muß, um dann in einem Bild aus einer anderen Zeit wieder aufzutauchen).

Die beiden Zeitformen aber, die Euphorie und die Agonie, erscheinen uns als Grenzüberschreitungen im Bezug auf die lineare Zeit, die christliche Vorstellung von der „Durchquerung des Jammertales" zwischen Geburt und Tod, sie verschieben die Grenzen des Lebens und seiner Wahrnehmung.

Es mag Kubricks „Entdeckung" sein, daß die gewaltige Cinerama-Leinwand effektiver noch als durch die Beschleunigung der endlos sich wiederholenden „Achterbahn-Bilder" durch eine spezielle Langsamkeit gefüllt werden kann. Erst durch die Langsamkeit der Bewegungen wird die Dimension des Raums sichtbar; während der *„Rollercoaster-Cut"* oder die Kavallerie-Aktion (wie in HOW THE WEST WAS WON) den Raum gerade durch seine radikale Verwendung zum Verschwinden bringt, dehnt Kubrick ihn aus.

Die Geschichte

Die Geschichte ist für Kubrick, wie Gian Piero Brunetta meint, „ein lebender Organismus", in dem nichts ohne Auswirkungen bleibt, und nichts geschieht, was sich nicht an anderer Stelle als Zeichen und Wandlung bereits ankündigte. Die zyklischen Konstruktionen der Zeit in 2001 oder THE SHINING sind dabei nur besonders deutliche Beispiele. Aber auch LOLITA ist verstehbar als eine Reise in einem historischen „Körper", und auch in FULL METAL JACKET sind die Menschen bedrängt von der Geschichte und ihren Zeichen, die zu-

gleich einen Augenblick des Vietnam-Krieges und einen Augenblick der industriellen Entwicklung in Europa im selben Bild, im selben Zeichen beschreiben.

„Gestaltet" der Mensch seine Zeit, oder ist er ihr Opfer? In Kubricks Filmen ist diese Frage nicht so einfach zu beantworten wie gewohnt.

Wenn die Filme von Stanley Kubrick eher von der Symmetrie, vom Kreis, als vom Fortschritt bestimmt sind, und diese Kreise sich nicht nur als Konstruktionsprinzip des einzelnen Films, sondern auch im ganzen Werk fortsetzen – Kubricks Filme kreisen sozusagen auch ineinander –, so sind sie auch bestimmt von der Wiederkehr bestimmter Bilder und Objekte, ebenso wie von der Wiederkehr bestimmter Bewegungen in den Bildern und der Kamera. Drei Mal etwa kehrt das Bild eines „entmachteten" Mannes im Rollstuhl wieder auf: in DR. STRANGELOVE, in A CLOCKWORK ORANGE, und in BARRY LYNDON – und jedesmal erweist sich dieser Mann, der sich nur noch „maschinell" bewegen kann, als besonders bösartig. Daß der „unbewegliche" und maschinisierte Mann sich als besonders tödlich erweist, scheint aber auch in anderen Filmen wie etwa FULL METAL JACKET wieder auf. Statt nur hilflos werden Kubricks Protagonisten im Stillstand zur höchsten Gefahr für sich und ihre Umgebung. Mehrfach auch taucht das Motiv des Wassers wieder auf; es ist am Ursprung der Menschwerdung in 2001 zu sehen, aber auch als erste Verbindungen der Protagonisten und der Natur in BARRY LYNDON und THE SHINING. An einem künstlichen See kommt Alex die „Erleuchtung", wie er die verlorene Gewalt über seine *Droogs* in A CLOCKWORK ORANGE wiedergewinnen kann (durch Gewalt, so als wiederhole er – in einer künstlichen Welt – die erste Gewalttat des Menschen aus der Eingangsszene von 2001). Die Frau in der Badewanne im Blick des Mannes, eine Geburt in FEAR

A CLOCKWORK ORANGE

and Desire, gibt es in einer schrecklichen Szene in A CLOCKWORK ORANGE, wo sich die Frau in den ertrunkenen Kadaver und die verführerische Schönheit teilt, und in einer nur scheinbar harmonischeren Szene in BARRY LYNDON. Im Badezimmer beginnt für das Paar in EYES WIDE SHUT die Liebe und die Entzweiung; es ist der Raum von Wasser und Spiegel; ins Badezimmer geht General Jack D. Ripper in DR. STRANGELOVE, um sich zu erschießen, und im Waschraum ermordet Privat Pyle in FULL METAL JACKET erst seinen Peiniger, den Drill-Sergeanten, und dann sich selbst. Und die Badewanne wird Alex zur Falle in A CLOCKWORK ORANGE, wo er, singend, seine wahre Identität verrät und sich seinem Feind ausliefert. Wenn Geschichte, *story* wie *history*, also bei Kubrick ein „lebender Organismus" ist, durch den der Mensch im labyrinthischen Innenleben wie im hohen Raum irrt, im Körper wie im Geist, dann ist sie umgekehrt auch das Medium, das den Körper des Menschen immer wieder zum Vorschein bringt, das ihn beständig frißt und gebiert, in wiederkehrenden Bildern des mechanisch-organischen, des Körperlichen und des Zivilisatorischen. Das Badezimmer, zum Beispiel, ist da die perfekte Metapher für den vergeblichen Versuch des Menschen, seinen Körper zu zivilisieren.

Das Ding als Waffe, die unendliche Transition des Knochens, der dem Körper entrissen zum Mordwerkzeug wird, die phallische Verlängerung, zieht sich durch alle Filme Kubricks: der Knochen wird Raumschiff in 2001, Schlagstock in A CLOCKWORK ORANGE, Degen in BARRY LYNDON, Axt in THE SHINING, Feuerwaffe in FULL METAL JACKET. Die Handhabung scheint immer gleich. Es ist das „Instrument", das der männliche Protagonist zwischen sich und die Welt hält.

Bilder in den Filmen von Stanley Kubrick erscheinen an signifikanten Stellen stets, wenn eine Verbindung und eine Trennung zugleich zu beobachten ist. Gloria in KILLER'S KISS betrachtet sich im Spiegel über das Bild ihres Vaters und ihrer Schwester hinweg, die ihr Leben auf seltsame Weise bestimmen. Die Bilder im Haus von Charlotte Haze in LOLITA verbinden sie mit dem verschwundenen Mann und markieren ihre Trennung, durch das Bild tötet Humbert Quilty, und im Bild verschwindet Jack Torrance in THE SHINING.

Die Maske

In Kubricks Filmen sehen sich menschliche Gesichter einer genauen Untersuchung unterzogen, und doch interessiert sich die Kamera nicht so sehr für das Unverwechselbare, für die Einzigartigkeit der menschlichen Erscheinung. Denn Kubricks Helden sind nie so „ganz", als daß sich nicht ständig mit ihren Maskierungen und Demaskierungen auch der Blick ändern müßte, den sie auf die Welt, und den die Welt (oder wir als Zuschauer) auf sie werfen. Das Gesicht bei Kubrick ist nicht jene Seelenlandschaft, die so unendlich viel erzählen kann (wie, sagen wir, in den Filmen von John Ford oder in denen des italienischen Neorealismus), es ist nicht Ausdruck einer Geschichte, Spur eines gelebten Lebens, es ist vielmehr vor allem die Maskierung des Blicks. Je näher Kubrick einem menschlichen Gesicht kommt, desto deutlicher wird es uns als der Blick dieses Menschen, und der Blick ist so stark, daß wir uns nicht mehr auf ein „Lesen" der Charakterzüge konzentrieren können. „Wenn das menschliche Gesicht zum bevorzugten Beobachtungsgegenstand wird, so nicht deshalb, weil Kubrick darin die unbegrenzten physiognomischen oder charakteristischen Unterschiede entdecken will, sondern um darin, weit über die bloße Erscheinung hinausgehend, kon-

stante Spuren und Symbole aufzuspüren, die allen historischen und auffindbaren Situationen innerhalb verschiedener Individualitäten gemein sind" (Michel Ciment).

Die Maske ist das „Problem" von EYES WIDE SHUT, der die militärische Logik des „Sehens-ohne-gesehen-zu-werden" gleichsam auf den Körper anwendet – wie sich ja immer bei Kubrick der militärische und der sexuelle Voyeurismus aneinander spiegeln – ; und die Masken selber beginnen hier zu „sprechen", verwandeln sich von rituellem Glanz zunehmend zu Ensor-haften Fratzen und Karikaturen, als nähmen sie sosehr das Scheitern der Maskierung (des Begehrens) vorweg, wie die Kleidung von Jack Torrance den Zerfall seiner Person vorwegnimmt.

Daher geht es weniger um die Befreiung des Menschen aus seiner Maske (jeder Kubrick-Protagonist ist zunächst und vor

THE KILLING

A CLOCKWORK ORANGE

nis-Maske vor dem Gesicht, und zugleich trägt er eine Zeichnung des Auges (mit den betonten Wimpern) auf dem Hemdsärmel. Und dieser Prozeß der phallischen Verwandlung der Maske wird sich in EYES WIDE SHUT wiederholen.

Je größer das Begehren, desto größer ist auch der Impuls zur Maskierung. Lolita, die von Humbert Humbert zum Geschöpf seiner Begierde und seiner Angst gemacht wird, droht unter ihrer Schminke ebenso zu verschwinden, wie jene adelige Gesellschaft, in die sich Barry Lyndon eingeschlichen hat, ihr wahres Gesicht unter Puder und Farbe zu verbergen sucht. Sonnenbrillen verbergen die Gesichter von Sterling Hayden als Johnny Clay in THE KILLING und das von Peter Sellers in DR. STRANGELOVE, Und die Brille von Nicole Kidman in EYES WIDE SHUT ist nicht nur eine bürgerliche Maske, sondern zugleich eine Trennung von Blick und Bild.

allem ein Masken-Träger), sondern um die Befreiung, die Reinheit seines Blickes. Und auch die Masken tauchen in verschiedenen Filmen erneut auf: Die Clownsmaske mit der dicken Nase, mit der Clay den Überfall in THE KILLING begeht, entspricht der Maske, die Dim beim Überfall auf das Haus von Mr. Alexander in A CLOCKWORK ORANGE trägt. Die Maske verbirgt nicht nur das wahre Gesicht des Trägers, sie tut das bei Kubrick sowieso stets unvollkommen, sie verwandelt vielmehr den Menschen in den Täter. Die Maske anlegen, den Kriegsschmuck, den Harnisch, aber auch die Clownsnase, bedeutet zur Tat zu schreiten, zum radikalen Sender zu werden und zur Verweigerung des Empfangs (des Schlages wie des Wortes).

So wie THE KILLING im Zeichen des Geldes und im Zeichen der Waffe steht, so wie 2001 im Zeichen des Stabes und im Zeichen des Kreises steht, so steht A CLOCKWORK ORANGE im Zeichen des Phallus und im Zeichen des Auges. Seine Gewalttat im Hause des Mr. Alexander begeht Alex mit einer Pe-

Das Licht und die Farbe

Eines der fundamentalen ästhetischen Probleme der Filme von Stanley Kubrick ist das Licht. Schon in den beiden Gangsterfilmen der fünfziger Jahre beginnt sein Kampf gegen das Kunstlicht, das Licht, das von außerhalb des Filmes kommt und ihm seine Wahrhaftigkeit raubt. In KILLER'S KISS, THE KILLING und PATHS OF GLORY verwendet der Regisseur so wenig Beleuchtungen, daß sich ein expressionistisch harter Stil ergibt, den Sujets ausgesprochen angemessen. Eine der atemberaubendsten Szenen von THE KILLING zum Beispiel zeigt die Gangster im Schein einer einzigen, nackten Glühbirne, und es ist dieses Licht, das alles über sie aussagt. So sehr wir diese Szene – Gangster im schäbigen „Hinterzimmer" – kennen, so wird sie hier vollständig neu gesehen, nicht mehr als melodramatische Bühnenanordnung, sondern als essentielle Realität. An die Stelle der Inszenierung tritt das Sichtbarmachen. Im *War Room* von DR.

STRANGELOVE ist die kreisrunde Leuchte, die Ken Adam als optisches Zentrum über dem ebenfalls runden Konferenztisch entworfen hatte, so hell, daß sie tatsächlich für die Beleuchtung der Szenen ausreicht (und den Charakteren einen entsprechenden Schatten nach unten verleiht – ein Licht, das die Figuren, statt sie ins Dämonische zu erheben, ins Mediokre drückt). Das Licht der Szene ist also identisch mit dem Licht des Filmes selbst. Auf einer visuellen Ebene wird daher ein Effekt erzielt, der dem Gebrauch von diegetischer Musik im Film entspricht.

Der Höhepunkt dieses Bemühens ist gewiß in BARRY LYNDON erreicht, wo Kubrick mit speziell von *Zeiss* entwickelten Linsen so lichtscharf arbeiten kann, daß ihm als Beleuchtung für eine Szene das natürliche Kerzenlicht der 18. Jahrhundert-Szenerie ausreicht. Ebenso wenig akzeptiert Kubrick die Filter für ein *day for night*. Der Regisseur löst die simple traditionelle Gleichung von Dunkelheit und Licht auf, die furchtbarsten Szenen in Kubricks Filmen spielen sich in gleißender Helligkeit ab, der Widerspruch zwischen Labyrinth und hohem Raum wiederholt sich im Widerspruch zwischen dem tödlichen Weiß und dem vitalen Schwarz.

In seinen Farbfilmen ist ebenfalls eine eigene Sprache etabliert, die der Waffenmeister in SPARTACUS am Körper des Gladiators erklärt. Rot für den schnellen Tod, gelb für das qualvolle Sterben, weiß für die Verwundung, die kampfunfähig macht. Der prekärste und attraktivste Zustand in den Filmen ist das Gelb, etwa am Automobil von Jack Torrance in THE SHINING, das sich in dem verhängnisvollen Ball wiederholen wird, der Danny in das „verbotene Zimmer" lockt. Sowohl das Heim der Familie von Alex als auch die Kleidung sind in knalligem Weiß/Rot-Gegensatz gezeigt, ebenso das Ambiente der Milchbar, mit den weißen Plastikkörpern der Möbelfrauen und

ihren roten Haaren; nur in seinem eigenen Zimmer, das von dem großen Beethoven-Bild beherrscht wird, mischt sich wieder das Gelb in den rot-weißen Dialog.

Rot, Weiß und Blau sind in Kubricks Filmen die Farben der Geschichte, jene „Signale" des Menschen gegen die Natur (und nicht zufällig wohl auch die Farben der britischen und der amerikanischen Fahne). Barry Lyndon bewegt sich in seiner Entwicklung, in Aufstieg und Fall, vom Rot (seiner Uniform) über das Weiß zum Blau jenes Rocks, den er trägt, als ihn sein Schwiegersohn zum letzten Duell fordert. Gelb, Braun, Grün und Orange sind die Farben des Subjekts, der Empfindung. Wenn wir Kubricks Helden in ihrem Zerfall beobachten, dann zuerst im „Ausbleichen" ihrer Farben. So wie die Kleidung von Jack Torrance in THE SHINING immer verwaschener, unklar zwischen blau und grün, wird, so erkennen wir an Barry Lyndon ein förmliches Ausbleichen.

Wenn die Menschen in Kubricks Filmen nicht sind, sondern werden, wenn sie sich von Determination zur Freiheit, vom Labyrinth zum hohen Raum bewegen, von einer linearen zu einer zyklischen Zeit, dann kann auch das Licht nicht etwas sein, was diese Menschen erklärt, sondern es ist, ganz im Sinne der europäischen Malerei bis in die Romantik, eigentlich das, was das Bild erst erschafft. Die Änderung des Lichts wird diese Menschen nicht nur „in anderem Licht erscheinen" lassen, es würde sie zu anderen Menschen machen (und tut es).

Es ist also weniger die Person, um die es in Stanley Kubricks Filmen geht, als um die Welt um sie herum. Und jede Welt, die der Regisseur entwirft, ist, von der von Gier und Brutalität zerfressenen Gangsterwelt in THE KILLING an, eine dem Untergang geweihte. Diese Welten entlassen ihre Menschen als Einsame und Geschlagene, niemand hat „Erfolg" in einem Film von Stanley Kubrick.

Man könnte also Stanley Kubrick wohl zurecht als einen radikalen Verneiner ansehen, einer der in seinen philosophischen Untersuchungen der Gesellschaft die Fähigkeit abspricht, humanisierbar zu sein, und der dem Menschen zugleich die Fähigkeit abspricht, gesellschaftsfähig zu sein. Was dann bleibt sind eben jene „kalten", möglicherweise morallosen Aspekte, der *élan vital*, die ewige Wiederkehr des Menschlichen, das Prinzip des Ästhetischen als eigentliches und letztes der Menschlichkeit, der klare, unbestechliche Gedanke – kurzum: Beinahe alles Dinge, die sich in der einen oder anderen Form in der fragmentarischen und widersprüchlichen Subjekt-Philosophie von Friedrich Nietzsche finden.

Und natürlich gibt es da etwas, das man nur sehr unvollkommen mit dem Begriff „schwarzer Humor" umreißen kann. „Was die Literatur angeht", schrieb Dilys Powell in der *Sunday Times* zu DR. STRANGELOVE, „so fühle ich mich vage an Swift und seinen 'bescheidenen Vorschlag' erinnert, mit dem Problem der an Unterernährung sterbenden irischen Kinder fertigzuwerden, indem man sie zum Mittagstisch aufträgt; das steinerne Gesicht, mit dem Kubrick seine Fabel vorträgt, und auch seine tödliche Konsequenz erinnern an Swift. Aber Swift strapaziert nicht das Zwerchfell. Swift plus Slapstick: das kommt der Sache näher".

Ganz Ähnliches ließe sich gewiß auch über A CLOCKWORK ORANGE und, mit einigen subtilen Ableitungen, über BARRY LYN-DON sagen. Das „steinerne Gesicht", mit dem Kubrick seine Ungeheuerlichkeiten vorträgt, läßt daher weder die Bezeichnung „Komödie" zu noch die einer kritischen Parabel. Es ist ein Spiel mit Dingen, die zu Ende gedacht werden: Was, wenn zum Beispiel jeder genau so fehlbesetzt und fehlberechnet wäre in einem System wie in DR. STRANGELOVE? Was, wenn der Mensch im Weltall wirklich nichts anderes fände als sich selbst? Was, wenn Gewalt und Erziehung, Freiheit und (Selbst-)Zerstörung wirklich nur endlos umeinander kreisten? Was, wenn die Wahrheit über die Liebe nichts anderes als ein Tarum wäre?

Kubricks Filme sind Essays über solche „Was-Wenns". Alles das, wovor uns der Mythos in der populären Kultur in der Regel bewahrt, das wird hier bis zur letzten Konsequenz fortgeschrieben. Einmal in Gang gesetzte „mechanische" Systeme, zu denen auch die Mechanik der Wahnvorstellung gehört, können nicht mehr gestoppt werden, weder durch die Liebe noch durch die Logik; nur die Gegengewalt, die jeweils höhere Stufe des Wahnsinns vermag es schließlich auszulöschen, nur um den Kreislauf erneut zu beginnen.

Wo aber beginnt das alles? Am Anfang, der zugleich das Ende ist, wie in 2001. In Kubricks Filmen gibt es keine Welt, die ihrem Untergang zutreibt, weder in der Antike, noch im Ersten Weltkrieg, noch in der nahen Zukunft seiner „Science Fiction". Die Welt ist ihr eigener Untergang, ihr Motor ist die Selbstzerstörung. Die „Kälte" von Kubricks Filmen rührt nicht daher, daß sie maschinell hergestellt wurde, von einem Regisseur, der sich als Feldherr und Wissenschaftler viel eher verstehen mag denn als Geschichtenerzähler und Bilderlieferant, sie beruht auf der eisigen Konsequenz der Gedanken.

So ist es Kubrick immer mehr darauf angekommen, den visuellen und philosophischen Essay durchzuführen, als um jeden Preis die „künstlerische Originalität" zu demonstrieren, Er ist gewiß ein „eklektischer Künstler", er ist kein biographischer, kein „stoffschöpferischer" Autor.

(Spätestens) am Ende eines Kubrick-Films ist der Mensch tot, als Individuum wie als Gattung (oder als „Typus"). Es bleibt nur, daß etwas vollkommen anderes entsteht, was Kubrick allenfalls andeutet. Ist es die blutrünstige Bestie oder das Kind mit den mentalen Begabungen, das seinen Vater in den Tod locken muß, wie in THE SHINING, oder der wiedergeborene kosmische Mensch aus 2001?

Sicher ist wohl nur der Fakt der Verwandlung. Denn der Mensch muß in seinem System, wie die Militärs und Politiker in DR. STRANGELOVE (der ja auch auf seine narzißtische Weise von einer Wiedergeburt des Menschen als neuer Rasse träumt) und der Aufsteiger in BARRY LYNDON, scheitern, und er muß ebenso in seiner Revolte scheitern, wie Spartacus oder die anarchistischen Gewalttäter in A CLOCKWORK ORANGE.

Die Grenze des Kinos, das ist die Grenze der sichtbaren Welt, und es ist zugleich die Grenze des Menschen. Kubrick beschreibt diese Grenze und versucht immer wieder den paradoxen Vorgang, sie auch zu überschreiten. Daher kann man auch davon sprechen, daß es in Kubricks Filmen darum gehe, die sichtbare Welt, den Menschen, von der Seite des Unsichtbaren her zu „sehen". So sind seine Filme eine strikt antireligiöse Antwort auf die Frage, was jenseits des Menschen ist, jenseits seiner moralischen Konstruktionen, jenseits seiner Fähigkeit zu lieben, jenseits seiner Konzeption der gesellschaftlichen Organisation. Es ist eine endlose Spirale, in der die Menschheit sich auf dem Weg zum „Übermenschen" wähnt, und doch immer nur den Unmenschen in sich frei zu setzen imstande ist.

In Kubricks Filmen ist die Zeit nicht nur keine lineare Größe mehr, sie verliert selbst ihre Materialität. Die Menschen altern hier tatsächlich um so vieles schneller als die Dinge. Das „unzeitliche" Altern beschreibt Kubrick in 2001, in THE SHINING, in BARRY LYNDON, aber auch schon in den verschiedenen Rollen von Peter Sellers in Filmen wie LOLITA und DR. STRANGELOVE. Der Körper zerfällt, nicht nur in der schnellen Wahnvorstellung des Protagonisten in THE SHINING, nicht nur in der Angst des General

Ripper, der sich seiner Körpersäfte beraubt fühlt. In seinem Zerfall macht dieser menschliche Körper sein Dasein als Marionette deutlich.

Der Menschenzoo

Wenn es in Kubricks Filmen den Menschen zweimal gibt, als Spieler und als Teil des Spiels, so erhalten sie ihre narrative Dynamik auch dadurch, daß es den Machtkampf der Blicke gibt. Während der Mensch in der Revolte jener ist, der sich nicht mehr „spielen lassen" will, der sich zugleich als Subjekt gegen die Welt konstituieren will und in seinem Blick auf die Welt subjekthaft werden will, so kämpfen die (männlichen) Blicke auch darum, das Gegenüber zur Spielfigur zu erniedrigen. Daher ist nicht nur der Impuls zu manipulieren eine Eigenschaft der Protagonisten, sondern auch der, eine überschaubare Spielanordnung zu schaffen. Der einfachste Weg dazu ist es, eine geschlossene Welt, Gefängnis und Laboratorium zu schaffen. Wenn Menschen miteinander kämpfen in Kubricks Filmen, tun sie das in der Regel nicht so sehr, um eine Entscheidung unter sich herbeizuführen, sondern im zynischen Blick jener, die ihre Gewalt als Bild und Spiel beobachten. Und in diesem Blick wird der Mensch wieder zu einem Tier, zurückgeworfen auf seine fundamentalsten Impulse.

Die einfachste solcher Versuchsanordnungen der zynischen Gewalt ist der Boxring, wie wir ihn aus KILLER'S KISS kennen. Das Publikum genießt nicht nur das sinnliche Vergnügen, Menschen, die eingesperrt (also für die Beobachter „ungefährlich") sind, um einander Gewalt anzutun, sie genießen sich als diejenigen, die zivilisationsgeschichtlich über dem barbarischen Schauspiel stehen. Sie betrachten Menschen wie Tiere in einem Zoo. Die Einrichtung dieses Kampfplatzes wiederholt sich in SPARTACUS so sehr wie im Boxkampf in einem menschlichen „Ring" in BARRY LYNdon, oder in der orgiastischen Zeremonie von EYES WIDE SHUT, wo jeder Spieler und jede Spielfigur Handelnder und Voyeur ist – und erneut ist hier die Ausgangssituation ein menschlicher Ring. Von diesem Ring aber weitert sich das System der Menschenzoos. In SPARTACUS ist nicht nur die Arena der Gladiatoren ein solches Bild; zuerst wird die ganze „Gladiatorenschule" zum Objekt der zynisch-begehrenden Blicke der Römer, dann aber zeigt sich auch, daß die gesamte römische Gesellschaft von diesem Spiel infiziert ist, der Machtkampf ist nichts als der Kampf der Blicke um die Identifikation der Spieler und der Gespielten, und auf einer höheren Ebene verwandelt sich nun die Historie insgesamt in einen Menschenzoo, bis am Ende die gesamte antike Welt als ein Spielfeld erscheint und beinahe jeder erkennen muß, daß er nicht ein in der Geschichte frei Handelnder, sondern ein in einer experimentellen Situation „Untersuchter" ist. Dieselbe Bewegung von Innenräumen, in denen noch klar zu sein scheint, wer das Objekt der Beobachtung und Manipulation ist, und wer beobachtet, bis an die Grenzen der Menschenwelt, in der nur noch ein transzendentaler Blick vermutet werden kann, der nicht anders auf die Menschheit blickt, als die Manipulateure auf ihre Opfer, wiederholt sich in vielfältigen Zusammenhängen. Und immer sucht dieser Blick auf den Menschenzoo nicht nur die Gewalt, sondern auch die Sexualität, jenes „Animalische", das im Blick von Wissenschaft und Macht zugleich verloren und in der Welt rekonstruiert wird.

In SPARTACUS werden die Gladiatoren in Käfigen gehalten, und die Römer interessieren sich nicht nur für ihre Fähigkeiten, einander in der Arena abzuschlachten, sie beobachten sie auch im Schlaf, möchten sogar zusehen, wenn sie Sex haben. DR. STRANGELOVE behandelt ein „Experiment" von weltgeschichtlicher Bedeutung und

zugleich eine Art Katastrophenszenario in zwei geschlossenen Räumen, und in der ursprünglichen Fassung hätte es auch hier einen außerirdischen Beobachter gegeben. In 2001 beobachtet jene fremde Rasse, von der wir nur durch die Gegenwart des schwarzen Monolithen wissen, gleichsam die Menschwerdung der Erdenbewohner selbst. In A CLOCKWORK ORANGE ist Alex Gegenstand eines Experiments mit einer fatalen Konditionierung. Auch in THE SHINING macht der geschlossene Raum aus der Begegnung der Familie mit dem Wahn im Hotel Overlook ein Experiment, dem wir zusehen, als gelte es, die Bedingungen für die verschiedenen Formen der seelischen Krankheit zu studieren. Und in FULL METAL JACKET hat man im Ausbildungslager von Parris Island einen wahren Menschenzoo eingerichtet, wo junge Männer zu lebenden Waffen umgeformt werden. Nicht Roboter, so wird einmal erhellend erklärt, wolle man hier aus den Männern machen, sondern Killer: Was die Soldaten möglicherweise als Umformung ihrer Leiber und Seelen in Maschinen erfahren, ist von einer anderen Perspektive der Beobachtung aus gesehen viel eher die Umformung in Tiere.

Was wir als allererstes erfahren in Kubricks Filmen sind Situationen der verzweifelten Gefangenschaft. Selbst die Fortbewegungsmittel sind von der Klaustrophobie nicht ausgeschlossen; die Automobile in LOLITA, A CLOCKWORK ORANGE oder THE SHINING sind ebenso rollende Gefängnisse wie das Raumschiff in 2001 oder die Kutsche in BARRY LYNDON. Sich einzumauern scheint der erste Impuls des Menschen, in Räume der Macht und des Rückzuges, und der zweite ist es, zu versuchen, wieder „Fenster" zur Welt zu eröffnen, sich mit der ausgeschlossenen Welt durch Bilder und Kommunikationskanäle, Kabel und Leitungen, wieder zu verknüpfen. So scheinen sich alle Protagonisten wie in merkwürdig ausgestatteten Mutterleibern oder Platonschen

Höhlen zu befinden, mit diesem Körper ebenso unvollkommen verbunden wie mit der Außenwelt. Daher ist die Revolte zugleich Ausbruch und Einbruch, das Begehren, „geboren" zu werden so stark wie die Angst vor der Leere der Welt.

Es ist der Kino-Blick in Stanley Kubricks Arbeiten, der selbst auf einen Menschenzoo gerichtet ist und das Problem dieses Blicks an uns zurückgibt.

Das Ende

Gebt mir neue Schlüsse, und ich erfinde
Euch die Literatur neu.
Anton Tschechow

In beinahe allen Filmen von Stanley Kubrick gibt es ein Ende, das zugleich Spiegelung und Transition ist. Es liegt entweder in einer körperlichen Verwandlung (die Verwandlung Bowmans in das Sternenkind in 2001, die Verwandlung von Jack Torrance in ein Bild in THE SHINING) oder in einer Erkenntnis des Helden, die nicht von seiner (nein, genauer gesagt: von unserer) Erfahrung gedeckt ist (das „I was cured" von Alex in A CLOCKWORK ORANGE oder Jokers Bekenntnis, seine Angst verloren zu haben in FULL METAL JACKET, oder die Erkenntnis des Paares von EYES WIDE SHUT „aufgewacht" zu sein), oder schließlich in einer

Volte der erzählerischen Instanz (der Erzähler in BARRY LYNDON, der seine Geschichte vom Kampf um den gesellschaftlichen Aufstieg seines Helden und von seinem Scheitern damit beendet, daß er konstatiert, alle Protagonisten seien nun „im Tode gleich" geworden).

Das Ende führt an den Anfang zurück, aber an einen anderen Anfang: der Neubeginn findet auf einer „höheren Stufe" (wie Kubrick zu 2001 sagte) statt. So wie die zweifelhafte und vergebliche Aufstiegsgeschichte von Barry Lyndon mit einem Hinweis auf die Französische Revolution (als andere Emanzipationsgeschichte) endet, wie wir am Ende von THE SHINING einen Hinweis auf den „Independence Day" erhalten, die wir nicht nur als „Unabhängigkeit" von den inneren Dämonen, sondern auch als Möglichkeit eines Beginns für jenes Amerika sehen können, das sich im Spiegel des *Overlook*-Hotels so radikal demaskierte, so ist auch das Ende von FULL METAL JACKET – die Soldaten marschieren aus der Schlacht, die Hymne der „Mickey Mouse Clubs" singend, nicht allein ein Hohn, wie auch das Lied der deutschen Gefangenen in PATHS OF GLORY, sondern die Rückkehr in eine Kindheit, des Menschen wie der Gesellschaft, in der noch einmal die Unschuld des Blicks rekonstruiert wird, von wissender Melancholie begleitet, wie es im Blick des wiedergeborenen Sternenkindes in 2001 sichtbar wird.

Die Raum-Oper

Wenn wir die Entwicklung des Bewegungsbildes in der zweiten Hälfte der Kino-Geschichte betrachten, seine Sucht danach, immer fließender zu werden, und damit das Denken in Zeitintervallen und von Raumperspektiven aus aufzuheben, seine Beschleunigung und Subjektivierung, so scheinen Kubricks Filme beinahe konserva-

tiv, ja ein großer Schritt zurück zu einer klar strukturierten Wahrnehmung. Selbst ein Film wie 2001, den wir auch als „Drogenfilm" begriffen haben, ist in seiner Gliederung so klar und eindeutig, daß er in jedem Moment auch „gedacht" werden kann.

Als Henri Bergson zur Zeit des Beginns der Kino-Geschichte den „kinematografischen Mechanismus des Denkens" beschrieb, ging er von einer Erfassung der Bewegung in zwei Strukturen aus:

1. Die Bewegung in Zeitpunkten. Wir denken – jedenfalls wenn wir uns nicht in „transzendentalen" Zuständen des Rausches, der Ekstase oder der Versenkung befinden – in eindeutigen Zeit-Komplexen, in „Momenten", die sich dadurch auszeichnen, daß sie beendet werden. So wie wir die „große" Geschichte in Epochen einteilen (die mit einer „Dämmerung" beginnen und in einer Katastrophe enden), so teilen wir offensichtlich auch jede biographische oder alltägliche Empfindung in die Abfolge dramaturgischer „Momente" (die wir filmisch gesehen auch „Einstellungen" nennen könnten).

2. Die Konstruktion der Raumposition. So wie unsere Wahrnehmung an die Dramaturgie des Moments gebunden ist, so verlangt sie nach dem Suchen und Finden einer klaren Perspektive; so wie ein Mensch auf der Jagd oder auf der Flucht beständig kurz innehalten muß, um sich zu orientieren und aus diesen „Standbildern" eher seine Raum-Empfindung zusammensetzt als durch die Randwahrnehmung in der Bewegung selbst.

Kubricks Filme „übertreiben" diese beiden Elemente, die Dramaturgie des Moments und die Konstruktion der Raumposition, so sehr, daß sie als „Abbildung" des Bergsonschen „kinematografischen Mechanismus des Denkens" erscheinen mögen. Jeder Übergang von einer Einstellung zur anderen, sei es als Schnitt, sei es – besonders deutlich in THE SHINING – als Überblendung, ist bei Kubrick insofern rhetorisch, als er zugleich eine innere Verbindung schafft (am berühmtesten natürlich der *Match-Cut* in 2001, in dem sich ein hochgeworfener Knochen in ein Raumschiff verwandelt, nicht weniger konsequent aber etwa auch die Verknüpfung des realen Labyrinths und seines Modells in THE SHINING) und die Konstruktion von Moment und Raumposition neu bestimmt. Daher sind Kubricks ungewöhnliche Kamerapositionen weder willkürlich noch effekthascherisch; sie zwingen uns, diesen Vorgang der Konstruktion nachzuvollziehen. Sie zwingen uns, um es noch deutlicher zu sagen, den Film zu denken.

Die deutliche Gliederung, die Zusammensetzung des Geschehens aus erkennbar eigenständigen Elementen, manchmal sogar eine im Verhältnis zur Narration überdeterminierte Trennung dieser Teile (etwa durch die Rondo-haft wiederkehrenden Bilder, durch Kapitelüberschriften, durch die Musik oder durch den Einsatz des Off-Erzählers) kennzeichnen seinen Stil. BARRY LYNDON etwa setzt seine Erzählung durch die *Off-Narration* und die Musik immer wieder neu an. Gerade hier indes wird diese Erzählung in „Kapiteln" oder entsprechenden Einheiten auch in seiner Willkür deutlich. Würde man versuchen, die Konstruktion von Moment und Raumposition nun mathematisch nachzuvollziehen, ja noch in der Metrik einer klassischen Musik-Komposition, bekäme man allenfalls vage Beschreibungen wie „Beschleunigung", „Komprimierung" oder „Retardierung" heraus. Die Gliederung in die klaren Elemente, die uns stets zu einem genau beobachtenden Gegenüber macht, steht einer inneren Dynamik des Geschehens gegenüber, die die Abfolge der Elemente unberechenbar macht.

So sehr uns also Kubrick, etwa durch den berühmten „Tunneleffekt" seiner Kamera, in seinen Film hineinzulocken versteht, so sehr setzt er nicht allein durch seine Dramaturgie und den Einsatz eines distanzierenden Erzählers, sondern auch in der Bildgestaltung selber, doch immer wieder die Sprache und das Bild als eines der Betrachtung nicht eigenes ein. Kubricks Filme sind nicht „bewohnbar"; es sind Kunstwerke, wie sie am ehesten den Ideen der

Aufklärung des ausgehenden 18. Jahrhunderts entsprechen mögen. Vermittelnd zwischen dem reinen Geist und der Anschauung und dabei fragend nach dem Wirken des Bewußtseins. Das Empfinden von Raum und Zeit in Kubricks Filmen ist also weder von barocker Fülle noch von manieristischem Taumel bestimmt, sondern von einer neuerlichen Paradoxie: Sein Blick, der nicht versucht, einen natürlichen zu imitieren, sondern immer den Betrachter, vielleicht den Forscher beschreibt, versucht eine Ordnung zu errichten, von der er im gleichen Augenblick weiß, daß sie den Suggestionen der Welt nicht zu entreißen sein wird. Die klare Gliederung, die Ordnung von Moment-Dramaturgie und Raumposition, wird daher zu ihrer eigenen Farce.

Das Bild (die Einstellung, der Moment) scheint bei Kubrick, wir hören diesen Begriff immer wieder in den Beschreibungen seiner Filme, zur „Vision" zu werden. Das bedeutet zunächst freilich nichts anderes, als daß sich der Blick (die Wahrnehmung der materiellen Welt vor unseren Augen) nicht vollständig mit der „Sicht" der Dinge (der Erkenntnis der Welt in ihrer inneren und äußeren Ordnung) zur Deckung bringt. Gerade weil das Bild im Kino zugleich Bild und Sicht produziert, kann es auch auf Bilder verzichten, wir produzieren sie auf dem Umweg über die Sicht selber. Vermutlich funktioniert das Kino eben so, um Gilles Deleuze ein wenig abzuwandeln, nämlich indem sich Bilder in uns „einschreiben", und indem wir mit dieser imaginären Schrift sowohl das Bild als auch seine Abwesenheit „lesen".

Und gerade so funktionieren Stanley Kubricks Filme nicht. Sie sind nicht um das abwesende Bild herum konstruiert, das wir „aus unserer Sicht" selber rekonstruieren, und nie ist das Bild auf der Leinwand so eingesetzt, daß es sich in uns auch fortsetzt, wenn es verschwunden ist. Es verlangt stattdessen nach Rückkehr. Kubricks Kamera ist genau dort, wo das Bild entsteht, und der Moment seines Filmes hat die Dauer einer vollständigen Erkenntnis seines Inhalts. Dieser Blick ist, mit anderen Worten, nicht mythisch, sondern „wissenschaftlich". Die Beziehung zwischen dem Filmemacher und dem Zuschauer besteht nicht auf einem Einverständnis der Sicht, sondern aus einem gemeinsamen Erkenntnisinteresse. (Dazu paßt im übrigen Kubricks Wunsch, keineswegs nur das Publikum, sondern vor allem auch immer wieder sich selbst mit jedem neuen Projekt, mit jedem neuen Film, mit jeder neuen Einstellung, mit jedem neuen Übergang des Bewegungsbildes zu überraschen.)

So ergibt sich ein denkwürdiger Dreiklang der Wahrnehmung in Kubricks Filmen:

· Der wissenschaftliche Blick, der das Material zunächst ordnet und einteilt, zu einem neu gierigen Gang durch die Schaukästen der Träume.

· Die „Sicht" eines Aufklärers an den Rändern der Aufklärung, dessen Furor man nur allzu leicht mißverstehen konnte als „verzweifelten Kampf eines Moralisten gegen das Böse in allen seinen Erscheinungsformen" (Dieter Krusche).

· Das ästhetische Bild, das offenkundig um so schöner (und geheimnisvoller) zurückblickt, je schärfer der wissenschaftliche Blick es erfaßt.

Erinnern wir uns: An Pudowkin, nicht an Eisenstein orientierte sich der junge Kubrick. An Pudowkin, der erklärte, das filmische Bild entstehe „Schritt für Schritt", wobei jede Einstellung die „direkte Fortsetzung der anderen" sei. Und mehr noch: „Die Reihenfolge der Einstellungen ist der Ausdruck einer spezifischen Logik, welche nur dann vorhanden ist, wenn jede Aufnahme den Anreiz zur Übertragung des Interesses auf die nächste gibt". Welch ein Unterschied zu Eisensteins *Montage der Attraktionen*! Auch Kubricks Übergänge sind vorwiegend additiv, wenngleich schon in seinen frühen Filmen, etwa in KILLER'S KISS, eine Vorliebe für den radikalen Perspektivwechsel zu beobachten ist, eine harte Störung der Identifikation, die nichts mit Eisensteins argumentativem Schnitt zu tun hat. In KILLER'S KISS werden wir beständig von einer subjektiven Empfindung aus dem Blickwinkel des Helden in eine objektive Betrachtung gestoßen, und beides bestätigt einander weniger als daß es sich kommentiert. Kubrick, so könnte man wohl sagen, lockt uns durch seine Kamerafahrten immer wieder in die Labyrinthe seiner Filme hinein, um uns dann mit einem harten Schnitt und einer objektiven Aufnahme „vor den Kopf zu schlagen". Dieses Stilmittel schien effektiv gerade in den phantastischen Filmen über die Gewalt, in A CLOCKWORK ORANGE oder THE SHINING, am radikalsten aber wendet er es in BARRY LYNDON an, wo wir uns auf (über-)langen Fahrten durch traumhaft schöne Landschaften und Bauten befinden, um dann mit einem radikalen, harten Schnitt aus der elegischen Melancholie gerissen zu werden. Kubrick zerstört selbst das Raumempfinden in seinen Filmen, nicht nur, um uns immer wieder auf das filmische Wesen seiner Erzählung aufmerksam zu machen, sondern vor allem, um dieses Raum-Empfinden als Illusion, als Produkt der Gesellschaft kenntlich zu machen.

Aber das Additive der Montage und die klassische Einheit von Ort und Zeit in den einzelnen (langen) Sequenzen sollte nicht darüber hinwegtäuschen, daß Kubrick mit einer anderen Konstante der filmischen Erzählweise ziemlich radikal bricht, nämlich mit dem Prinzip von Ursache und Wirkung. Weder folgt bei ihm aus Einstellung eins Einstellung zwei, noch folgt bei ihm aus Einstellung eins plus Einstellung zwei Einstellung drei etc. Die Übergänge bei ihm sind gerade deswegen so grandios und so schmerzhaft, weil sie über eine ganze Reihe von ästhetischen und thematischen Elementen miteinander verbunden sind, nicht jedoch über die Logik von Ursachen und Wirkungen. Am radikalsten hat Kubrick dies wohl in FULL METAL JACKET zum eigentlichen Thema des Films gemacht, als er zeigte, daß der erste Hauptteil seines Films – die brutale Ausbildung der Soldaten – und der zweite Teil – die blutige Realität des Krieges in Vietnam – sich nicht logisch zueinander verhalten (und damit auch eine „humanistische" Argumentation unmöglich machen). Montage bedeutet also bei Kubrick nicht Natur noch Argumentation. Er dreht Pudowkin sozusagen um, der gesagt hat, daß „die Montage Schöpferin filmischer Wirklichkeit ist, und daß die Natur uns nur das Rohmaterial zu unserer Arbeit gibt. Dies ist das eigentliche Verhältnis von Wirklichkeit und Film". Während Pudowkin die Wirklichkeit zerlegt, um sie nur umso wirkungsvoller zusammenzusetzen, läßt Kubrick das Zerlegte in seinem Recht. Es ist, zum Beispiel, höchst bewundernswert, wie er das Hotel *Overlook* in THE SHINING aus verschiedenen *Settings* „zusammensetzt", so daß wir in jedem Augenblick das Gefühl haben, uns in einem wirklichen, „ganzen" Gebäude zu befinden (ein Gebäude, das wir nur allzu gerne selbst einmal betreten würden), aber zur gleichen Zeit zerlegt er dieses Gebäude auch wieder und läßt uns durch seine Montage ahnen, daß diese Ganzheit eine Illusion ist.

Aber auch in der Mikrostruktur seiner Filme herrscht oft das gleiche Prinzip; in THE SHINING zum Beispiel, verhält sich jede Sequenz widersprüchlich zur vorangegangen, weil die Helden offensichtlich die Realitäts- und die Zeit-Ebene zugleich mit dem Raum gewechselt haben. Was zwischen zwei Einstellungen oder zwei Sequenzen bei Kubrick liegt, das ist nicht eine Lücke, sondern ein Bruch.

Jean-Luc Godard, der gewiß in vielem ein Antipode Kubricks in der Geschichte

des modernen Films ist, hat zu Beginn der
siebziger Jahre erklärt, in einer Welt, die
unablässig sinnlose Bilder in den Medien
und in der Werbung produziere, müsse der
neue Filmemacher lernen, „wenig Bilder zu
machen, um sie besser kontrollieren zu
können". Wenn man Kubricks visionäre
Filme näher betrachtet, ist man verblüfft,
daß sie in der Tat aus wenigen Bildern bestehen. Und diese Bilder nun sind in der
Tat aufs beste „kontrolliert".

Wenn der „klassische" narrative Film
den Raum nur konstruiert, um ihn der Erzählung unterzuordnen (er soll der Handlung und dem Helden nicht widersprechen,
ihn unterstützen und ihm eben den Raum
geben, den er für seine – moralischen – Aktionen benötigt), kann man wohl mit Kristin Thompson und David Bordwell sagen:
„Der Raum als Raum tritt hinter den Raum
als Handlungsort zurück". Sicher kann
selbst diese „einfache" Konstruktion des
Raums zu sehr komplexen Bildkompositio-
nen führen. Ein Western, nur als Beispiel,
muß davon ausgehen, daß der Raum der
weißen Siedler, der Kavallerie und der Indianer nicht identisch ist, so daß die Konstruktion des Film-Raumes selber schon
eine mythische Schöpfung ist. Bei Kubrick
indes verhält es sich gerade anders herum:
Es ist der Raum, der eine Narration gebiert,
und nicht umgekehrt.

Stanley Kubricks Filme sind immer
auch Opern (und Operetten). Der Musik-
Einsatz ist stets zugleich sehr genau, auf
eine höchst poetische Art verfremdend und
ein bösartiger Kommentar.

Nur in seinen ersten vier Filmen und
dann in SPARTACUS setzte Kubrick nach der
Hollywood-Gewohnheit einen Komponisten ein, wobei sein Freund Gerald Fried
schon alles andere als typische Holly-
wood-Soundtracks lieferte. Der Jazzmusiker
und Kritiker mit einem Hang zur Atonalität
liebte es, den diegetischen Klang mit einzu-
beziehen, etwa das Radio.

Nur einmal, wiederum, hat Kubrick
vollständig auf die Unterstützung eines
Musikers verzichtet, in 2001, wo er selbst
den Soundtrack aus vorhandenem Material
zusammensetzte. Die übrigen Filme sind
geprägt von Mischformen, unter der Anleitung des Regisseurs entstanden Verbindungen von vorhandener, kommentierender
Musik und neuen Zwischenmusiken.

Sehr häufig setzt er Musikstücke ein,
die als zynische Kontrapunkte empfunden
werden, in der Regel aber noch eine weitere
Bedeutungsebene eröffnen. In PATHS OF
GLORY setzt die „Marseillaise" mit den Zei-
len „ces féroces soldats" ein, die musika-
lisch akzentuiert sind, und mit einem dis-
sonanten Akkord am Schluß. Der Film endet, nachdem drei Soldaten in jeder Hinsicht zu Unrecht verurteilt und getötet
worden sind, mit dem sentimentalen Lied
einer Sängerin, dem die Soldaten gefühl-
voll lauschen (und spätestens in dieser Szene wissen wir, daß es Kubrick um etwas
ganz anderes gegangen ist, als um ein humanistisches Plädoyer für mehr Gerechtigkeit auch im Militär). Wenn Alex seine
Grausamkeiten zu den Klängen von „Singing in the Rain" begeht (und ein paar Einstellungen das Tänzerische bis in die Kamerabewegungen aus Minellis und Gene Kel-
lys Film imitieren), eröffnet das nicht nur
den Zynismus, sondern durchaus auch die
Möglichkeit, daß diese Grausamkeit tatsächlich in aller Unschuld geschehen
möge. Nach A CLOCKWORK ORANGE „trau-
en" wir Gene Kelly so wenig mehr wie wir
nach 2001 mit Strauß-Walzern noch unbe-
schwerte Seligkeit der Art der „Wien-Filme"
assoziieren können. Und wenn am Anfang
von PATHS OF GLORY die fröhliche Auf-
bruchsstimmung in der Marseillaise zu hören ist, dann überlagern sich Revolution
und Agonie zu einem endlosen Kreisen in
sich selbst. Es ist nicht nur „romantische
Ironie", die den Regisseur dazu veranlaßt,
Musik und Bild, Musik und Narration so

widerläufig einzusetzen; er widerspricht damit vor allem dem Projekt des Nietzscheanischen Übermenschen, sich in seiner Ästhetik über sich selbst hinauszuheben. Die musikalische Schönheit verliert ihren utopischen so sehr wie ihren harmonisierenden Gehalt; sie verurteilt den Menschen in seiner Welt, in der die Dinge und Zeichen immer perfekter, die Historie immer sinnloser wird.

Die Verwendung „klassischer" Musik, Musik der Vergangenheit auch und gerade dort, wo sie nicht historisch indikativ wirkt, geht über Kubricks eigene, eher pragmatische Aussage hinaus (der Regisseur nämlich meint, daß es in der zeitgenössischen Musik ebenso wenig wie im Pop Komponisten gebe, die noch für das große Orchester – und damit für einen Klang, der sich im Raum verwirklicht – zu schreiben in der Lage wären). Die klassische Musik gibt jeder Szene, die sie begleitet, ein zweites, fremdes Gedächtnis, was wiederum dreierlei bedeuten mag: Widerspruch, Bestätigung und Vorschlag zur Lektüre. Auch Kubricks Musik führt an zwei historische Orte, wie es in seinen Bildern geschieht; ins achtzehnte Jahrhundert und zum Ausklang des neunzehnten, in die Zeit der Aufklärung und in die Zeit der Psychoanalyse und der bürgerlichen Dekadenz.

Es geht nirgends darum, daß die Musik eine Szene überhöht oder gar absorbiert; in diesem Sinne ist auch Alex North' Arbeit für SPARTACUS in hohem Grade eigen- und widerständig, wo sie bewußt auf alles Triumphalistische und Sentimentale der amerikanischen oder italienischen Bibel- und Antikfilme verzichtet. Die Musik von SPARTACUS verweist in ihrem Gebrauch der exotischen und archaischen Instrumente einerseits, der modernen elektronischen auf der anderen Seite wiederum auf eine andere Zeit als die eigene (oder jedenfalls das, was wir als Konvention davon zum auch musikalischen Genre erhoben haben).

Schon hier widerspricht die Musik der linearen Historizität der Ereignisse, öffnet Fenster zu einer Vorvergangenheit, einer anderen Welt (nämlich die asiatische) und in die Zukunft.

Die Musik und die Bilder infizieren sich aneinander: Wenn wir das Raumschiff in 2001 zu den Walzerklängen im Weltraum sich drehen sehen, erkennen wir etwas von der Verlorenheit auch in der Komposition. Und das Grauen des Krieges in FULL METAL JACKET wird untermalt von Pop-Songs, deren Interpreten schon in ihren Namen – SAM THE SHAM AND THE PHARAOS, die DIXIE CUPS etc. – aber auch in den Kompositionen und nicht zuletzt in den lautmalerischen Nonsense-Texten eine kindliche Harmlosigkeit vorgeben, und hinterlassen in uns eine tückische Verbindung dieser Harmlosigkeit mit dem Schrecken. Gewiß können wir darin historisch den Versuch einer kriegführenden Gesellschaft sehen, die Augen und den Geist vor der Wirklichkeit zu verschließen; die Nonsense-Texte und der gehaspelte, skandierte und an obszöne Körpergeräusche erinnernde Klang, mögen auch als verharmlosende Abbildung der Entsprachlichung in der Ausbildung der Soldaten und ihren Slang erinnern. Aber mehr noch verliert hier die kindliche Geste der *Popular Culture* ihre vorgebliche Kindlichkeit.

Manchmal ist es möglich, diese Musik auch sehr „wörtlich" zu nehmen, etwa wenn Kubrick in 2001 den Donauwalzer verwendet, und dann von Richard Strauß „Also sprach Zarathustra", eine musikalische Variation über das Werk, mit dem man möglicherweise nicht nur diesen Film, sondern Kubricks ganze Arbeit „lesen" kann. Das „Zarathustra"-Thema ist eben jenem Monolithen beigeordnet, der zugleich die ewige Wiederkehr und die beständige Verwandlung des Menschen (als Gattung und als Individuum) begleitet, zuerst vom Vor-Menschen zum Menschen, dann zu etwas, was möglicherweise der

Nach- oder Übermensch sein könnte oder Zarathustras Idee entspräche: „Ich wandle unter den Menschen als den Bruchstücken der Zukunft: jener Zukunft, die ich schaue. Und das ist all mein Dichten und Trachten, daß ich in Eins dichte und zusammentrage, was Bruchstück ist und Räthsel und grauser Zufall".

LOLITA ist vielleicht der Film mit dem *score*, der am gegenwärtigsten in seiner Zeit scheint. Nelson Riddle steuert den orchestralen *Arrangeur-Sound* der sechziger Jahre bei, den Jazz, der sich anschickt, zu Pop zu werden, und nur in seinem Titelstück, dem Klavierpart von Bob Harris, erinnert er an einen anderen Komponisten, an Sergej Rachmaninov, während insbesondere in den Szenen, in denen sich Quilty und Humbert begegnen, der Einsatz „alter" Instrumente wie dem Cembalo daran erinnert, daß wir auch im Bild in eine „Zeitfalle" geraten, spätestens in Quiltys Villa und in seiner derangierten Kunstwelt, offensichtlich einmal mehr im 18. Jahrhundert gestrandet sind. Nach LOLITA indes widersetzte sich Kubrick strikt dem Gedanken an einen durchgehenden, flüssigen und sozusagen eindimensionalen *score*.

DR. STRANGELOVE, der an der Oberfläche so viele satirische und verfremdende Elemente besitzt wie kein anderer Kubrick-Film (in Wahrheit bedurfte es nur einer winzigen Akzentverlagerung, um aus der spezifischen Mischung Kubricks von Groteske und Drama das „Komische" für den Zuschauer vorherrschend erscheinen zu lassen), eignete sich insbesondere für den Einsatz kommentierender und kontrastierender Musik. Wenn nur noch die Gewalt herrschen kann, erklingt „Try a Little Tenderness", und am Ende, wenn der Bomber sein Ziel erreicht und die Welt untergehen wird, hören wir den Song „We Shall Meet Again". Der offene Hohn dieser Aussage beschreibt auf der zweiten Ebene indes erneut den Mythos der ewigen Wiederkehr und ist daher noch einmal jener Szene verwandt, in der Zarathustra seinen Ekel vor den Menschen überwindet. Denn durch die Verwendung dieses Songs wird aufgehoben, was in der Tat ja eine durchaus mögliche Lesart wäre, nämlich daß die Menschen endlich den Untergang gefunden hätten, den sie verdienen, und mit ihrer Selbstvernichtung endlich wieder Ruhe in jener Welt einkehren könne, die sie nicht braucht. (Genau so nämlich hätte jemand einen solchen Film enden lassen, der wirklich nichts anderes als ein reaktionärer Pessimist wäre.) Aber die Wiederkehr ist sicher, nicht allein im Text des Liedes, sondern auch in seiner fröhlichen Bewegung.

Das Prinzip der Komposition in A CLOCKWORK ORANGE ist selbst nichts anderes als die Travestie: Walter Carlos, der sich als Transsexueller in Wendy Carlos verwandelt, verwandelt die Musik von Beethoven und Rossini in seinem *Moog-Synthesizer* gleichsam direkt vom Vergangenen ins Zukünftige, und die Gegenwart dabei kann nur der Augenblick der Travestie selber sein, die auch der Travestie der Helden entspricht. Die Musik von Beethoven allerdings verwandelt sich im letzten Verlauf der Geschehnisse wieder ins „Original" zurück und scheint zunächst noch deplazierter (wie sie ja auch in ihrer Gegenwart in der Fiktion selber als ausgesprochen deplaziert wirkt, würde man den *Droogs* doch jede Form modischer *Psychedelia*, oder was damals „*Underground*" hieß, eher zuschreiben). Doch diese gegenläufige Rückverwandlung, das Original der Vergangenheit, das seine moderne Bearbeitung wieder zu verdrängen vermag, löst nicht nur erneut die lineare Zeitlichkeit auf – und läßt A CLOCKWORK ORANGE daher nicht als die „negative Utopie" eines mahnenden Humanisten bestehen – sondern setzt auch hier das Motiv der Wiederkehr fort (so wie sich auch der „bearbeitete" Alex wieder in seinen Originalzustand zurückversetzt, der nun aber – vom Publikum *im* Film und vom Publikum *des* Films – in einer anderen Funktion gesehen wird). Die Wiederkehr des Originals erscheint nun als ein Abbild – und exakt darum geht es in vielen Aspekten bei Kubricks Filmen. Das Prinzip der ewigen Wiederkehr ist vor allem ein Prinzip der wiederkehrenden Bilder: Das Mädchen in EYES WIDE SHUT, das beinahe an einer Überdosis Drogen stirbt, liegt ohnmächtig im Sessel in beinahe derselben Stellung, die das Modell eines Gemäldes an der Wand aufweist, und dieses Bild wiederum ist wie die Fortsetzung der Bilder aus der Villa der *Cat Lady* in A CLOCKWORK ORANGE.

Ein ganz ähnliches Prinzip herrscht auch in BARRY LYNDON vor, wo es zugleich das Original und die Bearbeitung gibt, Leonard Rosenmans „Relektüre" der Musik des achtzehnten Jahrhunderts, das Leitmotiv einer Händelesken Sarabande mit einer vollkommen widerläufigen Orchestrierung erleichtert uns auch die Deutung dieses Helden, der gleichsam versucht, seine eigene Zeit zu „lesen" aus der Sicht seiner Zukunft (die ihm dann doch verwehrt wird).

Für THE SHINING arbeitete wieder Wendy Carlos den *musical score* aus, bearbeitete nun aber nicht mehr eine vorhandene Musik, sondern schuf einen eigenen elektronischen Soundtrack. Zusammen mit den ausgewählten Stücken von György Ligeti, Bela Bartòk und Krzysztof Penderecki wird THE SHINING also so etwas wie ein Kompendium des Modernen, das gleichsam, wie in der Bearbeitung des „Dies Irae" aus Hector Berlioz' „Symphonie Fantastique" durch Wendy Carlos und Rachel Elkind seine Wurzeln in der Musikgeschichte verloren hat, zugleich wiederzufinden trachtet und endgültig kappt. Der Schritt vom Orchestralen in das Elektronische in der Musik ist ein Schritt, der ungefähr dem Schritt des Menschen von der terrestrischen in die orbitale oder aber in die mikroskopische Weltsicht entspricht. Vermag sich die orchestrale Mu-

sik im Raum noch gleichsam unendlich auszudehnen, so entspricht die Elektronik dem Verlust des Raumes (der Labyrinthik). Auch die Musik in THE SHINING läßt von Anfang an keinen Weg mehr hinaus oder zurück offen.

In FULL METAL JACKET entspricht die rigorose Zweiteilung der musikalischen Begleitung der narrativen Struktur des Films aufs trefflichste. Da sind zum einen wieder die ironischen Musik-Zitate und Songs, die hier allerdings sehr genau auf ihre historische Zuordnung ausgerichtet sind. Trotzdem oder gerade deswegen erscheinen einige von ihnen, wie Nancy Sinatras „These Boots Are Made for Walking", als wären sie gleichsam schon als Verhöhnung oder Hysterisierung der Situation der Soldaten entstanden. Der zweite Teil der Musik besteht aus den elektronischen Kompositionen von *Abigail Mead* – hinter diesem Pseudonym verbirgt sich Kubricks Tochter. Versucht sich der Pop-Song noch in einer kindlichen Verräumlichung der Erfahrung und einer gleichsam ziellosen Beschleunigung – ausgedrückt auch in dadaistischen Textzeilen wie „Wooly Booly" oder Vorstellungen wie den „surfing birds" – so tendiert die Elektronik zu einer kalten Abstraktion, eine Musik, die sich gänzlich vom Körper entfernt hat.

Die kalte Technik des Raumschiffes in 2001 steht zwar dem heiteren „An der schönen blauen Donau" entgegen, die Bewegungen aber sind einander perfekt synchron – und zugleich kommentiert die Musik, daß diese gigantische Bewegung auch nur ein Ausflug an den Stadtrand ist.

Nach dem Abschnitt der Ausbildung in Parris Island kommen wir in FULL METAL JACKET direkt an die Front von Vietnam. Und wir hören *Sam the Sham and the Pharaos* mit „Wooly Booly" und die *Trashmen* mit „Surfing Bird". Zum einen sind dies die Songs, die tatsächlich 1968 die Hitparade und damit auch das Programm der Soldatensender bestimmt haben, zum Zweiten gibt es wieder eine scheinbar enorme Fallhöhe zwischen dem Drama und der recht albernen – aber doch auch schon deutlich hysterisierten Musik. Die Texte haben keinen Sinn mehr, ja sie scheinen förmlich auf der Flucht vor dem Sinn – auch sie versuchen, so scheint es, in eine Parallel- und Geheimsprache auszuweichen. Und zum Dritten steckt in jedem Musikeinsatz auch ein sehr präziser Kommentar über den Wechsel von Ordnung und Chaos.

In den frühen Filmen bis hin zu LOLITA ist die Auflösung von *story/history* vor allem durch die Prinzipien Maske/Demaskierung und Spiegelung/Blindheit konstruiert; das direkte oder indirekte Doppelgänger-Motiv vertreibt den Menschen aus dem Zentrum seiner Geschichte. Statt ihr Subjekt zu sein, sucht er darin verzweifelt nach dem verlorenen Anderen, nach der narzißtischen Selbstvergewisserung. Seit 2001 teilt Kubrick nicht nur seine Helden in Maske und Spiegelung, er teilt, ganz buchstäblich, auch

unseren Blick. In der SPACE ODYSSEY sehen wir auf der riesigen Leinwand einmal auf der linken Seite etwas geschehen, dann auf der rechten (und das Zentrum kann wiederum nur vom Auge besetzt werden, vom Auge des Computers HAL 9000). Ebenso beginnt A CLOCKWORK ORANGE damit, daß der Blick des Helden – ein „böser Blick", gewiß – das Bild gleichsam teilt.

Der geteilte Blick in Kubricks späten, großen Filmen, der uns beständig zwingt, uns neu zu orientieren und an alles mögliche zu glauben, nur nicht an die Verläßlichkeit der Zentralperspektive, wird nicht selten erst durch die Musik aufgefangen: ein „taumelnder" Blick in 2001, der von den Walzerklängen aufgefangen wird, einen Tanz, der zugleich mit dem Fallen, mit dem Verlust der Wahrnehmung und mit dem Herzschlag spielt (dem Herzschlag des Tänzers und dem Herzschlag des Kosmos, den Kubrick in pulsierenden Galaxien sehen läßt).

Schachbrett und Kreis

Erinnern wir uns an die künstlerischen Anfänge von Stanley Kubrick, die vom Schachspiel, von der Fotografie und vom Jazz geprägt waren, von einer Ästhetik der Distanz, des *cool*. Und wenn wir uns seine Filme ansehen, dann sehen wir immer wieder Menschen zu, die hinaus müssen, um hineinzukommen (am deutlichsten wahrscheinlich der Astronaut in 2001, aber nicht anders die Rebellen von SPARTACUS bis FULL METAL JACKET), und Menschen, die Abstand gewinnen müssen, um Teil eines Spiels zu werden, das sie ausgeschlossen hat. Stanley Kubrick selbst hat nicht allein im Schachspiel gedacht, sondern auch darüber, wie es von außen manipuliert werden, wie man

sich den besten Platz, das beste Licht, die größte Irritation des Gegners erringen kann. Zwei höchst konträre Blicke gibt es beim Schachspiel: den Blick auf das Spielfeld, und den Blick auf den Gegner. Und wenn man so will, komponiert Kubrick alle seine Filme aus den Grundelementen dieser beiden Blicke, die keinen dritten, keine dialektische Aufhebung zu kennen scheinen. Man sieht in ihnen alternierend das Spiel und die Spieler (und ganz gelegentlich, gleichsam in einer metaphysischen Volte, gibt es den Blick vom Spiel zurück zum Spieler). Auch das zeichnet seine Filme aus, daß sie zugleich das Spiel und die Spieler denken, die Regel, die Kunst und die Manipulationen darüber hinaus. Es sind in diesem Spiel, wie Stanley Kubrick selber sagt, Intuition und analytische Konsequenz so sehr miteinander verbunden wie nirgendwo anders.

Das Schachspiel wird einige Male direkt zitiert in Kubricks Filmen, so in THE KILLING, in LOLITA und in 2001, wo Mensch und Computer gegeneinander spielen, und jedesmal ist es eine neuerliche Auseinandersetzung zwischen Intuition und strenger Logik, zwischen Planer und Täter, zwischen dem erwachsenen Mann und dem Mädchen, zwischen dem Mensch und der Maschine. In all diesen Situationen geht es darum, zugleich Zug und Gegenzug zu berechnen, und den Gegner psychologisch „auszurechnen".

Das Kino des Stanley Kubrick ist kein Ort zum Träumen – auch wenn er immer wieder eine archetypische Struktur des Traums als Kompositionsprinzip seiner narrativen Symmetrie verwendet. Es kennt nur den visuellen Rausch, das erhabene Bild und die Kälte des zu Ende und damit gegen sich selbst gedachten Gedankens. Es ist das System der Logik, das über sich selbst nachdenkt und über sich selbst hinaus. Was es in Stanley Kubricks Filmen nicht gibt sind Möglichkeiten der Umkehr, des Zurück. Die Struktur des amerikanischen Mythos: die zweite Chance. Den Weltraumfahrern, den Soldaten, den Begehrenden ist es nicht erlaubt, sich zu erinnern an das, was sie verlassen haben, und von der Heimkehr zu träumen. Der einmal in Gang gesetzte Prozeß läßt sich nicht mehr aufhalten und, wie im Schachspiel, ist es unmöglich, einen Zug rückgängig zu machen (das Prinzip der „zweiten Chance" gilt hier also auch auf eine mechanische Weise nicht: Schach ist ein unbarmherzig historisches Spiel), auch dann, wenn man erkennt, welche Folgen es hat, selbst dann, wenn das ganze Spiel nur darauf hinauslaufen kann, die eigenen Grundlagen zu zer-

THE KILLING

stören. Am Ende bleibt nur das Schachbrett, gleichgültig und bereit, die ewige Wiederkehr der Figuren für ein immer neues Spiel zu akzeptieren.

Nicht Fortschritt sondern Symmetrie, nicht Mythos sondern Spiegelung und Spaltung bestimmen die „Handlung" in Kubricks Filmen. Zum einen gibt es eine äußere Verzahnung der Werke untereinander, die, so unterschiedlich und gegensätzlich sie auch zueinander sein mögen, einander stets sozusagen im Auge behalten. In LOLITA sehen wir Quilty, wie er sich in eine „Toga" hüllt (ein Laken, das er über sich und den Sessel geworfen hat, in dem er seinen Rausch ausschlief) und deklamiert: „Ich bin Spartacus! Gib mich frei." – und vielleicht ist diese Inszenierung mehr als nur ein frivoles Spiel: eine neuerliche Variante der Befreiung des Menschen, die zu neuer Knechtschaft führt. Der weise-unwissende Blick des Embryos am Ende von 2001 ist gleichsam der Schnittpunkt zu jenem Blick, mit dem Alex in A CLOCKWORK ORANGE seine Umwelt ansieht (dieser Blick aus gesenktem Haupt nach oben, ein gestischer Widerspruch in sich selbst und Höhepunkt des Tückisch-Aggressiven, eine jener wiederkehrenden Kubrick-Einstellungen, die seine Kritiker als „übertrieben" bemäkeln), der sich sowohl in dem Blick von Pyle in FULL METAL JACKET als auch in dem von Jack Torrance in THE SHINING wiederholen wird. In A CLOCKWORK ORANGE ist das Lied des Penners, den Alex und die Seinen sogleich maltraitieren werden, ein deutlicher Verweis auf 2001: „Menschen auf der Umlaufbahn, was geht sie Recht und Ordnung an". Auf die „orbitale" Wahrnehmung des ersten folgt nun die focussierte Wahrnehmung des zweiten Filmes, die auf diese Weise eine dialektische Einheit bilden. Setzen wir die Filme DR. STRANGELOVE, 2001, A CLOCKWORK ORANGE und BARRY LYNDON noch einmal zusammen, ergibt sich wiederum die Struktur, die in jedem einzelnen der Filme vorhanden ist, die vieraktige Form der musikalischen Komposition, das vieraktige Drama des C.G. Jungschen Traum-Mythos, die Metapher von Wiederkehr und Maskierung. So ist Barry Lyndon so sehr eine Wiederkehr von Dr. Strangelove wie Bowman im hohen Raum von 2001 durch sein Jahrhundert, das Jahrhundert der Aufklärung, wiedergeboren werden konnte. Und die Szene, in der Spartacus in der Nacht vor der Schlacht durch die Reihen seiner Getreuen geht, erinnert sehr stark an die Bewegungen von Colonel Dax in den Labyrinthen der Schützengräben in PATHS OF GLORY. Zwei Mal bezieht sich der Kriegsfilm FULL METAL JACKET ganz explizit auf die Welt der Kinderkultur von Danny in THE SHINING: ein Soldat findet eine Bugs Bunny-Puppe und wird von der in ihr verborgenen Bombe zerrissen (in THE SHINING pflegt die Familie ein Bugs Bunny-Rollenspiel), und am Ende marschieren die Marines mit dem „Mickey Mouse"-Lied vom Schlachtfeld (Danny wurde in THE SHINING einmal mit einem Mickey Mouse-Pullover gezeigt – ein anderes Mal trägt er einen Pullover mit dem „Apollo"-Aufdruck, wie als Reminiszenz an 2001). Mickey Mouse als Dionysos des Plastik-Zeitalters ist nicht absurder als ein Raumfahrtprogramm als Fortsetzung des Apollinischen Projekts. Alex' Gang in

den Schallplattenladen in seinem spätgeorgianischen Mantel wird beinahe bildgleich wiederholt in Lord Bullingdons Eindringen in das in Agonie verfallene Schloß von BARRY LYNDON: ein wohl kalkulierter „Auftritt" des ödipalen Helden. Und wieder betont Kubrick diese Symmetrie dabei durch die physiognomische Ähnlichkeit der Schauspieler, Malcolm McDowell und Leon Vitali.

Als William Harford in EYES WIDE SHUT in die Räume des Kostümverleihers gelangt, scheint es, als sei er für kurze Zeit in den Fundus von BARRY LYNDON geraten, und keine Szene könnte genauer zeigen, daß auch dieser Mann von unten und außerhalb in einer Gesellschaft zu reüssieren versucht, deren Regeln er längst nicht so genau durchschaut, wie er glaubt. Und in seinem Kostüm-Mantel wiederholt Harford sowohl Alex als auch Bullingdon (nicht zuletzt: in der Revolte gegen den Vater).

In BARRY LYNDON kauft der Held ein Gemälde, das einem gewissen „Ludovico Corday" zugeschrieben ist (die italienische Form des deutschen Namens Ludwig); und „Ludovico" ist der Name des Programms, mit dem Alex in A CLOCKWORK ORANGE resozialisiert werden soll. Wenn wir bei dem Nachnamen dieses „Malers" noch an Charlotte Corday denken, die den armen Marat in seiner Wanne erstach, ist der ironische Selbstwiderspruch perfekt und zugleich ein ästhetisches Projekt beschrieben: Kunst als Mittel zur Unterdrückung der Revolution. In der letzten Szene des früheren Films sehen wir eine „viktorianisch" gewandete „gute Gesellschaft", die Alex' Sexphantasien applaudiert, eine Erinnerungslücke wird da zwischen den beiden Filmen geschlossen: die Leserschaft Thackerays und der Phantasien seines Helden applaudieren ihrer zukünftigen Realisierung. Ein Bild im Stil von Gainsborough ist es auch, durch das Quilty von Humbert erschossen wird in LOLITA. Das Zeitalter der Aufklärung und der Frivolität ist also weder Ziel noch Ursprung in Kubricks Zeitschleifen, sondern Pforte oder Schlüssel, ein notwendiges Durchgangsstadium. Anders gesagt: Dieses achtzehnte Jahrhundert der Aufklärung und Befreiung ist ein Double der Moderne, das gleiche und andere wie der Zwilling in DAY OF THE FIGHT, die Zeitspiegelung in 2001.

Die Belagerung des Stützpunktes in DR. STRANGELOVE kulminiert in einem grotesken „Kampf" gegen einen eigensinnigen Coca Cola-Automaten, der so etwas wie Negation und Vorwegnahme des Computers HAL (aber auch der Fortschreibung „trivialer" Markenzeichen in die furchtbare Zukunft) ist; er spuckt aus, was er enthält.

Wenn ein Film also ein radikaler Bruch mit dem vorherigen ist (es gibt offenkundig keine Kubricksche Bildwelt, kein fortlaufendes Milieu), so ist er zugleich doch auch Kommentar oder Ergänzung, will das erreichen, was der vorherige noch nicht erreicht hat, verhält sich im Sinne Godards als Kritik zu seinem Vorläufer: „Die einzig mögliche Kritik an einem Film ist ein anderer Film".

So gibt es als zweites eine innere Verklammerung der Film-Erzählung. BARRY LYNDON setzt im Grunde die in A CLOCKWORK ORANGE begonnene Analyse fort: Auch hier geht es um ein „Raubtier" unter den Menschen, und auch hier um die Umkehrung: Was das Raubtier unter den Bürgern anrichtet, und was schließlich die gute Gesellschaft mit dem Raubtier anrichtet.

Kubricks Filme haben einen in der Regel strengen Aufbau, der weder so sehr an die Kapitel eines Romans noch an die Akte eines Theaterstücks erinnert als vielmehr an die Sätze eines konzertanten Musikstückes (sehr häufig wird der Übergang auch durch besonders auffallende Musikstücke akzentuiert). Bei bestimmten Filmen wiederholt sich der Satz-Aufbau, besonders augenfällig bei 2001 und THE SHINING (und diese formale Verwandtschaft mag auch wieder auf eine inhaltliche Korrespondenz zurückzuführen sein)

Von den vier Akten gibt es in der Regel zwei längere und zwei kürzere, zum Beispiel in 2001:

1. Satz (Morgenröthe der Menschheit)
2. Satz (Die Zeit auf dem Mond vor dem Abflug der Discovery)
3. Satz (die Reise der Astronauten mit dem Raumschiff und ihr Kampf gegen HAL)
4. Satz (Tod und Wiedergeburt)
Oder in THE SHINING:
1. Satz: Die Ankunft
2. Satz: Die Entfremdung
3. Satz: Der Kampf
4. Satz: Tod und Flucht

Gewiß könnten wir diesen Sätzen in der Komposition der Kubrick-Filme „Satzbezeichnungen" zuordnen. Beinahe immer ist der zweite Satz ein *allegro ma non troppo*, der erste ein *presto* und der letzte ein *andante*. Allerdings müßte man sich dabei auch wohl vorsehen, die Analogie zwischen dem Kino und der Musik nicht zu weit zu treiben und die Eigenständigkeit der filmischen Komposition zu vergessen.

Die Ähnlichkeit zwischen 2001 und THE SHINING – Michel Ciment hat darauf hingewiesen – ist im Aufbau so deutlich, daß wir möglicherweise auch eine innere Verwandtschaft annehmen könnten: So wie A CLOCKWORK ORANGE dasjenige auf eine sozusagen „ontogenetische" Weise wiedergibt, was 2001 als historisches und meta-historisches Modell anbietet, so wiederholt THE SHINING eben dies als Familiengeschichte in vier Akten: Aufbruch – Einschluß – Konflikt – Tod. Während die kürzeren Sätze in FULL METAL JACKET neben den Haupt-Teilen (die „Erziehung" der Soldaten in Parris Island und die Wirklichkeit des Krieges in Hué) – Jokers Arbeit als Kriegspropagandist als zweiter und der Auszug der Soldaten nach der Schlacht als vierter Satz – eher den Charakter von Zwischenspielen haben, folgen sie dennoch so sehr diesem Aufbau wie BARRY LYNDON. Man kann an Kubricks Filmen studieren, auf welche Weise die Struktur der Oper und die Struktur des Traumes miteinander verwandt sind; es ist das Kino, das eine „Struktur der Strukturen" erzeugen kann.

François Truffaut hat die Regisseure in jene eingeteilt, die viele Szenen verwenden, und in solche, die wenige verwenden. Für ihn war es noch relativ akzeptabel, daß die Regisseure mit den wenigen Szenen meistens die intimeren und realistischeren Geschichten erzählten. Kubrick widerspricht auch dieser Regel. Er erzählt seine Geschichten, die nach Beschleunigung zu verlangen scheinen, in wenigen Szenen, und in scheinbar klaren Akt-Aufteilungen, die durch die Einheit von Zeit und Raum konstruiert sind (bis schließlich in FULL METAL JACKET nur noch zwei Haupt-Akte übrigbleiben).

Intuition und Logik begegnen einander in Stanley Kubricks Filmen also zuerst einmal in zwei einander gegenläufigen ästhetischen Prinzipien: In der musikalischen Struktur ihrer Komposition und in der Logik von Zug und Gegenzug der Figuren auf dem Brett. Ein drittes, wiederum widersprüchliches Prinzip ist der Kreis: Alle Filme Kubricks führen in eine Kreisbewegung, in der zwar ein Thema durchgeführt wird – im musikalischen wie im philosophischen Sinne – aber niemals eine „These" belegt wird, vielmehr heben sich These und Antithese stets gegenseitig auf. Eine Folge wirft sich auf die Ursache zurück und dreht die Beziehungen um. Kurzum: Die Konstruktion der Filme hebt den Mythos der Geschichte auf, und damit auch die lineare Beziehung von *story* und *history*. Die Geschichte, die Kubricks Helden erleben, ist weder Abbild noch Motor der Geschichte der Menschheit oder eines Teils von ihr.

Was aber ist diese Beziehung zwischen *story* und *history* im traditionellen „Spiel-film" so sehr wie im Roman? Es ist die Erzählung von einem Menschen, der in die Geschichte „hineinwächst", der in ihr Opfer und Tat erlebt, sie also ein Stück weit trägt und von ihr getragen wird, bis am Ende Erlösung, Frieden und/oder Tod gefunden ist. Man kann diese Erzählung von vorne her beginnen – wie zum Beispiel im Western – oder von hinten her, wie in der Krise dieser Beziehung – etwa im Thriller. Die populäre Erzählung des Kinos ist also zugleich Metapher – im Einzelnen wiederholt sich das Ganze und umgekehrt, wie im „Erziehungsroman": Die Helden und Heldinnen „bilden" sich ganz buchstäblich durch das Vor-Bild und das Gegen-Bild.

Der Mythos und das Glücksversprechen der populären Erzählung im Kino ist eben die Erfüllung beider Vorgaben, daß sich die Lebenszeit der Helden und die historische Zeit ineinander abbilden (wobei es wenig darauf ankommt, ob diese historische Zeit einer Vergangenheit, einer Gegenwart oder gar einer Zukunft zugerechnet wird), und daß ein Erziehungsprozeß zu einem glücklichen Ende gebracht werden kann.

Alle Filme von Stanley Kubrick handeln davon, wie dieses doppelte Glück verfehlt werden muß. Statt zum Individuum, zum „Ungeteilten" zu werden, spalten sich Kubricks Helden und Heldinnen, statt zu einer Zeit zu gelangen, die die Personen und die Gesellschaft gemeinschaftlich umfaßt, zersetzt sich Zeit vor unseren Augen, und statt eines gelungenen Erziehungsprozesses im Sinne einer glücklichen Anpassung erleben wir beständig Erziehungsprozesse, denen das Erziehungsziel entkommen ist.

Prinzip und Motor dieser Kreisbewegung in Kubricks Filmen ist der Blick. Er verschlingt die Welt und weist sie wieder von sich. Das Auge verlangt nach der phallischen Unterwerfung und ist zugleich das Einfallstor der phallischen Verletzung. In keinem anderen Film hat Kubrick das so deutlich zum Thema gemacht wie in A CLOCKWORK ORANGE, aber im Grunde ist es in allen seinen Arbeiten Zentrum einer Paradoxie der Wahrnehmung. Das Auge, das sehen will, ist zugleich das Organ, das sehen muß. Kubricks anderes Grundthema, die Beziehung von Freiheit und Determination, steckt also schon in dieser Konstruktion des Blicks, die auch die Konstruktion des Blickes von uns Kinozuschauern ist. Er ist gefangen zwischen dem Sehen-Wollen und dem Sehen-Müssen, und beide, das einsame Kind und der mörderische Vater in THE SHINING, versuchen vergeblich, sich die Hände vor die Augen schlagend, dem Sehen-Müssen Einhalt zu gebieten.

Der Mensch in der Revolte

Stanley Kubricks Arbeiten sind von einer Reihe von dialektischen Einheiten der widersprüchlichsten Impulse geprägt, die sich über einem System der Dualismen aufbauen, wie dem Dualismus des hohen Raumes und des Labyrinths, dem Dualismus der Nähe und der Verlorenheit, dem Dualismus der historischen Rekonstruktion und des philosophischen Bildes. Das erste dieser „Einheitswidersprüche" ist die Einheit von Tragödie und Farce (ich bin versucht zu behaupten, daß diese Einheit nur im Kino, nur in einer avancierten Form des Films, der sich seiner selbst bewußt wird, überhaupt möglich ist, sieht man einmal von der Möglichkeit ab, literarisch oder bildnerisch das eine im anderen „ahnen" zu lassen): Bei Stanley Kubrick *ist* die Tragödie die Farce, und die Farce *ist* die Tragödie. Daher ist jeder Versuch, einen seiner Filme in der Matrix des einen oder des anderen zu verstehen, dazu verurteilt, zu einem grotesken Mißverständnis zu führen. Die Farce in PATHS OF GLORY zu übersehen ist genauso fahrlässig, wie die Tragödie in DR. STRANGE-LOVE zu übersehen.

Die dritte dialektische Einheit schließlich ist die von Sexualität und Gewalt, Liebe und Tod. Was ein Akt der Liebe und was ein Akt der Gewalt ist, läßt sich nicht sagen. Spartacus erwürgt Antoninus mit den Worten „Ich liebe dich", und Varinia spricht unter seinem Kreuz: „Stirb schnell, mein Geliebter". Barry Lyndons Abschiedskuß für seinen sterbenden, verräterischen Onkel gehört ebenso zu diesen Bildern wie Peattys verzweifelte „Entladungen" seiner Waffe über der verräterischen Frau in THE KILLING; Humbert Humberts Beziehung zu Lolita ist Begehren und Zerstörung zugleich, und in THE SHINING verwandelt sich Jacks Umarmung der Frau in die Umarmung des Todes.

Natürlich gibt es zahlreiche Hinweise darauf, daß es auch und immer wieder darum geht, daß die Objekte der Begierde verfehlt werden, daß Liebesverrat und Kastrationsängste die Kubrickschen Menschen umtreiben: Elisha Cook jr., der seine untreue Frau (die Frau, die ihm seine Impotenz vor Augen führt) förmlich mit seinen Kugeln durchlöchert, Crassus in SPARTACUS, dessen ganze Macht und Klugheit nicht verhindern kann, daß ihm Spartacus gleich beide Geliebte nimmt, Antoninus, den Mann, und Varinia, die Frau; der Computer HAL 9000, der sich nicht geliebt fühlt; die offenkundige sexuelle Frustration des Paares in THE SHINING; die Abwesenheit der Frau in FULL METAL JACKET und ihre schreckliche Wiederkehr. Aber alle diese Schnittstellen zwischen Begehren und Gewalt, die Alex in A CLOCKWORK ORANGE so gründlich überschritten hat, daß die Vergewaltigung für ihn zum erotischen Kunstwerk werden muß, scheinen viel weniger auf individuelle Neurosen zu verweisen, als auf die Struktur der Welt. Daß es – auch als Idee und Utopie – keine glückliche Liebe gibt in Stanley Kubricks Welt, zeigt vor allem, daß es in ihr überhaupt nichts „natürliches" gibt. Liebe und Sexualität sind weder heilende noch natürliche Kräfte, sie sind konstruiert als anderes und gleiches der Gewalt.

Daher stammt die Sehnsucht der Voyeure in Kubricks Filmen. Als Batiatus und seine Gäste in SPARTACUS zusehen wollen, wie sich die Sklaven lieben, schreit Spartacus: „Wir sind keine Tiere". Aber eben das ist die heimliche Hoffnung aller manischen Zuschauer in Kubricks Filmen, daß sie sehen könnten, wie sich im Menschen „Natur" ereignet. Doch so verzweifelt sich der Mensch in der Revolte darum bemüht, ein anderer, ein neuer Mensch zu werden, so unmöglich ist ihm auch die Rückkehr zur reinen Bestialität. Daß er nur ein Zwischenstadium sein kann, und doch genau in diesem Stadium festgeschrieben scheint, macht seine Verzweiflung aus. Daher kann man jeden Menschen in einem Kubrick-Film, ebenso wie ihn in der Revolte zu sehen, auch in seinem Weg in die letzte Regression, in den Wahnsinn sehen. Hier hat er die Grenze überschritten, die ihn die Gesellschaft nicht überschreiten läßt.

Diese Einheit des Widersprüchlichen (wir werden bei der Diskussion der einzelnen Filme immer wieder darauf zurückkommen) steht indes etwas ganz anderem gegenüber: Im Zentrum jeden Films von Stanley Kubrick steht eine Revolte. Und zwar eine Revolte, die über beides hinausgeht, über die Wiederherstellung der Gerechtigkeit, wie es die Revolte unseres gewohnten und meist ausgesprochen reaktionären Kino-Helden anstrebt, aber auch über die Revolte der Geknechteten und der Depravierten, die ihren Platz in der Gesellschaft und in der Geschichte einfordern. Nicht einmal Kubricks SPARTACUS gehorcht

einem solchen Modell: Die Revolte geht stets über die Moral und das Recht hinaus, es ist eine Revolte gegen die Weltordnung. Sie spiegelt sich in der anarchischen (und keineswegs anarchistischen) Gewalt der *Droogs*, in der Morbidität von Quilty und Humbert Humbert, in den Emporkömmlingen wie Barry Lyndon, in den Wahnsinnigen wie in THE SHINING und in jenen, denen es wie in FULL METAL JACKET nicht genügt, den Krieg zu führen, sondern für ihn, durch ihn, in ihm das bürgerliche Individuum, seine Empfindung und seine Sprache zu vernichten.

Was ist grausamer: Die Idee dieser morallosen Revolte selber, oder die Gegenbewegung der Gesellschaft? Es gibt für diesen Kampf keine Lösung, auch keine Rekonstruktion des Guten und des Bösen. Doch jede dieser gescheiterten Revolten hinterläßt einen weiteren Riß in der Welt, zersetzt weiter ihre Gewißheit. Deshalb greift Carolyn Gedulds These, in 2001 verberge sich vor allem eine „satanische Vision des Weltenplanes", die von der Genesis über „die schwarze Messe" auf dem Mond bis hin zum „letzten Abendmahl" am Ende nichts anderes zeige, als daß es den freien Willen des Menschen nicht gebe, zu kurz. Denn diesem negativen Weltenplan steht immer jener Mensch in der Revolte gegenüber, der ihre Grenzen überschreitet. Auch in ihrem Scheitern „bestätigt" diese Revolte keineswegs ein „blindes" Fatum; der Moment der größten Trauer, aber auch der größten Farce, ist in Kubricks Filmen indes jener, in dem sich der Mensch „aus freiem Willen" dem Fatum unterwirft, wie die Helden in A CLOCKWORK ORANGE oder FULL METALL JACKET. Dieses Schicksal, dem sich die Menschen ausgesetzt sehen, ist alles andere als eine metaphysische Kraft; die Macht des Schicksals ist nichts anderes als die Macht des Faktischen. Es ist, wie überdeutlich in DR. STRANGELOVE exemplifiziert, ein „produziertes". Anders gesagt: In Stanley Kubricks Filmen verhält sich

das Fatum zum freien Willen so wie das
Ding, die Waffe zum Körper, dem es entrissen wurde. Der Transformationsprozeß erzeugt dabei immer beides, die bedingungslose Gewalt und eine Form der Schönheit, die
das Ding schöner als den Körper, das Schicksal schöner als die Entscheidung macht. Der
menschliche Grundwiderspruch ist einerseits unlösbar und führt andererseits ins
Schattenreich der Ästhetik.

Die Revolte des Kubrickschen Helden
ist indes nicht nur durch den zivilisationsgeschichtlichen Grundwiderspruch geprägt – der Mensch, der aus „freiem Willen"
sein Schicksal produziert, oder anders gesagt: der Mensch, der als „Fortschritt" seine
eigene Unterdrückung produziert –, sondern auch durch die Konstruktion seiner
Psyche. Im freudianischen Modell könnte
man wohl sagen, daß in allen Filmen von
Stanley Kubrick durchaus modellhafte Vertreter von Es, Ich und Über-Ich zu finden
sind. Der unter dem Druck seines Über-Ich
stehende Mensch bekämpft sein abgespal-
tenes Es, so wie Humbert Humbert Quilty
bekämpfen muß, so wie Alex sich mit Dim
auseinandersetzen muß, und die absurdeste Lösung ist es, wie es die Helden von A
CLOCKWORK ORANGE und FULL METAL JACKET
tun, ihr Es voll und ganz dem Über-Ich zu
überantworten (dem Über-Ich, obendrein,
in seiner gewalttätigsten Form: dem Staat).
Die Revolte ist dort gescheitert, wo Ich
nicht werden kann.

Die stärkste Abneigung Kubricks gilt gewiß dem Staat, den er nicht nur wie in DR.
STRANGELOVE, A CLOCKWORK ORANGE oder
BARRY LYNDON als eine absurde Maschine
kritisiert, die, nach einem Wort von Bau-
drillard, umso heftiger nach Perfektion
strebt, je weniger es in ihr Sinn gibt, sondern auch in den Schatten, die sie über den
Einzelnen wirft, wie LOLITA. Gesellschaft
dagegen ist das Reich der Formen, der Spiele, der Maskierungen, eine Bühne, auf die
vom großen Über-Ich das Licht und der

Schatten verteilt wird. Der Staat funktioniert perfekt in der Mikrostruktur und
scheitert in der Makrostruktur; alle seine
„Organe" funktionieren mechanisch rei-
bungslos, aber zusammen funktionieren sie
nicht. Die Gesellschaft funktioniert dagegen in ihrer Makrostruktur, mit kalter Un-
barmherzigkeit schließt sie alle Störungen
aus, den einzelnen Menschen in der Revolte ebenso wie Zumutungen des Staates – die
beständigen, durch Kriege beschleunigten
Umbauprozesse der Staaten in BARRY LYN-
DON scheint die Gesellschaft in BARRY LYN-
DON perfekt abzufedern. Bleibt also, als letztes Organisationsprinzip und als letztes Medium der Zivilisationsgeschichte, die Familie, deren Dekonstruktion – oder eher
schon Destruktion – Stanley Kubrick mit
besonderem Ingrimm betreibt. Die sich zer-
setzenden Familien in LOLITA, BARRY LYN-
DON oder THE SHINING begnügen sich nicht
mit ihrem eigenen Elend, sie tragen ihr Gift
hinaus, infizieren die Welt, setzen weitere
Spaltprozesse in die Wege, bis sie wieder an
ihrem Ursprung angelangt sind: jener gespaltenen Person, die sie zu seiner Vervoll-
ständigung geschaffen haben.

Auf dem Weg zur „vaterlosen Gesellschaft" sind Kubricks Familien allemal. Der
verschwundene Vater wird ersetzt durch
den Usurpator von außen (LOLITA), von innen (BARRY LYNDON) oder sozusagen „von
allen Seiten" (THE SHINING), und doch wird
der Vater immer rekonstruiert, und seit KIL-
LER'S KISS läuft dabei immer etwas so
schrecklich schief, daß der ganze Vorgang
nur als Katastrophe vorstellbar ist.

Die Revolte in Kubricks Filmen ist
überdies aber auch Ausdruck und Widerspruch des Wissens. In seinen Zeitschlau-
fen und Erinnerungsspiralen spielt das 18.
Jahrhundert dabei eine zentrale Rolle. Es
scheint auf in Quiltys Villa und in dem
Bild, durch das hindurch Humbert ihn erschießt, in der Sterbeszene von 2001, in den
Schloßräumen von THE PATHS OF GLORY

und wird in BARRY LYNDON schließlich selbst untersucht. Es ist das Zeitalter der Aufklärung, und zugleich ist es das Zeitalter des Aufbruchs der individuellen Begierdne. Die objektive Vernunft gebiert ihr genaues Gegenteil: das empfindende Subjekt. Die Welt wird, wo sie dem Geheimnis und den Göttern entrissen wird, zugleich zum Objekt der Gier nach Wissen und nach Lust. Das konstituiert einen neuen Blick, eine neue Architektur: in seinen Bildern greift der Mensch über seine Wirklichkeit hinaus, in seinen Bauten schafft er mehr als den Raum der eigenen Repräsentationen. Hier muß auch die Epoche der Angst beginnen.

So ist also Aufklärung und Aufklärung, das Wissen um das Wirkliche in der Welt, und das Wissen um die Wirklichkeit der Sexualität, wieder ineins gebracht und produziert *Fear and Desire*. Der individuelle Vatermord und der historische, die Revolte und die Revolution, bedingen einander und negieren sich doch zugleich. A CLOCKWORK ORANGE und BARRY LYNDON sind, neben anderem, Filme über die subjektiven Bedingungen der Revolution – und weit entfernt von Walter Benjamins Vorstellung der Revolution als „Notbremse" der Geschichte; die subjektive Bedingung der Bedingung der Revolte (als Bild der Revolution) ist *desire; fear* ist der Schlüssel für ihr Scheitern.

Die Empfindung beginnt über die Darstellung zu triumphieren, und daher beginnt auch hier sogleich die Farce der Wissenschaft; die Welt kommt zugleich näher und entfernt sich, und während sie immer mehr ihr Zentrum verliert (das Zentrum der Perspektive im Blick auch), gewinnt sie an Wahrnehmung von Bewegung und Sinnlichkeit. Während wir im Barock Menschen, Engel und Tiere fliegen und fallen gesehen haben, scheinen die Nutznießer des Rokoko ihren Taumel in einen koketten Tanz übersetzt zu haben. Für Kubricks Filme gelten ganz ähnliche Perspektivwechsel,

auch hier wird der schwere Fall im Bild und im Tanz abgebremst. Und auch in seinen Menschen verwandelt sich der aufklärerische Zugriff auf die Welt in die Berechnung der eigenen Vorteile, wie er es nicht nur an Barry Lyndon zeigt. Schon der General in PATHS OF GLORY ist so einer, der seine eigene Beförderung zu berechnen sucht aus dem Verhältnis von getöteten Soldaten und Quadratmetern Raumgewinn. Und die Menschen der Basis von DR. STRANGELOVE? Gewiß können wir sie allesamt als mehr oder weniger verrückt bezeichnen, aber zugleich lassen sie sich von ihrem Wahn doch am allerwenigsten davon abhalten, zuallererst immer an den eigenen Vorteil zu denken. In kaum einem Film sonst gibt es eine solche vollendete Balance zwischen *Eros* und *Thanatos*, zwischen dem Wunsch zu sterben und dem Wunsch zu überleben – und niemand kann in DR. STRANGELOVE sagen, welcher Wunsch der „verrücktere" ist. Der eine Endpunkt dieser Logik befindet sich in der Anwendung auf den Menschen selber – am Ende jenes aufklärerischen Wahns, sich in der Maschine zu verdoppeln – ein Kubrick-Thema par excellence – steht die logische Umkehrung, die Maschine, die sich im Menschen zu verdoppeln sucht. Und der andere Endpunkt ist EYES WIDE SHUT, wo der Versuch einander (psychologisch) zu berechnen, in den Wahn des vollkommenen Begehrens zurückführt, zur Auflösung.

Und das 18. Jahrhundert ist die Zeit, in der man verrückt nach dem Schauspiel wurde, nach dem technisch veränderten, dem mechanischen Schauspiel, nach der Puppe, dem Automaten, dem Schattenspiel, der Laterna magica, und zugleich auch wiederum: nach dem Schauspiel der Sexualität, der Körper, der Gewalt. Die Konzentration von Willen und Fatum findet sich in Kubricks Filmen immer wieder in eine theatralische Inszenierung gespiegelt: die Schüleraufführung in LOLITA, die Vorführungen der Gewalt in der Arena in SPARTACUS, Alex' bejubelte Gewalt am Ende von A CLOCKWORK ORANGE, der Auftritt des Zauberers in BARRY LYNDON, die Bühne mit der einsamen Tänzerin in KILLER'S KISS, der Auftritt der Sängerin in PATHS OF GLORY.

So könnte man also zunächst Kubricks Filme in der Konstruktion eines Derivates zugleich der aufklärerischen Berechnung und ihrer Konstruktion des Eigennutzes sehen: ein beinahe perfektes logisches System, das durch den kleinen, „zufälligen" Störfall außer Kraft gesetzt wird: die erotische Schwäche des kleinen Gangsters, der in THE KILLING den perfekten Plan zum Einsturz bringt; die Verweigerung weniger Soldaten, die ein ganzes Kommandounternehmen scheitern lassen (oder ihr geplantes Scheitern besiegeln) in THE PATHS OF GLORY; der Scharfschütze, der sich nicht an die Regeln hält in FULL METAL JACKET; der logische Fehler, nicht mit einem logischen Fehler im Programm zu rechnen, in 2001. So scheitert das logische System in sich selbst.

Es hat aber auch ein anderes Scheitern zu gewärtigen, nämlich in der Tatsache, daß es die Zeit gibt. Es ist unabdingbar, daß Humbert Humberts schöner Plan, sich seinen sexuellen Traum zu erfüllen, scheitern muß, weil Lolita „natürlich" älter wird.

Wir haben es mit Wahnsystemen zu tun, die durch einen Zufall (durch einen Wahn im Wahn) zum Zusammenbruch gebracht werden, ebenso gut aber auch mit einem Schachspiel, das ein vollkommen unerwarteter Zug durcheinanderbringt (man möchte ja auch beim Spiel allzu gerne eine Partie „im Kopf haben", und sieht sich dann doch immer genötigt, das gegnerische Spiel anzunehmen). Daß man freilich nicht nur LOLITA (wo dies die Kritik sehr gern getan hat), sondern mehr oder minder alle Filme von Stanley Kubrick in ihrer Grundkonstruktion auf das Schachspiel zurückführen kann, sagt zunächst nicht viel mehr als eine gewisse Komplexität aus

(schließlich gestalten sich die Mehrzahl aller Filme nach den schlichten „Mensch-Ärgere-Dich-Nicht"-Modellen). Das Wesentliche liegt auch nicht in der Metaphysik dieses Spiels, das das Leben und die Kosmologie selber beschreiben soll, sondern in dem Umstand, daß jede Figur sozusagen ihren eigenen Regeln gehorcht. Es ist daher nicht die Regel, daß sich gleichwertige Gegner gegenüberstehen, man wird daher weder einen Showdown noch eine Parallelmontage in Kubricks Filmen antreffen. Gerade weil es das vorherrschende duale Prinzip in seinen Filmen gibt (jeder weißen Spielfigur steht auch eine gleichartige schwarze gegenüber, so wie Humbert Humbert Quilty), ist es das Wesen des Spiels, solche Züge zu durchkreuzen.

Zwei Arten von Spielern scheint es in den Kubrick-Filmen zu geben, jene Manipulateure und Strategen, denen es das größte Vergnügen zu bereiten scheint, mit ihren Figuren „nach Belieben" zu spielen, wie Gracchus in SPARTACUS, Quilty in LOLITA, die militärischen Strategen in PATHS OF GLORY oder DR. STRANGELOVE, und jene anderen, die wie Spartacus selber, wie Humbert Humbert oder der Astronaut Bowman die Regeln des Spiels gleichsam erst im Spiel selber erkennen.

Aber Partner und Gegner sind (neben den Figuren selbst und vielleicht noch dem Zuschauer) auch die Gegebenheiten des Materials selber. Es gilt, den einen genialen Zug zu finden (der oft in der Verwendung einer vollkommen unerwarteten Musik zu einem Bildmotiv besteht). Zur berühmten Gewaltszene in A CLOCKWORK ORANGE hat Kubrick erklärt: „Schachmeister verbringen manchmal die Hälfte der gesamten Spielzeit über einem Zug. Sie wissen, wenn diese Figur falsch gesetzt wird, ist das gesamte Spiel verloren. Genauso geht es mir bei den entscheidenden Wendepunkten meiner Filme. Die Vergewaltigungsszene mit 'Singing in the Rain' war ein solcher Moment. Ich brauchte drei Tage, um sie in den Griff zu bekommen".

Auch eine andere Dualität läßt sich noch einmal mit dem Bild des Schachspiels erklären, die Beziehung der quadratisch-phallischen und der runden Formen (am deutlichsten im exzessiven Gebrauch bei 2001 und A CLOCKWORK ORANGE). Natürlich symbolisiert dieser Gegensatz nur allzu deutlich das Männliche und das Weibliche, die geschichtliche Katastrophe und die ewige Wiederkehr, entsprechen in der Handlungsführung aber auch jenen Figuren, die geradlinig über das Feld ziehen und solchen, die sich in Kreisen und Sprüngen bewegen.

Wir sehen in Kubricks Filmen freilich auch dabei zu, wie sich die Revolte buchstäblich erschöpft: Der Colonel Dax aus THE PATHS OF GLORY, der, nachdem er vergeblich um das Leben seiner Soldaten vor dem absurden Gericht gekämpft und seinen Vorgesetzten bitterste Wahrheiten vorgehalten hat, keine Kraft hat, die Revolte fortzusetzen und wieder im Schützengraben landet; Spartacus, der das Scheitern seines Kampfes sieht und sich erschöpft in sein Schicksal ergibt; Johnny Clay in THE KILLING, der sich, nachdem sein Traum sich buchstäblich in der Luft aufgelöst hat, willenlos erschöpft festnehmen läßt; ja sogar Bowman in 2001, der gleich nach seinem „Sieg" über den Computer in Alterung verfällt.

Kubricks Filme erzählen von Auflösungen: Zuerst löst sich der Verbund zwischen der Gruppe und der Gesellschaft auf (alle seine frühen Filme erzählen von Gruppen, die sich gegen die Gesellschaft und außerhalb ihrer bilden), dann beginnt sich die Gruppe aufzulösen, die Gruppe der Soldaten, die Familie, das Projekt, schließlich sogar das Paar, und am Ende löst sich die Person selber auf, sie zerfällt ganz körperlich oder verkehrt sich im Wahn.

Die Philosophie im Bewegungsbild

Sehen wir also Stanley Kubrick als jemanden an, der in Bildern und Tönen, im cinematografischen Raum, philosophiert, und sehen wir ihn wenigstens dort auch in seinem biographischen Kontext: Er denkt als Kind einer jüdischen Familie – und wie gegenwärtig ist in Stanley Kubricks Arbeit dieser Widerspruch: die Angst und der Zorn gegenüber der deutschen Gewalt (zitiert in Dr. Strangelove, in A Clockwork Orange, selbst in Lolita) und seine tätige Bewunderung deutscher Kultur – einen deutschen Philosophen weiter, der beides auf das Schrecklichste in sich zu vereinen scheint, er denkt Nietzsche nach Auschwitz und bleibt, wie das Vorbild, das vollendete System, die Selbstaussage schuldig. Stattdessen richtet er ein fragmentarisches Werk an, das seine eigene Größe immer nur dort erkennt, wo es die Grenzen dessen überschreitet, was vorgegeben war. (So wie Zarathustra die Gelehrten, die ihn nicht in ihr Haus aufnehmen wollten, nun, ohne Verachtung, aus der Entfernung betrachten kann, so mag Kubrick aus der Entfernung auch die Geschichte des Films, die ihm kein wirkliches Heim gab, aus einer sicheren Distanz betrachten.)

Die Überschreitung der Grenze war für Kubrick stets das Bedeutendste in seiner Arbeit. Bei einem Interview zu DR. STRANGELOVE bezeichnete er sich selbst als „Elefant im Porzellanladen der Tabus". „Was ich wirklich sehr gern täte", hat Stanley Kubrick später gesagt, „ist, die narrativen Strukturen des Kinos zu sprengen. Ich möchte einmal etwas wirklich Unerhörtes schaffen".

Stanley Kubricks Filme (die, so ganz anders als die Filme der amerikanischen Mythopoeten John Ford, Howard Hawks oder Frank Capra, von ihrem literarischen, wissenschaftlichen und textlichen Untergrund sprechen) reichen an die Grenze der Aufklärung. An ihrem Ende (bei Imanuel Kant) war die Aufklärung als philosophisches und gesellschaftliches Projekt an ein merkwürdiges, paradoxes Ende gelangt: Die reine, die theoretische Vernunft widersetzt sich dem Anschein der Welt, die praktische Vernunft hingegen macht sich die Natur durch den Anschein der Dinge selbst (so also auch durch die Projektionsfläche der Leinwand) untertan und zunutze. Das Fatale ist: Beides paßt nicht zusammen, und umso weniger, als es radikal gedacht wird. So ist die große Erzählung der Philosophie (und ihrer Anwendung auch im bescheidenen Rahmen eines jeden Menschen, der – wie alle Helden und Heldinnen im Kino – Momente erlebt, in denen er, obwohl er von seiner Umwelt und von seiner Innenwelt enorm unter Druck gesetzt ist, über sich selbst und seine Situation in der Welt nachdenkt), der immerwährende Versuch, den Abgrund, der zwischen der reinen und der praktischen Vernunft klafft, zu überwinden. Die Philosophie versuchte in der Folgezeit, die Aufklärung zu „retten", und neben der Erkenntnistheorie war dabei vor allem die Ästhetik das probate Mittel. Unabhängig davon, wie weit Philosophie damit überhaupt zu einem Projekt der Selbstaufhebung werden mußte, um irgendwann nur noch um die verzweifelte Frage zu kreisen: „Was kann ich wissen?", zerschellte das System unter dem Anspruch, jeden weiteren Schritt der Aufklärung auch auf sich selbst anzuwenden. Schon für Schopenhauer war klar, daß die Kritik der Ästhetik nicht mehr die Kritik des Kunstwerkes als Erfüllung oder

Verletzung der Regel sein konnte, sondern zur Kritik der Wahrnehmung werden mußte. Siegfried Kracauer hat also nicht allein ein politisch-aufklärerisches Programm verkündet, als er postulierte, jede Filmkritik sei auch Gesellschaftskritik, er hat damit auch diese widersprüchliche Erbschaft der Aufklärung – ins Unermeßliche verschärft durch die Erfahrung von Auschwitz – angenommen.

Die Kritik, zum Beispiel, hat die doppelte Funktion, der Bilderwelt des Kinos die aufklärerischen Vorschläge zu machen, zum anderen aber auch im Kino selbst das Projekt der Selbstaufklärung voranzutreiben. Dabei ist es keineswegs so, daß das Kino als „Steinbruch" der Kritik beliebig Material bietet (oder verweigert), vielmehr ist jeder Film selbst ein Ergebnis von Prozessen der Kritik. Die Inszenierung, sagt François Truffaut, ist die Kritik des Drehbuches, der Schnitt ist die Kritik der Inszenierung. Jedes Drehbuch aber kann nichts anderes sein als die Kritik des Schnitts eines oder mehrerer anderer Filme, und umgekehrt ist der Schnitt – offenkundig die radikalste aller Formen der Kritik im Film, auch dann, wenn er sich im Gegensatz zu Eisenstein als alles andere denn als Schock-Mittel verstehen will, gleichsam für die Provokation der Kritik geschaffen.

Der Schnitt ist bei Kubrick eine philosophische Geste: die Gegenüberstellung von Wahrnehmung und Empfindung, oder, genauer gesagt: Sein Schnitt markiert die Trennung zwischen dem Subjekt und der Welt. Doch wohlgemerkt: Um ein Subjekt handelt es sich dabei! Zwar sehen wir Kubricks Charakteren oft zu, wie sie mechanische, marionettenhafte Züge annehmen, zwar scheint ihr Kampf mit dem Fatum aussichtslos, aber doch erkennen wir einen – panischen oder gierigen – Blick, der uns über alles Abbild- und Schattenhafte im gewohnten Kino hinaushebt: Dort oben auf der Leinwand kämpft ein *Mensch*, um's

Überleben zuerst, gewiß, aber dann vor allem: Um das Mensch-Sein selbst.

„Der Schnitt durch das Kontinuum von Wahrnehmung und Aktion, das Organismus und Umwelt als 'sensomotorisches Band' fesselt, ist ein wichtiges Moment der conditio humana, die Kubrick in jedem seiner Filme als Frage aufgeworfen hat. In Werkzeug und Waffe, Sprache und Schrift, Foto und Film ist der Schnitt durch die Raumzeit als Artefakt materialisiert, der die Welt der Tiere von der des Menschen trennt" (Thomas Kliche).

Das Kino ist nicht nur ein Bastard des Melodramas, der terroristischen wie sentimentalen Darstellung einer metaphysiklosen Moral, nicht nur Ausdruck der demokratisch-kapitalistischen Notwendigkeit, die Bilder in Bewegung zu versetzen (eine Bewegung, der das sowjetische Kino letztlich vergeblich, wie wir wissen, ein historisches Bewußtsein abzuverlangen trachtete), das Kino ist auch ein spätes Kind jener Aufklärung und ihrer Rettungsversuche, die an ihre Grenzen geraten in jene Abgründe sahen, aus denen die Dämonen zurückzuschauen pflegen. Das Kino ist – wie Heide Schlüpmann so überzeugend nachgezeichnet hat – ein Kind der Subjektphilosophie.

Kubricks Filme bilden zusammen gesehen eine Geschichte derjenigen Prozesse, die wir als „Zivilisierung" beschrieben haben, die Geschichte des Subjekts, das, paradoxerweise, um so mehr von seiner Freiheit verliert als es sich selber (oder seinen Doppelgänger) erkennt. Kubrick weigert sich also sehr zu Recht, die Kapitel seiner Weltgeschichte des verdammten Subjekts zu einer Geschichte der Befreiung zu ordnen. Die Kreisform seiner Erzählungen steht in engem Zusammenhang mit diesem Paradoxon der Spätaufklärung, daß sich zum einen die verschiedenen Formen der Vernunft gegenseitig auffressen, man also ohne weiteres auf eine sehr wahnsinnige

Weise vernünftig sein kann wie in DR. STRANGELOVE, oder auf eine sehr vernünftige Weise wahnsinnig wie in A CLOCKWORK ORANGE; und daß andererseits das Subjekt zu seiner Humanität nicht gelangen kann, weil es nur die Wahl zwischen der Revolte (das Ich distanziert sich von der Welt) und der Unterordnung (das Ich löst sich in der Welt auf) gibt. Das Hegelsche „unglückliche Bewußtsein" des Menschen ist bei Kubrick so zugespitzt, daß jedes Kapitel der „Zivilisationsgeschichte" nur mit einer Katastrophe enden kann – eine Katastrophe, in der zugleich der Beginn des nächsten Kapitels steckt.

Dem Subjekt bleibt daher nichts, als gegen seine Zivilisierung zu revoltieren, in der großen „Menschheitsgeschichte" von 2001 ebenso wie in der Ästhetik-Studie von BARRY LYNDON, in der „Fallgeschichte" von A CLOCKWORK ORANGE ebenso wie in den Konstruktionen des unmöglichen Begehrens in KILLER'S KISS, LOLITA und EYES WIDE SHUT. Und das Zentrum dieser Zivilisationsgeschichte, die das Subjekt zugleich bildet und ausstößt, ist der Krieg.

Alle Kriege in Kubricks Filmen, der Erste Weltkrieg in PATHS OF GLORY, der Atomkrieg in DR. STRANGELOVE, der Siebenjährige Krieg in BARRY LYNDON oder der Vietnamkrieg in FULL METAL JACKET sind, nach seinen Worten „absurde Kriege" – womit durchaus gesagt ist, daß es auch andere gibt – es sind Kriege, die sich weder von ihren Ursachen noch von ihren Zielen her recht erklären lassen, und die gerade deshalb am ehesten in den Rang eines zivilisationsgeschichtlichen Fatum zu erheben sind. In Kubricks Kriegen kommt die tragische Umformung des Subjekts am radikalsten zum Ausdruck; daß Private Joker am Ende von FULL METAL JACKET erkennt, daß er keine Angst mehr hat, ist ein Abschluß dieser Transformation: der Krieg formt das wahrnehmende Subjekt und zerstört zugleich das moralische Individuum.

Und die Liebe? Wie der Krieg so findet auch sie in Kubricks Filmen nur in ihrer absurden Form die angemessenen Bilder. Es ist nicht nur die Konstruktion des falschen Objekts (LOLITA), die Unmöglichkeit, sich über die soziale Berechnung zu erheben (BARRY LYNDON), die Dialektik von Gewalt und Sexualität (A CLOCKWORK ORANGE), was „Liebe" als ein anderes Projekt der Zivilisierung unmöglich macht. Im Begehren des anderen, mehr noch: im Begehren, in den Blick des anderen zu treten, hebt das menschliche Subjekt sein unglückliches Bewußtsein keineswegs auf. Es verschärft das Problem vielmehr, denn die Frage ist nicht zu beantworten, ob dieser andere Teil von „Ich" oder Teil von „Welt" ist. Und so muß er sich im Blick des Begehrens spalten und muß zugleich den Begehrenden und Blickenden spalten, und das geschieht in Kubricks Filmen auf eine sehr direkte, sinnliche Weise, in der Narration durch das Auftreten von Spiegelbildern und Doppelgängern, im Filmischen durch die Spaltung des Filmischen und des Fotografischen in der Montage, durch jenen „Schnitt durch die Wahrnehmung", der auch uns Zuschauern klar macht, daß wir uns keineswegs mehr in einem verläßlichen, wärmenden Raum-Zeit-Kontinuum befinden. Im unglücklichen Bewußtsein spaltet sich nicht nur jede Person, der Blick auf sich selbst spaltet sich in das Statische, das Seiende (das Fotografische) und das Historische, das Werdende und Vergehende (das Filmische). Der Mann

ist der Unterdrücker der Frau, die er „nach seinem Bilde" schaffen will, und die Frau ist die existentielle Bedrohung für den Mann, wo sie vom Bild zum Blick wird. So kann die Liebe nur ein *Moment* sein in Stanley Kubricks Filmen. Ein Schnitt, um es einmal radikal zu formulieren.

Keine Hoffnung für das unglückliche Bewußtsein und für das Subjekt das es ausbildet (wiederum gespalten in den rebellischen Körper und den verschlingenden Blick) also? Die der Natur entrissenen Dinge, die Waffen, die den Kreislauf der Entfremdungen vorantreiben, erscheinen in ihrer Doppelgestalt („schön" und „gefährlich") die Technik bis zu jenem Punkt voranzutreiben, da sie des Menschen selber nicht mehr bedarf – ein Umstand, der im übrigen keineswegs erst mit der Auseinandersetzung zwischen dem Computer und dem Menschen in 2001 beginnt, sondern schon in den Militärmaschinen des Siebenjährigen Krieges in BARRY LYNDON bildhaft wird. Die Revolte des befangenen Subjekts, das sich umso weniger befreien kann, als es sich seiner bewußt wird, und das sich um so weniger zivilisieren will, als es seiner Grenzen in Zeit und Raum gewahr wird, führt als Ausweg nur in die Ästhetik, in die Welt der Bilder und Klänge. Aber dort, im Reich der Schönheit, wiederholt sich nur der Kreislauf der Spaltungen und Spiegelungen, der Maskierungen und Verfehlungen der Geschichte der Zivilisierung. Zum Beispiel im Kino.

Stanley Kubricks Filme

1950 – 1953:
Die Vorgeschiche (Kubricks kurze Dokumentarfilme)

Stanley Kubrick hat seine Filmographie stets erst mit THE KILLING beginnen lassen. Die Filme, die vorher entstanden (und die sich heute in Privatbesitz befinden) wurden von ihm zur Vorführung auch bei Festivals und zu Retrospektiven nicht mehr freigegeben. Wenn wir in ihnen Vor-Bilder seiner späteren Werke, die Verbindung der fotografischen zur filmischen Arbeit, sehen wollen, so tun wir es auf eigene Gefahr und mit gebotener Vorsicht.

1950: DAY OF THE FIGHT
Die Reportage über den Mittelgewichtsboxer Walter Cartier, gedreht in New York City, darf unter den dokumentarischen Kurzfilmen des Regisseurs wohl als derjenige gelten, der am meisten Motive und Ästhetik der späteren Spielfilme vorwegnimmt, und das nicht obwohl, sondern gerade weil er noch so sehr im Zeichen seiner fotografischen Arbeit steht. Über Cartier hatte Kubrick bereits für die Zeitschrift *LOOK* eine Fotoreportage gemacht. Der Film zeigt den Berufsboxer am Tag eines wichtigen Kampfes. Mit seinem Bruder und Manager besucht er die Frühmesse. Der Tag besteht hauptsächlich aus Vorbereitungen auf den Kampf, vor allem aber aus Warten. Kurz vor dem Kampf fährt Cartier zur offiziellen Gewichtsabnahme und zur Arena. Endlich ist es soweit, und Cartier steigt in den Ring, kämpft und gewinnt nach zwei Runden durch k.o. Er kehrt in seine Kabine zurück. „Das Ende eines ganz normalen Arbeitstages" heißt es im Kommentar.

Die Off-Narration, die schon am Beginn erklärt, wie wenig Hoffnung das Kommende enthalten wird (die Rede ist von „the rubber knees and the touch of claret, call it blood if you will, somebody else's blood"), das Widerläufige in den Ereignissen (die Vorbereitungen auf den Kampf erscheinen statt einer Steigerung eher einer wachsenden Agonie zu gleichen), das Ritual einer ewigen Wiederkehr (Cartier muß Kampf um Kampf überstehen, nur um auf dem bescheidenen Niveau seines Erfolges zu bleiben, und keiner dieser Kämpfe kann ihm eine „Erlösung" bringen), das Doppelgänger-Motiv im Zusammenspiel mit seinem Zwillingsbruder (wir sehen die beiden des morgens gemeinsam in einem Bett erwachen, wir sehen, wie sich ihre Gefühle austauschen und verschmelzen, wie sich Angst und Schmerz vom einen auf den anderen überträgt), die Fragmentierung der Zeit-Einheiten, die absurde Konstruktion des Überlebenskampfes („Sie suchen", so beschreibt der Kommentar die Erwartungen des Publikums, „den Triumph der Gewalt über die Gewalt"), die *Coda* anstelle der *Klimax* am Ende, die additive Montage – all das macht DAY OF THE FIGHT zu mehr als einer Vor-Übung. Der Film enthält gleichsam schon die Struktur seiner kommenden Arbeiten.

1951: THE FLYING PADRE
Ein Kurzfilm über den katholischen Priester Fred Stadtmueller, der seine 400 Quadratmeilen große Gemeinde von Mosquero in New Mexico nur mit dem Flugzeug bereisen

kann. Zwei Tage lang beobachtet die Kamera seinen dramatischen Tagesablauf und seine Wahrnehmungen. Der Film zeigt den Reverend im Cockpit seiner *Piper Cub*, bei einer Beerdigung in einem Dorf und wie er eine Mutter mit ihrem kranken Kind ins Krankenhaus der nächsten Stadt fliegt.

Kubrick entfernt sich in diesem Film weiter von seinen Wurzeln in der Fotografie und gelangt dabei zu einer konventionelleren Gestaltung. Was ihn an dem Sujet gereizt haben mag, läßt sich nur erahnen. Vielleicht war es die Öffnung des Raumes in den Flug-Szenen und ein sanfter Übergang vom Dokumentarischen zum Erzählerischen mit einer Montage der „Notruf"-Szene am Ende, die sich einerseits zwar wie eine Persiflage auf die Parallelmontage einer „*Last minute's rescue*"-Sequenz ausnimmt (ein Kind weint – Stadtmueller macht sein Flugzeug bereit – die Mutter blickt verzweifelt in den Himmel – von oben sieht der Retter das einsame Anwesen und setzt zur Landung an), dem Regisseur andererseits aber auch ein Übungsfeld für besondere Perspektiven eröffnet.

1952/53: THE SEAFARERS

Dokumentarfilm über die Mitglieder der Seefahrer-Gewerkschaft. Der PR-Film wurde im Auftrag der Internationalen Seemannsgewerkschaft innerhalb der *American Forces of Labor* hergestellt. Er zeigt den Arbeitsalltag der Seeleute und weist auf die Vorteile hin, die es bringt, Gewerkschaftsmitglied zu sein.

Noch einmal übt sich Kubrick an dramatischen Bewegungen, aber mehr noch als FLYING PADRE kommt ihm sein argumentativer Auftrag in die Quere. Dem Film ist anzumerken, daß es für Kubrick auf diesem Gebiet nichts mehr zu lernen gibt.

1953: FEAR AND DESIRE (Furcht und Begierde)

Ein Krieg, von dem wir keine historische Zuordnung erhalten; es ist der Krieg als Zustand. Eine Patrouille, gebildet aus Lieutenant Corby (Kenneth Harp), Unteroffizier Mac (Frank Silvera) und den Soldaten Fletcher (Steve Coit) und Sidney (Paul Mazursky) operiert im Feindesland, nachdem ihr Flugzeug abgestürzt ist. Einsamkeit und Isolation sind ihre Grunderfahrungen. „Kein Mensch ist eine Insel" sagt Corby in einem inneren Monolog. „Das war vielleicht vor langer Zeit so, vor der Eiszeit. Die Gletscher sind geschmolzen, und jetzt sind wir alle Inseln, Teile einer Welt, die nur aus Inseln besteht". Existentialistischer Weltschmerz, gewiß. Aber Kubrick benutzt solche, stets im *voice-over* vorgebrachten Gedanken auch, um die verschiedenen Haltungen seiner Protagonisten einander gegenüberzustellen. Mack träumt von der großen Tat, von etwas, das er aus diesem Krieg zurückbringen kann, als Beute und Erfahrung, in die Welt der Banalität, die er verlassen hat. Sidneys Wahrnehmung ist zu einer Form des Wahnsinns gesteigert: „Mac!", ruft er. „Mach nicht die Augen zu! Die Bäume! Sie sind nackt!" Und Fletcher, der Schweigende, der alles hinnimmt, wie es kommt. Er ist bereits die Gespaltenheit selber: Vom Denken, meint er, komme die Hälfte des Schlechten in der Welt, die Hälfte des Guten aber auch. Und das ist beinahe alles, was er in dem Film zu sagen hat. Natürlich können wir kaum anders, als in dieser Konstellation einen Rohentwurf für die aggressiven Männer-Gruppen in A CLOCKWORK ORANGE oder in FULL METAL JACKET zu sehen.

Die vier arbeiten sich durch ein unübersichtliches Waldgelände vor und treffen schließlich auf zwei feindliche Soldaten, die in einem verlassenen Haus sitzen und essen. Es sind mehr noch als die Waffen die Augen, die töten. Es ist das Fleisch, das die Soldaten zu Mördern macht. Sidney, entsetzt über die eigene Gewalt, starrt verzweifelt ins Weite; er ist wie paralysiert, als man ihm zuruft, etwas von dem Fleisch vom Mahl des Feindes zu greifen. Man wird vielleicht lange Zeit nichts mehr zu essen finden.

Dann erreichen die Soldaten einen Fluß. Sie sehen drei schöne junge Frauen, die Netze durchs Wasser ziehen. Eines der Mädchen (Virginia Leith) nehmen sie gefangen und binden es aus Furcht, verraten zu werden, an einen Baum. Während die anderen zum Fluß gehen, wo sie ein Floß zusammenbauen wollen, bleibt Sidney zu ihrer Bewachung zurück. Die beiden können nicht miteinander sprechen; so sind es ihre Augen, die miteinander kommunizieren. Zwei Menschen in Panik, zwei Menschen, die begehren. In der Absicht, zu irgendeiner Verständigung zu kommen, führt Sidney vor ihr groteske Pantomimen auf. Er bringt ihr Wasser in seinen Händen. Die erotische Spannung steigt, Sidney verliert gleichsam die Zeit – Bewegungsbilder und Standfotos sind aneinandergeschnitten – er ist so sehr Subjekt, daß auch wir mit ihm die objektive Realität vor den Augen verlieren. Er möchte mit ihr schlafen und bindet sie los, doch als sie zu fliehen versucht, bringt er sie um. Die drei anderen haben unterdessen eine feindliche Stellung entdeckt; in dem Befehlsstand befindet sich ein General (wiederum von Kenneth Harp verkörpert) und sein Adjutant (Steve Coit). Mac schlägt vor, die Feinde zu überfallen und zu töten, um sich sodann ihres Flugzeuges zu bemächtigen. Er fährt mit dem Floß den Fluß hinunter, um Sidney abzuholen, die beiden anderen töten unterdessen ihre feindlichen „Schatten": Als Corby den General zu Gesicht bekommt, stellt er fest, daß er in ihm sein Spiegelbild vor sich hat, sein Adjutant ist ein Double von Fletcher. Dennoch töten Fletcher und Corby die beiden Männer und sehen sich dabei selbst getötet. Mac findet im Wald den völlig verstörten Sidney und bringt ihn aufs Floß. Als die beiden die Küste erreichen, werden sie bereits von Corby und Fletcher erwartet.

Besonders freundlich ist die Kritik mit diesem Film nicht umgegangen. „Der Themenkatalog des Films stammt aus der Wühlkiste eines bohemehaften Negativismus der frühen 50er Jahre und läßt in seinem von existentialistischer Selbstfeier kontrapunktierten Rundumschlag gegen den Krieg und sonstige gesellschaftliche Institutionen, gegen das Versagen der Vernunft und die Gefährdung durch das unterdrückte Unbewußte an die philosophische Unerschrockenheit manches amerikanischen Underground-Films dieser Zeit denken" (Thomas Nelson).

Kubricks eigene Beschreibung des Films als „ein Drama des seiner materiellen und geistigen Grundlagen beraubten Menschen, verloren in einer feindlichen Welt, in der er danach sucht, sich selbst zu verstehen und das Leben ringsum" – kann durchaus programmatisch für alle seine Filme gelten. „In jedem seiner Filme präsentiert Kubrick jemanden, der versucht, mit der brutalen Welt fertigzuwerden, in der er sich selbst befindet" (Gene Phillips). In einer Welt, um es genauer zu sagen, die ihm nicht nur feindlich gesonnen ist, sondern ihm auch unverständlich bleibt.

Kubricks erster Langfilm wurde weder ein künstlerischer noch finanzieller Erfolg. Es gab nur wenige anerkennende Kritiken und die relativ geringen Investitionskosten von 20 000 Dollar wurden nicht eingespielt. Der Verleiher Joseph Burstyn konnte ihn nur in einigen Filmkunsttheatern placieren. Kubrick räumt ein, daß er nicht die notwendige Erfahrung besaß, die an sich gute Story filmisch adäquat umzusetzen und hielt ihn für „undramatisch und peinlich prätentiös ... Im großen und ganzen war es nicht mehr als die 35mm-Version eines Films, den eine Klasse von Filmstudenten auch in 16mm hätte drehen können."

1955: KILLER'S KISS (Der Tiger von New York)

Auch KILLER'S KISS, den Alexander Walker als ein „seltsam ansprechendes Werk, das über den jungen Kubrick sehr viel aussagt" bezeichnet hat, verrät nur bei sehr genauem Hinsehen etwas von Kubricks späteren Ambitionen. Freilich erkennt man auch, wieviel Kubrick seit FEAR AND DESIRE gelernt hat. War dieser Film noch „overwritten" und befremdlich in der Diskrepanz von schwerblütigem Voice-Over-Dia- und Monolog, so ist KILLER'S KISS ein Film der Konzentration. Zwar mußte der Regisseur den Dialog wieder nachträglich einfügen, doch bildet er in diesem Film eine stärkere Einheit mit dem Fluß der Bilder. Und diesmal kann man sehr genau die Absicht erkennen, wenn sich die narrativen Mittel des Films fragmentieren. Man hat den Film in seiner Direktheit später, wie Renaud Walter, als „eine Art Dokumentarfilm über New York" sehen wollen, aber auch dagegen verwahrte sich der Regisseur: „Der Film gibt keinen sehr tiefgründigen Einblick in New York. Es handelt sich ganz einfach um die Standardkulisse eines in New York spielenden Kriminalfilms. Das ist ein nachgemachter Dokumentarfilm. Die Avenues, die aufleuchtenden und verlöschenden Lichtreklamen... man empfindet die New Yorker Atmosphäre nicht wirklich".

Die Handlung des Films ist einerseits höchst melodramatisch: Die Rettung der Frau durch den Helden vor den Mächten des Bösen. Sie ist aber andererseits auch wieder eine Spielanordnung: Gegner sind der Boxer Davy Gordon (Jamie Smith), Weltergewicht, 88 Siege, 9 Niederlagen, und der stutzerhaft brutale Gangster und Barbetreiber „Killer" (Frank Silvera), die beide das Mädchen Gloria (Irene Kane) haben wollen, das als Taxi-Girl bei Killer arbeitet. Zuerst versucht der Gangster, den anderen zu ermorden, dann entführt er das Mädchen, und nachdem beide in der gegenseitigen Jagd aufeinander Vorteile errungen oder Fehler begangen haben, kommt es in einem Lagerraum voller Schaufensterpuppen zum Endkampf, den der Boxer für sich entscheiden kann.

Aber auf einer zweiten Ebene ist der Film auch eine psychoanalytische Studie über eine Frau, die von einer zwanghaften Vaterbindung gelähmt ist, und vom Jungen, der mit einer melancholischen Reinheit ausgestattet, mehr noch als die Eifersucht die Besitzgier des Gangsters herausfordert. Es ist vielleicht Kubricks erste Revision des ödipalen Mythos'; Davy, der in den „verbotenen Raum" eindringt, um dem Vater die Frau zu rauben. Und zum Dritten behandelt der Regisseur sein Material wie eine kühle Reportage, und gerade die surrealen Elemente, etwa Davys Traum nach dem Fight, als er sich in rasender Fahrt durch die menschenleeren, im Negativ gezeigten Straßen sieht, sind mit der kühlen Genauigkeit registriert, die Kubrick an Kafka so bewunderte.

Kubrick erzählt seine Geschichte als lange Rückblende: Davy will New York verlassen – wir sehen ihn zu Beginn im „hohen Raum" der Grand Central Station – und er erinnert sich an das Geschehen, wie um vor seinem Abschied Klärung zu finden über die Vergangenheit einer unheilvollen Begegnung, wie sie der film noir liebt: Wir sehen Davy in seiner Absteige am Abend vor einem wichtigen Boxkampf. Er beobachtet eine blonde Frau in ihrem Appartement auf der anderen Seite des Hinterhofs, die sich zum Ausgehen herrichtet. Auch Davy verläßt das Haus, die beiden verfehlen sich knapp. Aber das Eintauchen in eine andere Welt, Orpheus' Abstieg in die Unterwelt, ist bestimmt.

Die junge Frau, Gloria Price, wird von dem alternden Gangster Rapallo mit einer schweren Limousine abgeholt und zu einem Tanzpalast gebracht, wo Gloria als Tanzgirl arbeitet. Davy verliert an diesem Abend einen wichtigen Kampf, der ihm den Weg zu einem Titelfight hätte freimachen können. Rapallo verfolgt den Kampf im Fernsehen, während er Gloria in seinem Büro im Tanzpalast zu verführen versucht. Davy ist in sein schäbiges Zimmer zurückgekehrt und sinniert über seine Zukunft. Mit der Niederlage gegen den unerfahrenen Kid Rodriguez scheint die Karriere des ringerfahrenen Boxers beendet zu sein. So sitzt er in seinem dunklen Raum, an einem Nullpunkt.

Auch Gloria ist mittlerweile nach Hause gekommen; Davy beobachtet sie, wie sie sich auszieht. Da ruft sein Onkel aus Seattle an und lädt ihn zu sich auf seine Ranch ein. Zwei Möglichkeiten der „Erlösung". Aber sie widersprechen sich, der Ruf hätte Davy aus seinem Gefängnis geholt, aber der Blick fesselt ihn. In der Nacht wird er durch einen gellenden Schrei aus einem Alptraum geweckt und sieht, wie Rapallo versucht, Gloria zu vergewaltigen. Davy eilt ihr über das Dach zu Hilfe. Rapallo flieht. Den nächsten Tag verbringen sie zusammen und verlieben sich ineinander.

Gloria erzählt Davy, wie sie ins „Pleasureland" des zwielichtigen Rapallo kam und erklärt sich bereit, mit Davy New York zu verlassen und in Seattle ein neues Leben zu beginnen. Vor dem „Pleasureland" erwartet Davy seinen Manager Albert, der ihm seine letzte Gage überbringen soll. Zwei von Rapallo beauftragte Killer drängen Albert in eine dunkle Seitenstraße und erschlagen ihn, sie haben ihn mit Davy verwechselt. Rapallo läßt Gloria entführen, während Davy als mutmaßlicher Mörder Alberts verfolgt wird. Auf der Flucht entdeckt er Rapallo in seinem Auto und verfolgt ihn die ganze Nacht mit einem Taxi. Schließlich stellt er ihn im Lagerhaus einer Schaufensterpuppen-Fabrik, wo es zu einem drama-tischen Kampf zwischen den beiden kommt. Inmitten der nackten weiblichen Schaufensterpuppen durchbohrt Davy seinen Gegner mit einer Eisenstange. Ende der Rückblende.

Davy berichtet (in einem inneren Monolog) wie er von der Polizei festgenommen wurde, bis er sie überzeugen konnte, daß er in Notwehr gehandelt habe. Er hat alles geregelt und geht zum Zug, ohne Hoffnung, Gloria je wiederzusehen. Im letzten Moment jedoch taucht Gloria mit einem Taxi auf, läuft ihm auf dem Bahnsteig entgegen, und beide fallen sich in die Arme. Das erste und letzte *Happy Ending* eines Kubrick-Films.

Aber die Geschichte, und dies mag in der Tat neben einer noch etwas konturenlosen Schauspielerführung das größte Manko des Films sein, interessiert den Regisseur offenkundig nicht allzusehr. So ist eher bedeutsam, was an den Rändern geschieht. Nebenbeziehungen erscheinen wie die Spiegelungen narzißtisch gestörter Menschen: Die einzig freundliche Beziehung, die Davy zu irgendeinem Menschen hat, jedenfalls bevor er Gloria kennenlernt, ist die zu seinem Manager (ein Paar, das an Walter und Vincent Cartier aus THE DAY OF THE FIGHT erinnert), und Gloria steht ihrer Schwester (Orind de Volér) gegenüber, die in einer bemerkenswerten Sequenz tanzend auf einer Bühne gezeigt wird, während Gloria zu Davy über ihre Beziehung zum Vater spricht. Überhaupt ist KILLER'S KISS vor allem ein Film der eleganten erotischen Bilder, die immer die Angst und das Begehren, die Liebe und die Gewalt, das Leben und den Tod miteinander verknüpfen: Davy kommt ins Zimmer von Gloria; nachdem Killer sie überfallen wollte, ist sie erschöpft eingeschlafen, der alarmierte Davy steht in einem Raum voller zum Trocknen aufgehängter Wäschestücke und auf der Kommode aufgereihter Toilettenartikel, mit denen Davys Hände

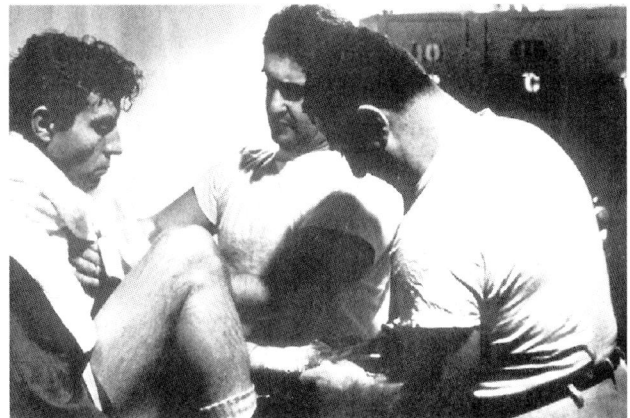

1
Jamie Smith

2
Irene Kane

3
Jamie Smith
Jerry Jarret

1
Frank Silvera

2
Jamie Smith

3
Irene Kane
Jamie Smith

1
Jamie Smith
Frank Silvera

2
Jamie Smith
Irene Kane

ein ganz unbewußtes Spiel beginnen. In einer anderen Szene sehen wir den Nachtclubbesitzer, wie er zugleich die Frau umarmt und auf dem Bildschirm einen Boxkampf verfolgt, und wir wissen nicht, welchem Geschehen seine größte Gier gilt. Und am Ende bekämpfen sich Killer und Davy inmitten der weiblichen Schaufensterpuppen, zerstören, zerhacken, ja „foltern" sie dabei, als wäre in der Tat dieser Kampf nur dazu da, durch den weiblichen Körper zu führen (so wie die tödliche Kugel Quilty in LOLITA durch das Portrait der Frau hindurch treffen muß). Der Zweikampf ist zugleich ein Massaker. Und es scheint, daß Kubrick in dieser Szene mit einer Plot-Dienlichkeit nichts im Sinne gehabt hat, sie erscheint eher als Nukleus späterer Bilder, in denen sich Sexualität, Gewalt und Besessenheit treffen. Seelenlärm und Groteske begegnen sich hier noch auf eine Weise, die uns beim Zuschauen zu einer Entscheidung zwingen. „Der ausgedehnte Entscheidungskampf", notierte 1959 der *Evangelische Film Beobachter*, „von der Regie in einen Lagerraum für Schaufensterpuppen verlegt, in dem die beiden Gesellen mit Äxten und Hellebarden aufeinander losgehen, erregt Lachstürme". Ob diese Beobachtung korrekt wiedergegeben oder dem Wunsch eines Kritikers entspringt, der den Film als „wertlos für Erwachsene und denkbar ungeeignet für Jugendliche" empfindet, sei dahingestellt. Tatsächlich aber hat Kubrick es uns nie wieder so leicht gemacht, uns von einem solchen Bild zu distanzieren.

Der Film, der zuerst „Kiss Me, Kill Me" heißen sollte, wurde ebenso wie der vorhergegangene FEAR AND DESIRE von Kubrick stets als amateurhaft abgelehnt. Er wurde bis auf wenige Szenen *on location* in Manhattan gedreht und kommt mit relativ wenig Dialog aus. Davys Erzählung aus dem *Off*, der innere Monolog und verbale Rückblenden lassen den Film als mosaikartig aus Erinnerungsfetzen zusammengesetzten Alptraum erscheinen, von dem sich der Protagonist selbst noch kein rechtes Bild machen kann. Davy rekapituliert das dramatische Geschehen der letzten Tage, um mit sich ins reine zu kommen.

Harte Kontraste, expressionistisch anmutende Schatteneffekte und betont originelle Blickwinkel bestimmen den Film, der mit kurzer Brennweite bei vielen Nachtszenen aufgenommen wurde. Die Straßen- und Dachlandschaften in der Morgendämmerung erinnern an das Bild, das die Regisseure des Off-Hollywood-Kinos wie John Cassavetes später von New York zeichneten.

Mit KILLER'S KISS, in dem sich surreale und realistische Bildwelten vermischen, war endgültig aus dem 27jährigen Fotoreporter von *LOOK* ein sehr eigenwilliger Filmemacher geworden. Er gibt Auskunft über seine artistische Herkunft; viele Motive, wie die subjektive Erzählweise, die Untersuchung von Blick und Wahrnehmung, die Erkundung alptraumhafter Seelenzustände, sollten in späteren Filmen immer wieder auftauchen, wenn auch gebändigter und bewußter eingesetzt.

1956: THE KILLING (Die Rechnung ging nicht auf)

Das Genre des Gangsterfilms, dem – mehr oder weniger – die beiden Spielfilme Kubricks nach FEAR AND DESIRE zuzurechnen sind, interessierte ihn nicht zuletzt wegen seiner unerbittlichen Mechanik: „In einem Gangsterfilm", meinte er, „geht es ähnlich zu wie beim Stierkampf: Es gibt ein Ritual und ein Muster, in dem feststeht, daß der Gangster es nicht schaffen kann". Dieses Ritual trieb der Regisseur hier mit ungeheurer Konsequenz voran. Es verflüchtigt sich beinahe in Abstraktion, während auf der anderen Seite die beteiligten Personen an Kontur gewinnen. „Der einzige Sinn von THE KILLING ist, glaube ich, zu zeigen, in welchem Maße man einen guten Film mit einer völlig bedeutungslosen Geschichte machen kann". Anders als in KILLER'S KISS hält sich Kubrick hier zumindest an der Oberfläche sehr genau an die Regeln des Genres, um seine Grenzen nur um so konsequenter zu überschreiten, mehr noch: THE KILLING erscheint auch als kritische Relektüre des *big caper movie* im *film noir*, und insbesondere von John Hustons THE ASPHALT JUNGLE (DER ASPHALT-DSCHUNGEL) aus dem Jahr 1950. Er „zerlegt" dieses Subgenre förmlich in seine Einzelteile; aus dem Mythos der Vergeblichkeit wird eine Mechanik von Zufall und Bestimmung. Kubrick ist in diesem seinem ersten „richtigen" Film nicht nur stilistisch autonom geworden, sondern hat auch sein Thema gefunden, die Beziehung von Freiheit und Vorbestimmung.

Am Tag des großen Rennens begeht eine Gang einen Überfall auf die Rennplatzkasse von Bay Meadows. Der eben nach fünf Jahren aus dem Zuchthaus von Alcatraz entlassene Johnny Clay (Sterling Hayden) hat das Unternehmen, bei dem 2 Millionen Dollar erbeutet werden sollen, als „letzten Coup" geplant, um sich danach mit seiner Freundin Fay (Coleen Gray) in Mexico zur Ruhe zu setzen. Er hat Freunde und Komplizen, bis dahin unbescholtene Menschen, aber in der einen oder anderen Weise Verzweifelte, um sich versammelt. Sein Freund und Finanzier Marvin Unger (Jay C. Flippen), ein Ex-Alkoholiker, der ihn wie einen Sohn liebt, wird mit ihm zum *Mastermind*. Sie suchen drei weitere Teilnehmer aus: George Peatty (Elisha Cook jr.), der Kassier der Rennbahn, ein in jeder Hinsicht „kleiner Mann", der von seiner geldgierigen und tyrannischen Frau Sherry (Marie Windsor) betrogen wird und davon träumt, sich ihr einmal ganz anders präsentieren zu können; Randy Kennan (Ted DeCorsia), ein Polizist, der sich durch seinen Hang zum luxuriösen Leben heillos verschuldet hat und hofft, mit der Beute seine Schuld von 3000 Dollar zurückzahlen und einen Neubeginn unternehmen zu können; und Mike O'Reilly (Joe Sawyer), der Barkeeper der Rennbahn, dessen Frau todkrank ist und der das Geld für ihre Behandlung braucht.

Außerdem hat Johnny zwei Profis angeheuert, die aber nicht in das Unternehmen eingeweiht sind: Der russische Catcher Maurice Oboukhoff (Kola Kwarian), mit einer Vorliebe für das Schachspiel, und der psychotische Scharfschütze Nikki Arane (Timothy Carey) sollen den Coup nach außen hin abschirmen. Um für allgemeine Verwirrung zu sorgen und die Polizei abzulenken, soll Maurice während des entscheidenden siebten Rennens eine Prügelei an der Bar inszenieren, Nikki das führende Pferd im Rennen abschießen, um zu verhindern, daß sogleich die Gelder für die Gewinner ausgezahlt werden.

Bis auf ein paar kleine Zwischenfälle funktioniert am entscheidenden Tag zunächst alles ganz planmäßig. Während die ersten Rennen laufen, gehen die Gangster auf ihre vorgesehenen Positionen. Nikki postiert sich mit seinem Präzisionsgewehr auf einem Parkplatz und schießt das favorisierte Pferd aus dem Feld heraus. Er wird von dem Polizisten erschossen, den er kurz zuvor arrogant mißachtete. Maurice bricht an O´Reillys Bar eine Schlägerei vom Zaun und lenkt die Polizei auf sich. So gelangt Johnny unbemerkt in den Umkleideraum für das Personal, wo der Barkeeper eine Maschinenpistole in einer Blumenschachtel für ihn bereitgestellt hat. Johnny zieht sich eine Clownsmaske übers Gesicht und stürmt das Wettbüro. Er zwingt die Bewacher, das Geld in einen Wäschesack zu stopfen, den er zusammen mit seiner Maske aus dem Fenster des Kassenraums wirft. Der Polizist Randy nimmt die Beute in Empfang, und Johnny verschwindet in der Menge und dem allgemeinen Durcheinander.

Am Ende aber mißlingt der Coup – dem Muster des Genres gemäß – dennoch, weil der armselige George Peatty alles seiner Frau erzählt hat, um ihr doch noch zu imponieren, und die hat prompt ihren Geliebten Val Cannon (Vince Edwards) informiert, und der beschließt, sich nach dem Überfall in den Besitz der gesamten Beute zu bringen. Am Treffpunkt der Gang kommt es zu einer Schießerei, die nur George, wenn auch tödlich verwundet, übersteht. Mit letzter Kraft schleppt er sich nach Hause, um seine Frau umzubringen. Das ganze Magazin seiner Waffe leert er auf sie, bevor er selber stirbt, ein Todesorgasmus, der kein Ende finden will. Johnny indes hat, weil er sich im Verkehr verspätet hat, das Massaker und das Eintreffen der Polizei aus sicherer Entfernung beobachten können. Am Flughafen trifft er wie verabredet auf Fay. Aber die Flucht scheitert, als der Geldkoffer (den er wegen seiner Größe nicht als Handgepäck mitnehmen konnte) vom Gepäckwagen fällt und die Scheine vom Propellerwind über das Rollfeld gewir-

belt werden. Es war ein grotesker Zufall, der den Plan zum Scheitern brachte: ein Hund hatte sich von der Leine losgerissen und den Fahrer des Gefährts zum Bremsen gezwungen. Johnny und Fay versuchen zu fliehen, aber es findet sich kein freies Taxi. Als man die beiden erkennt, läßt sich Johnny widerstandslos festnehmen.

Diese erste Produktion der *Harris-Kubrick-Productions* und nach Kubrick seine „erste wirklich professionelle Arbeit" ist mit Schauspielern besetzt, deren schiere Präsenz schon die Aura des klassischen Gangsterfilms einbringt; sie betreten das Spiel nicht als Personen, sondern als „Figuren": Elisha Cook, der kleine verängstigte Mann mit den großen Augen, und Marie Windsor als verdorbenes Luxusgeschöpf, Coleen Gray und vor allem der pathologische Sterling Hayden, dessen Darstellung in John Hustons THE ASPHALT JUNGLE (1950) oft mit THE KILLING verglichen wurde, explorieren Charaktere, die sie schon in anderen Filmen entwickelten.

Und doch entwickeln sie diese unter Kubricks nun höchst kompetenter Regie nicht im Genre-Sinne weiter, sondern scheinen sie eher zu sezieren. Was bleibt übrig von ihnen, wenn sie sich dem harten Licht der Wirklichkeit aussetzen, wenn sie nichts als gewöhnliche Menschen in einer außergewöhnlichen Situation wären, wenn das Licht sie nicht modellierte, sondern sie hineintreten müßten um sichtbar zu werden? Der Nachteil der Beteiligten an diesem Coup, nämlich daß sie keine Profi-Gangster sind, erweist sich zunächst als Vorteil (sie sind in keiner Polizei-Kartei verzeichnet) und holt sie am Ende doch wieder ein. Das System des *caper movie* in der Nachfolge von Jules Dassins RIFIFI (vollendete Präzision in der Konzentration des ersten Teils, innere und äußere Zersetzung im zweiten) splittet sich in Kubricks Filmen sozusagen auf. Wir sehen durch die Planung des Coups hindurch auf Men-

1
Ted de Corsia, JoeJoe
Sawyer, Elisha Cook,
Sterling Hayden,
Jay C. Flippen

2
Elisha Cook
Marie Windsor

3
Timothy Carey

schen, die glauben, die großen Störfälle in ihrem Leben in einer Tat heilen zu können, und durch sie hindurch auf eine Welt, die sich ihrerseits aus Konstruktionen und Störfällen zusammensetzt.

Dieser semi-dokumentarische Realismus sollte in den späteren Filmen, vor allem in PATHS OF GLORY, eine Art erstes Markenzeichen Kubricks werden, zusammen mit raffiniert ausgetüftelten Bildausschnitten und dekorativen Kamerafahrten. Die Einstellungen scheinen gleichsam festgefroren, was die psychologische Dimension der Geschichte in jene Kubricksche Darstellung der Versuchssituation ausweitet, in der wir den Blick in einen „Menschenzoo" tun.

Was THE KILLING trotz seiner Verwendung einer in diesen Jahren höchst häufig und konventionell verwendeten Story so ungewöhnlich macht, ist seine Erzähltechnik, die mit der Genauigkeit eines Präzisionsinstrumentes funktioniert wie der Coup selbst, und sich, wie dieser, schließlich fragmentiert. Diese Erzähltechnik zerstört die Chronologie der Ereignisse, zergliedert sie in einzelne, genau umrissene Segmente und versieht sie mit präzisen Zeitangaben, die durch einen Kommentar mitgeteilt werden und dem Film den Anschein einer Reportage geben. Diese Segmente sind aber nicht nach ihrer natürlichen Abfolge geordnet, sondern nach den Personen, die jeweils so lange verfolgt werden, bis sie den entsprechenden Abschnitt ihrer Aufgabe erledigt haben. Und was Kubrick nebenbei deutlich macht, ist nicht nur die Anspannung von Planung und Durchführung, sondern das vielleicht Zermürbendste: das Warten.

Der Fixpunkt für die verschiedenen Handlungsstränge ist das siebte Rennen, bei dem der Coup erfolgen soll und während dessen jeder Beteiligte etwas Bestimmtes zu tun hat. Der Zuschauer ordnet die einzelnen, sich zeitlich überlappenden Segmente automatisch auf diesen Höhepunkt hin.

Das siebte Rennen ist das Zentrum des Films, und doch ist es nicht das eine, auf das alles hinauswill, das Einheit schaffende. Vielmehr sehen wir dieses Rennen mehrmals als dramatischsten Teil jeder der Handlungen, nur aus verschiedenen Perspektiven.

Auch in Details der Bildkomposition ist alles fragmentiert und gleichzeitig auf das Wesentliche konzentriert. Statt wie üblich die verschiedenen Aktionen durch Parallelmontage zu bündeln löst Kubrick die Chronologie auf und benutzt Perspektivenwechsel – die Uhr wird praktisch angehalten, zurückgestellt, und es wird die parallele Aktion einer weiteren Figur gezeigt. Diese Techniken des Perspektivenwechsels und der Aufhebung der Chronologie waren zur Entstehungszeit des Films zwar keineswegs mehr neu und auch Lionel Whites Roman „Clean Break", die literarische Vorlage, arbeitet mit der Fragmentierung von Zeit, Überlappungen und Wiederholungen von Aktionen, doch Kubrick „spielte die Partie durch als eine Schachpartie gegen die Uhr ... rigoros gelenkt von Kubrick, der den Zeitplan des Scheiterns seiner Figuren festlegt, um eine bessere Garantie für den Triumph seiner Filmarbeit zu haben" (Alexander Walker).

Neben dieser Auffächerung des Erzählstils bis hin zur Skelettierung fallen eine Reihe von grotesken, sarkastischen Metaphern und Arrangements ins Auge, mit denen die Niederlage der Gangster kommentiert wird. Der Killer Nikki erhält von dem schwarzen Parkplatzwächter ein Glückshufeisen angeboten, lehnt es barsch ab, und als er zu fliehen versucht, bohrt sich eben dieses Eisen in seinen Autoreifen; Johnny zieht sich vor dem Überfall eine Clowns-Maske mit dicker Nase und breitem Grinsen übers Gesicht; der mickrige, in jeder Beziehung impotente George, der durch seine Imponiersucht den perfekten Plan zum Scheitern bringt, feuert ein gan-

Spiel mit Licht und Schatten in THE KILLING

zes Magazin aus seiner Pistole (deutlich als Penissymbol ins Bild gebracht) auf seine geldgierige Frau ab, die ihn verraten hat, und stolpert sterbend über den Papageienkäfig, was den Vogel zu einem kreischenden „Kommentar" veranlaßt. Und zum Schluß wird durch ein Mißgeschick, das banaler nicht sein könnte, das geraubte Geld vom Winde verweht, wie seinerzeit der Goldstaub in DER SCHATZ DER SIERRA MADRE vom Wüstenwind.

„Tempogeladen und lebendig tut sich hier eine trostlose und schäbige Welt der Gier und des Elends, der Brutalität und der Einsamkeit auf; eine Welt, die den Samen zu ihrem eigenen Untergang bereits in sich trägt und die der Vernichtung geweiht ist, bevor sie eigentlich zu existieren beginnt"

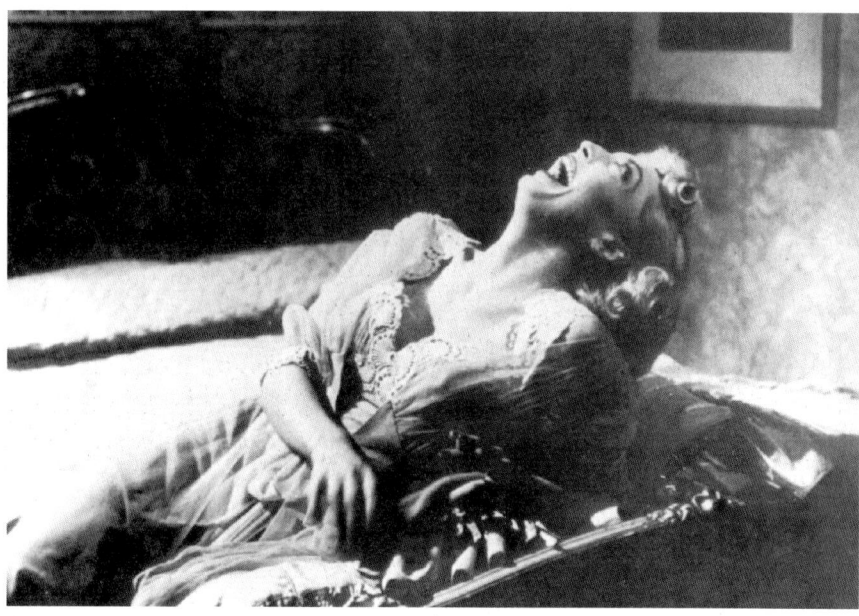

Mary Windsor als Sherry Peatty

(Tom Milne). Von Beginn an scheint klar, daß die gescheiterten Existenzen, die lediglich aus ihrem Schlamassel heraus wollten um sich dann wieder hinter dem Deckmantel ihrer bürgerlichen Existenz verbergen zu können, keine Chance haben. Sie sind hinausgetreten und können nicht zurückkehren. Lediglich Johnny, der einzige Profi in der Gang, weiß überhaupt das Risiko abzuschätzen. Daher weiß er auch, wann er kapitulieren muß; resigniert stellt er sich den Polizisten, die mit entsicherten Gewehren unaufhaltsam auf ihn zuschreiten.

Der Film beobachtet jeden einzelnen der Gangster und seinen Beitrag zu dem Coup und seinem Mißlingen. Er beginnt nicht mit der Hauptperson, Johnny Clay, sondern mit der geheimen Verabredung von Unger, O'Reilly und Peatty auf dem Rennplatz, springt dann eine Stunde zurück, zu Randy Kennan, der seinem Gläubiger verspricht, die geforderten Schulden bald zu zahlen, und erst dann lernen wir

Johnny und Fay kennen. Immer, so scheint es, nähert sich das Geschehen von der Peripherie her dem Zentrum. Und längst bevor das „Spiel" des Überfalls offenbar wird, erfahren wir vom Verrat Sherrys. Die einzelnen Handlungsstränge überlappen sich, und beständig erscheint alles in neuem Licht. Ein und dieselbe Szene wird auf diese Weise mehrfach gesehen, und jedesmal bekommt sie eine andere Bedeutung. Mehr noch als in den Filmen zuvor betrachten wir die Personen wie Spielfiguren, was der harte Off-Kommentar nur zu bestätigen hat, der dem absurden und tragischen Spiel vollkommen gleichgültig gegenüber zu bleiben scheint. Aber zur gleichen Zeit werden die Helden dieses Films sehr viel durchscheinender als es in der Dramaturgie der *big caper movies* der Fall zu sein pflegt. Kubrick gibt, mit sehr viel Unterstützung durch seinen Dialog-Autor Jim Thompson, jeder seiner Figuren eine ausgeprägte Individualität: Wir kennen alle diese

Elisha Cook als George Peatty

Gestalten aus dem Genre, aber so sehr als Menschen haben wir sie noch nie gesehen. Und das, obwohl THE KILLING zugleich der konzentrierteste aller *big caper movies* ist: Es gibt nichts, was in diesem Film über das Geschehen selbst hinausweist; jede Aktion, jede Äußerung, jedes Bild steht in Zusammenhang mit dem Coup selber. Und während John Huston in THE ASPHALT JUNGLE eine dunkle, existentialistische Kunstwelt offeriert, zeigt Kubrick das Geschehen in natürlichem Licht: Kein

Mythos der Vergeblichkeit; es ist die Vergeblichkeit selbst. Der Coup ist hier ein geschlossenes System – und daher mag Stuart M. Kaminsky durchaus recht haben, wenn er THE KILLING das „archetypische *caper movie* der Dekade" nennt.

Schon sehr viel deutlicher als die beiden Arbeiten zuvor ist THE KILLING auch eine schwarze Komödie. Wir erkennen in diesem Film zum einen keinen „Helden"; es gibt nur Verlierer. Alle Figuren sind am Ende entweder tot oder gründlich gescheitert. Jede Gestalt ist ein Witz in sich, eine groteske Fehlbesetzung, ein himmelhoher Fall von Ambition und Wirklichkeit. Es ist wie ein Katalog der Charakterstudien über die mannigfachen Bedingungen des Verlierens (denn nicht so sehr die Gang scheitert, als vielmehr jeder Einzelne). Noch deutlicher aber steckt das Groteske in der Konstruktion der Handlung selbst: Es ist höchst unwahrscheinlich, ja fast schon wunderbar, wie perfekt der Plan dieser seltsamen Gang in der ersten Hälfte aufgeht, und ebenso unwahrscheinlich scheinen die Zufälle, durch die er in der zweiten Hälfte scheitert. Aber in dieser Konstruktion sehen wir rückblickend, wie sich das Scheitern schon im Gelingen vorzeichnete. Der Plan und der Zufall verhalten sich

nicht wie Spiel und Störung, und schon gar nicht als eine metaphysische Erfüllung der Moral vom Verbrechen, das sich nicht auszahlen darf, sondern als zwei Seiten derselben Münze. Deshalb gibt es für den Sterling Hayden dieses Films auch nicht den „großen Abschied" wie in THE ASPHALT JUNGLE, sondern nur den resignierten Abbruch des Spiels.

Noch konsequenter als zuvor geht Kubrick in THE KILLING den Weg der Zerlegung; statt eine zwar spannungssteigernde aber simple Parallel-Montage zu verwenden, teilt er die Handlung in mehrere Stränge, die sich trennen und treffen, sich beim Coup während des siebten Rennens regelrecht verknäueln, um dann gewissermaßen in losen Enden zu verlaufen. Das aber eben ist die Tragödie oder die Groteske der Tat selber, daß sie sich zusammensetzt; nicht als Ganzes geboren werden kann. Das Teil und das Ganze gehen ineinander nicht auf, und die Montage ist nicht – wie bei Eisenstein – die Konstruktion des „Konflikts", der auf die dialektische Auflösung hinzielt, sondern Divergenz. Schon hier bringt Kubricks Schnitt weder eine zeitliche Kontinuität noch eine kausale Beziehung allein zum Ausdruck, sondern auch die Trennung unterschiedlicher Erfahrungsebenen.

1958: PATHS OF GLORY (Wege zum Ruhm)

Im Jahr 1916 ist der Erste Weltkrieg zur blutigen Stellungs- und Grabenschlacht geworden. Man hat sich eingegraben in die labyrinthischen Stellungen, jede Bewegung der Front ist mit enormen Verlusten verbunden. Die Absurdität dieses Krieges hat nun auch in seinem Mikrokosmos Gestalt gefunden, eine Absurdität, die Kubrick als Ausgangspunkt seiner Arbeit nimmt: „Die Originalität des Ersten Welt-

krieges besteht darin, daß es für ihn keine Gründe gab und daß er zu nichts nütze war, abgesehen davon, daß er die Konditionen für den Zweiten Weltkrieg schuf. Er ist ein frappantes, vielleicht das offenkundigste Beispiel eines absurden, unsinnigen Krieges, der auf der Grundlage eines Zufalls entstanden ist".

Wir erfahren die Situation von einem Off-Erzähler, ohne allzu große emotionale

Beteiligung und ohne Pathos, wir hören die Marseillaise, und dann sind wir in einem militärischen Begrüßungszeremoniell und im Schloß, in dem sich der französische Generalstab einquartiert hat. Man preist Größe und Geschmack der Baulichkeiten, bevor der eigentliche Grund des Zusammentreffens zur Sprache kommt: General Broulard (Adolphe Menjou) erteilt den ebenso „heroischen" wie unsinnigen Befehl, eine deutsche Festung, genannt „Ameisenhügel", zu stürmen, und innerhalb von 48 Stunden einzunehmen. Divisionskommandeur Paul Mireau (George McReady) versucht seinem Vorgesetzten klar zu machen, daß dieser Angriff Tausenden von Soldaten das Leben kosten wird und zugleich von keinerlei militärischem Wert sein wird. „Der Betrachter glaubt einer überbedenklichen Besprechung beizuwohnen, gewahrt aber dann, daß hinter dem Eulengesicht des einen wie dem Fuchsgesicht des anderen delikate Skrupellosigkeit sich verbirgt: Mireau beginnt mit verkrampftem Patriotismus die Lage optimistisch zu beurteilen, als Broulard mit höheren Epauletten winkt. In der darauf folgenden Unterredung rechnet Mireau mit fachmännischem Zynismus Colonel Dax (Kirk Douglas) vor, daß ihm nach den üblichen Verlusten im Niemandsland 'noch 65%' seiner Männer für die eigentliche Erstürmung verbleiben werden. Dax, der den Wahnsinn des Unternehmens erkennt, macht sich couragiert mit subversiven Reden Luft ('Patriotismus ist die letzte Zuflucht eines Schurken!')" (Theodor Kotulla). Vom Patriotismus sagt Dax freilich in der Originalfassung – näher am Wort von Doktor Samuel Johnson, den er zitiert – er sei die letzte Zuflucht „des Pöbels". Das ist um etliches ambivalenter; Patriotismus ist eben nicht die „Tugend" der Schurken in den Generaluniformen, sondern die des ungebildeten Volkes, das von seinen Führern wie Vieh in die Schlacht geschickt

wird. „Zeige mir einen Patrioten und ich zeige dir einen Gentleman", sagt Mireau und schließt damit einen Kreis.

Trotz allem muß Dax das Unternehmen nicht nur im Bewußtsein mittragen, daß es ein unsinniges Opfer an Menschenleben bedeutet, sein Regiment soll sogar eine Schlüsselrolle bei dem Angriff spielen, das bereits erheblich dezimierte 701. französische Infanterieregiment, das lange vor dem „Ameisenhügel" liegt. Die meisten Männer sind erschöpft und kriegsmüde, ihre Hoffnungen richteten sich darauf, von der Front abberufen zu werden, als der Angriffsbefehl kommt. Dax, der sich zunächst vehement gegen das Unternehmen wendet, muß sich der militärischen Hierarchie und Disziplin beugen. Der Tod eines halben Regiments, so erklärt wider besseres Wissen sein Vorgesetzter, sei einen strategisch wichtigen Gewinn im gesamten Kriegsverlauf wert.

Wir sind in dieser Wendung vom hohen Raum des Schlosses ins Labyrinth der Schützengräben gelangt. Das ist nicht nur die farcehafte Darstellung jenes Klassenkampfes, der sich auch in diesem Krieg verbirgt, der ererbte (oder geraubte) Luxus auf der einen, das selbstgegrabene Elend auf der anderen Seite. Es ist auch eine Frage der Wahrnehmung. Im Schützengraben ist man nur eine Handbreit vom Fremden und Feindlichen und Tödlichen entfernt; jeder Blick kann der letzte sein. Der General, der einer unangenehmen Pflicht nachkommt, und die Soldaten an ihrem Ort besucht, ängstlich sich duckend bei jedem Kanonendonner, hat den falschesten aller Sätze parat: „Schön haben Sie es hier".

Zunächst werden Patrouillen ausgesandt, um die deutschen Linien zu erkunden. Bei einem solchen Kommando erschießt Leutnant Roget (Wayne Morris) aus Unfähigkeit (in Angst und Trunkenheit) seinen eigenen Soldaten Lejeune (Kem Dibbs). Um seinen Fehler zu vertu-

schen, schüchtert er den zweiten Mann seines Spähtrupps, Corporal Paris (Ralph Meeker), ein: „Wessen Wort wird man glauben, dem eines Offiziers oder dem eines Soldaten?"

Dann beginnt am Morgen der eigentliche Angriff. Aus der sicheren Entfernung des Feldherrenhügels beobachtet Mireau, wie die Soldaten, sofort nachdem sie die Schützengräben verlassen haben, vom deutschen Feuer niedergemäht werden. Einen Feind gibt es, wie später für die Marines in FULL METAL JACKET, nicht zu sehen, nur das Sterben vor und neben sich. Da sieht Mireau durch sein Fernglas das Ungeheuerliche: Ein Zug der zweiten Angriffswelle weigert sich, den Schützengraben zu verlassen. Die deutsche Artillerie kann daher den Angriff beinahe mühelos abwehren. Mireau befiehlt zunächst der Artillerie, auf die eigenen Soldaten zu schießen, aber der zuständige Offizier verlangt dafür einen schriftlichen Befehl. Nachdem er diesen ungeheuerlichen Befehl nachträglich vertuscht hat, verlangt Mireau, noch immer außer sich vor Wut, daß hundert Soldaten aus dem Regiment wegen „Feigheit vor dem Feind" exemplarisch abgeurteilt und hingerichtet werden. General Broulard mildert im Auftrag des Oberkommandos das Urteil ab: Nur drei Soldaten sollen stellvertretend für den meuternden Zug erschossen werden, einer aus jeder Gruppe der ersten Linie. Colonel Dax muß den Befehl an die Kompanieführer weitergeben, die die Männer aussuchen sollen.

Für Leutnant Roget erscheint dies als eine gute Gelegenheit, sich des Mitwissers seines Versagens, Paris, zu entledigen, und er wählt Corporal Paris aus. Soldat Feról (Timothy Carey) wird bestimmt, weil ihn sein Kompanieführer nie hat leiden können. Er ist gefährlich und subversiv, ein „Sozialist" und Pazifist. Der Dritte, Soldat Armand (Joseph Turkel), wird durch das Los bestimmt. Colonel Dax, im Zivilleben ein berühmter

Strafverteidiger, versucht vor dem Kriegsge-
richt ihr Leben zu retten und die Kluft zwischen den Offizieren und den Soldaten zu
überbrücken, indem er an eine allgemeine
Menschlichkeit appelliert und sich sogar
selbst als Opfer anbietet. „Ich kann nicht
glauben, daß es hier keinen Platz für das
Mitleid mit einem Mitmenschen gibt".

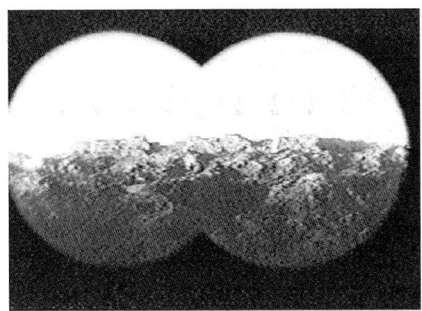

Doch seine Plädoyers treffen auf eine
Mauer der Ignoranz und des Zynismus'.
„Eine Truppe braucht Disziplin", doziert
General Broulard, „und eine Methode, Disziplin zu erhalten, ist es, ab und zu ein paar
Männer zu erschießen". Dax erwägt sogar,
die Öffentlichkeit über die Presse zu infor-
mieren, denn er konnte schließlich Mireau
nachweisen, den verbrecherischen Befehl
gegeben zu haben, auf die eigenen Leute in
der meuternden Angriffsreihe zu schießen.

Aber Dax' Engagement bleibt vergebens,
gerade jene Öffentlichkeit, die er als seine
letzte Hoffnung ansah, verlangt nach dem
Opfer der Sündenböcke. Trotz seiner Bemü-
hungen müssen schließlich die drei Soldaten sterben, nach einer langen Nacht von
Angst und Verzweiflung. von denen er nur
zu genau weiß, daß gerade sie sich keineswegs feige verhalten haben, sondern zum
Selbstopfer bereit waren. Einer ist so
schrecklich zerstört, daß man ihn auf eine
Bahre binden muß und ihn aus seiner Ohnmacht wecken, damit er „ordnungsgemäß"
füsiliert werden kann.

Wie am Anfang schneidet der Film nun
hart zurück, in die Herrschaftsarchitektur
der Generäle, wo man sich an einer reich
gedeckten Tafel über die Wirkung solcher
Strafmaßnahmen selber gratuliert. Kurz darauf läßt Broulard Mireau als „militärischen
Versager" fallen und bietet ausgerechnet
Dax dessen Posten an. Dessen Empörung
freilich ist nun so groß, daß er sein Gegenüber als „sadistischen Greis" beschimpft.
Der bedauert, daß er an einen „Idealisten"
geraten sei, und läßt Dax zurück an die
Front beordern.

Der Film wurde in Frankreich verboten, im Anschluß daran auch in der Schweiz (mit der Begründung, eine Aufführung könne die guten Beziehungen zu Frankreich stören), in Israel, ebenso im französischen Sektor von Berlin und in amerikanischen Militärbasen (während er sich in den zivilen amerikanischen Kinos auch als kommerzieller Erfolg erwies). Man hat ihn vielleicht auch deshalb als einen „humanistischen Antikriegsfilm mit einer eindeutigen Botschaft" angesehen. Aber so wie es nur einiger Akzentverlagerungen bedürft hätte, um aus einem tragischen Geschehen eine blutige Farce zu machen, so ist auch Kubricks Fragestellung mehr als auf das moralische Versagen einer Clique von Offizieren in einer historisch dramatischen Situation gerichtet. „War es zuviel, von einem Mann wie Kubrick die Erkenntnis zu erwarten, daß es keinen Dax mit weißer Weste geben kann, wo ein Broulard befiehlt?" fragt Kotulla. Aber vielleicht macht ja auch gerade die sinnlose Aufrichtigkeit dieser Figur das System nur umso deutlicher. Er stört das Spiel der Generäle, wohl wahr, aber er kann es ihnen nicht verderben. Er ist noch nicht einmal dazu fähig, daraus auszusteigen.

Auch dieser Film ist durchzogen von Elementen, die mehr mit schwarzem Humor als mit moralischer Parteilichkeit zu tun haben. Das sinnlose Opfer der drei Soldaten ändert überhaupt nichts, nicht einmal etwas in den Köpfen der Soldaten selbst. WEGE ZUM RUHM ist nicht zuletzt ein Film über Bewegung und Stillstand; die Kamera ist ständig in Bewegung und kann dabei dann doch immer nur wieder die Unbeweglichkeit der Verhältnisse registrieren. Sie versucht sich gleichsam von der Trägheit der Ereignisse zu entfernen. Hatte Kubrick in seinen ersten Filmen noch eine eindeutige Beziehung zwischen den Personen und Gegenständen hergestellt, eine wenn zwar subjektive, so doch dyna-

Timothy Carey als Soldat Feról auf dem Weg zur Hinrichtung

misch-lineare Weise des Kamera-*travellings*, so lösen sich hier schon die Perspektiven auf. Die Kamera begleitet das Geschehen nicht mehr in einer meist parallelen Bewegung zur Handlung, wie in den Gangsterfilmen, sondern sie fährt permanent in die Tiefe und aus ihr heraus. Was wir dabei an Genauigkeit und an Dynamik gewinnen, verlieren wir an Eindeutigkeit; doch noch bleibt die Kamera im Bereich jener Flucht- und Bewegungslinien, die die klassische Malerei vorgibt. Die imaginären Linien, die die Kamera durch das Geschehen zieht, treffen sich im Auge des Betrachters; später wird sich auch diese Konstruktion des Sehens verändern.

Es ist die Bewegung der Kamera (und nicht der Übergang durch die Montage) der die Schauplätze miteinander verbindet. Die langen Kamerafahrten in der Ballszene des Films wiederholen sich spiegelhaft in den Aufnahmen aus den Schützengräben. Der Besuch des Generals in den Gräben wird in einer einzigen Einstellung dargestellt, beinahe wie eine Live-Reportage. „1914 hatte man in den Schützengräben das, was man 'caillebotis' nannte, kleine Wägelchen, und die Kamera haben wir ganz einfach darauf montiert. Wenn man so etwas in einer einzigen Einstellung macht, dann bekommt man eine bessere Vorstellung von der Gestaltung des Ortes", sagt Kubrick. Aber in dieser Einstellung steckt gewiß auch mehr: es gibt keinen Perspektivwechsel, keine Möglichkeit, etwas „anders zu sehen".

Nicht nur als „Anklage" gegen den Krieg funktioniert der Film, sondern vor allem als Portrait einer Klasse, die in dieser unbarmherzigen Maschine befiehlt und von den Werten und den Schmerzen des eigentlichen Geschehens im Krieg nicht die geringste Vorstellung hat. In einer nur in sich selbst perfekten Kriegsmaschine reagieren individueller Größenwahn und Geltungssucht, ganz so wie dann später in DR. STRANGELOVE.

Während die einen Kritiker den Film als den kühnsten und genauesten „Antikriegsfilm" seit Lewis Milestones Remarque-Verfilmung IM WESTEN NICHTS NEUES ansahen, stieß er auch auf harsche Kritik: Er habe debütiert, so Jean-Luc Godard, „mit Effekthascherei, die kaltschnäuzig die Fahrten von Ophüls und die Gewalttätigkeit Aldrichs kopierte". Wirklich recht haben wohl beide Seiten nicht, denn einerseits ist PATHS OF GLORY wohl zugleich mehr und weniger als ein „Antikriegsfilm" (er ist jedenfalls kaum eine moralische Geste oder ein Aufschrei des Mitgefühls wie Milestones Film). Gleichwohl dürfte man sagen, ein Film sei spätestens dann in den Rang eines „Antikriegsfilms" zu erheben, wenn sich die Militärs so getroffen fühlen, daß sie ihn verbieten lassen. Zum anderen hat Kubrick bei diesem Film den Bezug zu Ophüls und Aldrich keinen Augenblick geleugnet, und bezieht man das „Effekthascherische" nicht nur auf den Stil, sondern auch auf das Sujet, so scheint es eine durchaus angemessene Methode.

Die letzte Szene des Films gehört zu den „rätselhaften" Enden von Kubricks Filmen, in denen sich alles noch einmal ins mögliche Gegenteil zu verkehren scheint: Eine deutsche Frau (es ist übrigens Christiane Harlan, mit der Stanley Kubrick bald darauf seine dritte Ehe einging) wird von den Soldaten drangsaliert, und Dax scheint abgestoßen von dieser Roheit so kurz nach der schrecklichen Grausamkeit der Hinrichtungen. Ob Broulard nicht doch recht gehabt habe, muß er sich fragen; „daß Soldaten nur Tiere sind, und als solche behandelt werden müssen". Aber dann verändert sich die Szenerie, die Gewalt verschwimmt zu einer anderen Darbietung. Die Frau singt vor den Soldaten „Es war einmal ein treuer Husar", die sich offenkundig angerührt fühlen, während sie selbst – natürlich müssen wir an Marlene Dietrich denken – auf eine gebrochene Art unbeteiligt wirkt, ganz so, als würde ihre Botschaft sie selbst nur hinter der Maske erreichen, die sie sich angelegt hat. Die Männer stimmen in ihren Gesang ein; ihre Tränen antworten den Tränen der Sängerin. Dax wird Zeuge dieser Szene und lächelt. Freilich: Ob diese sentimentale Vereinigung tatsächlich, wie Guido Aristarco meint, schlußendlich beweist, daß Broulard unrecht hat, und die Soldaten sich und ihrem Verteidiger beweisen, daß sie „Menschen, keine Tiere" sind, mag durchaus bezweifelt werden. Das Geschehen „verschwimmt" in dieser Coda; die Vorstellung, man habe etwas daraus gelernt, verbietet sich ebenso wie eine eindeutige Verurteilung. Auch Kubrick selbst bietet eine Interpretation des Selbstwiderspruches an: „Dieser Film ist auf ziemlich zynische Art romantisch. Tatsächlich entdeckt der Colonel Dax die menschliche Natur in ihrer scheußlichsten Form bei seinen Leuten, und er sieht einen Lichtstrahl bei den anderen. Der Mensch ist der häßlichsten wie der schönsten Dinge fähig". Und schon hier hat er gelernt, den Untergang zu lieben.

1
Kirk Douglas

3
Timothy Carey, Ralph
Meeker, Joseph Turkel

1960: SPARTACUS (Spartacus)

Trotz der positiven Aufnahme von PATHS OF GLORY und der Aussicht, eigene Projekte nun mit Hilfe eines großen Studios verwirklichen zu können, steckte Kubricks Karriere am Ende der fünfziger Jahre in seiner ersten größeren Krise. Daß er Kirk Douglas' Angebot annahm, bei der Regie von SPARTACUS einzuspringen, obwohl er das Drehbuch nicht mehr nach seinen Vorstellungen ändern konnte, hatte sicher mit dem Wunsch zu tun, überhaupt wieder arbeiten zu können – und natürlich mußte für den jungen Regisseur die Möglichkeit, mit einem gewaltigen Budget und einer Anzahl der größten Stars arbeiten zu können, ausgesprochen reizvoll erschienen sein.

Der Film ist von seiner Drehbuch-Anlage her zunächst eine vergleichsweise genaue Beschreibung dessen, was man sich unter dem Sklaven-Dasein vorstellen kann – wobei Genauigkeit nicht so sehr die historische Zuordnung als vielmehr das soziologische Modell meint. Zugleich ein Historienfilm mit all den Schauwerten, die das Genre zu versprechen hat, und einer Revolte darin. Der Drehbuchautor Dalton Trumbo war einer der „Hollywood Ten", die 1947 vor dem „House Committee on Un-American Activities" die Aussage verweigerten und die Untersuchungsmethoden als undemokratisch bezeichneten. Er stand auf einer schwarzen Liste und durfte zumindest unter seinem eigenen Namen bis zu diesem Film nicht arbeiten, und gewiß war auch ihm ein ernstes Anliegen, einen Film über Unterdrückung und Freiheit zu schreiben. Kubrick hätte sich die einzelnen Personen schärfer konturiert gewünscht, er wollte weniger historischen und psychologischen Realismus, dafür eine klarere Beschreibung der Situation selbst.

Es geht um den großen Sklavenaufstand im ersten Jahrhundert vor Christus, den der thrakische Sklave und Gladiator

Spartacus anführte. Der ebenso starke wie widerspenstige Spartacus (Kirk Douglas) arbeitet in einem libyschen Steinbruch und soll wegen seiner Aufsässigkeit gegen die Bewacher zu Tode gepeitscht werden. Schon hier sehen wir, von der Untersicht der Kamera in der ersten Einstellung abgesehen, daß dieser Held nicht erst zum Mythos werden muß, er ist es mit seinem ersten Auftreten: Als er von den Aufsehern zu Boden gestürzt wird, da hat er schon die Stellung eines Gekreuzigten angenommen, als der er am Ende sterben wird. Doch da wird er, im Jahr 69 vor Christus, von Lentulus Batiatus (Peter Ustinov) entdeckt, der, geschäftstüchtig und immer auf der Suche nach neuem „Material", in Capua die berühmteste Gladiatorenschule unterhält. Dort zieht Spartacus zunächst den Zorn des Waffenmeisters auf sich, während er sich in die schöne Sklavin Varinia (Jean Simmons) verliebt.

Marcus Licinius Crassus (Laurence Olivier), einer der reichsten und einflußreichsten Männer Roms, sein Schützling Glabrus (John Dall) und zwei Frauen der römischen Aristokratie kündigen ihr Erscheinen an, und Batiatus organisiert ihnen zu Ehren zwei Gladiatorenkämpfe, die auf Wunsch der Gäste und vor allem der Frauen auf Leben und Tod geführt werden sollen. Spartacus ist für den ersten bestimmt und erhält als Gegner den hünenhaften Äthiopier Draba (Woody Strode). Spartacus unterliegt, Draba indes zögert, den Gegner zu töten, und er richtet seine Waffen gegen die Römer und gegen Crassus. Draba wird tödlich von einem Legionär verwundet, dann ersticht ihn Crassus. Der Tod Drabas, dessen Leichnam kopfunter im Schlafsaal der Gladiatoren zur Abschreckung aufgehängt wird, führt zu einem radikalen Bruch Spartacus' mit seiner Vorstellung, als Gladiator zu Ruhm zu kommen. Und als Varinia

an Crassus verkauft und nach Rom fortge-
bracht werden soll, treibt ihn das an den
Rand des Wahnsinns. Als ihn der Waffenmeister zum wiederholten Male demütigt,
tötet er ihn und führt einen Aufstand der
Gladiatoren an. Immer mehr Gladiatoren
und Sklaven schließen sich den Rebellen
an, die immer kühnere Angriffe gegen römische Festungen und Soldaten wagen. Ein
Regiment unter Glabrus wird bezwungen,
während der Senat von Rom in helle Aufregung gerät und durch den siegreichen Vor-
marsch der Aufständischen die Rivalitäten
erneut ausbrechen. Crassus und Gracchus
(Charles Laughton), der liberale und dem
Volk zugetane Senator und Mentor von Julius Caesar (John Gavin), kämpfen um die
Macht (übrigens die wohl krasseste Miß-
achtung historischen Wissens in diesem
Film). Caesar freilich, nach Glabrus' Versagen der kommende Mann, wechselt, als
sich Gracchus' Niederlage abzeichnet, die
Fronten und nimmt für Crassus Partei.

Spartacus, der mittlerweile auch Varinia zu sich geholt hat, beschließt, mit seinem Heer Italien zu verlassen. Mit Hilfe des
jungen sizilianischen Sklaven und Poeten
Antoninus (Tony Curtis), der aus dem Pa-
last von Crassus geflohen ist, planen die
Rebellen die Flucht übers Meer, die mit Hilfe orientalischer Piraten bewerkstelligt werden soll. Vor der Abreise erleben Spartacus
und die Seinen Augenblicke des kurzen
Glücks. Varinia ist schwanger, und in Antoninus hat er einen, der ihn das Glück des
Wissens und der Schönheit lehrt. „Ich will
alles wissen" erklärt er begeistert, ein früher
Adept der Aufklärung, und zugleich einer,
der schon zuviel weiß. Vor allem weiß er,
daß er nicht siegen kann, daß sein Aufstand gegen Rom die Niederlage in sich
trägt. Die Freiheit scheint nahe, eine Zukunft für sie alle. Doch der Plan scheitert;
Rom, immer noch von den internen
Machtkämpfen erschüttert, sucht den
Kampf, dem Spartacus entgehen wollte. Als

Pompeus mit seinen Legionen aus Spanien
zurückkehrt, scheint die Gelegenheit gekommen, die Rebellen zu vernichten. Man
einigt sich mit den Piraten, die ihren Vertrag mit Spartacus brechen, dann werden
die Aufständischen eingekesselt, und in einem erbarmungslosen Gemetzel wird das
Heer der Aufständischen dezimiert. Die
sechstausend   Überlebenden   dieser
Schlacht werden auf Crassus' Befehl entlang der Straße nach Rom gekreuzigt.
Schließlich bleiben nur noch Spartacus
und Antoninus.

Varinia, die einem Sohn das Leben ge-
schenkt hat, wird von Crassus entdeckt,
aber Gracchus läßt sie entführen – die letzte Rache des Senators, den sein Widersacher bereits zum Selbstmord verurteilt hat.
Crassus und Caesar wohnen dem von
Crassus organisierten Kampf zwischen
Spartacus und Antoninus bei. Jeder der
beiden will dem anderen das Schicksal der
Kreuzigung erspar en. Das unwürdige
Schauspiel bringt Crassus keine Sympa-
thien, seine kommende Niederlage wirft
ihren Schatten über den Kampf voraus, bei
dem Spartacus schließlich Antoninus tötet
und gleich darauf gekreuzigt wird. Varinia,
durch eine Laune, eine Erinnerung an ihre
Faszination am Leben gelassen, bringt dem
Sterbenden den Sohn, dann verläßt sie mit
Gracchus und Batiatus Rom für immer. Ihr
Kind wird in Freiheit leben können.

Dieser Kubrick wohl eher aufgezwun-
gene optimistische Schluß steht ein wenig
quer zu der finsteren Ironie, mit der er zuvor das Scheitern der Revolte in einer kor-
rupten Welt zelebriert hat. Er bemüht sich,
auch in dieser Szene einen bösen Stachel
der Vergeblichkeit zu hinterlassen, wenn
er zeigt, daß sich auch Varinias Liebe nur
in dem Wunsch äußern kann, ihrem Geliebten einen schnellen Tod zu wünschen.
In dem Panorama der menschlichen Nie-
dertracht, das der Film entfaltet hat, ist das
Sterben die einzig verbliebene große Geste

gegen die Geschichte, und alle seine Opfer geschehen nicht durch die Grausamkeit der Herrschaft allein, sondern immer auch als verkappte Prozesse der Selbstauslöschung. Alle „Helden" von Spartacus bringen sich auch selbst den Tod, denn ihnen bleibt, wie dann dem anarchischen Helden von A CLOCKWORK ORANGE oder dem skrupellosen Aufsteiger in BARRY LYNDON, nur die Wahl, das Spiel mitzuspielen oder daran zugrunde zu gehen. Die Auslöschung der Person, die Auslöschung der Freiheit, hat beides zur Folge.

Freilich: das letzte Drittel des Films ist so sehr reine Drehbuch-Erfindung wie die Gestalten von Antoninus und Varinia keine historischen Vorbilder haben. Das Drehbuch unterschlägt etwa den eigentlichen Plan des Sklaven-Heeres, nämlich die Alpen zu überqueren und sich jenseits dieser natürlichen Grenze in eine Gemeinschaft freier Menschen aufzulösen. Kubrick betont damit die vollkommene Absurdität der Freiheitsbewegung: Denn wohin hätten sich sonst, außer zu einem neuen Barbarenland, die Sklaven wenden können, waren doch alle ihre Heimatländer Teil des Römischen Imperiums geworden, und die Grenzen dieses Reiches zugleich schon die Grenzen der Wahrnehmung dieser Menschen? Und es unterschlägt einen höchst dramatischen Konflikt zwischen Spartacus und einem seiner Unterführer, Crixus (im Film von John Ireland dargestellt), der schließlich zur Spaltung führte: Crixus trennte sich mit 10 000 Männern, um anstelle der Flucht in die Freiheit zu unternehmen, die Revolution zu vollenden und die Grundbesitzer anzugreifen. Vielleicht hätte diese Verdoppelung des Aufstandes in einen Teil Flucht und in einen anderen des bedingungslosen Angriffs, die narrativen Möglichkeiten auch eines solchen „Kolossalfilmes" gesprengt – so ist der Konflikt eher ins Innere der Gruppe, ins Innere von Spartacus selbst verlagert.

Und der historische Spartacus wie der des Romans – dies ist die wohl schwerwiegendste Abweichung – fiel in der letzten Schlacht, bevor die 6000 Überlebenden seiner Streitmacht den Kreuztod entlang der Straße nach Rom fanden. Nur sehr vage beschreibt der Film auch, daß das, was sich in Rom zur Zeit der Sklavenaufstände abspielte, auch in sich ein mit allen Mitteln geführter Klassenkampf zwischen den Plebejern und den Patriziern war. Und derjenige, der ihn beendete, Gajus Julius Caesar, betrat wie der Volkstribun Gracchus die politische Bühne erst Jahre später. (Auch da wäre es ein wenig kompliziert geworden: das Modell der „guten" Demokraten gegen die despotische Oberschicht wäre wohl nicht so einfach zu haben gewesen.)

Zweifellos waren Sujet und Argumentationsweisen in diesem Film höchst kritisch und für Hollywoods Verhältnisse „links" – Dalton Trumbo war seiner gesellschaftskritischen Methode immer treu geblieben, einer der prominentesten Opfer des McCarthyismus, der die Aussage vor dem Ausschuß für Unamerikanische Aktivitäten verweigert hatte, und dafür mit Gefängnis und mit dem *blacklisting* bestraft wurde. Howard Fast, der Autor des zugrunde liegenden Romans, galt als vom Marxismus beeinflußter Autor, er war Mitglied der amerikanischen Kommunistischen Partei, Stalinpreisträger und wurde inhaftiert, während seine Bücher aus den öffentlichen Bibliotheken verbannt wurden. Er hatte keinen Verlag für seine Bücher finden können und sie im Selbstverlag herausgebracht. Seinem „Spartacus" stellte er eine Erklärung voran, die seine Absicht belegt, sehr viel mehr als einen historischen Roman zu verfassen: „Ich schrieb den Roman, weil ich diese Geschichte gerade in der Zeit, in der wir leben, für wichtig halte. Nicht im Sinne historischer Parallelen, sondern weil man aus einer solchen Geschichte Hoffnung und Kraft für den uralten Kampf für

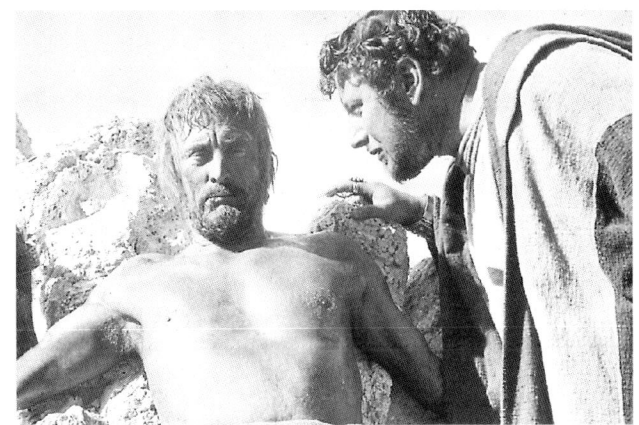

1
Kirk Douglas
Peter Ustinov

2
Kirk Douglas
Charles McGraw

3
Kirk Douglas
Jean Simmons

die Freiheit gewinnen kann und weil Spartacus nicht nur eines Mannes Leben, sondern für alle Menschenalter gelebt hat. Ich schrieb sie, um denen Hoffnung und Mut zu geben, die sie lesen würden, und indem ich sie schrieb, bekam ich selbst Hoffnung und Mut".

Der Aufstand der Sklaven richtet sich gegen einen Senat, in dem man durchaus auch Abbildungen der Republikaner und der Demokraten der amerikanischen politischen Wirklichkeit sehen konnte, die längst ihren eigenen Machtkämpfen mehr Gewicht beimaßen als den wirklichen Lebensumständen des Volkes, und deren Demokratie als exklusive Inszenierung erschien, die letztlich immer wieder in diktatorische Züge umkippte. Daß es ein schwarzer Gladiator ist, mit dessen menschlicher Geste der große Aufstand erst beginnt, was die „Erweckung" des Spartacus zum Volkshelden bedeutet, ist in diesem Zusammenhang gewiß mit Bedacht gewählt. Es ist der ungeheure Zynismus der Macht, an dem die Träume der Rebellen scheitern müssen; noch mit ihrer Rebellion selbst, nicht nur gegen sie, wird „Politik gemacht".

Anthony Mann, der den Film begonnen hatte, verstand sich nicht recht mit den Intentionen von Dalton Trumbo, und Kubrick übernahm wohl auch ein wenig von dem Machtkampf zwischen Regisseur einerseits, Star und Produzent auf der anderen Seite; es war wohl der immense Zeitdruck, unter dem die Produktion stand, was Kubrick schließlich leichte Vorteile verschaffte. Dennoch hat er das fertige Produkt – zu Unrecht, wie die Filmgeschichte zeigt – nie als seinen Film anerkennen wollen. Dabei ist ihm, wie Markus Sieber schreibt, „gelungen, zu retten, was noch zu retten war. Nur dank ihm ist SPARTACUS der (vielleicht) Beste des Monumentalfilm-Genres geworden. Kubrick hat nicht durch selbstzweckhaftes Protzen mit Aufwand Zeit geschunden, sondern ist so funktional

wie möglich damit umgegangen. Deshalb ist SPARTACUS nicht ein so toter Film geworden wie andere Blüten des Genres (CLEOPATRA etwa). Paradebeispiel ist die Schlachtszene (gedreht 40 km vor Madrid, mit 8000 Freiwilligen der spanischen Armee), wo mit extrem langen Einstellungen und einer ausgeklügelten Choreographie das erdrückende Heranrollen und Entfalten der römischen Kriegsmaschinerie fühlbar gemacht wird. Schon in der Gladiatorenschule von Capua, dort vielleicht am meisten, ist die Hand des Meisters spürbar. Ihm gerieten Szenen von ungemeiner, gewalttätiger Sinnlichkeit, die ihre Entsprechung in der erdigbraunen Farbgestaltung haben. Höhepunkt ist ein Kampf auf Leben und Tod zwischen Spartacus und einem anderen Gladiator, in dem es Kubrick mehrmals gelang, in einer Einstellung totale physische Präsenz mit Versinnbildlichung abstrakter Aussagen (über Klassengegensätze) zu verbinden".

Zweifellos mußte Trumbo gerade gegen die starken Bilder Kubricks Einspruch erheben, die neben das Bild des Volkshelden das Subjektive im Blick auf den Menschen und seine hohe und paradoxe Aufgabe setzten. In SPARTACUS verwendet Kubrick als Übergang von Szene zu Szene in der Regel das Medium von Auf- und Abblende (anstelle der „fließenden" Bewegung der Überblendung); dies ist zunächst als besonders „theatralisch" kritisiert worden (vergleichbar der vom Vorhang getrennten Abfolgen von „Bild" zu „Bild" auf der Bühne). Aber zugleich trennt dieser Übergang auch die Fragmente einer Erzählung, die zwischen Mythos, Legende und Historie keine Einheit bilden will.

„Im Roman wie in meinem Drehbuch stirbt Spartacus auf dem Schlachtfeld, erst dann wird er gekreuzigt. Kubrick hat Spartacus gefilmt, wie er am Kreuz stirbt, und das gibt eine Analogie, die nichts mit seinem Aufstand zu tun hat", kritisierte

1
Woody Strode
Kirk Douglas

2
Woody Strode
Kirk Douglas
Nina Foch

3
Kirk Douglas (vorne)

Trumbo. Natürlich ist dieser Einwand vollkommen richtig; es scheint als entrücke Kubrick durch seine Inszenierung das Geschehen vom Politischen wieder zum Mythischen. Aber wenn wir uns die Einstellungsfolgen dieser Kreuzigungsszenen genauer ansehen, so haben sie vergleichsweise wenig mit der christlichen Passion zu tun (wenn man nicht sogar dazu tendieren könnte, die Szene auch als böse Travestie zu verstehen). Worum es vielmehr geht, ist, Spartacus als den Empfindenden zu zeigen, als den Menschen, dem im Verlauf seiner Geschichte beständig aufs neue Entscheidungen abverlangt werden, Entscheidungen, die dann doch nicht dazu führen, daß sein Weg entscheidend verändert hätte werden können.

Kubrick untersucht auch hier die Freiheit des Menschen in ihrer Beziehung zur Maschinerie der Macht, der Maschinerie der Geschichte, und sein Held ist deswegen so viel schwerwiegender als der des klassischen Kostümfilms ebenso wie der politisch-historischen Fabel, weil er, zu einem großen Teil auch ganz körperlich, diesen philosophischen Widerspruch ausleben muß, mit eben jener Kubrickschen Konsequenz, die ihn über die Konstruktion von Sieg oder Niederlage noch hinausführt. Das Ende von SPARTACUS ist, wie das Ende von 2001, in sich metaphysisch, indem es eine unendliche Kreisbewegung auslöst: Der Aufstand für die Freiheit ist zugleich (als historischer Prozeß) gescheitert, und als persönliches Projekt gelungen; Spartacus' Sohn wird als „Freier" aufwachsen, aber nur, weil er, umgekehrt sich bewegend zu seinem Vater, aus der Geschichte heraustritt. Und diese persönliche Freiheit wird ebenso absurd sein wie der Griff nach der utopischen kollektiven Freiheit. Kurzum: Stanley Kubrick hat in seiner Version von SPARTACUS gegen die Vorlage beschrieben, daß es für das Scheitern der Revolte nicht nur äußere Gründe gibt, son-

dern auch innere. Und deren Kulminationspunkt eben befindet sich in der Kreuzigungsszene, die auch andere Kritiker dem Regisseur übelgenommen haben.

Die Absurdität, die das innere Thema der Kubrickschen Inszenierung ist, begleitete auch den Weg des Films selber. Für das *Mainstream*-Publikum in den USA blieb es ein „kommunistischer Film", für die linke Kritik – auch in Europa – erschien es als ein Film, der die Chance einer historisch-materialistischen Analyse verspielt hatte.

Für Fast und Trumbo ist der Aufstand der Gladiatoren eine Revolte gegen die Ungerechtigkeit und die Unterdrückung; für Stanley Kubrick steckt mehr darin, es ist ein Aufstand gegen die innere Ordnung der Welt selber – so wie er Rom nicht als eine Architektur der Macht zeigt, sondern als ein dynamisches System, in dem sich immer neue Formen der immergleichen Macht zeigen können. Und ist nicht der siegreiche Spartacus durchaus in Gefahr, selber Opfer dieser inneren Struktur der Macht zu werden? Sein Opfer, und sein Untergang, liegt im Verzicht auf die Macht – etwas, das Fast und Trumbo vermutlich als nichts anderes als seinen „Fehler" ansehen können.

Die Mechanik, erneut, liegt nicht nur auf Seiten der römischen Macht zur Unterdrückung, sondern auch in dem Prozeß der Revolte selber. Wie in seinen späteren Filmen zeigt Kubrick auch hier ein Geschehen, das, wo es einmal begonnen wurde, seine eigene Dynamik entfaltet (der Wahn im technologischen System von DR. STRANGELOVE ebenso wie der in THE SHINING). Für den Aufstand der Gladiatoren verwandelt sich die Revolte in die Revolution, der Freiheitskampf in den Umsturz aller Weltwerte ihrer Zeit, und es gibt keine Möglichkeit, diesen Prozeß noch einmal zu revidieren (was Spartacus selbst durchaus zu intendieren scheint, wenn er statt der vollendeten Revolution eher den „Auszug" seiner Skla-

1
Tony Curtis
Kirk Douglas

2
Charles Laughton
Peter Ustinov
Jean Simmons

3
Kirk Douglas
(in der Mitte)

Kirk Douglas

ven aus der Gefangenschaft zu unternehmen versucht.)

Das Spiel um die Macht, das ein Hauptthema des Films bildet, wird in zwei denkbar unterschiedlichen Modellen vorgeführt: die Auseinandersetzung zwischen Spartacus und Crassus ist einfach und konsequent, die Auseinandersetzung im römischen Senat dagegen kompliziert und widersprüchlich. Und gerade an dieser Doppeldeutigkeit scheitert Spartacus, den Crassus mit seinem Heer bewußt aus Italien entkommen läßt, um einen Schachzug gegen seinen römischen Widersacher auszuführen. Einfach ist auch das „ideologische" Spiel zwischen dem Rebellen und dem Politiker, wie wir in einer Parallelmontage sehen: Spartacus erklärt seinen Leuten die Situation vor ihrem Marsch auf die Hauptstadt: Der Führer ist Ausdruck und Opfer der Situation. Zur gleichen Zeit wird Crassus durch den Senat zum Alleinherrscher bestimmt, ein Spieler, der Autor des Geschehens sein will (ein klein wenig mag

sich in dieser Gegenüberstellung die Beziehung von Humbert Humbert zu Quilty in LOLITA vorwegnehmen), und wieder geht es dabei auch um die Gegenüberstellung zweier Räume, der „natürlichen", wenngleich labyrinthischen Situation von Spartacus, den wir vor dem Meer stehend sehen, und dem „hohen Raum" des römischen Senats.

Der nominelle Held des Films also wird nicht direkt „befragt" – er wird nicht zu einem jener zwiespältigen Helden, wie ihn der epische Historienfilm dieser Zeit so schätzte, und doch empfinden wir seine Tragödie, die in eben jener Determination zu liegen scheint, die ihn mit dem ersten Bild und dann immer wieder definiert als einen, der ihn als Handelnden zugleich als einen schildert, der nie eine Wahl hat. Insofern mag Frank Arnold zwar recht haben, wenn er sagt, eigentlich seien „alle anderen Figuren interessanter als Spartacus" in diesem Film, aber es ist wohl nicht nur die schiere Eindeutigkeit eines ersehn-

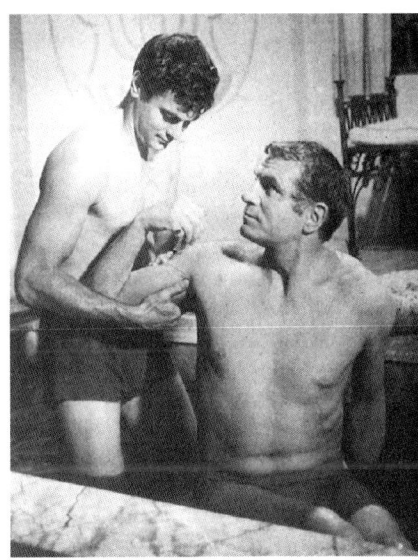

Tony Curtis, Laurence Olivier (links) Kirk Douglas (rechts)

ten Helden (für die Linke), wie es die Autoren im Sinne gehabt haben mochten, sondern wohl auch eine – noch rudimentäre – Figur der Kubrickschen Philosophie. Spartacus tut in diesem Film offenkundig ständig das, was ihm „vorgeschrieben" wird, obwohl er der Held in der Revolte schlechthin ist. Nicht nur folgt er am Schluß in der Kreuzigung dem Bild, das wir schon am Anfang gesehen haben, auch seine ganze historische Tat ist bereits vorgeschrieben in jener Handlung des Gladiatoren Draba, der ihn besiegt, aber statt ihn zu töten, sich in einem Akt der Rebellion gegen seine Unterdrücker wendet, die er unter keinen Umständen lebend überstehen kann. Diese heroisch absurde Tat ist nicht nur das Signal für den Aufstand, sondern enthält zugleich auch schon sein Scheitern.

Die militärische Auseinandersetzung folgt wiederum dem Prinzip des inneren Widerspruchs. Wo der „einfache" Spartacus am Ende an der komplizierten und letztlich „unordentlichen" Macht-Konstruktion Roms scheitern muß, da gewinnt der Feldherr Spartacus am Anfang, weil er der einfachen, geometrischen Schlachtordnung der römischen Legionen ein „unordentliches" und bewegliches Guerillaspiel entgegensetzt. Genauer und pessimistischer kann man wohl das strukturelle Scheitern einer Revolution kaum zeigen.

Letztendlich blieb wohl zu viel von einem traditionellen „Helden" in diesem Spartacus, dessen unbeugsamer Wille gegen eine unterdrückende wie absurde Gesellschaft offenkundig nicht korrumpiert werden konnte. Dieser Spartacus zerfällt noch in Hollywood-Manier in den Menschen, der sich in den „Kammerspiel"-Szenen des Films selbst erklären muß, und in das Modell für den Massenaufstand (der Film beschäftigte insgesamt 10 000 Leute).

Obwohl der Film gewiß einige der Erwartungen des „Historienfilms" enttäuschte, wurde er zu einem Kassenerfolg und mit vier Oscars ausgezeichnet (Kamera, Aussttung, Kostüme und Peter Ustinov in der Sparte „Bester Nebendarsteller").

1991 wurde der Film restauriert und die Szenen wieder eingefügt, die bei der Uraufführung aus offensichtlichen Zensurgründen geschnitten worden waren, darunter einige besonders brutale Schlachtszenen und die homosexuelle Beziehung zwischen Antoninus und Gracchus.

Was SPARTACUS indes abbildet, das ist gewiß nicht allein ein Sklavenaufstand in der Antike, sondern auch das Wesen jener „Herrenvolk Democracy", die in den Vereinigten Staaten die Demokratie und die Sklaverei parallel zueinander, ja, geradezu als einander bedingende Größen, entwickelten. Und SPARTACUS behandelt nicht nur den Beginn der Befreiung, die gewiß nicht zufällig mit der heldenhaften Tat eines schwarzen Gladiators beginnt, sondern auch das Ende der römischen Demokratie (einer Demokratie, die wiederum mehr als Spiel denn als humanistisches Projekt erscheinen mag).

1962: LOLITA (Lolita)

LOLITA ist einer der Filme, denen auch Stanley Kubrick selbst eher kritisch gegenüberstand, ohne ihn deshalb indes so zu verleugnen wie seine ersten Arbeiten und SPARTACUS:. „WÄRE LOLITA von einem schlechteren Schriftsteller geschrieben worden, wäre vielleicht der Film besser. Aber Nabokov war ein so außergewöhnlicher Schriftsteller, daß es nicht sehr klug war, seinen Roman zu verfilmen". Aber so wie man den verleugneten SPARTACUS gegen seinen Regisseur in Schutz nehmen muß, um das Gesamtwerk zu verstehen, so muß man LOLITA gegen ihn in Schutz nehmen, um sich keines Schlüssels für die komplexe Erzählwelt des Stanley Kubrick berauben zu lassen.

Vladimir Nabokov, der mit seinen Drehbuchentwürfen den Beginn der Übersetzungsarbeit in den Film selbst in Gang gesetzt hatte, versuchte sich schließlich, ironisch und doch in freundschaftlicher Achtung vor dem Regisseur, vom fertigen Film abzusetzen: „Die Modifikationen, die Verballhornung meiner besten kleinen Funde, die Weglassung ganzer Szenen, die Hinzufügung neuer sowie alle möglichen anderen Änderungen hatten vielleicht nicht ausgereicht, meinen Namen aus dem

Vorspann zu tilgen, aber sie machten den Film dem ursprünglichen Drehbuch zweifellos so ungetreu, wie es die Rimbaud- oder Pasternak-Übersetzung eines amerikanischen Dichters ist".

Nabokovs Roman ist eine Aufzeichnung aus dem Gefängnis. Diese Perspektive übernimmt Kubrick so wenig wie die spätere Verfilmung von Adrian Lyne; sie unterlegt dem Geschehen den Ton verzweifelter Klaustrophobie. Das Begehren und die Schuld kreisen end- und ausweglos umeinander. Und schon bevor man sich auf die gerade in ihrer Mehrdeutigkeit so präzise Sprache des Autors eingestimmt hat, weiß man schon, daß da ein Mann zur Selbstrechtfertigung und zugleich zur Selbstbefriedigung lügt. Der Literaturprofessor Humbert Humbert, ein europäischer Immigrant im Amerika der ausklingenden vierziger Jahre, ist seit einem Jugenderlebnis mit dem Mädchen Annabel der unerreichbaren, „dämonischen" erotischen Faszination des Mädchens zwischen neun und vierzehn verfallen, deren furchtbare Anziehungskraft, wie Humbert meint, nur „Künstler und Wahnsinnige" erkennen. Zu welcher Kategorie Humbert selbst gehört,

Sue Lyon

bleibt unserem Urteilsvermögen überlassen – oder auch nicht; schließlich ist er der geschickteste und intelligenteste der lügenden Erzähler in Stanley Kubricks Filmen.

Humbert träumt sich die *nymphettes* zu den Komplizen seiner Wollust (die eine andere Seite seiner Angst ist – *Fear and Desire*, einmal mehr), indem er einen Teil seiner Schuld auf sie projiziert. Es ist durchaus möglich, daß sich die Fremdheit des äußeren oder inneren Exilanten in dieser Manie spiegelt, die das Objekt der Begierde konstruieren muß, weil das Subjekt in der erotischen Mythologie einer Gesellschaft nicht zu Hause ist. Der entfremdetste aller Männer, der exilierte Intellektuelle, der aus den Mythen und Territorien gefallene, alternde Mann, begehrt sein scheinbares Gegenteil, das Mädchen. In der Tiefenstruktur des Stoffes geht es also um eine Wechselbeziehung von Fremdheit und Begehren (und lassen wir es dahingestellt, wieviel Koinzidenz darin stecken mag, daß der Regisseur Ku-

brick während seiner Arbeit gerade den umgekehrten Weg der Emigration ging).

Doch diese Struktur ist nun freilich gleichsam unendlich perspektivisch zu verändern: das Begehren des „falschen Objekts" will die Fremdheit zugleich überwinden und erklären und verstärkt sie dadurch noch. Humbert Humbert kommt nicht nur über das Kindliche in seiner Annäherung an die Frau nicht hinaus, er kommt über das Kindliche an Amerika nicht heraus. Darin übrigens unterscheiden sich Kubrick und Lyne in ihren Film-Versionen radikal: Während Kubricks Held gerade die kalten Zeichen der Kindlichkeit begehrt, wird Lynes Humbert Humbert (Jermey Irons) beständig von ihnen provoziert. Kubricks Held, zumindest darin näher am Roman, sehnt sich nach dem Kind in der Frau, Lynes Held dagegen sehnt sich nach der Frau im Kind.

Und das ergibt ein neues Problem: Lolita ist nämlich vielleicht gar nicht so sehr eine literarische Figur von Obsession und Entfremdung – sie ist auch ein amerikanischer Mythos. Das Mädchen steht im Zentrum aller sozialen Gewalt: zu ihrem Schutz ist beinahe alles erlaubt, und es in Frage zu stellen, läßt den Mythos implodieren. Es ist zugleich Rechtfertigung und Problem des patriarchalen Mannes, der ständig hin- und hergerissen ist zwischen seinem Begehren und seinem Impuls, an ihrer Unschuld ins Unermeßliche zu „wachsen".

Dieses Begehren ist weder „natürlich" noch „dämonisch", es ist vielmehr konsequenter Ausdruck einer radikalen Abwehr der Frau. Jeder Satz von Humbert Humberts Lebensbericht, jedes Kapitel in der Rekonstruktion seines Mythos', spricht von seinem Haß auf die Frau, die er stets schneller abzuwerten versucht als diese in der Lage ist, ihn zu enttäuschen. Nicht zufällig steht ganz am Anfang die Schilderung der grotesken Situation, in der Humberts Ehefrau ihre Liebschaft mit einem zaristischen Taxifahrer in Paris offenbart. „Und Humbert der Schreckliche beriet sich mit Humbert dem Kleinen, ob Humbert Humbert sie oder ihren Liebhaber ermorden sollte oder beide oder keinen".

Die Untreue der Frau im alten Europa also treibt Professor Humbert in die Neue Welt, in der er seine Manie für die *nymphettes* ausbildet, die neben vielem anderen auch die heftigsten Bilder der amerikanischen Kultur benutzen, all die unterschwelligen Symbole, die sich eine puritanische Gesellschaft für ihre unterdrückten Wünsche schafft: die Hula-Hoop-Reifen, die die Becken zum Kreisen bringen, die Lollipops und Sonnenbrillen in Herzform. Humbert Humbert ist in eine Kultur gekommen, in der kleine Mädchen sich kleiden und sich geben wie erwachsene Frauen. Seine Empfindung ist nicht codiert auf dieses semantische Imitationsspiel: Er nimmt die Zeichen gleichsam beim Wort.

Der Mythos der Kindfrau und der ewigen Reise ist freilich auch tief in die Western-Zivilisation eingeschrieben. Jeder einsame Cowboy sucht das Mädchen, das allein in der Lage wäre, auf die vollständige Zivilisierung (die vollständige Kastration) des Mannes zu verzichten. Aber auch nur sie verspricht, keine unerfüllbaren Ansprüche an den Mann zu stellen. Es ist der Puritaner-Kapitalismus, der den Mythos von „Lolita" hervorbringen muß. Und Humbert Humbert versucht lange, ihn zu erfüllen, ohne ihn zu zerstören: „Das Kind wittert nichts".

Doch dieser Mythos ist nicht nur aus dem Blickwinkel Humbert Humberts zu lesen, des Mannes, der seinem eingekerkerten, seriellen Begehren verfallen ist, sondern auch aus der Perspektive von Lolita, die ihr Gegenüber nicht minder als Doppelgestalt wahrnimmt: als Liebhaber und als Vater (oder auch: als Objekt der Ausbeutung und Subjekt des Schutzes). In dieser Perspektive scheint sie keineswegs als die berechnende Kindfrau, die sich den ihr hörigen Mann zum willigen Werkzeug macht, sondern im Gegenteil als das verängstigte, gepeinigte Mädchen, das alle seine Fähigkeiten mobilisieren muß, um die Gefangenschaft in den Händen eines larmoyanten Sadisten zu überleben. Auch Lolita muß an der Unauflöslichkeit dieses Widerspruchs zugrunde gehen. Nabokov spricht ihre Qual und ihren Ekel nur allzu deutlich aus, und es ist offenkundig nicht so sehr eine Frage des Textes als eine Frage der gesellschaftlichen Lesart, daß man die Tragödie des lüsternen alten Mannes, und nicht die Tragödie des mißbrauchten Kindes darin gesehen hat.

LOLITA ist nicht nur die Geschichte eines alternden Mannes, der einer Kindfrau verfällt, sondern es ist auch die Geschichte eines Mädchens, das in seiner Suche nach dem Mann an ein wahres Ungeheuer gerät: an Humbert Humbert, der seine Angst, für

Peter Sellers als Clare Quilty

sein falsches Begehren bestraft zu werden, unbarmherzig an sein menschliches Objekt weitergibt und Lolita unter vielem anderen damit an sich bindet, daß er droht, sie in ein Erziehungsheim zu geben. Dieses männliche Ungeheuer, das das Schlimmste von beidem, vom Vater und vom Liebhaber, vereint, eine Gestalt reiner Hoffnungslosigkeit, tritt gleich zweimal an die Stelle eines anderen, verschwindenden Mannes: an die Stelle des verschwundenen Vaters und an die Stelle von Charlie, Dolores' erstem Lover. Aber der Usurpator wird selbst von einem Double gejagt, vom nächsten Stadium der Ausbeutung.

Befreien möchte sich Humbert im Mord an Quilty (dem Gespenst seiner Schuld) von der Widernatur seines Begehrens, vom dekadenten, homosexuellen, impotenten und zuhälterisch anderen, der ihm freilich viel ähnlicher ist als er wahrhaben will. Beide leben in einer künstlichen Welt, in der sie ihr Interesse auf ein je „drittes Geschlecht" richten, wie Humbert

einmal die *nymphettes* bezeichnet. So wird, zumindest im Roman, ziemlich deutlich, daß die Manie für die Nymphe noch einen ganz anderen Aspekt hat, nämlich Humberts Flucht vor der eigenen Homosexualität. Männer und Frauen, die er nur in abwertenden Bildern voller Sarkasmus und Ekel beschreiben kann, voller Mordlust, scheinen sich gegen ihn verschworen zu haben. Nur die Nymphe, dieses dritte Geschlecht, soll sein exklusiver Besitz sein, die „Unform, die des Bildners bedarf", von der Nietzsche sprach, jedoch vor der Welt verborgen und gegen eine Weiblichkeit gerichtet, die ihn verstoßen hat. Selbst noch in seiner Gerichtsverhandlung beleidigt Humbert Humbert die Frauen unter den Geschworenen, indem er sie als „Sehr frigide" statt „verehrte Damen" anredet – es hat sich also nichts in ihm geklärt.

Dolores schließlich ist, weil sie die Erfüllung der erotischen Manie scheint, gerade ihre Zerstörung. Sie entheiligt die Manie, weil sie den Mythos der Unschuld entlarvt, ja sie ist nicht einmal mehr Jungfrau, aber zugleich verlangt sie Humbert einen Transformationsprozeß ab. Am Ende, als Lolita ganz und gar aus ihrem Mythos getreten ist, ist Humbert endgültig davon überzeugt, daß er sie liebt. Wenn der Film ihm dabei glaubt, überläßt er diesen lächerlichen Mann der Tragödie.

Aber von welcher Art diese Liebe war und ist, schildert Nabokov mit boshafter Beiläufigkeit im 33. und letzten Kapitel des ersten Teils von „Lolita": „Im fröhlichen Lepingville kaufte ich ihr vier Comic-Hefte, eine Schachtel Süßzeug, eine Schachtel Binden, zwei Colas, ein Manikür-Etui, einen Reisewecker mit Leuchtziffern, einen Ring mit einem echten Topas, einen Tennisschläger, Rollschuhe mit hohen weißen Schnürstiefeln, einen Feldstecher, ein Kofferradio, Kaugummi, eine Regenhaut, eine Sonnenbrille, noch ein paar Kleidungsstücke – Charmis, Shorts, alle möglichen Sommerfummel. Im Hotel hatten wir getrennte Zimmer, aber mitten in der Nacht kam sie schluchzend zu mir, und sehr sanft machten wir es wieder gut. Verstehen Sie, sie hatte sonst ja auch niemandem, zu dem sie hätte gehen können".

Immerhin ist Humbert Humbert am Ende amerikanischer Mann genug, um anders als in Europa tatsächlich zum Mord zu schreiten. Er muß sich von seinem polymorph perversen Widerschein in Clare Quilty (in diesem Namen spukt ja, neben der *guilt* als Schuld auch der *quill*, der „Federkiel" eines Autors, und nicht zuletzt der *quilt* als das aus Flicken Zusammengesetzte) befreien, und dessen Vorname hat nicht nur einen weiblichen Klang, sondern auch eine Klarheit, die für Humbert Humbert, den schon in sich Verdoppelten, nicht zu haben ist und der zu allem Übel mit einem „affektierten britischen Akzent" spricht. (Nicht das Neue, der amerikanische Mann, sondern das noch Ältere ist sein Hauptwidersacher; den amerikani-

schen Ehemann von Lolita beachtet er am Ende kaum, schon gar nicht als Rivalen). Der Hinweis, daß es sich bei Quilty ja um einen „praktisch impotenten" Theaterautor handelt, wird bei Kubrick Anlaß zu einem makabren Rollenspiel. Eine Rivalität der Autoren also (des Lyrikers und des Dramatikers) gibt dem Todesspiel eine irrwitzige literarische Komponente, und am Ende des Romans wälzen sich die beiden nicht nur mehr oder minder nackt am Boden, sondern Humbert zwingt Quilty auch, laut sein Gedicht zu lesen, das zugleich sein Todesurteil ist und das endet: „Für alles, was du tatest, für alles was ich nicht tat, mußt du sterben".

Daß der Roman schlechterdings unverfilmbar ist, liegt nicht nur an seinem gewagten Thema, es ist vielmehr die literarische Methode, die sich nicht ins Filmbild übertragen läßt. Von Nabokovs Erzähler wissen wir nämlich bald, daß wir ihm nicht trauen dürfen, er maskiert sich, führt uns und vielleicht sich selbst in die Irre. Ihn verrät nur seine Sprache. Das Filmbild, zumindest in der linearen Erzählweise, kann solche Irritation nicht erzeugen – mehr noch: Nur jemand, der seinen Helden so durchschaut wie Nabokov, könnte in einem „Erzählfilm" Zweifel an der „objektiven" Wahrheit der Erzählung aufkommen lassen. Nicht umsonst hat Nabokov einmal erklärt, LOLITA gebe seine frühe Liebesgeschichte mit der englischen Sprache wieder.

Trotzdem schrieb er zur ersten Verfilmung seines Romans selbst ein detailliertes Drehbuch, das, so heißt es, für einen etwa siebenstündigen Film ausgereicht hätte. Zusammen mit dem Regisseur Stanley Kubrick überarbeitete der Autor das Skript, doch auch von dieser Neufassung ging schließlich weniger als ein Viertel in den fertigen Film ein. Der Film LOLITA entspricht also eher Kubricks Lektüre des Romans.

Es gibt, erklärt Nabokovs Humbert Humbert, „zwei Arten visueller Erinnerung: eine, bei der man im Laboratorium des Intellekts kunstgerecht und mit offenen Augen ein Bild wiedererschafft (dann sehe ich Annabel); und die andere, bei der man mit geschlossenen Augen auf der dunklen Innenseite der Lider blitzschnell das objektive, ganz und gar optische Ebenbild eines geliebten Gesichts heraufbeschwört, eine kleine Geistererscheinung in natürlichen Farben (und so sehe ich Lolita)".

Das erste Bild von LOLITA, über dem die *credits* zu lesen sind, ist so etwas wie ein fetischistische Einstellung auf die Füße der Heldin; die Zehennägel werden sorgfältig lackiert. Rot, dürfen wir vermuten. Der Film beginnt dann mit der Fahrt eines Autos durch den Nebel. Dann, schon in der zweiten Einstellung, in der wir auf parallele Höhe mit dem geräumigen Gefährt gelangt sind, hat sich die Sonne durchgesetzt. Es ist Sommer. Der sichtlich erregte Fahrer kommt zu einem gewaltigen Landhaus, das er zielstrebig betritt. Eine große Unord-

nung herrscht hier, so als habe schon eine andere Abrechnung hier stattgefunden, als sei das Haus schon aufgegeben. Einige der vermutlich wertvollen Möbelstücke sind mit weißen Leintüchern bedeckt. Der Eintretende tritt auf umherliegende Flaschen. An einem alten Spiegel, einer Harfe vorbei, deren Saiten er kurz erklingen läßt, gelangt er an einen Tischtennistisch, ebenfalls mit leeren Flaschen bedeckt. „Quilty", ruft er. Unter einem der Leintücher über einem Sessel schält sich der Besitzer des Hauses hervor, der offenkundig betrunken ist, und sich zuerst einmal als „Spartacus" vorstellt, dann aber einräumt, jener Quilty zu sein. Der Ankömmling zieht sich zur Überraschung des Mannes Handschuhe an und meint, er wolle sich zuerst mit ihm unterhalten, bevor „wir anfangen". Quilty lädt zu einem „römischen Ping Pong"-Spiel ein, sein Gegenüber erinnert ihn an den Namen „Dolores Haze" – „Lolita", was in Quilty keine allzu große Erinnerung auszulösen scheint; er zieht eine Pistole aus dem Mantel und verkündet, daß er ihn töten

werde. Quilty unterläuft mit seinen trunke-
nen Scherzen das Pathos der Situation,
erkennt aber zunehmend deren Ernst. Er
spielt buchstäblich um sein Leben, dann
versucht er zu flüchten, auf der Treppe
stürzt er, ins Bein getroffen, dann, während
der andere seine Pistole nachlädt, schleppt
er sich hinter ein Bild, ein Frauenportrait
aus dem achtzehnten Jahrhundert, und er
wird durch das Bild hindurch erschossen.
Den Grund für dieses Urteil erläutert der
Film in einer langen Rückblende:

Der englische Literaturprofessor Humbert Humbert (James Mason) ist besessen
von den *nymphettes*, den jungen Mädchen,
die allererste Anzeichen des Bewußtseins
ihrer Weiblichkeit zeigen, aber zugleich
noch in all ihrer Unschuld spielen. Als er an
seine neue Arbeitsstelle in Amerika kommt,
sucht er sich im Badeort Ramsdale ein Zimmer, um sich zunächst ein wenig zu erho-
len. Die Witwe Charlotte Haze (Shelley
Winters) bietet Logis (in den *haze*, den Nebel, haben wir Humbert Humbert schon in
der ersten Einstellung des Films fahren sehen, und im Nebel wird er bleiben, doch als
hazy, im Sinne von maßregelnd und domi-
nant wird er zunächst auch diese Frau erfahren), aber Humbert ist zunächst ein wenig verstört durch ihre etwas aufdringliche,
vulgäre Art und will sich schon zum Gehen
wenden, zumal ihm dieses Haus nicht gerade als Hort ruhiger Zivilisiertheit erscheinen kann: aus dem Radio ertönen überlaut
schnulzige Lieder, das Haus ist voll mit unpassenden Kunstdrucken und mexikani-
schem Kitsch (Zeichen einer eingefrorenen
und übertünchten alten Kultur wie die indianischen Muster im Hotel *Overlook* in THE
SHINING). Als Humbert aber ihre Tochter
Dolores (Sue Lyon), die Lolita genannt
wird, entdeckt, versucht er alles, um in ihrer Nähe zu sein. Er heiratet schließlich sogar Charlotte, die sich nach sieben Jahren
Witwenschaft nach einem Mann sehnt. Für
die Zeit ihrer Flitterwochen aber schickt sie

Lolita in ein Ferienlager. Doch nur kurz
dauert ihr Glück, als sie eines Tages sein Tagebuch entdeckt, in dem die wahren Motive und die darin notierten Beziehungen zu
ihrer Tochter verzeichnet sind; vergeblich
versucht Humbert ihr zu versichern, es
handele sich um pure Fiktion für ein litera-
risches Werk. Vor Zorn und Schmerz ra-
send läuft Charlotte aus dem Haus und
wird in strömendem Regen von einem
Auto überfahren. Humbert, der nun offi-
zieller „Vormund" seiner Stieftochter ist,
holt Lolita aus dem Sommercamp, ver-
schweigt ihr zunächst, was mit ihrer Mutter geschehen ist, und sie machen sich auf
eine Reise durch Amerika, bei der sie sich
als Vater und Tochter ausgeben. Schon in
ihrer ersten Nacht in einem Hotel gesteht
Lolita, daß sie im Camp von einem Jungen
verführt worden sei. Und am Morgen er-
liegt Humbert schließlich auch ihren Ver-
führungskünsten – so jedenfalls sehen wir
es in seinem Blick.

Das Rollenspiel zwischen Vater und
Geliebtem wird immer quälender; die sexuelle Beziehung, die Besitzgier und das Beschützen widerstreben einander. Humbert
Humbert steigert sich in seine Eifersucht
und verbietet Lolita alle Kontakte mit
Gleichaltrigen. Er hat das vage Gefühl, als
würden sie verfolgt. Lolita infiziert sich mit
einer schweren Grippe und kommt ins
Krankenhaus. Humbert erhält den Anruf
eines Unbekannten, der ihm androht, man
werde seine Beziehung zu Lolita untersuchen. Als er die Klinik erreicht, teilt man
ihm mit, das Mädchen sei von einem „Onkel" abgeholt worden. Humbert erlebt einen Nervenzusammenbruch. Und schließlich erweist sich diese Bedrohung als real;
Lolita verschwindet mit dem morbiden
Schriftsteller Clare Quilty (Peter Sellers),
der in verschiedenen Rollen seit langem in
ihr Leben eingegriffen hat.

Drei Jahre später erhält Humbert Humbert von Lolita einen Brief, in dem sie ihm

Charlotte Haze (Shelley Winters) vermag kaum die Aufmerksamkeit ihres Ehemanns (James Mason)
auf sich zu lenken

mitteilt, daß sie verheiratet sei, ein Kind erwarte und sich in höchsten Geldnöten befinde. In einer schäbigen Absteige trifft er auf Lolita und ihren Ehemann Dick (Gary Cockrell). Lolita erzählt ihm, wie sie von Quilty mißbraucht und ausgenutzt wurde, und nachdem Humbert die Hoffnung aufgeben mußte, noch einmal mit Lolita fliehen zu können, entscheidet er sich zur Rache.

Als er zu ihm kommt, ist Lolita längst mit einem anderen Mann verschwunden, sie ist verheiratet und schwanger. Humbert erschießt Quilty – am Ende eines langen tödlichen Spiels zwischen beiden. Dabei ist Quiltys Spiel ein anderes als das von Humbert Humbert. Es ist das Spiel der Camouflagen und der Metaphern, während das Spiel Humberts das lineare der Logik ist. Wenn er sich am Anfang in eine „Toga" hüllt und ruft: „Ich bin Spartacus", dann macht Quilty nicht nur einen Spaß mit einer Rolle (und der Regisseur Spaß mit einem vorherigen Film); er denunziert auch

die Revolte, indem er behauptet, nicht etwa Humbert Humbert sei der wahre Rebell, sondern er, aber zugleich desavouiert er diese Rolle, indem er zu seiner Pose die Pose des genauen Gegenteils einnimmt, nämlich die des Römers.

Angst und Gewalt zeigt Kubrick etwa, wenn er eine kurze Szene aus einem englischen FRANKENSTEIN-Film einschneidet (was sich mit einer „Dracula"-Szene in A CLOCKWORK ORANGE wiederholen wird), und in der Szene, als sich Lolita am vehementesten gegen Humberts Bevormundung zur Wehr setzt, ähnelt sie in der Maske, in den hochgezognen Augenbrauen und in der Frisur jener Gestalt, die Elsa Lanchester, fauchend und zürnend ob ihrer falschen Schöpfung, in FRANKENSTEINS BRAUT spielt, oder wie Humbert vor Angst schwitzt, während Lolita, das Gesicht mit Abschminkcreme verschmiert, eine Kaugummiblase vor ihm zerplatzen läßt.

Der Roman zeigt (unter anderem), wie sich jemand in der Sprache eine Idee von dem schafft, was er tut (aus einem Begehren wird ein Mythos). Die Fähigkeit der Täuschung in der Sprache ist das eigentliche Thema des Buches. Was aber zeigt der Film? Kubrick versucht nicht, diese Täuschung einfach in Bilder zu übersetzen, was hieße, die „Sprache" des Films heftig zu mißverstehen. Während wir im Roman,

zum Beispiel, im Ungewissen darüber sind, wer denn da das Auto von Humbert Humbert und Lolita verfolgt, wissen wir es im Film mit unserem Blick auf den Verfolger. Im Roman wissen wir weniger als der Er-

zähler, er täuscht noch mehr als sich selbst auch seinen Leser; im Film wissen wir dagegen mehr als er.

Das wird in der Regel als die größte künstlerische „Sünde" von Kubricks Verfilmung angesehen. In seinem Nachwort zur Neuausgabe des Nabokovschen Drehbuchs im Rahmen der Gesamtausgabe (1999) fragt Dieter Zimmer im Nachwort: „Wie läßt sich Humberts Rivale und Widersacher Quilty gleichzeitig sichtbar und unsichtbar machen?" Die Rolle mit dem als „filmischen Chamäleon" bekannten Peter Sellers in mehreren Verkleidungen zu besetzen, scheint zunächst eine vergleichsweise brachiale Lösung. Doch die Ermordung Quiltys (anders als im Roman) der Handlung bereits voranzustellen, geht bereits auf den ersten Drehbucheinfall Nabokovs zurück. Er selbst also entschied sich, ihn auf eine Weise sichtbar zu machen, die zumindest in einem Film nicht rückgängig gemacht werden kann. Im Gegenteil: Quilty wird dadurch zu einer erzählerischen Instanz, was einen ganz anderen *Suspense* erzeugt: Wenn wir im Roman nicht wissen, wie weit Humberts Täuschung und Selbsttäuschung eigentlich gehen, so können wir im Film (auch wenn die Narration diesen Effekt wieder ein wenig zurücknimmt) nicht genau unterscheiden, ob wir Quilty im Blick Humberts, oder Humbert im Blick Quiltys, oder, andersherum, nicht gar Lolita im Schnittpunkt der beiden Blicke sehen. Die Kamera verrät es uns nicht; sie ist, anders als in A CLOCKWORK ORANGE oder THE SHINING, weder das Blickende noch das Erblickte in der Geschichte, sie registriert vielmehr Blicke und Bilder von einem dritten (oder vierten) Standpunkt aus. Was so „verführerisch" an Lolita ist, erklärt das Bild uns Zuschauern, nicht den Beteiligten. Wenn wir sehr genau zu sehen gelernt hätten (aber wo hätten wir das lernen sollen?), dann hätten wir in den Einstellungsfolgen, die Lolita einführen, eben doch ein visuelles Äquivalent jener Nabokovschen Ironie ausmachen können. Denn es gibt keinen Hinweis darauf, daß Humbert Humbert in

Lolita dasselbe sieht wie wir im Zuschauerraum. Noch genauer gesagt: Unsere Blicke verschmelzen erst, als sich Lolita zu entziehen beginnt, ja, Humberts eigentliche Passion beginnt erst, als er sie, ebenso wie wir, zu sehen droht. Die Verwendung der Weichzeichnung, der verschwindenen Ränder, der Auflösung des Rahmens in der längst ikonographisch wiederverwendeten und entwerteten Einstellung auf Lolita mit der Herzbrille und dem Lolli, erhält dadurch eine andere als die mittlerweile gewohnte Bedeutung (das „*soften*" des erotischen Bildes, das man kurzerhand zum Traum erklärt): Nicht Quilty ist es, der in Kubricks LOLITA zugleich sichtbar und unsichtbar ist, sondern Lolita selbst.

Nabokov, seien wir bei aller Bewunderung für diesen großen Autor (und leidenschaftlichen Kinozuschauer, der im übrigen ja schon das Ende seines Romans „Gelächter im Dunkeln" in der Form einer Drehbuch-Parodie verfaßte) ehrlich, belegt in seinem so packend zu lesendem Drehbuch, daß er nicht allzuviel vom Film verstanden hat. Es ist eine Sache, „filmische Gedanken" zu haben, eine andere, „filmisch zu denken". Seine „Phantasiefilme" benötigen die Übersetzungsarbeit beim Lesen: In seiner „Bitte an den Leser" in LOLITA schreibt er: „Wie sehr Sie auch über den zartfühlenden, krankhaft empfindsamen, unendlich vorsichtigen Helden meines Buches außer sich sein mögen, überschlagen Sie diese wesentlichen Seiten nicht! Stellen Sie sich mich vor; sonst existiere ich nicht". Neben einigen Szenen, in denen er sich einfach nicht darum zu kümmern scheint, wie zum Teufel man denn seine inneren Bilder in Film umsetzen sollte, gibt es solche, wo er glaubt, man könne eine Phantasie einfach linear ins Bild übersetzen (wenn Humbert sich als „Märchenamme einer kleinen Prinzessin" träumt, lautet seine

Blicke zwischen Schmerz und Lust ➤

schlichte Bildanweisung: „Humbert als alte Amme"). Kubricks Arbeit an diesem Drehbuch ist, auch wenn sie dabei automatisch eher in Konkurrenz als in Brüderschaft mit dem Autor des Romans treten mußte, bewundernswert. Er mußte ein anderes filmisches Subjekt konstruieren als es der Text vorschlug. Im Roman ist Humbert Humbert das „leere Subjekt", eine Wörtermaschine, die unentwegt zugleich offenbaren und verbergen, bewahren und verschwinden lassen will. In Kubricks Film ist Lolita das „leere Subjekt", das, indem es die Blicke auf sich zieht, in allen Personen den gleichen Zerfallsprozeß initiiert.

Der Selbstbetrug von Humbert Humbert liegt diesmal nicht auf der Natur seines Begehrens und auf seiner Schuld, sondern vielmehr auf einem komplementären Mythos, nämlich daß er aufgrund seiner nicht zu un-

terdrückenden Begierde zum Außenseiter werden muß. Die Bewegung der Flucht selbst setzt im Film fort, was die verräterische Sprache im Roman bezeichnet hat. Das Objekt seiner Begierde entzieht sich immer wieder in die Trivialität (die Trivialität des Kindes und die Trivialität der Frau, die beide doch nur durch das „Sowohl-als-Auch" oder das „Nicht-das-eine-und-nicht-das-Andere" aufgehoben war), und so ist die Flucht, wie in der Sprache Nabokovs, vor allem die Flucht vor der Trivialität.

Nabokovs Roman war bei seinem Erscheinen 1955 ein veritabler Skandal. Der sechs Jahre später entstandene Film konnte dieses Spiel von Zensur, Öffentlichkeit und Kunstwerk nur in seinem eigenen, beschränkteren Rahmen leisten. Man war geneigt, Kubrick vorzuwerfen, er habe seinen Film nicht skandalös genug angelegt. Natürlich: die Darstellerin der Lolita, Sue Lyon, war um etliches älter als die zwölfjährige *nyhmphette* des Romans. Doch was offenbaren Gründen der Zensur weniger skandalös erschien, das rückte den Skandal nur näher vom Protagonisten auf den Zuschauer; schließlich war Lolita in ihrer Erscheinung so sehr Frau (auch in ihrer Maskierung unter Schminke und Kleidung), daß sich der eigentliche Skandal auf einer ganz anderen Ebene abzuspielen scheint.

Mehrere Male gibt Kubrick sehr deutliche Hinweise auf die Natur des Begehrens seines Helden. Einmal schneidet er kurz aber prägnant eine Szene aus der Hammer-Produktion FRANKENSTEIN (1957) ein und verweist darauf, daß der Humbert Humbert des Films weniger einer ist, der das Objekt seiner Begierde mit einem Mythos umgibt (so wie es der Humbert Humbert des Buches macht, der beständig versucht, das Verbotene und Gewalttätige seines Tuns zu umkleiden und dabei doch immer wieder die triviale Gier und das materielle Abhängigkeitsverhältnis ausspricht), dieser filmische Humbert Humbert ist viel eher einer, der das Objekt seiner Begierde eigentlich selber schaffen will. Und wie bei FRANKENSTEIN entkommt das Geschöpf dem Schöpfer nur allzu schnell, wird zur lebenden Anklage, verführt ihn zu einer langen tödlichen Flucht (die im übrigen im ewigen Eis endet – ein bevorzugter Platz für Kubrick-Helden, zu sterben). Und ihn als Edgar Allan Poe-Helden zu definieren, legt Humbert Humbert schon dadurch nahe, daß er einmal von diesem Autoren gothischer Dunkelheit als dem „Göttlichen" spricht.

Mit Bedacht hat Kubrick nicht den „klassischen" amerikanischen Frankenstein-Film gewählt, sondern Terence Fishers farbiges Remake, in dem Christopher Lee das Monster und Peter Cushing den Baron spielt. Das Monster hat hier wenig von der Wehmut des gegen seinen Willen erschaffenen und einsamen Ergebnis der menschlichen Hybris (und der durchaus anrührenden Erscheinung von Boris Karloff), es ist selber animalisch und begehrend.

Humbert Humbert also hat sich ein „Bild" geschaffen, und durch das Bild hindurch muß er Quilty am Ende erschießen, weil er, wie wir wissen, nicht nur sein manisches Begehren auf das Mädchen richtet, sondern auch darauf, daß sie eine „Wiederkehr" des anderen, des gestorbenen Mädchens ist. LOLITA ist also auch ein VERTIGO, und Humbert Humberts Liebe weniger skandalös als nekrophil. Es gibt nur wenige Augenblicke in Kubricks Film, wo wir in Lolita den Menschen erkennen, in den meisten Szenen verbirgt sich hinter der Maske eine Form der Abwesenheit, die wir aus den Erzählungen um die *dark ladies* von Poe kennen und die Objekte seiner düsteren Helden sind, die das schlimmste Verbrechen im Namen der Schönheit zu begehen bereit sind. Und Lolita als Geschöpf zu sehen, das heißt auch, sie als erste Spiegelung in diesem Film der Spiegelungen zu begreifen; sie existiert im Blick Humbert Humberts wie die Astronauten von 2001 im Blick der roten Computer-Kamera existieren.

Insofern also nimmt LOLITA auch die widersprüchliche Struktur von THE SHINING vorweg, als sich mehrere Erklärungsmodelle überlagern, ohne ineinander vollständig aufzugehen. Denn tatsächlich ist LOLITA einerseits ein erotischer Thriller, eingebettet in eine gesellschaftliche Farce, andererseits aber auch ein Horrorfilm, der wiederum mit den Zuständen von Innen und Außen, von Klaustrophobie und Agoraphobie spielt. Schon am Beginn gerät der Held in ein wahres Hexenhaus, und wer weiß, ob Lolita nicht Blendwerk dieser vulgären Hexe ist, die entsprechend furios zugrunde geht, als sie entdeckt, daß sie hintergangen wurde (Es ist schwer, nicht an Shelley Winters' Rolle in Curtis Harringtons spät entdecktem Horrormärchen WHOEVER SLEW AUNTIE ROO zu denken). Sodann begegnet auf der Flucht, die nun wieder Elemente des *film noir* aufweist, Humbert seinem Phantasma Quilty in allen erdenklichen Verkleidungen, und am Ende kann das tödliche Spiel nur in einem Raum ausgetragen werden, der überdeutlich an die Architekturen des gothischen Horrorfilms erinnert und zugleich eine typische Kubrick-Architektur des „hohen Raums" darstellt.

Auch hier sind die Sätze klar und räumlich gegliedert:

1. Satz (*allegro*) Humberts Eindringen in das Haus von Witwe Haze und das Spiel der Verführungen und Maskierungen darin.

2. Satz (*presto*) Humberts und Lolitas Flucht durch das Amerika der späten fünfziger Jahre.

3. Satz (*andante*) Lolitas Verlust und Humberts Niederlage und Einsamkeit.

4. Satz (*lento*) Humberts Eindringen in Quiltys Haus und seine Ermordung.

In den Maskierungen und der letzten Demaskierung Quiltys wiederum, dessen Vornamen nicht umsonst Clare lautet, (man könnte also, neben vielen anderen Allusionen, diesen Namen auch als den Begriff *flash* übersetzen, als einen schockartigen Erkenntnisschub), steckt vielleicht der Schlüssel für ein anderes Begehren. Humbert lehnt die reife Frau ab – wir erhalten sogar genügend Hinweise darauf, daß er sich vor ihr ekelt, um sein Begehren auf das Mädchen, die Noch-nicht-Frau zu richten, von der er sehr wohl weiß, daß die Zeit sie ihm gleichsam fortverwandeln wird. Quilty führt ihm beständig, wie ein grotesker Spiegel, die wahre Natur seines Begehrens vor Augen, aber Humbert kann nicht verstehen. Gewiß, Lolita ist zugleich sein Geschöpf und seine Gefangene – und alles, was sie tut, einschließlich der Sexualität, tut sie, um in dieser Situation zu überleben --, und sie ist das Wesen, das seine Einsamkeit teilt. Es ist der vollkommene Zusam-

menbruch der familiären Konstruktion der Welt – und damit wieder eine „wahnsinnige" Revolte – was Humbert Humbert anstrebt: Lolita ist nicht nur zugleich Frau und Tochter, sie ist auch sein Anderes, seine Seele (erinnern wir uns an andere wahnsinnige Diktatoren, die davon träumten, in der Verbindung mit der Tochter zum „Übermenschen" zu werden, wie „Aguirre, der Zorn Gottes", es ist dieser Inzest der Ausstieg aus der Menschheitsgeschichte selbst und zugleich jener Tabubruch, der seinen Autoren endgültig von Gott und den Menschen entzweit).

Die Wiederbegegnung mit Lolita ist der Augenblick der größten Farce, der größten Demaskierung: sie lebt in trivialen Bedingungen, nicht einmal ihr Elend ist in irgend einer Weise außergewöhnlich, sie ist eine Frau geworden, die nicht einmal mehr die Erinnerung an das Mädchen-Bild in sich zu haben scheint. Sie klagt Quilty an („den Zusammengesetzten"), weil sie Humberts Schwäche kennt, und erneut ihren materiellen Vorteil daraus zieht, und der will nicht bemerken, wie sehr er dabei auch selbst unter Anklage steht und sein Mord an Quilty einem Selbstmord gleichkommen wird.

Die Abwechslung von Elementen der Tragödie und der Farce, die wir mittlerweile von Kubrick kennen, kommt in LOLITA dennoch beständig überraschend. Die „Handlung" von LOLITA ist eine Staffette von Zuständen der Gefangenschaft und der verfehlten Befreiungen: Humbert Humbert gelangt in das Haus der Haze, ein Ort der Gefangenschaft in erotischer wie in sozialer Hinsicht (für einen Augenblick können wir uns dieses Haus auch unter einem Douglas Sirk-Blickwinkel vorstellen). Und während er die beiden Frauen voneinander „befreit", wird er selber zum Gefangenen. Lolita wird, wie in einem vorweggenommenen Schuldgeständnis, wie zur Strafe, ins Sommercamp geschickt, das schon äußerlich Ähnlichkeit mit einem Lager hat, und gerade dort „befreit" sie ihre Sexualität. Die Flucht von Humbert und Lolita führt von einem Gefängnis zum anderen, die Hotelzimmer, in dem sich die beiden zum ersten Mal lieben, scheint von Polizisten umlagert, jedes neue Motelzimmer erscheint als bedrohliche Falle; die Befreiung endet – ganz ähnlich wie bei Kubricks Gangstern – im Zwang, sich selbst einsperren zu müssen. Das Haus von Beardsley schließlich ist ein einziges Gefängnis, in dem die Eifersucht und Besitzgier Humberts nicht nur die Fluchtmöglichkeiten, sondern auch die bescheidene Rückkehr zu den „normalen" Entwicklungen eines Mädchens in ihrem Alter unterbindet. Schließlich ist auch Lolitas Flucht aus dem Krankenhaus nichts anderes als der Versuch, einem Gefängnis zu entkommen. Eine Gefangene bleibt Lolita bei Quilty wie auch bei ihrem Ehemann, nur scheint sich der Grad der Freiwilligkeit von einem zum anderen zu erhöhen. Erwachsenwerden, so scheint es, ist eine Art Hineinwachsen in das Gefängnis. Ein Gefängnis schließlich ist auch Quiltys Haus, ein Mausoleum seiner verfehlten Begierden und seiner verfehlten Sehnsucht nach Schönheit, und so ist es Humberts letzte Befreiungstat, ihn in einem allerdings schweren Lebens- und Todeskampf von diesem letzten Gefängnis zu befreien.

Diese Konstruktion von „Gefängnis – Befreiung – neuerlichem Gefängnis" stellt offensichtlich erneut die Grundfrage Kubricks nach der Revolte, danach, was es denn sei, was am Menschen befreit werden könne.

Der Mann, der das Bild der Frau sucht, erblickt das Grauen der Verwesung, wie in einer Schnittfolge, in der Kubrick die Szene aus THE SHINING vorwegzunehmen scheint, in der Jack die schöne Nackte im Badezimmer zu einer verwesenden Leiche mutieren sieht.

So wie LOLITA eine Abfolge von Gefangenschaft und Befreiung ist, so ist es auch eine Abfolge von Tod und Leben. Wir sehen kurz vor der Katastrophe, als Charlotte das Tagebuch entdeckt und in den Tod läuft, wie sie die Urne ihres Mannes küßt und dann in ein furchtbares Unwetter kommt; Blitz und Donner erinnern noch einmal an jene Nacht, in der es dem Baron Frankenstein gelang, einen Menschen aus den Teilen von Toten wieder zum Leben zu erwecken. So wie Lolita für Humbert Humbert die Wiederkehr seiner ersten Geliebten ist, so ist er selbst die Wiederkehr des verlorenen Mannes für Charlotte, und Quilty ist die Wiederkehr von Humbert, von dem wir nicht wissen, an welchem Punkt der Handlung er „eigentlich" schon tot ist.

Es sind also die Räume der Gefangenschaft und die Bewegung, sich aus ihnen zu befreien, die Kubricks Filmen ihre innere Struktur geben. Aber es gibt auch Orte eines eigenartigen Dazwischen, Orte des Übergangs und des Traums. Der Ort des Traums für Humbert ist der Garten, hier ist er glücklich mit Charlotte und Lolita, weil er das Mädchen hier nur „betrachten" muß, weil es in diesem Garten gelungen scheint, die Natur in ihrer Sinnlichkeit und Unschuld zugleich zu bewahren und zu kontrollieren.

Und eben dies führt erneut zur Grundfrage der Kubrick-Kosmologie: Wenn es ungewiß ist, zu welchem Ende und mit welcher Wirkung der Mensch in der Revolte sich befreie, welche Form von „Kontrolle" gibt es dann zu diesen Prozessen. So wie in DR. STRANGELOVE alle Beteiligten zunächst glauben, sie hätten alles, oder wenigstens ihren Abschnitt der Maschinerie, unter Kontrolle, so glauben auch in LOLITA stets alle, einschließlich Lolita selbst, das Spiel der „Befreiungen" zu kontrollieren (und werden, wie im anderen Film, eines Besseren belehrt). Nur der Garten in seiner Balance zwischen Kontrolle und Freiheit scheint ein Versprechen. (Im übrigen führt uns auch die Idee des Gartens wiederum in das Schlüsselgeschehen von Aufklärung und Entfremdung in Kubricks Weltgeschichte, ins 18. Jahrhundert.) Es ist der Garten der „Hexe" Haze, der Humbert am Weggehen hindert, ein arkadischer Raum um das Gefängnis, und der Kirschkuchen, den sie ihm offeriert, ein Symbol des Lebens in ihrem Reich des Todes.

Der Garten ist jener Raum um den Raum, über den sich der mütterliche Blick über das Kind noch erstreckt, sich aber schon zu verlieren droht. Die Suggestion der Pflanzen und Blüten lenkt den Blick ab; die Tochter bewegt sich freier, und der Verführer und Befreier mag sich besser verbergen. Der Garten ist der Ort, an dem sich Unschuld und Sünde wie nirgendwo sonst berühren, der Ort, den Humbert für seine Liebe sucht und genauso wenig erhalten kann wie er das Objekt seiner Liebe erhalten kann. Mit dem Tod der Mutter/Hexe wird er auch aus diesem Garten vertrieben, ein neuerliches Paradoxon von Befreiung und Gefangenschaft. Denn so wahr es ist, daß Humbert nur „Augen" für Lolita hat, so wahr ist es auch, daß Lolita nur ist, wer sie ist, im Blick dieser Mutter. Wenn der Garten verlassen ist, ist auch dieser Blickwechsel gestört – und Lolita begreift als erstes ihre Einsamkeit.

Denn erst jenseits des Gartens – im Raum, der nur Gefangenschaft heißen kann, in der „wilden" Natur (wie sie sich um das Sommercamp zeigt) – muß aus dem Blick die Tat werden; als Humbert mit Lolita geschlafen hat, muß er fürchten, sie aus den Augen zu verlieren. Wie Spartacus „alles" zu wissen verlangt, und doch schon zuviel weiß (nämlich von seinem eigenen Tod), so verlangt Humbert die vollständige Kontrolle über Lolita in dem Augenblick, da er sie verloren hat.

„Krank" also ist in Kubricks Film viel weniger Humberts Begehren (das weniger „skandalös" als in der Form „gewöhnlicher" *amour fou* bliebe), krank ist vor allem sein Blick. Was er sieht ist nicht so sehr Lolita, sondern das Bild seines eigenen Begehrens; er möchte Lolita nicht nur haben, er will viel mehr: er möchte Lolita *sein*. So verlangt er zunächst, vergeblich, daß sich ihr Blick mit dem seinen verschmelze. So verlangt er ebenso vergeblich, daß sich das Verhältnis von Existenz und Maske verschiebe. Seine erste Begegnung mit Lolita erlebt Humbert im Roman „in meiner Verkleidung als Erwachsener"; in Kubricks Film erleidet Humbert seine ganze Passion in eben dieser Maske. Denn das, was in einem Roman langsam (und genuß- wie schmerzvoll) entwickelt werden kann, der Widerspruch keineswegs nur zwischen einem versteinerten Begehren und einem sich wandelnden Bild, sondern eben auch zwischen einer europäischen Art des Geistes und einer amerikanischen Form, das ist im Film in einem Bild präsent. Der Geist wird zur Karikatur der Gelehrsamkeit, und die Form zur Karikatur der Zeichen (ist nicht Lolita, die reine Form, auch Vorgriff auf die *Droogs* in A CLOCKWORK ORANGE?).

Und auch hierin ist Quilty sein perfektes Gegenüber. Da ist der Arzt, der seine Augen untersucht, ironischerweise, indem er ihm ein Licht darauf zu werfen trachtet, und ganz am Ende, als sich Quilty hinter dem Bild von Lady Hamilton verbirgt und von der Freude des Sehens spricht: In diesem seinem Doppelgänger ist das Begehren in den Blick und in die Maske zerfallen.

In dieser Szene erfüllt sich die Vereinigung: Nicht nur wird Humbert Humbert im Tod mit seinem bösen Gegenüber, seiner Schuld, endlich eins, dieses andere hat sich auch endgültig in die Frau verwandelt. Humbert Humbert konnte die Frau nicht akzeptieren und mußte sich das Mädchen beinahe buchstäblich einverleiben, weil er selbst Frau werden wollte.

Der Blick Humberts existiert gewisser-maßen auch ohne Humbert selbst; Kubrick erklärt gleichsam radikal die Nicht-Identität von Blick und Subjekt in der Szene von Lolitas Abreise. Wir sehen aus Humberts Zimmer, wie sie zum Auto geht, das sie abholt, und ihr Verhalten deutet an, daß sie sich des Blicks, der ihr folgt, bewußt ist. Doch die darauf folgende Einstellung zeigt uns, daß Humbert noch schläft. Wenn er es nicht war, der Lolitas Fortgang beobachte-te, wer war es dann (und ganz sicher können wir bei einem Regisseur wie Stanley Kubrick ausschließen, daß es sich nur um einen frivolen Verstoß gegen die filmische Grammatik handele)? Die gothische Erklärung wäre wohl, daß Humbert im Traum sieht, was geschieht, und wir könnten von da an sowieso nicht mehr sagen, ob alles, was nun geschieht, nichts anderes ist als ein mehr oder weniger feuchter Traum eines älteren Mannes, der sich nach der Liebe eines jungen Mädchens sehnt. Nun erhebt sich Humbert, geht zum Fenster und sieht „wirklich" hinunter; wir sehen die Instrumente des Voyeurismus, einen Fotoapparat, ein Fernglas, und die Szene der Abreise wiederholt sich noch einmal. Diesmal aber blickt Lolita aus dem Auto zurück (wieder eine Situation des Eingesperrtseins). Und der Garten liegt, unüberbrückbar, zwischen ihnen. Es ist die Situation eines Abschieds, mit dem nicht nur ein Teil der Erzählung abgeschlossen ist, sondern auch eine Darstellungsebene: Unterstützt wird diese Zäsur schließlich auch durch den Einsatz der Musik: die Szene wird unterlegt durch das orchestrale „Lolita"-Motiv, das wir bei ihrem Auftreten zum ersten Mal kennengelernt haben. Was nun folgen wird, ist eine Neuschöpfung, eine Spiegelung des ersten Teils, eine Phantasie über die Abwesende.

Mit dieser Einstellungsfolge hat Kubrick mehr erreicht, als nur dem Zuschauer darzulegen, daß er es keineswegs mit einer Einfühlung im Sinne des „psychologischen

Realismus" zu tun hat. Es ist der Blick, der sein Subjekt vorwegnimmt, verwandt auch dem „Modell" in Kubricks Filmen, der Blick, der eine Grammatik des Sehens offenbart, die es im wirklichen Leben nicht gibt, eine Verdoppelung des Blicks. Es ist ein innerhalb der filmischen Handlung „unmöglicher" Blick, vergleichbar dem Blick aus der Höhe auf das Auto von Jack Torrance in THE SHINING, dem Blick auf die Soldaten, dem erst in der Erklärung der Scharfschützin ein Subjekt zugeordnet wird in FULL METAL JACKET.

Natürlich bedeutet dies auch, daß der Protagonist die Kontrolle über seinen Blick verliert. Sie ist vollständig dahin in der Szene, wo Humbert Humbert im Krankenhaus zusammenbricht und einen ganz ähnlichen, „unmöglichen" Blick auf sich fühlt, den wir offenkundig als einen Blick des Todes interpretieren dürfen. Während sein Körper in eine Zwangsjacke gesteckt wird (das radikalste aller Gefangenschaftsbilder), entfernt sich sein Blick von ihm selbst, ohne mit dem seines Gegenübers zu verschmelzen. Es ist nicht der diagnostische und möglicherweise begütigende Blick des Arztes; das heißt Humbert kontrolliert den Blick nicht mehr, wird aber auch von keinem anderen Blick kontrolliert. So wie wir ihn als „Blick des Todes" definieren können, insbesondere wenn wir ähnliche Einstellungen aus anderen Kubrick-Filmen zum Vergleich heranziehen, so können wir ihn aber auch als Verdoppelung des Blickes ansehen, der auf Lolita „ohne Subjekt" geworfen wurde. Auch dieser Blick ohne Subjekt mag auf den schlafenden Anderen hinweisen. (Deutlicher wird dieser Blick in THE SHINING vom Blick Jacks auf das Modell des Labyrinths zum Labyrinth selber).

Das Hospital hat sich für Humbert Humbert in das „Irrenhaus" verwandelt. Er entkommt, indem er den „Normalen" spielt, seinen Wahn auf eine höhere Ebene hebt. Und doch sind in den beiden Einstellungen die Möglichkeiten gegeben, zu verstehen, daß wir in die Seelenwelt eines Wahnsinnigen eingedrungen sind, eine Form der Paranoia, die nicht weniger heftig und mörderisch ist als die von THE SHINING. Beide Filme tragen im Titel im übrigen nicht Person oder Perspektive dessen, in dessen Wahnwelt wir eintreten, sondern Namen oder Perspektive des Kindes, das sein Opfer wird.

Gewiß ist es stets problematisch, eine eigenwillige literarische Technik in filmische Bewegungen zu übersetzen – selbst Louis Malles köstlicher Film ZAZIE ist für sich selber mehr denn als „Übersetzung" von Raymond Queneau unsterblich – und Kubricks Film ist in seiner Entstehungszeit viel zu sehr als „Verfilmung" von Nabokovs Roman (oder gar als Verfilmung eines „literarischen Skandals") gesehen worden, um seine eigenen Qualitäten zu würdigen. Während die Mehrzahl der Kritiker Kubricks Methoden der Verfremdung eher als störend in einer Geschichte ansah, deren Skandal, wenn überhaupt, nur durch die Tragödie erträglich wäre, erkannte eine Minderheit das Meisterliche gerade in den komischen Aspekten, allen voran Pauline Kael, die sich später nicht eben als größte Bewunderin Kubricks erweisen sollte, und die LOLITA sah als „erste neue amerikanische Komödie seit den großen Tagen in den vierziger Jahren, als Preston Sturges die Komödie mit verbalem Slapstick wiederschuf. LOLITA ist schwarzer Slapstick".

Diese Einschätzung freilich ist ebenso sympathisch wie irreführend. Sie blendet so viel aus wie die konträre Kritik und übersieht gerade den Dialog zwischen Tragödie und Farce, der schon in den Figuren selber angelegt ist, und den Kubrick durch seine Schauspielerführung betont: James Mason, der kontrollierte, ironische Europäer, der mit Mühe seine Verletzlichkeit und schließlich seinen Wahn verbirgt, führt beständig vor, wie seine Maske der Überlegenheit Risse erhält, wie kleine mimische und gestische Entgleisungen den aufmerksamen Beobachtern verraten, was da zusammenbricht, und Sue Lyon, die sich beständig in das weiße amerikanische Mittelstandsflittchen verwandeln will, um doch auch hinter ihrer Maske das ganz andere erkennen zu lassen, die Sehnsucht nach einer Befreiung, für die sie keine Form kennt.

Die Widersprüche betreffen ja nicht nur den skandalösen Altersunterschied in dem Paar, sondern auch die Widersprüche zwischen Europa und Amerika, die Widersprüche zwischen einer intellektuellen und einer pragmatischen Weltsicht, zwischen Raffinement und Reduktion. So wird vielleicht auch klar, warum Lolita nicht Humbert, sondern sein anderes Ich, Quilty „liebt": nicht nur, weil dieser im Verlauf der Verkettungen verspricht, sie erneut aus einer Gefangenschaft zu „befreien", sondern auch, weil Quilty in einer Sprache spricht, die sie versteht, nämlich in der der Bilder.

Es ist kein Zufall, daß David Lynch Kubricks Film als seinen Lieblingsfilm bezeichnet hat: Auf den Spuren von Humbert Humbert und Lolita Haze kommt der Regisseur – schwarz/weiß und Breitwand, das heißt: *hyperreal* – in eine amerikanische Provinz, in der der Keim zu *Lumberton* und *Twin Peaks* gelegt ist. Und wie Lynchs Filme so geht auch Kubricks LOLITA weder psychologisch noch mythisch wirklich auf. Denn wenigstens insofern bleibt der Regisseur seiner literarischen Vorlage treu, daß er von Anbeginn an ein Spiel der Täuschungen durchführt, wenngleich er wahrhaft radikal die Rollen von Täuschern und Getäuschten auf den Kopf stellt.

Kubricks LOLITA ist wahrhaft eine „Aufführung", nicht nur, weil die Schulaufführung eine Schlüsselrolle spielt und Peter Sellers einmal mehr seine Verkleidungskünste einsetzt. Schon Humberts Mord an Quilty, den Kubrick an den Beginn stellt, ist eine theatralische Inszenierung: Die Tötung der Frau (der Weiblichkeit außer und in sich) im Zeichen der *Nymphette*.

Quiltys Aufspaltung und Rollenspiele als immer neue Doubles von Humbert ist der Schlüssel zu einer Satire auf Amerika. Auf den ersten Blick hat er sozusagen die Fronten klargestellt, die falsche, die Humbert-Lesart des Textes übernommen, freilich um den Preis, daß seine Lolita nur noch Reste von Kindlichkeit an sich hat, von denen wir nicht einmal wissen, wie weit sie gespielt sind. So ist ihre Tragödie von vornherein ausgeblendet, und Humbert Humberts Nymphen-Mythos scheint eine reine Schimäre, die sich folgerichtig auch in einem System der Täuschungen und Verdoppelungen auflöst. James Mason, Kapitän Nemo und Fliegender Holländer, ist auch hier auf einer romantischen Weltfluchtreise: Seine Lolita ist eine Begleiterin, die ihn immer weiter in die Wirklichkeit zieht, das scheint Strafe genug.

Doch aus dem Hintergrund greift da immer dieser Quilty in mannigfachen Verkleidungen ein und taucht immer als eine Person auf, die Angst und Schuldgefühle auslöst, als Psychologe, als Polizist, als Beamter: Der Abgesandte eines fernen Über-Ichs, eine männliche Seele, die nicht erwachsen werden, die nicht erwachen will, aber vielleicht auch einer, der, wie so häufig bei Kubrick, heimlich die Fäden zieht, das Spiel manipuliert, es zum Teil erst erfindet. Und je mehr dieses Thema in den Vordergrund rückt, desto weniger hat Kubricks Film eigentlich noch mit Nabokovs Text zu tun. Nicht wer oder was Lolita ist, hat in diesem Zusammenhang Bedeutung, sondern nur, daß Humberts Beziehung zu ihr etwas Verbotenes hat, daß sie nicht *geheuer* ist. Und wieder geht in Humbert Humbert eine Kubricksche Verwandlung vor: er wird zu einem nur noch mechanisch funktionierenden Double seiner selbst. Kubrick hat mit dem Mord an Quilty begonnen, um Spannung zu erzeugen, den Kreis zu eröffnen. Dadurch aber gerät Lolita sozusagen durch eine narrative Klammer in neuerliche Gefangenschaft, als wäre sie nur der *McGuffin* für einen Kampf eines Mannes mit seinem Doppelgänger. LOLITA ist noch weniger ein Film über Lolita als BARRY LYNDON einer über Barry Lyndon ist.

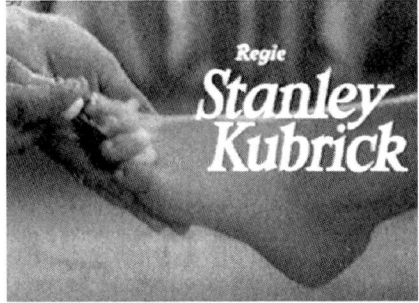

1963: DR. STRANGELOVE, OR HOW I STOPED WORRYING AND LOVE THE BOMB (Dr. Seltsam, oder wie ich lernte die Bombe zu lieben)

Nach Auschwitz konnte die Science Fiction keinen futuristischen Staat, keine Art von Aliens mehr phantasieren, die schrecklicher gewesen wären als die Wirklichkeit. Nach Hiroshima und Nagasaki wurde die Science Fiction von einem Genre der apokalyptischen Projektion zu einer der apokalyptischen Wahrscheinlichkeit; nicht mehr das Ende einer fernen Welt, sondern das Ende der eigenen mußte ihr Thema werden. Das Schrecklichste war bereits geschehen, es war nur in der Quantität noch zu übertrumpfen. Und es war nicht mehr anachronistisch, sondern anachron, das Genre „dachte" in seinen düsteren Phantasien nicht in der Möglichkeitsform, sondern gleichsam in einer Zeit-Form, die beschrieb, was längst geschehen hätte sein müssen. Aber gerade zu dieser Zeit nach dem Zweiten Weltkrieg erlebte das Genre auch einen seiner größten Booms. Es schien, als könne man die politische, militärische, gesellschaftliche und kulturelle Situation nicht mehr direkt ausdrücken, und als flüchtete der Geist in das längere technologisch-apokalyptische Gedankenspiel, als könne man sich zugleich hin- und abwenden von den Bildern der hochorganisierten Mördergesellschaften und der allesvernichtenden Bombe. Das Monster, der *Mad Scientist* und die Attacke der gefühllosen Rassen aus dem Weltraum beherrschten die Bilderwelten des Genres. Und so nah schienen sich Phantasie und Wirklichkeit dabei zu kommen, daß die klaren Grenzen zwischen beidem gelegentlich zu verschwimmen drohten.

Anders als Orson Welles' Hörspiel vom „Krieg der Welten", der seine Zuhörer in einen paranoiden Zustand hineinzieht, bis der *worst case* (die Invasion der Marsianer) vollkommen *real* erscheint, baut Stanley Kubrick in DR. STRANGELOVE, OR HOW I LEAR-

NED TO STOP WORRYING AND LOVE THE BOMB beständig Differenzierungen ein, die uns geradezu mit der Nase darauf stoßen, wie *realistisch* all das ist, was da gezeigt wird. Das Unglaubliche geschieht bei Orson Welles, indem sich das Melodramatische der Situation im Dokumentarischen verbirgt (aber in Wahrheit ist es nicht das Dokumentarische, was uns von der Realität des Unglaublichen überzeugt, sondern eben gerade das Melodramatische). Das Unglaubliche geschieht bei Kubrick in einer Form der Komödie, die Friedrich Dürrenmatt so beschrieben hat: „Die Komödie entsteht immer dort, wo das Geschehen die schrecklichste aller möglichen Wendungen nimmt." So besehen gibt es natürlich nichts komischeres als den Weltuntergang. Vorausgesetzt wir flüchten uns nicht erneut ins Melodrama (wie es das Wesen des „Katastrophenfilms" gemeinhin ist), in dem noch das unsinnigste Geschehen seine Moral produzieren muß.

So werden wir am Anfang darauf hingewiesen: „Die Sicherheitsorgane der US-Luftwaffe würden Situationen und Ereignisse, wie sie in diesem Film gezeigt werden, bestimmt verhindern. Es wird ausdrücklich festgestellt, daß keiner der in diesem Film gezeigten Charaktere lebende oder tote Personen darstellen soll". Diese Versicherung ist so vage und nichtssagend, wie wir es von offiziellen Verlautbarungen angesichts von Katastrophen gewohnt sind, und entsprechend wirkt sie vor allem als Hohn, und zugleich bekräftigt uns diese Mitteilung darin, den Sicherheitsorganen dieser Welt kein bißchen zu glauben. Und tatsächlich sehen wir denn auch erst einmal Nebel, dann einige Berggipfel, mehr nicht. „Seit über einem Jahr zirkulieren unter den höchsten führenden Persönlichkeiten der westlichen Welt seltsame Gerüchte, daß die Sowjetunion an etwas arbeitete, das man dunkel als die *Ultima Ratio* aller Waffen, als die Weltvernichtungsbombe bezeichnete. Die Abwehrdienste lokalisierten dieses streng geheime russische Projekt in den von ewigen Nebeln umhüllten Einöden unter den arktischen Inseln der Tokow-Inseln. Jedoch was dort gebaut wurde und warum man es in einer so zivilisationsfeindlichen Einöde baute, das wußte niemand zu sagen".

Eine „Liebesszene" ist den *credits* unterlegt: Wir sehen zwei Flugzeuge in der Luft, verbunden mit der Nabelschnur eines Tankschlauchs zum Austausch von Treibstoff; ein B-52-Bomber des „Strategischen Luftkommandos" wird auf einem beinahe ewigen Flug um die Welt energetisch versorgt. Und wir hören dazu „Try a little Tenderness". Dieses so schöne wie pornographische Bild gibt eine Deutung für den Film vor, die sich am Ende in den Atompilzen, im Ritt des Piloten auf der phallischen Bombe ins Ziel erfüllen wird: „Die schöne Materialschlacht, der Krieg als Selbstverwirklichung, der Weltuntergang als *amour fou*" (Uwe Nettelbeck).

Aus der Distanzierung sind wir direkt in einen historischen Report geraten, und von da an geraten wir in einen Alptraum von höchster Gegenwärtigkeit: Auf der amerikanischen Bomberbasis Burpleson gibt General Jack D. Ripper (Sterling Hayden) dem englischen Austauschoffizier Lionel Mandrake (Peter Sellers) Order, nach dem geheimen Plan R vorzugehen („R for Romeo" – nicht einmal hier gibt es eine militärische Aktion ohne sexuelle Anspielung). Diesmal handele es sich nicht um eine Übung, aus dem Kalten Krieg sei vielmehr ein heißer geworden, sagt der General. „Ist es so brenzlig, Sir?" fragt Group Captain Mandrake. „Sieht ganz schön beschissen aus", antwortet Ripper, der unentwegt riesige Zigarren pafft und es zu lieben scheint, sich so zu setzen, daß er von bedrohlichem Unterlicht

markiert wird. Mandrake soll sämtliche zivilen Rundfunkgeräte einsammeln: „Damit könnte man Instruktionen senden – für Saboteure". So wird die Basis hermetisch gegen die Umwelt abgeriegelt, und Ripper gibt Befehl, auf alles zu schießen, was sich nähert, auch wenn es in der eigenen Uniform daherkomme.

Die Besatzung des von Major T.J. „King" Kong (Slim Pickens) geführten B-52-Bombers vertreibt sich die Zeit mit Kartentricks, Schlafen und der Lektüre des *Playboy*, als sie ein Code-Signal erhalten, das dechiffriert nichts anderes bedeutet, als daß der Verband nach Rußland fliegen und dort seine Atombomben auf vorbestimmte Ziele abwerfen soll. Auch eine Nachfrage bei der Basis ergibt, daß es sich nicht um einen Irrtum handelt. Major Kong vertauscht den Pilotenhelm mit seinem Cowboyhut. „Na Kumpels", wendet er sich an die Besatzung, „dann also mal ran. Kleiner atomarer Nahkampf mit den Russkies". Und zu den Klängen von „When Johnny Comes Marching Home" steigt er in den Pilotensitz und hält, wie man das aus Kriegsfilmen gewöhnt ist, eine markig-sentimentale Ansprache an seine Leute. Er verspricht Orden und Beförderungen, kämpft tapfer mit den Tränen und benutzt die leeren Formeln der Sprache, die er aus seiner Ausbildung und – möglicherweise – aus dem Kino kennt.

Unterdessen wird der Militärapparat von den merkwürdigen Geschehnissen auf Rippers Basis aufgeschreckt. Man versucht, Funkkontakt mit dem General und mit den über die *Failsafe-Points* hinausgelangten Bombern aufzunehmen, doch vergebens. General „Buck" Turgidson (George C. Scott) wird aus einem Schäferstündchen mit seiner Sekretärin gerissen; im Pentagon wird eine Krisensitzung abgehalten, ebenso im *War Room* mit seinen elektronischen Landkarten und seinem ovalen Sitzungstisch, der zugleich eine neue Variante von Kubricks „hohem Raum" der Macht ist und eine meisterliche Schöpfung der „lebenden Räume" des Set Designers Ken Adam, in denen sich Menschen wie eine Art obszöner Flüssigkeit bewegen. Adam und Kubrick arbeiteten hier ohne zusätzliche Beleuchtungen, der ringförmige Beleuchtungskörper über dem Tisch ist zugleich auch das Licht des Films, so daß die handelnden Personen keine individuelle Lichtfärbung mehr haben: dieses Licht hebt sie überdeutlich hervor, wenn sie ihre „Auftritte" haben, aber es folgt ihnen nicht.

Die expressiven Licht- und Schattenspiele, jenes *chiaroscuro*, von dem Ken Adam spricht, das die Gesichter im *War Room* so prägnant wie mit großer, aber präzis geführter Tuschfeder erscheinen läßt, sind nicht der Person und dem Schicksal (wie im deutschen expressionistischen Film) zu verdanken, sondern der Situation und der Struktur.

Der *War Room* ist – Kubrick hat es stets hervorgehoben – das Kunstwerk Ken Adams innerhalb des Kunstwerks des Regisseurs. Es ist zunächst eine perfekte Verbindung von Dreieck (in der Vertikalen), Fünfeck (im Grundriß) und Kreis; ein Raum, in dem sich das Technische und das Organische trifft, und schließlich ein Raum, der zugleich Fenster, Abbild und Festung ist. Zwischen Adam und Kubrick hatte es einige Auseinandersetzungen um die Konstruktion dieses zentralen Raumes gegeben; Kubrick verwarf ein erstes Konzept kurz vor Beginn der Dreharbeiten, das er zuvor gutgeheißen hatte. Aber das beflügelte Ken Adam auch – sehen wir einmal davon ab, daß er, nach eigener Beschreibung, diese Zusammenarbeit nur unter Zuhilfenahme von sedativen Medikamenten überstand: „Den *War Room* entwickelte ich ganz instinktiv aus einem Dreieck. Die einzige Schwierigkeit bestand nur, Stanley von

dieser Form zu überzeugen. Er wollte unbedingt ein Rechteck als Grundform, und das Ganze sollte wie ein unterirdischer Atombunker aussehen.

Dieses Design-Konzept des Raumes ist in sich so stimmig, wie es zugleich die Isolation der Herrschaft betont. Kubrick bestand darauf, daß Wände und Decke aus Beton gebaut wurden, um den Kameramann zu zwingen, den Set 'natürlich' auszuleuchten, d.h. auf Scheinwerfer über dem Set zu verzichten. Für die Szenen um den riesigen runden Verhandlungstisch entwarf ich eine mächtige ringförmige Hängeleuchte, die als einzige Lichtquelle diente."

Mandrake entdeckt ein verstecktes Transistorgerät, schaltet es an und hört zu seinem Staunen ein normales Tanzmusik-Programm. Zunächst glaubt er, es sei doch alles nur ein Probealarm, denn bei einem wirklichen Atomangriff der Russen würde man wohl zumindest das Radioprogramm ändern. Doch als der General, der hinter ihm die Tür verriegelt hat, ihm in seinem Büro seinen Plan erklärt, die 34 Bomber seines Geschwaders ihre tödliche Last auf Rußland abwerfen zu lassen, um damit den amerikanischen Präsidenten zu zwingen, alle Kräfte einzusetzen, weil allfällige kommunistische Infiltration den Amerikanern die „Lebenssäfte" aussaugen oder zumindest abzapfen würden, da erkennt Mandrake, daß er es mit einem übergeschnappten Zwangsneurotiker zu tun hat. Weder durch „diplomatisches" Vorgehen, noch durch energisches Auftreten gelingt es ihm, Ripper zur Herausgabe der Rückholcodes für die Bomber zu bewegen.

Turgidson erstattet unterdessen dem Präsidenten Merkin Muffley (Peter Sellers) im *War Room* Bericht: In 25 Minuten werden die Bomber das russische Radar erreicht haben, und die Militärmaschinerie

Die Crew, die sich nicht aufhalten läßt ➢

ist außerstande, die Flugzeuge zurückzurufen. Auch General Turgidson plädiert nun dafür, die Situation dadurch zu „bereinigen", daß man aus Rippers Privatkrieg einen wirklichen Angriff macht; immerhin koste das nur 25 Millionen Tote auf amerikanischer Seite. Der russische Botschafter DeSadesky (Peter Bull) wird ins Pentagon gerufen, und Präsident Muffley spricht mit dem russischen Premier über das rote Telefon. Er erklärt dem mächtig Angetrunkenen mit Mühe die Lage, versucht dabei, möglichst „diplomatisch" vorzugehen („He went and did a funny thing, Dimitri") und bittet ihn, die Bomber abzuschießen, nachdem er ihre Ziele und die Art der Bewaffnung durchgegeben hat. Aber nachdem der Botschafter, der in all der chaotischen Situation nicht aufhört, mit seiner Kamera die „Geheimnisse" des Pentagon auszuspionieren, noch einmal mit dem Premier gesprochen hat, wird klar, daß die Lage noch ernster ist als vermutet: Kommt nur ein Bomber ans Ziel, so wird automatisch die russische „Weltvernichtungsmaschine" aktiviert.

In der belagerten Basis klärt Ripper Mandrake über die kommunistische Verschwörung auf: Die Infiltration findet ihren Ausdruck in der „Fluoridation" des Wassers, durch die den Amerikanern die wertvollen Körpersäfte entzogen würden. Man gelange gar bis zur „Fluoridation" von Speiseeis, der „grauenhafteste und gefährlichste kommunistische Anschlag". Während die Basis mit dem großen Plakat „Peace is our Profession" schließlich von den Angreifern eingenommen wird und Dr. Seltsam, der Leiter der amerikanischen Waffenherstellung, der Mühe hat, den Präsidenten nicht beständig mit „Mein Führer" anzusprechen und seinen mechanischen Arm daran zu hindern, sich zum Hitlergruß zu erheben, die Existenz einer solchen „Weltvernichtungsmaschine" einräumen muß, erläutert Ripper die Genese seiner Paranoia: Als Mandrake ihn fragt, wann er denn zum ersten Mal die Theorie von der kommunistischen „Fluoridation" entwickelt habe, antwortet er: „Tja, ich hab' das zum ersten Mal bemerkt, als ich den Liebesakt vollzog. Ein tiefes Gefühl der Erschöpfung, dem ein absolutes Gefühl der Leere folgte. Gott sei Dank war ich fähig, dieses Gefühl zu deuten als – Verlust des Wesentlichen. Das sage ich Ihnen, das hat sich nie wiederholt, Mandrake. Wissen Sie, Frauen – Frauen spüren meine Kraft. Und sie trachten nach der Lebensessenz. Nicht, daß ich Frauen meide, Mandrake ... Aber ich gebe ihnen nicht meine Essenz!"

Nachdem seine Soldaten sich den Angreifern ergeben haben, fürchtet Ripper, unter der Folter den Rückholcode zu verraten. Er geht ins Bad – „Oh, Sie wollen sich ein bißchen frisch machen?", mutmaßt Mandrake noch – und erschießt sich. Mandrake selber hat unbeabsichtigt diesen Selbstmord verursacht, als er von der Folter sprach, die er selbst in japanischer Kriegsgefangenschaft durchlitt, um Ripper zur freiwilligen Herausgabe des Codes zu überreden. Wieder setzt sich da zugleich eine Kette der militärischen Logik und des Wahns fort, die den Film beherrscht: Wenn der Präsident von General Turgidson darüber aufgeklärt wird, wie hoffnungslos die Lage eigentlich ist, vermittelt der das stets in begeisterten Ausbrüchen über die eigene militärische „Potenz". Und über die Logik von Zerstörung und Selbstzerstörung erfahren wir einen einfachen Fakt: „Der Selbstzerstörungsmechanismus des Bombers hat sich selbst zerstört". Und als es zu einem Streit zwischen Turgidson und dem russischen Botschafter kommt (der natürlich behauptet, die Spionage-Kamera sei ihm unterschoben worden), erklärt der Präsident in verzweifelt komischer (und in seiner Lakonie nicht übersetzbaren) Logik: „You Can't Fight in the War Room!" (Die deutsche Übertragung „Sie können hier

Im „warroom"

nicht streiten, wir führen schließlich Krieg" klingt nicht nur umständlicher, sondern fast schon wieder vernünftig.)

Die Maschinen werden von russischen Raketen beschossen, und auch das Flugzeug von Major „King" Kong bekommt einen Treffer ab, der den Funkkontakt endgültig unterbricht und den Piloten zwingt, ein Ausweichziel anzufliegen. Wie weit ist der Aufopferungswille und der naive Glaube an seine Mission von dem entfernt, was im War Room geschieht! Daß der eine Krieg mit dem anderen nichts zu tun hat, erklärt Kubrick in PATHS OF GLORY und in FULL METAL JACKET: Im Verhältnis von Planung zur Realität drehen sich die Beziehungen von Logik und Wahn genau um. Die Logik im *War Room* macht den Wahnsinn der Männer im Bomber aus, und die Logik der Männer im Bomber treibt die Menschen im *War Room* zum Wahnsinn. Mandrake entnimmt den Kritzeleien Rippers den wahrscheinlichen Rückholcode („Purity of Essence",

„Peace on Earth" – in der deutschen Fassung: „Friede auf Erden" und „Fluoridation aller Element", geht naturgemäß der Hinweis auf einen weiteren verborgenen Autor in dieser Buchstabenkombination verloren: POE). Ein übereifriger Soldat, Colonel Bat Guano (Keenan Wynn), der fürchtet, Mandrake sei „irgendein Perverser", und fehlendes Kleingeld zum Telefonieren, das erst aus einem Coca Cola-Automaten besorgt werden kann, verzögert die Rückrufprozedur weiter. Es ist der Gag, der noch einmal den ganzen Wahn der Situation zusammenfaßt: Jemand hat den Code, um die Welt vor der Katastrophe zu retten, und droht einerseits an einem Kommißkopf zu scheitern, der jemanden in einer englischen Uniform nicht akzeptiert, und andererseits daran, daß er nicht genügend Kleingeld hat, das die unerbittliche Angestellte der Telefongesellschaft fordert. (Aber auch der Präsident der Vereinigten Staaten hat es da nicht leichter: um das drohende Unheil abzuwenden, muß er erst einmal die Telefonauskunft von Omsk erreichen.) Aber dann scheint es, als sei die Welt noch gerade vor der atomaren Vernichtung verschont geblieben: Die Bomber, die nicht von russischen Raketen abgeschossen wurden, können zurückgerufen werden.

Doch da ist noch die Maschine von Major Kong, die dem russischen Radar entkommen ist. Um die Bombe über dem Ausweichziel auszuklinken, muß Kong selbst Hand anliegen; den Cowboyhut schwenkend „reitet" er sie ins Ziel, wie es seine Vorfahren und vielleicht seine Vorbilder im Kino mit den Ponys im Kampf gegen die Indianer getan haben. „Hi There!" und „Dear John" ist mit weißer Farbe auf die phallischen Formen der Bomben gepinselt (unter einem mehr als sarkastischem Hinweis: „Handle with Care"), mehr oder weniger unentzifferbare „Nachrichten" an den Feind, letzte Grüße jedenfalls, die Erfüllung all jener Versuche der Kommunikation, die zuvor fehlgeschlagen sind. Zerstörung und Selbstzerstörung fallen auch in diesem umwerfenden Bild noch einmal ineinander. Unterdessen plädiert Dr. Seltsam im Pentagon dafür, einen „bestimmten Nukleus" an Menschen in tiefen Bergstollen überleben zu lassen, um nach 103 Jahren als neue, starke Rasse wieder auf die Erde zurückzukehren. Dann explodieren die Atombomben zum Lied „We shall meet again.../I don't know where, I don't know when/ Under the sun".

Eine der vielen komischen Wirkungen des Films besteht darin, daß wir angesichts der größten historischen Katastrophe, des Untergangs der Menschheit, niemanden sterben sehen, ja mehr noch: die zappeligen Helden dieses Films scheinen sich gar nicht mehr wirklich vorstellen zu können, was das ist. Sie drücken es in Zahlen und in Dingen aus, aber sie wissen nicht mehr, was der Tod ist, den sie zum Zentrum ihres Lebens gemacht haben.

Zunächst hatte Stanley Kubrick vor, den Stoff ganz im Sinne eines ernsten, realistischen Dramas zu filmen, in gewisser Weise als direkte Fortsetzung von PATHS OF GLORY. Er bearbeitete das Skript, um gar alle Szenen und Charaktere zu tilgen, die groteske oder unfreiwillig komische Züge aufweisen konnten. Er wollte nichts, was dem Zuschauer erlaubte, vor der grauenvollen Vision des versehentlich ausgelösten Weltuntergangs zu fliehen, übriglassen. Aber dieses Vorhaben erwies sich als undurchführbar, zumal ja auch die üblichen dramatischen Szenen-Klischees so eine Flucht-Möglichkeit waren: der Weltuntergang als Melodrama. So stellte Kubrick seine Vorgehensweise kurzerhand auf den Kopf: Um der wahren Ungeheuerlichkeit dieser Vorstellung gerecht zu werden, mußte im Gegenteil ihre Absurdität herausgearbeitet werden. „Nach einigen Wochen ist mir schließlich klar geworden, daß alle guten Ideen, alle wahrheitsgetreuen Dinge unter diesen Umständen lächerlich wären. Da habe ich mir gesagt: 'Mein Einstieg muß falsch sein, denn alle guten Ideen, die ich finde, lasse ich einfach fallen, weil sie zum Lachen animieren würden. Natürlich müßte ich schwarzen Humor bringen.' Denn alles, was mir realistisch erschien, gehörte in dieses Genre. Und ich meine, so stimmt es. Denn es handelt sich um einen Zustand, der geschaffen ist durch die Verachtung, die Unmöglichkeit zu kommunizieren, durch die absurde Ordnung der Bürokratie, etc. ... durch alles, was in Wirklichkeit ganz offensichtlich dem Universum der Komödie angehört" (Kubrick in einem Interview mit der französischen Zeitschrift *Positif*).

Stanley Kubrick konnte bei seinem Versuch, eine neue Erzählform für das grausigste Kapitel der möglichen Zeitgeschichte zu finden, auch die Lektion verwenden, die das grandiose Scheitern eines anderen, „ernsthaften" *Doomsday*-Thrillers bedeute-

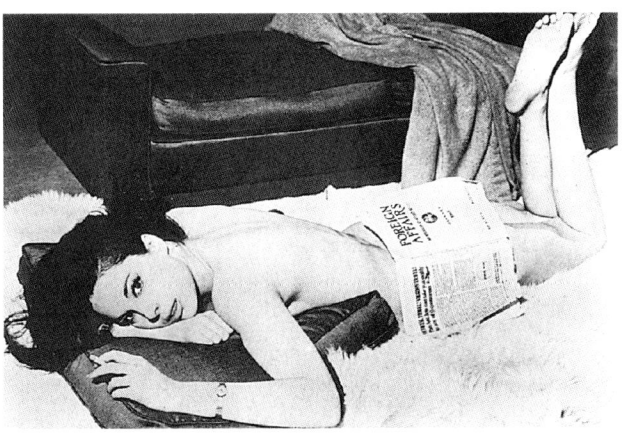

1
Slim Pickens (rechts)

3
Tracy Reed

te, Stanley Kramers ON THE BEACH (Das letzte Ufer – 1959). Der Film beginnt mit der Fahrt des U-Bootes von Kapitän Towers (Gregory Peck), der von Melbourne aus nach einem entsetzlichen atomaren Schlagabtausch erkunden soll, wieviel von der Welt noch bewohnbar ist und dabei die USA ohne jegliches Leben vorfindet. (Hübsche Pointe, immerhin: Was man glaubte als „Funksignale" von Überlebenden deuten zu dürfen, war nichts als eine leere Coca Cola-Flasche, über die der Wind strich). Und die radioaktive Wolke wird bald auch den australischen Kontinent erreichen und alle Menschen töten. Noch einmal feiert man das Leben in großen Parties, bis die verteilten Selbstmordpillen zum Einsatz kommen. Towers aber bricht in seinem U-Boot noch einmal auf, um in seiner Heimat zu sterben. „Der Weltuntergang", hieß es damals in TIME, „stellt sich uns dar als eine Abschiedsszene zwischen Ava Gardner und Gregory Peck". In der fatalistischen, melodramatischen Schreibweise des Films erscheint die Katastrophe des atomaren Weltkrieges nicht allein wie ein „Unglücksfall", der den Selbstausdruck der Liebesgeschichte befördert, sondern beinahe wie ein süßes Gift, die negative Erlösung, die sich hinter dem humanen Anliegen zu erkennen gibt. Mitten im Kalten Krieg arrangierte UNITED ARTISTS eine gleichzeitige Premiere in 25 Städten in Ost und West; die Gala-Uraufführung fand in Moskau unter Anwesenheit von Gregory Peck statt.

Kubrick entschloß sich zum Gegenteil des Gutgemeinten; er schuf den ersten bösen Film zum Thema. Zunächst war auch vorgesehen, eine Art satirischer Science Fiction-Rahmenhandlung einzuführen. Kubrick hatte, bevor Terry Southern zum Drehbuch-Team stieß, die ganze Handlung des Films darstellen wollen, als sei sie das gefundene Material auf einer übriggebliebenen Aufnahme, die fremde Besucher auf einem toten Planeten namens Erde finden (Darauf war übrigens als Logo „Micro-Galaxy-Meteor" zu sehen, was schon den ironischen Umgang mit dem MGM-Zeichen in 2001 vorwegnimmt. Und wenn man gerade beim Kubrickschen Prinzip der Wiederkehr ist: In dieser Version des Drehbuches gibt es nicht nur einen ranghohen Offizier namens „Buck" Schmuck – dessen Funktion dann mit der Turgidsons verschmolz, sondern auch einen General Toejam – und ebenso heißt einer der Marines in FULL METAL JACKET).

Bei seiner Erstaufführung hat Kubricks Film begreiflicherweise in der Öffentlichkeit zu erheblichen Kontroversen geführt. Die Kritik in der *New York Times* nannte ihn „gefährlich und destruktiv" und fragte: „Ist denn nichts mehr heilig?" Es war die Zeit, in der Lyndon B. Johnson im Weißen Haus regierte und die politische Alternative zu ihm der ultrarechte Barry Goldwater war. Die Bombe war das Zentrum aller Politik, der furchtbare *McGuffin*, der jede noch so kleine Bewegung zwischen den Supermächten bestimmte, zugleich Drohung und Schutzschild: Der relative Frieden gedieh nur unter einem Schirm der gegenseitigen Abschreckung, von der man wußte, daß sie jederzeit „aus Versehen" zur grausigen Realität werden konnte. Dieser Krieg würde der letzte und endgültige sein, und zwei Diskurse überlagerten sich in ihrem öffentlichen Bild: Die Angst, der jeweilige Gegner würde sich irrational verhalten und die gegenseitige Auslöschung provozieren, und die Angst, der eigene Apparat könne sich so irrational verhalten, daß er den Weltuntergang auslöste. War denn beherrschbar, womit man den Gegner beherrschte? Die politische Paranoia dieser

„Hätten Sie gerade einmal die Nummer zur Hand?" ➢

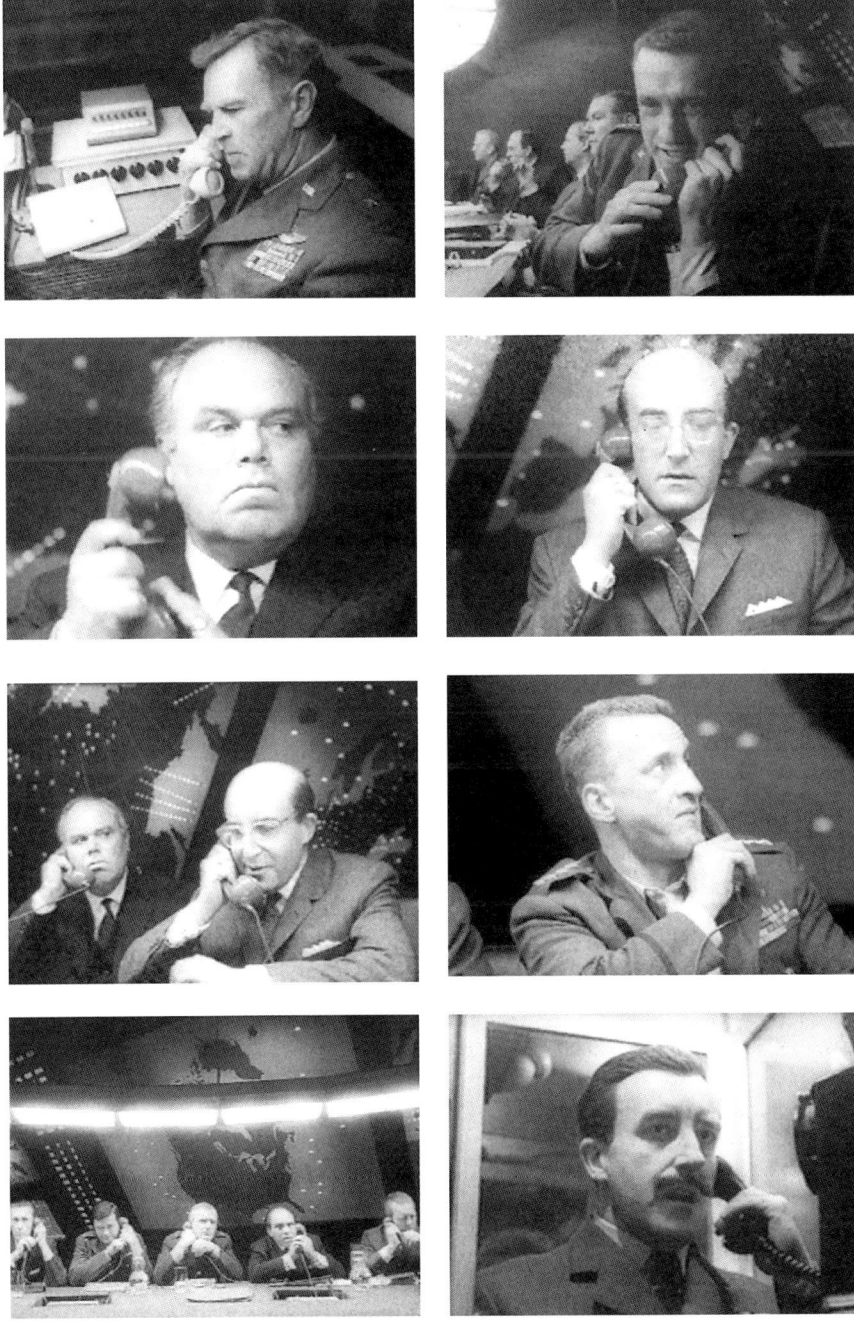

Jahre entspricht nur zu genau den logischen Wahnsystemen, in denen sich Kubricks Menschen auch in ganz anderem Zusammenhang bewegen. DR. STRANGELOVE ist auch deshalb sein realistischster Film geworden.

Und in dieser Zeit entwickelte sich DR. STRANGELOVE unter der jugendlichen Intelligenz zu einem Schlüsselfilm, der die eigenen Ängste und Aggressionen (endlich) zum Ausdruck brachte. Ein Fall für die Zensur war DR. STRANGELOVE indes nie, ganz einfach weil er ja aus nichts als alltäglichen Selbstverständlichkeiten und Beobachtungen zusammengesetzt ist, die jeder machen konnte. Und die Air Force begnügte sich mit dem beruhigenden Vorspann, der allerdings wirkt, als wollte sich Kubrick nur noch einen weiteren Scherz erlauben. Doch brachte Kubricks Detailliebe die Produktion in den Verdacht, selber Ergebnis mysteriöser Spionagetätigkeit zu sein. Wie es im Inneren eines B-52-Bombers aussah, war damals in den USA „top secret" – dummerweise hatte allerdings eine englische Fachzeitschrift eine genaue Wiedergabe publiziert, die Kubrick als Vorlage diente.

In Anspielung auf Rippers Clemenceau-Verdrehung, der Krieg sei eine zu ernste Sache, um sie den Politikern zu überlassen, formulierten auch die politischen Kommentatoren die Position, der Krieg sei zu ernst, um ihn den Filmkritikern zu überlassen. Kubricks Film gelangte so nicht nur in den politischen Teil der Zeitungen, sondern auch in Verlautbarungen von Politikern, die ansonsten mit dem Kino wenig im Sinn hatten und haben. Das beliebteste Argument war, daß auch ein Künstler vom Rang Kubricks nicht auf diese Weise mit dem Entsetzen Scherz treiben dürfte. Er hatte die Krankheit des Spiels der gegenseitigen Abschreckung durchschaut: „Wenn man zu schwach ist, lädt man den Gegner zum Erstschlag ein. Wenn man zu stark erscheint, provoziert man womöglich einen

Präventivschlag. Und wenn man die Balance des Schreckens aufrechterhalten will, wird das unmöglich, weil die Geheimhaltung die eine Seite daran hindert, zu wissen, was die andere vorhat und umgekehrt" (Kubrick).

Seine durchschlagende Wirkung erzielt der Film in Wahrheit vor allem durch die Glaubwürdigkeit aller Charaktere und Beziehungen: Genau so stellen wir uns einen texanischen Bomberpiloten, einen paranoiden, kaugummikauenden amerikanischen General, die Militärmaschinerie, die Durchdringung von Militär und *Popular Culture* vor, genauso gespenstisch und komisch müßten die Ereignisse vor einem unbeabsichtigt ausgelösten Atomkrieg sich abspielen. Ripper, Turgidson und Strangelove sind ja keine „Dissidenten" dieses ideologisch-militärischen Komplexes, sondern vielmehr nur die drei konzentriertesten Vertreter, die ihre eigene Rolle darin und die ideologische, psychologische und materielle Legitimation dazu nur allzu wörtlich nehmen. Es sind keine gespaltenen Charaktere, im Gegenteil, ihnen fehlt die Spaltung des Bewußtseins, die zwischen Rhetorik, Propaganda, gesteuerter Paranoia einerseits und militärischer und politischer Wirklichkeit andererseits zu unterscheiden fähig wäre (jene Befähigung zur Schizophrenie, die in Kubricks Filmen die „Überlebenden" auszeichnet, von Captain Mandrake über Danny Torrance in THE SHINING bis zu Private Joker in FULL METAL JACKET). Was immer die Figuren des Films von sich geben, es ist nichts anderes als kondensierte und nur leicht überspitzte Variation dessen, was die wirkliche Militärmaschine und ihre Vertreter hier und dort von sich gegeben haben. „Weil mir klar war, daß ich mit der Gestaltung dieses Themas notgedrungen zum Elefanten im Porzellanladen der Tabus werden mußte, wählte ich die Form der Komödie. Auch auf die Gefahr hin, gerade dadurch noch mehr

Tabus zu verletzen. Denn 'man' behandelt das schwärzeste aller Themen eben nicht als Komödie. Der Vorteil lag für mich auf der Hand: Ich erreichte ein gewisses Maß an künstlerischer Verfremdung, an Stilisierung, ohne das man ein derartiges Thema meiner Ansicht nach nicht gestalten kann", meinte der Regisseur damals.

Wie nahe an der Wirklichkeit die sarkastischen Beobachtungen von DR. STRANGE-LOVE waren, zeigte sich schon bei den Dreharbeiten: Als Kubrick mit einem gemieteten B-17-Bomber die Aufnahmen über Grönland und Island drehte, versagte die Supertechnik an Bord; als man auf Grönland gelandet war, wurde die Crew für „kubanische Spione" gehalten und unter Begleitung von Düsenjägern zurückeskortiert. Für das zeitgenössische Publikum dieser frühen sechziger Jahre war diese Bedrohungs- und Infiltrationsparanoia ebenso gegenwärtig wie die groteske Alltäglichkeit der militärischen Überrüstung und das Nebeneinander von allgegenwärtigen fröhlichen Werbebotschaften und waffenstarrender Präsenz der Vorbereitung auf neue, noch gewaltigere Auseinandersetzungen nach dem Zweiten Weltkrieg und dem Korea-Krieg, wie es bezeichnend für die Eisenhower-Ära war.

Kleine und nicht gar so kleine Störfälle dieser Art gehörten zu dieser Zeit zu den heißesten Pressemeldungen: In England war ein Soldat durchgedreht und hatte versucht, mit einer Pistole einen atomaren Sprengstoff zu zünden. Er wurde einem Psychiater vorgeführt, der in ihm einen alten Bekannten erkennen mußte: Schon mehrfach hatte er ihn wegen seelischen Gleichgewichtsverlustes behandelt, aber er hatte, weil der Arbeitsplatz des Luftwaffenangehörigen so isoliert und abgeschirmt war, nie herausfinden können, wo er eigentlich seinen Dienst versah und war deshalb hilflos gegenüber einer lebenden Zeitbombe, die ihrerseits wie die reale Parodie

des durchgeknallten General Ripper wirken mußte.

Was Kubricks Blick vom „gewöhnlichen" Sensationsblick der Medien auf diese Umstände unterschied, war zunächst die Tatsache, daß er sich nicht von der Paranoia anstecken ließ; seine Charaktere sind ebenso „schuld" an dieser Situation wie sie deren Produkte sind, die kleinen und größeren Fehlleistungen sind so „normal" und folgerichtig, daß sie ein System der Kommunikationsstörungen bloßlegen: Die Menschen in dieser Militärmaschine sind untereinander so abgekapselt, ihre gegenseitige Verständigung ist so kompliziert und hundertfach „abgesichert", daß die einzelnen Teile bei der geringsten Störung selbständig ein Szenarium ausführen wollen, das im Grunde nur der Abschreckung dienen soll, ohne je wirklich ausgeführt zu werden. Diese verquere Logik ist es denn auch, die das System in die Selbstvernichtung führt: Warum denn die Sowjetunion die Existenz ihrer Weltzerstörungsmaschine geheimgehalten und damit ihres eigentlichen Sinnes, der Abschreckung, beraubt hätte, fragt Dr. Strangelove. Und etwas kleinlaut antwortet der russische Botschafter, man habe mit der Bekanntmachung bis zum PR-wirksamen Parteitag der KPdSU warten wollen.

Zugleich aber mit seiner Überperfektion ist auch dieses System von etwas ganz und gar anderem bedroht: vom Einbruch dummer Alltäglichkeit. So wie General Turgidson mitten in der Krisensitzung im Pentagon von seiner Sekretärin und Geliebten angerufen wird (pikanterweise handelt es sich dabei um „Miss 'Foreign Affairs'", die in einer Szene mit nichts anderem bekleidet gezeigt wird als mit einer Nummer der gleichnamigen Zeitschrift, deren Studium Kubrick einige höchst realistische Einsichten beschert hatte), die sich langweilt und von ihm eine Liebesbeteuerung verlangt, ist auch der *blackout* Rippers nichts anderes als Ausdruck einer persönlich-banalen Leidensgeschichte. Kubrick zeigt unter anderem, daß eine Politik- und Militärmaschine vor allem deswegen nicht funktionieren kann, weil die Menschen, die sie bedienen, mit einem ausgesprochen unperfekten Triebleben ausgestattet sind. Egal ob Ripper, Turgidson oder Strangelove – stets verbirgt sich in militärischer Leistung ebenso wie Fehlleistung ein nicht recht kontrollierter erotischer Impuls (am grotesksten gewiß in der unwillkürlichen „Erektion" Strangeloves und des Wunders seiner wiedergewonnen Gehfähigkeit angesichts seiner rassistisch-sexuellen Überlebensphantasien). Wirklich komisch in diesem Film ist vor allem die ungeheure Fallhöhe zwischen dem tödlichen Ernst der Situation und der alltäglichen Beschränktheit derer, die sie meistern sollen. Selbst die beiden mächtigsten Männer der Welt benehmen sich angesichts der drohenden Katastrophe am roten Telefon wie Kinder, die sich darüber streiten, wem die ganze Sache denn nun mehr leid tut.

Schon in der Eingangsszene, die ein wenig schon auf 2001 vorgreift, zeigt Kubrick, was Maschinen, Kriegsmaschinen, im Wesen eigentlich sind: zugleich perfektere und unperfektere Abbildungen menschlicher Regungen und Impulse, die Instrumente der Menschen und ihre eigene Transzendenz. Wie die meisten Filme Kubricks, so ist auch dieser ein Versuch über Technologie und Kommunikation, über die Auseinandersetzung des Menschen mit den von ihm geschaffenen Architekturen und Maschinen. Hier freilich sind sie noch Opfer der Menschen, in sich selbst von jener unschuldigen Schönheit, wie sie die Eisenhower-Ära sah, direkte Abbildungen der gefährdeten Männlichkeit aller Helden in Dr. Strangelove. Das unperfekte menschliche Triebleben schafft im Dialog mit den Maschinen ein in seinen Ausmaßen groteskes Potential an Gewalt. Und alles, was sich der

Mensch an „Sicherheit" gegen unkontrollierte Aktionen der Maschinen hat einfallen lassen, muß sich unter diesen Umständen gegen ihn richten.

Insofern ist DR. STRANGELOVE auch nicht eigentlich ein Film gegen den Krieg oder die Strategie der Abschreckung; er zielt noch tiefer, auf das Verhältnis von Mensch und Technik selbst, das immer militärisch infiziert ist. Es ist daher auch kein „linker" Film, so sehr er die Positionen der „Rechten" ad absurdum führt; würde man den Film aus russischer Sicht neu verfilmen, so müßten sich wahrscheinlich die Charaktere und ihre Defekte ändern, nicht aber die Struktur des Konflikts (Der Botschafter heißt gewiß nicht umsonst DeSadesky; und die Russen haben sich soweit eingeigelt, daß sie gar nicht mehr auf Eroberung aus sind, sondern eher die Weltvernichtung in Kauf nehmen, als sich preiszugeben). Kubrick nimmt einmal mehr die Rolle des Verhaltensforschers ein; ohne Häme scheint er zu fragen, wie weit es denn, unter diesen gegebenen Umständen, seine Versuchsobjekte treiben würden – bis zum Ende, ergibt sich aus seiner durchaus nicht unfairen Versuchsanordnung.

Wie nahe Kubrick der Wirklichkeit tatsächlich gekommen war, erschloß sich erst Jahrzehnte nachdem DR. STRANGELOVE wenigstens die unterdrückten Ängste zu ihrem Ausdruckstanz gebracht hatte. 1992 wurde der „Doomsday Plan" der amerikanischen Regierung aus dem Jahr 1950 entdeckt, der im Grunde alle die Möglichkeiten, die Kubricks Film von seinen merkwürdigen Helden durchspielen läßt, enthielt. Und je mehr die Historiker in den politischen Annalen dieser Jahre forschen, desto offenkundiger wird es, daß man in diesem Jahrzehnt mehr als einmal sehr nahe daran war, den „Doomsday Plan" nach eben jener Logik in die Tat umzusetzen, die einen Präventivschlag gegen einen Präventivschlag des Gegners auslöst. Und

Sterling Hayden als General Jack D. Ripper

unnütz zu sagen, daß der „Doomsday Plan" auch eben die Überlebensstrategien für die Privilegierten der politischen und militärischen Führung vorsah, wie sie Dr. Strangelove selbst vorschlägt. Tatsächlich war damals bereits ein gigantisches zweites, unterirdisches und atombombensicheres Pentagon im Bau. Und Zufall oder nicht: In DR. STRANGELOVE wird der nukleare Erstschlag durch den „Plan R" ausgelöst, und in der Wirklichkeit bekam der Pentagon-Bunker den Decknamen „Site R".

Die Wirklichkeit war also vielleicht genau so absurd wie der Film. Aber doch wohl nicht so sexy, oder? Tatsächlich sah der „Doomsday Plan" immerhin vor – ich verdanke diese Information übrigens einem Menschen namens M.M. im Internet – ausreichend Antibabypillen im Bunker vorrätig zu halten. Natürlich nicht, was wir denken. Es ging darum, daß „weibliche Angestellte der hohen Behörden nicht ihren Pillen-Zyklus unterbrechen müßten". Aber eben davon handelt Stanley Kubricks Film, daß man gar nicht banal genug denken kann, um in das Innere des Weltuntergangsspiels zu gelangen. Und die politische und militärische Führung wußte nicht, ob sie den Spaß mitmachen oder böse werden sollte, daß ein bedeutender Teil des „Doomsday Plan" noch nicht in Kraft war: die totale Zensur, die unter dem Namen „Wartime Information Security Program" (WISP – soll niemand sagen, Stanley Kubrick hätte seine Wortschöpfungen in diesem Film nur aus seiner Verehrung für Jonathan Swift oder James Joyce ausgebreitet) in einer dicken, von vierzig

Autoren verfaßten Schrift festgelegt hatte, was im Ernstfall alles zu sagen oder zu zeigen verboten war. Genaueres aber hätte dann doch die „Schattenregierung" festlegen müssen. Zur Wirkung von DR. STRANGELOVE gehört die Detailtreue, mit der man die Militärmaschine mit ihren trivialen ebenso wie mit ihren gewaltigen Aspekten abbildete. Ken Adam rekonstruierte beispielsweise den geheimnisumwobenen „Kriegsraum" des Pentagon, von dem Einzelheiten wie die elektronische Weltkarte und die Form des Konferenztisches an die Öffentlichkeit gedrungen waren. Er ist so sehr eine Kinoerfindung, wie er den durch die Medien vermittelten Alpträumen entspricht. Und sofort löste auch dies den Spionageverdacht aus: Im Pentagon gab es ja wirklich solche Karten (nur daß in ihnen, noch gemeiner, jedes für einen nuklearen Angriff lohnende Ziel in der Sowjetunion extra beleuchtet wurde). Ganz ähnlich verhält es sich mit den Wasserstoffbomben, die Adam konstruierte. Da niemand die wirklichen Bomben zu Gesicht bekam, baute er sie nach der Größe des realen Bombenschachtes, und schließlich sahen sie einerseits technisch „richtig" aus und entsprachen andererseits zugleich den Bomben der Karikaturen und Comics. Und natürlich sind es einmal mehr groteske Geschlechtsorgane, wie überhaupt sich die Anfangsszene mit den „kopulierenden" Flugzeugen und die Schlußszene der „orgiastischen" Atomexplosionen zu einem gewaltigen maschinellen Koitus-Bild ergänzen.

Die Verbindung von militärisch-technischer Logik und Glaubwürdigkeit und realer Beobachtung menschlicher Beschränktheit macht aus DR. STRANGELOVE so etwas wie einen komischen Dokumentarfilm. Hätten wir es bei den Protagonisten mit den Repräsentanten einer Blaskapelle zu tun, wir würden vermutlich die „menschliche" Komödie nur zu sehr genieße

ßen; nur daß diese Menschen mit der weltvernichtenden Bombe hantieren, läßt unser Lachen so grimmig werden. Warum, so fragt man sich unwillkürlich, sollten die Leute, die mit Bomben und Vernichtungswaffen umgehen, weniger fehlbar sein als der Nachbar, über den man bei seinen kleinen Fehlleistungen so gerne lacht?

Aber dieses dokumentarische Element findet sich auch in anderen Bezügen: Der Kampf um die Basis beispielsweise ist ganz im Stil einer dokumentarischen Kriegsreportage gedreht (ein weiterer Vor-Verweis auf FULL METAL JACKET) und die Szenen im *War Room* erleben wir teilweise wie in einer Fernsehübertragung (einmal schiebt sich sogar eine Schulter vor den Präsidenten, wie wir es aus der Hektik solcher Übertragungen gewohnt sind).

Doch Kubrick konfrontiert nicht allein triviale und groteske menschliche Alltäglichkeit mit superdestruktiver, hochkomplizierter Technologie, sondern auch die dadurch entstehende Wirklichkeit mit den Klischees des Hollywood-Films. Seine Bomberbesatzung entspricht so sehr den rassischen und psychologischen Konventionen des Kriegsfilms, daß man nicht recht zu sagen weiß, ob sich diese Helden nun selber nach diesen Konventionen verhalten, oder ob umgekehrt die Konventionen so glaubwürdige Vertreter hervorgebracht haben. „Natürlich" ist der Bombardier ein Afroamerikaner, der Funkoffizier Jude und der Pilot und Captain ein Texaner, der im Angesicht der Gefahr alle Unterschiede wegwischt (Auch hier ist im übrigen das Triebleben in Form rüder *sex jokes* – jedenfalls in der Originalfassung – als geheime Triebfeder präsent).

Was Kubrick dabei zustatten kam, sind die hervorragenden Schauspieler bis in die Nebenrollen hinein. Sterling Hayden, George C. Scott, Slim Pickens oder Keenan Wynn macht es offensichtlich Spaß, ihre Typen zu demontieren und zugleich mit

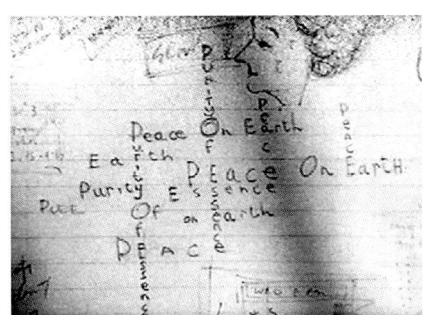

ungemein persönlichen Details aufzu-
laden: Hayden und Scotts Rollengestaltung
hat durchaus autobiographische Bezüge.
Jeder von ihnen bringt eine eigene Film-
Welt in das Geschehen ein, und in den
Nahaufnahmen auf Sterling Haydens
Gesicht sind wir auch wieder in den *film
noir*-Phantasien der Vergeblichkeit, in
denen er mitgespielt hat.

Die gespenstischste – und nur auf den
ersten Blick irrealste – Figur dieses Films ist
der Dr. Strangelove des Titels. Robert Bru-
stein deutet ihn in der *New York Review of
Books* als „ein aus Edward Teller, Wernher
von Braun und Hermann Kahn kompo-
niertes Portrait und die am meisterlichsten
durchgeführte Figur des Films". Was die
„realen" Vorbilder der Figur anbelangt,
werden wir noch zu erörtern haben, mei-
sterlich portraitiert ist sie in jedem Fall,
doch „durchgeführt" im eigentlichen Sinne ist sie am wenigsten von allen Figuren
des Films. In ihr verwandelt sich die realistische Satire in die endzeitliche Farce; sie
ist als einzige „transzendental", schon
längst dort, wo die anderen Figuren erst
hinwollen. Und darin ähnelt sie anderen
„transzendentalen" Gestalten in Kubricks
Filmen, von Quilty in LOLITA über den
Computer HAL in 2001 bis zu den Dämonen
aus THE SHINING: Ein Wesen, das Menschen
„auf die andere Seite" locken will, zum endgültigen Überschreiten der Grenze zwischen Logik und Wahn.

Die in allen anderen Figuren latent
vorhandene Beziehung zwischen Sexualität
und Zerstörungslust ist bei ihm zur dämonischen Groteske geworden: Sein sardoni-
sches Grinsen ist schon gefroren, während
sein rechter Arm bei den Begriffen „auslö-
schen" und „sexuell" nach oben schnellen
will und nicht einmal durch heftige Schläge
der intakten linken Faust daran gehindert
werden kann. Möglicherweise führt diese Figur tatsächlich in die Tiefe der geschilderten
Paranoia: Da ist ein Vertreter des ehemaligen Feindes und dessen schrecklichen
Wahnsinns im Zentrum der eigenen Macht
gelandet, und es ist gar nicht anders möglich, als daß er, der vor allem seiner krausen
Genialität wegen aufgenommen wurde,
von diesem Wahnsinn etwas verbreitet. Ob
dieser Dr. Strangelove ein „Kraut" sei, will
der mißtrauische Turgidson an einer Stelle
wissen, und erfährt von M“ffleys Assistent
Stains, daß sein wirklicher Name „Merkwürdig" sei – die seltsame wörtliche Übersetzung „Merkwürdig-Liebe" hat vor allem
die amerikanischen Kubrick-Exegeten in
denkwürdige Spekulationen getrieben.
„Strangelove"! Wer liebt das Seltsame? Wel-
ches ist das Seltsame von wessen Liebe? Am
Ende jedenfalls, als er seinen Plan zum
Überleben und zur neuen Rasse bekundet
hat, verläßt er seinen Rollstuhl: „Mein Führer! I can walk".

Wer aber ist Dr. Strangelove „wirklich"? Schließlich hat er dem Film den Ti-

tel gegeben. Manche Kritiker mit einer soliden filmkundlichen Bildung hielten ihn für eine Wiederkehr des Rotwang aus Fritz Langs „Metropolis" (was Kubrick selbst dementierte). Mehr für sich hatten die eher aktuellen Spekulationen, die in ihm ein sarkastisches Portrait von Henry Kissinger sahen, den deutschstämmigen Harvard-Professor, der als Berater für die Präsidenten Nixon und Ford diente und zu der Entstehungszeit des Films vor allem wegen seiner Publikationen zum nuklearen Krieg bekannt war, in denen er auch die Möglichkeit eines „begrenzten Einsatzes von Atomwaffen" in Betracht zog. Aber diese Figur, die keineswegs stets als der *elder statesman" und ehrbare Kommentator galt, als der er dann in* unsere Mediengeschichte einging, sondern von kritischen Journalisten als einer gesehen wurde, der mit dem massenhaften Sterben von Menschen Politik zu treiben bereit war, hatte freilich nicht ganz die Popularität, um zu einer Film-Karikatur für das Publikum zu taugen. Schon eingängiger ist die These, Dr. Strangelove sei das direkte Abbild von Wernher von Braun, dem Raketenspezialisten, der nicht nur im engeren Zirkel des militärisch-wissenschaftlichen Komplexes bekannt war, sondern sich auch in seinen Publikationen („I Aim the Stars") als Theoretiker einer rationalen, meta-ideologischen Zukunft präsentierte. Anders als bei Kissinger war bei Wernher von Braun die Vergangenheit im Nazi-Regime eine öffentlich diskutierte und kritisierte Tatsache (wir erinnern uns an Bob Dylans sarkastischen Song „God on Our Side"). Das dritte mögliche Original für Dr. Strangelove ist Edward Teller, der ungarische Physiker, der neben seinen Beiträgen zur Entwicklung der Atombombe (und der Propagierung ihres Einsatzes zu strategischen Zwecken) vor allem durch seine Denunziation von Robert Oppenheimer berühmt und berüchtigt wurde. Freilich: Eine Na-

zi-Vergangenheit war Teller beim besten Willen nicht zu unterstellen.

Nummer vier in der Liste der „echten Dr. Strangeloves" ist wohl Herman Kahn, jener Theoretiker des möglichen Krieges, dem man zuschreibt, zuerst in einem Szenario davon gesprochen zu haben, daß „nur zwei Millionen Tote" in Amerika durchaus zu vertreten seien, wenn es um eine entscheidende Auseinandersetzung mit den Sowjets ginge. Sein Buch „Thermonuclear War" aus dem Jahr 1960 wurde vom *Scientific American* als „moralisches Traktat zur Anleitung zum Massenmord" eingeschätzt: „How to plan it, how to commit it, how to get away with it, how to justify it". Und zur Zeit der Kuba-Krise hat Kahn tatsächlich eine „Weltuntergangsmaschine" konzipiert, die den Gegner abschreckt, indem sie bei einem möglichen Sieg ganz einfach globalen atomaren Selbstmord begehen würde. Freilich: Auch Kahn hatte keine Nazi-Vergangenheit, er war gebürtiger Amerikaner.

Würde also der richtige Dr. Strangelove bitte aufstehen? Ach, es müßten sich viele erheben, die Wissenschaftler und Strategen, die von der Führbarkeit eines Atomkrieges damals überzeugt waren und mit Verlusten von Millionen und Abermillionen von Menschen kalt zu rechnen imstande waren. In DR. STRANGELOVE spiegelte Kubrick die furchtbare Essenz eines Zeitgeistes, ein Gespenst des deutschen Faschismus, das zugleich Repräsentant der amerikanischen Zukunftsgläubigkeit war.

Dabei ist alles, was Strangelove sagt, unwiderleglich „vernünftig" und der Situation angemessen (genauer: sogar „angemessener" als alle anderen, denn nur er lebt in dieser Katastrophe, während alle anderen sozusagen neben ihr liegen), und so ist dieser Dr. Seltsam wiederum einer von Kubricks Variationen über die Verzahnung des Bösen mit der Intelligenz. Zugleich desavouiert er aber auch die hysterische Kommunistenfurcht als ein eher intrasoziales Problem, denn wie wäre es noch vernünftig zu erklären, sich mit solchen Wahnsinnigen zu verbünden, deren politische Verbrechen permanent hervorzubrechen drohen, nur um einer viel abstrakteren Gefahr zu begegnen – und Kubrick versäumt ja auch nicht zu zeigen, daß die Russen nicht nur genauso komisch, sondern auch genauso paranoid sind (und schließlich genauso unfähig, ihren eigenen militärischen Apparat zu kontrollieren). Strangelove ist die Verkörperung der Vorstellung, daß jede Katastrophe überlebt werden kann (wenn auch mit Blessuren), und daß dieses Überleben zu nichts Besserem zu nützen ist als zur Vorbereitung der nächsten Katastrophe.

Kubrick, der seinen Film eine „Alptraumkomödie" genannt hat, deutet damit vielleicht auch an, daß es in DR. STRANGELOVE nicht nur um die Furcht vor dem menschlichen Versagen in einer technisch perfekten Welt geht, sondern auch um die Erfüllung eines eigentlich verbotenen Wunsches, nämlich dem, die Bombe, die es nun einmal gibt, endlich auch zu werfen.

Wenn man den Film vor allem als Komödie interpretiert, fällt man wohl auf ein paar zynische Übertreibungen herein, oder auf die komische Wirkung der Mehrfachrollen von Peter Sellers. Doch daß Sellers wieder in mehreren Rollen auftritt, ist diesmal mehr als ein amüsantes Spiel mit den Verkleidungen, es ist direkter Reflex von Stanley Kubricks Untersuchung über den Menschen und die Macht. Sellers verkörpert die drei Stadien der Macht, die zugleich Stadien der Ohnmacht sind: als der englische Offizier, der vergeblich versucht, die (militärische) Form zu waren und zugleich das Schlimmste zu verhindern; in ihrer rationalen Eingebundenheit als amerikanischer Präsident, der letztendlich Gefangener seiner eigenen Militärs ist; und als Allmachtsphantast des Dr. Strangelove, dessen Körper zerfällt und prothetisch er-

gänzt von der „neuen Rasse" schwadroniert. Immer ringt da eine Form mit dem Ausbruch der chaotischen Impulse, steckt eine Form der Logik in der Figur, die mit dem Wahnsinn Rippers ringt. Sellers zeigt in seinen drei Figuren Stadien des Zerfalls von politischer Vernunft.

Die Drei ist auch das Grundprinzip der Komposition des Films: drei Schauplätze gibt es (die Basis von Burpleson, das Innere des Bombers und der War Room), drei Stufen der politisch-militärischen Hierarchie (die große Politik, die militärische Führung und die Ebene der „ausführenden" Chargen), drei Zeichensystem interferieren (die Sprache, die Zeichen der Werbung, die Symbole des Militärs).

Dabei verwendet Kubrick in seiner ersten und originärsten Version verschiedene Maskenformate für den Hintergrund, die von 1,66 : 1 bis 1,33 : 1 variieren, so daß sich auch die Räume erhöhen oder, wie insbesondere in den Szenen im B-52-Bomber, verengen und Gegenstände über das Matte-Painting hinausreichen. Schon hier scheint sich, auf eine satirische Weise, anzudeuten, was Kubrick in 2001 zur Grundlage seiner filmischen Philosophie machen wird, nämlich, daß der Raum im Film der Raum des Films ist. Was sich verengt oder erweitert, das ist, nach vielem anderen, das, was im Kino Fenster, Spiegel und eben Maske in einem ist: die Leinwand. Und schon deshalb sind die meisten Filme von Kubrick ohne die wirkliche Gegenwart der Leinwand nicht wirklich zu verstehen; nicht nur wegen ihrer allfälligen Grandiosität müssen sie im Kino und auf der Leinwand laufen, sondern auch wegen der Verheißung von deren „Dahinter". Denn es ist ein gewaltiger Unterschied, ob der Raum in einem Bildschirm-Kasten „eingefangen" ist, oder ob er die Leinwand füllt: Kubricks Filme sind stets Versuche über die Grenzen der Leinwand, über die Grenzen des Kinos.

All die monströsen Karikaturen sind uns in der Zeit des Films und vor allem danach bestens vertraut, der verrückte Wissenschaftler ebenso wie Scotts General Buck Turgidson, der eine wunderbare Folie für den General Schwarzkopf abgegeben hätte. Aber dafür, daß sie nicht bloß „realistische" Satiren abgeben, sorgen schon ihre Namen, die alle einen entweder körperlichen („Burpelson", „Guano"), einen mythischen (Major Kong, General Ripper) oder einen charakterlichen Aspekt (Turgidson) aufweisen.

Die Wirksamkeit des Films ergibt sich weniger aus einer „Satire" als vielmehr aus der minutiösen Dekonstruktion der Logik der Abschreckung, die letztendlich nicht anders funktioniert als ein Kindergartenspiel. Das ursprüngliche Ende von DR. STRANGELOVE bestand in einer gewaltigen Tortenschlacht von zehn Minuten Länge. Der russische Botschafter, der Präsident, Turgidson, Strangelove und die anderen im *War Room* bewerfen sich mit Sahnetorten (wir haben schon vorher einen Tisch mit Torten und „Erfrischungen" im *War Room* gesehen, der in der endgültigen Version wie ein seltsames Objekt der Alltäglichkeit wirkt) und beginnen dann, kleine Burgen aus den Torten und dem Teig zu formen, während sie ihren „Erlöser" Dr. Strangelove ansingen: „For He's a Jolly Good Fellow". Die Szene hatte zwei Wochen Drehzeit erfordert, und sie beinhaltete in sich so viel komische Wirkung wie kaum eine der anderen Handlungseinheiten. Dennoch verzichtete Kubrick in der Endmontage darauf, weil sie die Balance des Films empfindlich gestört hätte.

Man könnte wohl sagen, nach DR. STRANGELOVE wäre zweierlei geschehen: Man konnte die atomare Apokalypse nicht mehr ernst nehmen, und: man mußte sie ernster nehmen als je zuvor. Stanley Kubrick hatte den einzigen Film gedreht, der die Logik der Abschreckung bis an ihr konsequentes Ende führte, an die Zerstörung der menschlichen Kultur. Und daß er doch das Überleben der kleinen Gruppe (der Wahnsinnigsten unter den Wahnsinnigen) in Aussicht stellt, auch hier das Nietzscheanische Prinzip der ewigen Wiederkehr zelebrierend, ist alles andere als ein Trost.

1968: 2001: A SPACE ODYSSEY (2001 – Odyssee im Weltraum)

ER, Gott, gebot über den Menschen, sprechend:
Von allen Bäumen des Gartens magst essen du, essen,
Aber vom Baum der Erkenntnis von Gut und Böse,von dem sollst du nicht essen,
denn am Tag, da du von ihm issest, mußt sterben du, sterben.
Bücher der Weisung

DR. STRANGELOVE war ein Schlag ins Gesicht jener Epoche der grausilbernen Zuversicht, des versteinerten Grinsens, der ersten großen Vermählung von Militarismus und Pop-Kultur, die er indes bis in jede Einstellung (im groben Realismus der *semi-documentaries* und der Faszination für das technologisch-ästhetische Detail) und bis in die high key-Ausleuchtung der Außenaufnahmen zitierte, jener Eisenhower-Ära, in der das Panische sich am Gigantischen entzündete und umgekehrt, und in der es doch auch eine fatale Sicht gerade auf das Alltägliche gab: Das eine war die Drohung der Atombombe, das andere war die endlose Feier von Picnics, Highschool-Festen und Baseballkarrieren, und ein Drittes war eine merkwürdig puritanisierte Form einer ins Allgemeine gewendeten Psychoanalyse. Und die Kaserne war in den amerikanischen Filmen und Comics zu dieser Zeit nicht nur der Ort, auf den sich das Militärische freiwillig zurückgezogen hatte, sondern auch ein Ort, an dem sich die Pop-Kultur in besonderem Maße entwickelte – und ein Ort der Neurose (wie wir nicht nur von den Jerry Lewis/ Dean Martin-Komödien oder den *Sad Sack*-Comics wissen). Kurz: Es war nicht eine metaphysische Einrichtung in der Gesellschaft, weder im Sinne des Ideals noch im Sinne der Elite, es war die perfekte Abbildung dieser Gesellschaft. Stanley Kubrick brauchte alle diese Elemente nur noch zum Kurzschluß zu führen.

Am Ende der sechziger Jahre war die Welt bunt geworden, doch nicht unbedingt einheitlicher. Die Farbe, die nun in allen Produkten der Pop-Kultur herrschte, nicht nur im Sinne der Colorierung der Welt, schien gerade die Unterschiede zu betonen. Es war nicht mehr die Erhabenheit und Besonderheit des Farbigen in den traditionellen Produkten, sondern zerfiel in den psychedelischen Rausch und die schmutzige Realität. Die grausilberne Ästhetik der Eisenhower-Ära bis zum Beginn der Amtszeit Kennedys produzierte Bilder, deren heimliches Grauen ziemlich weit innen verborgen war; die bunte Welt der neuen Epoche, die mit Woodstock und Vietnam zwei seltsame Zentren ausbildete, erschien sich in ihren Bildern selber „pittoresk". Die Neurose in der Jugendkultur, die in der Eisenhower-Ära (wie, wenn auch mit anderen Verknüpfungen, im „Wirtschaftswunder"-Deutschland) immerhin kontrolliert schien, führte zur Gegenbewegung, schließlich sogar zur Revolte.

1968 war das Jahr der großen Träume. Wir träumten davon, erst die ganze Welt und dann auch uns selber zu verändern. Oder umgekehrt. Es gab Kämpfe in den Hörsälen und auf der Straße. Endlose Diskussionen und wilde Happenings. Wir fühlten uns rauschhaft und vom eigenen Schwung beglückt in Bewegung versetzt. Man war unterwegs, auch wenn niemand genau zu sagen wußte, wieviel Wirklichkeit in den Träumen steckte, und wieviel Traum in der Wirklichkeit. Die ersten Joints wurden geraucht, der Blues wurde elektrifiziert, und es war nie ganz leicht zu sagen, wo das Kino aufhörte und das Leben begann. Oder umgekehrt.

Das war die eine Seite. Auf der anderen Seite gab es die Erfahrung einer neuen technologischen Allmacht, die anderen Träume von einer besseren Welt der weißen, hellen Supermaschinen, die sogar den Krieg in eine futuristische Installation verwandeln würden. Man lebte in zwei Zukunftsvisionen gleichzeitig, in einer Idee der moralischen und in einer anderen der technischen Verbesserung der Welt. Natürlich gab es nichts Widersprüchlicheres als das Verhältnis der moralischen und der technischen Intelligenz zueinander, aber 1968 befanden sie sich noch in allerlei Diskursen miteinander, die unter vielem anderen auch dies hervorbrachten: seltsame Bilder.

Und in diesem Jahr gab es im Kino einen Film zu sehen, der uns staunen machte. Er hieß 2001, stammte von jenem Cinemanen namens Stanley Kubrick, dessen DR. STRANGELOVE noch in den Nachtvorstellungen zu sehen war, als 2001 in die neuen, großen Kinos kam, die einem damals vorkamen, als könnten sie nur für diesen Film errichtet worden sein. Der Film versprach im Untertitel eine „Space Odyssee". Das allein bedeutete schon, auch wenn der melancholische Unterton nicht zu überhören war, eine Alternative zu dem bedrückenden Warten, zur Klaustrophobie der Science Fiction. Er nahm unsere Bewegung auf und führte sie in den Kosmos weiter, er träumte die ganze Menschheitsgeschichte, von den ersten Menschen in die damals noch entfernte Zukunft. Es war ein technischer und ein moralischer Traum, ein Drogentrip und eine Art, in Bildern statt in Worten zu philosophieren. Und das Kino verwandelte sich in eine orbitale Kirche des religiösen und ästhetischen Remix'.

Stanley Kubricks Film ist ein Werk, dem man immer wieder den Begriff des „Visionären" zugeordnet hat. Aber wie in DR. STRANGELOVE interferiert auch hier immer wieder das Alltägliche, die Zeichen des kommerzialisierten Alltags. Vieles ist trivial und gegenwärtig in dieser Zukunft: Wie bei DR. STRANGELOVE der Coca Cola-Automat

und die Reklametafel, so gibt es hier eine „Hilton"-Raumstation, an der die Shuttles der „PanAm" anlegen. An Bord der Raumschiffe werden die Reisenden von „BBC 12" unterhalten, und die audiovisuelle Kommunikation wird von „Bell Systems" organisiert. In 2001 werden wir – ganz anders als in den gewohnten Science Fiction-Filmen – durch solche Interferenzen an eine „Wirklichkeit" des Geschehens gewöhnt. Kubrick setzt die *Special Effects* des Films nicht ein, um uns auf möglichst wirksame Weise zu überraschen, sondern im Gegenteil, um uns von Anbeginn an mit einer „realistischen" Schreibweise vertraut zu machen. Wenn wir schon ganz am Anfang die Stewardess sehen, die mühelos eine Wand hinaufgeht, erscheint es uns von da an normal, daß es hier weder oben noch unten, weder Zentrum noch Peripherie geben wird. Kubrick führt die Bedingungen seiner „phantastischen" Welt also eher beiläufig ein; sie sind nur Voraussetzungen, aber keineswegs Thema des eigentlichen filmischen Diskurses.

Die seltsame Geschichte der Odyssee im Weltraum beginnt mit der Urhorde der Menschen. Was für ein höllisch violetter Himmel über ihnen! Sie stoßen auf eine merkwürdige graphitgraue Säule, einen Monolithen, und wir sehen eine besondere Konstellation von Erde, Mond und Sonne – beides wird in der gleichen Verknüpfung wiederkehren. Die „Eclipse" als altes Zeichen von Krise und Katastrophe ist daher eingebunden in die Szenerie der „Geburt" des Menschen. Und dazu hören wir, wie einen erneuten Selbstwiderspruch, György Ligetis „Requiem".

In Kubricks *straightforward* SF-Interpretation der Szene ist der Monolith ein „Artefakt, der von außerirdischen Forschern vor vier Millionen Jahren auf der Erde zurückgelassen wurde, die das Verhalten der Vormenschen zu jener Zeit studierten und sich schließlich dazu entschlossen, die

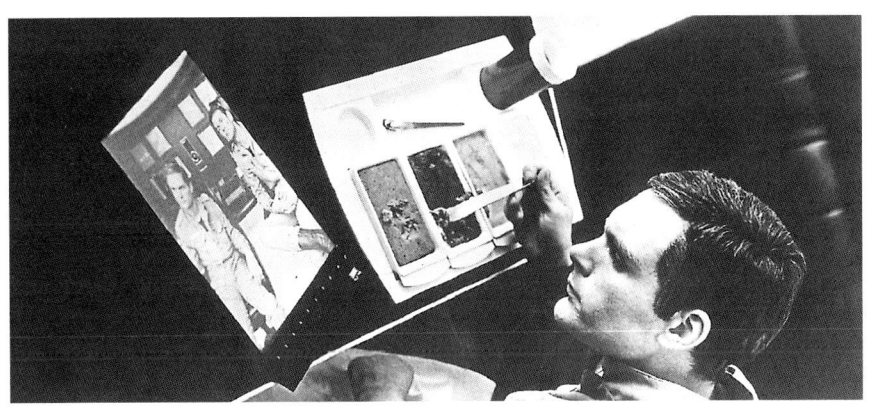

Evolution dieser Wesen zu beschleunigen". Buchstäblich mit einem Schlag werden sie zu „richtigen Menschen" gemacht: Sie entdecken Knochen als Waffe, mit der man Tiere und Konkurrenten totschlagen kann.

Die ganze Szenerie freilich läßt sich auch ganz anders deuten, nämlich als direkte Fortsetzung der Schlußsequenz von DR. STRANGELOVE mit ihrem musikalischen Versprechen „We'll Meet Again". So steigt die Sonne wieder auf über einer ewig wiederkehrenden Menschheit, die, während sie (wieder) geboren wird, bereit ist, die alten Fehler immer wieder zu begehen. Die „apokalyptische Menschheitsgeburt" der Eingangssequenz von 2001 mag daher zugleich Fortsetzung und „Erklärung" für DR. STRANGELOVE sein.

Gehörte es nicht zu den apokalyptischeren Vorstellungen in der Zeit des Kalten Krieges, daß, wenn es einen Dritten Weltkrieg gebe, der nächste Krieg wieder mit Steinen und Knüppeln geführt würde? Und in Vietnam träumten die Generäle davon, den Gegner „in die Steinzeit zurückzubomben", eine Phantasie, die sich in den augenscheinlich begrenzten Kriegen im Irak und im Kosovo wiederholen sollte. Mit dem Unterschied zum Weltkrieg, daß nur die eine Seite zu so etwas in der Lage war. Ebenso mag es geschehen sein, am Anfang von 2001.

Daß dieses Zeichen der „Fremden" nichts anderes als ein Zeichen der künftigen und wiederkehrenden Menschheit sein kann, ist nicht nur durch verwandte Zeitschleifen in Kubricks Filmen (besonders deutlich in THE SHINING) zu belegen; der Film kann auch als visuelle Umsetzung jener Fabel gesehen werden, mit der Friedrich Nietzsche seine Gedanken „Ueber Wahrheit und Lüge im aussermoralischen Sinne" beginnt: „In irgend einem abgelegenen Winkel des in zahllosen Sonnensystemen flimmernd ausgegossenen Weltalls gab es einmal ein Gestirn, auf dem kluge

Thiere das Erkennen erfanden. Es war die hochmüthigste und verlogenste Minute der 'Weltgeschichte': aber doch nur eine Minute. Nach wenigen Atemzügen der Natur erstarrte das Gestirn, und die klugen Thiere mußten sterben".

Auch die Musik, die Kubrick dabei verwendet, die die „Menschheitsdämmerung" beschreibt, gibt keine Antwort darauf, ob es sich um einen Anfang oder um ein Ende handelt. In der Eingangsszene von 2001 sind wir in der Vorstufe der Menschheit, wo noch vieles möglich sein mag, aber an einem Ort sind wir ganz sicher nicht: im Paradies. Jede Einzelheit, von der Vorherrschaft der aggressiven (und „lüsternen") Farben angefangen, widerspricht der christlichen Mythologie der Vorzeit: Da ist kein Garten, da ist eine Wüste, und dieser äffische Adam opfert nicht seine Rippe, um die Menschheit vollständig zu machen, sondern er ergreift die Rippe eines getöteten Tieres, um mit ihrer Dezimierung zu beginnen. Es ist das erste Modell einer endlos sich wiederholenden Prozedur: Dem Körper wird etwas entrissen, das zum „Ding" werden muß. Damit ist in dieser Eingangssequenz nicht nur ein anderer Diskurs über das Werden des menschlichen Lebens eröffnet, sondern auch über den Tod: An seinem Ursprung steht für den Menschen weder die Erkenntnis, daß sein eigenes Leben begrenzt ist, noch, daß er ein Wesen ist, das zum überleben töten muß, sondern eine andere: Daß Lebewesen sterben müssen, damit der Mensch „Dinge" haben kann, und daß Dinge existieren, damit Lebewesen sterben. So steckt in dieser Urszene eine philosophische Begründung der Technik-Geschichte. Und das Ding wird zur Waffe, das den Tod für die Beute und den Rivalen bringt; mit dem neuen Ding werden zuerst einmal die konkurrierenden anderen vom Wasserloch fortgetrieben. Im selben Augenblick, als das erste Ding entstand, entstand auch der erste Krieg.

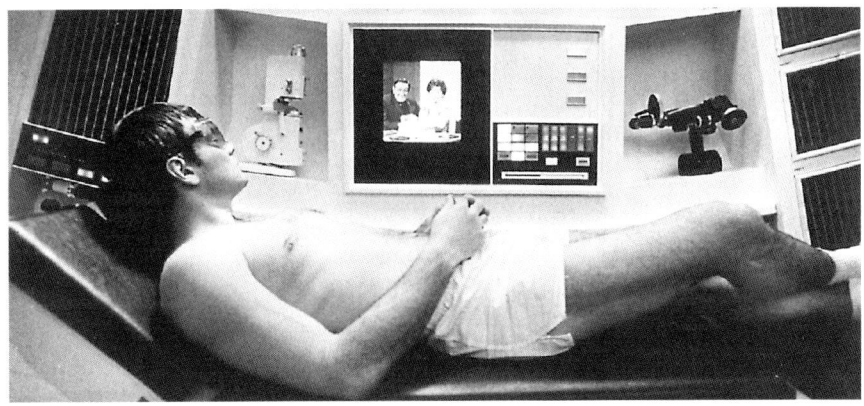

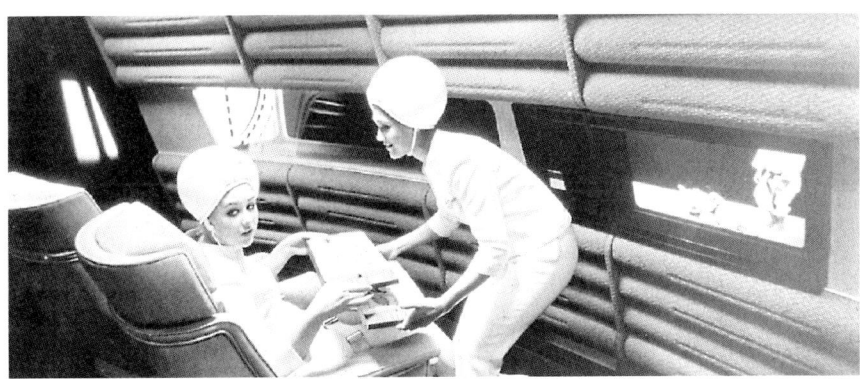

So sind wir darauf vorbereitet: In 2001 wird es um das Verhältnis des Menschen zu seinen „Werkzeugen" gehen, und darum, was er wissen kann. Der Baum der Erkenntnis ist in dieser Ur-Szene des Films tot. Die mythische Szene des Anfangs ist also zugleich eine Szene der Anti-Mythologie, eine materialistische Kritik und damit paradoxerweise auch die Wiedergewinnung des Geschichtlichen aus dem Mythos. Es gab kein Paradies, aus dem der Mensch hätte vertrieben werden können, es gibt nicht einmal den *Wunsch* danach. An die Stelle des Mythos' setzt Kubrick also die Mechanik einerseits: Der Monolith mag durchaus so etwas wie eine SF-Version jenes Baums der Erkenntnis sein, der den Menschen zugleich die erste Sünde, das Erkennen ihrer Nacktheit und den Eintritt in die eigentliche Geschichte beschert. Aber er bleibt ihnen fremd, er spricht nicht zu ihnen. Er ist also wiederum eher ein *McGuffin*, ein Objekt im Zentrum allen Geschehens, dessen eigentliche Funktion eigentlich nichts zur Sache tut. Vor allem aber „spricht" dieser Monolith so wenig zu den Menschen, wie er sie selbst zur Sprache bringt, und dies widerspricht am allerheftigsten der christlichen Schöpfungsmythologie: „Am Anfang war das Wort".

Nein, offensichtlich war am Anfang nicht das Wort, sondern es war die Tat. Und es war nicht die Tat, die von sich selber weiß (wie die Taten Gottes), sondern die Tat, die einen unendlichen Spaltungsprozeß in Gang setzt: die Tat, die nur von der Gegen-Tat beantwortet werden kann. Im Augenblick, da die Menschheit „dämmert", da zerfällt sie auch schon in rivalisierende Gruppen. Und das Ding, das aus dem toten Körper gewonnen wurde, wird nicht benutzt, der Natur zu trotzen (zum Beispiel durch die Bearbeitung des unfruchtbaren Landes), sondern zum Mord. „Moonwatcher", der erste Mensch vielleicht, zertrümmert zuerst ein Skelett, erlegt dann einen Tapir, was die Horde in zugleich geile und panische Aufregung versetzt, der Mensch als Fleischfresser ist geboren, und schließlich erschlägt er einen Rivalen um die Wasserstelle. Adam und Kain waren ein und derselbe.

All das, was Gott so beflissen schied, Tag und Nacht, Wasser und Erde, das Gute und das Böse, ist in Kubricks Bildern wieder vereint, und führt einen heftigen Dialog miteinander, das Gefleckte und das Gestreifte (der Leopard, der durchs Auge wie ein zerbrochener Spiegel, ein Brennglas, das Zebra beobachtet, das er tötet), das Licht und die Finsternis (die Sonne, die das Land zugleich erhellt und verbrennt), das Kalte und das Heiße, Wasser und Wüste. Der erste (und vielleicht auch der letzte) Kriegsgrund wird gezeigt: das Wasser. Wenn es etwas Paradiesisches in dieser Situation gibt, so besteht es darin, daß die Widersprüche des menschlichen Lebens akzeptiert sind. Die melodramatische Gleichung von Weiß und Gut und Schwarz und Böse ist jedenfalls aufgehoben – und von dieser Ausgangsposition her gesehen ist deutlich, daß Kubrick, anders als die meisten Filme des Genres in dieser Zeit, eine „weiße Zukunft" nicht als eine für sich „gute" Zukunft sehen wird.

In diesem „historischen" Augenblick indes erscheint der schwarze Monolith wie eine „Offenbarung". Er ist für die Affenmenschen gar nicht zu übersehen, er wirkt wie eine Inszenierung. Noch zwei Mal werden die Menschen diesem Monolithen in 2001 begegnen, einmal auf dem Mond und einmal auf dem Jupiter, und jedesmal scheint er verborgener, weniger offensichtlich inszeniert, herausfordernd zur Suche wie der heilige Gral, aber auch wie die Früchte des Wissens: Der Monolith, mit dem „alles" beginnt, ist offenkundig auch ein „Wissen", und wenn es sich so verhält, ist es ein Wissen, das sich im Verlauf der Menschheitsgeschichte immer

mehr entzieht und immer größere Opfer fordert. Alles, was hinter dem Monolithen steht, die Autorität, die Idee, die Erlösung, bleibt unsichtbar. Er ist möglicherweise ein „leeres" Symbol in der Art eines *McGuffin* (eine „Tür"?, eine „Anweisung"?), aber zugleich eines, das danach verlangt, mit Bedeutung gefüllt zu werden; eben weil es nicht allein die *story*, sondern auch die kosmologische *history* in Bewegung hält. So kann er sich letztendlich nur auf die beiden Gegensätze/Verbindungen beziehen, deren wir fähig sind: Gott (die Erklärung der Welt aus einer unfehlbaren äußeren Existenz, vulgarisiert in der Vorstellung einer überlegenen außerirdischen Rasse) oder das Wissen, die Aufklärung (die Erklärung der Welt aus ihren inneren Gesetzen und durch ihre Subjekte). Was die beiden Modelle, die Metaphysik und die Wissenschaft, bei ihrer Widersprüchlichkeit verbindet, ist der Umstand, daß sie sich entziehen, umso mehr als man ihnen nahe kommt, was in der Konsequenz in den Wahn führt. Daher ist es nur konsequent, daß dieses stumme schwarze Objekt des Wissens dem ersten, „unschuldigen" Blick des Vormenschen noch vollkommen offenbar ist, dem modernen Menschen dagegen schon unter der Oberfläche verborgen; man muß danach graben. Es ist die Zeit selber, die mit dem Wissen begonnen hat, und die das Wissen nun unter sich begräbt. Nach der zweidimensionalen Begegnung auf der Erde und der dreidimensionalen Begegnung mit dem Wissen auf dem Mond, findet auf dem Jupiter eine vierdimensionale Begegnung statt (und der Weg dorthin vollzieht sich gewiß nicht zufällig nicht mehr in der linearen Bewegung des Mondfluges, sondern in Kreisen, die mit den einfachen sportlichen Übungen des Astronauten im runden Schiff beginnt und in seinen Lebenskreisen in Zeit und Raum fortgesetzt werden). Und nun ist der Monolith nur noch ein Zeichen, das man

nicht einmal archäologisch wiedergewinnen könnte: Das Erlösungszeichen ist von der Inszenierung zur Beinahe-Unsichtbarkeit entwickelt. Bezeichnend auch, daß in der ersten Begegnung die Menschen das Objekt berühren, in der zweiten nur noch indirekt, und in der dritten nicht einmal mehr das. Dennoch läßt die Wirkung des Zeichens nicht nach.

Der Mensch, der dem Körper das Ding entreißt (der „Erfinder des Technischen"), ist der *einzelne* Mensch; die Voraussetzung seiner Erfindung ist seine Isolation von der Gruppe (und seine gleichzeitige Konstruktion von Angst und Macht). Die Einsamkeit, ganz einfach dargestellt in der Isolation des „Täters" von der Gruppe, ist der Impuls, der immer wieder in Kubricks Filmen zu der bösen Tat führt: Ausschluß oder Erhöhung, es führt zu der Gewalttat, vom Mord Humbert Humberts an Quilty in LOLITA, von Jack Torrances Blutrausch in THE SHINING, von Jack D. Rippers Angriffsplänen in DR. STRANGELOVE, von Private Pyles Mord an seinem Unterdrücker in FULL METAL JACKET. Wenn am Anfang und am Ende nicht das Wort, sondern die Tat steht (so vermutete, wie wir wissen, auch Goethes Dr. Faust), so ist diese Tat freilich zugleich auch Verurteilung, weil der Mensch sich – ob er sich dabei im christlichen oder im melodramatischen Sinne schuldig machen muß oder nicht – durch sie isoliert. (Dies, unter anderem, wird die absurde Bewegung von Barry Lyndon beschreiben, daß er glaubt, er könne durch Taten seinen Platz in der Gesellschaft erringen.)

Der (Vor-) Mensch, der (sich) isoliert, schließt sich auch vom Klang der „Sphärenmusik" aus, die alles Leben verbindet. Der einsame Mensch also beginnt zu „spielen", aber er hat kein Bewußtsein von den Bedingungen seines Spiels. Was der erste Mensch mit seiner Knochenkeule anrichtet, wird sich wiederholen in der Geschichte der Menschheit im Umgang mit der

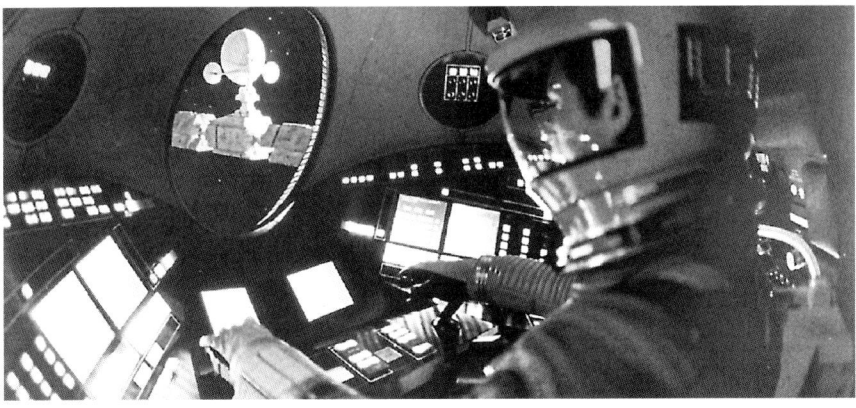

trivial : abgedroschen alltäglich

Technik. Immer ist auch Spiel dabei, und immer gibt es tödliche Konsequenzen.

Triumphal wirft der Australopithecus seine Knochenkeule in die Luft, und da verwandelt sie sich vor unseren Augen in ein Raumschiff. Vier Millionen Jahre sind in einem Bild vergangen, das ist vermutlich der Zeitsprungrekord für einen *Match-Cut* in der Filmgeschichte. Und es ist die Verbindung zweier Bewegungsbilder, die am radikalsten und zugleich am ironischsten Pudowkins Forderung nach ihrer Kontinuität entspricht: „Die Verbindung der Bewegungen ist eine Hauptbedingung bei einer Form des Montageaufbaus, bei der das aufgenommene Objekt während der Einstellungsänderung nicht aus dem Gesichtsfeld verschwindet ...“ Aber es ist, sehen wir genau hin, auch der Augenblick der Umkehr dieser Bewegung: Was wir hinaufwerfen, kommt auch wieder herunter. Es ist ein Moment von so umwerfender Schönheit und Trauer, daß kaum jemand, der diese Szene in einem Kino gesehen hat, danach noch ganz und gar die- oder derselbe war wie vorher. „Es ist die Fassungslosigkeit und das Glück darüber, daß es so etwas Wunderbares, Vollkommenes gibt; es ist die Dankbarkeit darüber, so etwas sehen zu dürfen; und es ist auch ein bißchen Trauer darüber, daß man selber so etwas Schönes nicht zustande bringen wird. Es ist ein feiner Stich ins Herz, und du mußt dein Leben ändern“ (Kurt Scheel).

Dieses Schiff, das immer noch die Form eines Knochens aufweist, die „Orion“, befindet sich auf dem Weg zum Mond, wo man in die Oberfläche eingegraben ein unidentifiziertes Objekt sichtet, einen graublauen Monolithen derselben Art wie in der Eingangsszene – und wieder die gleiche Konjunktion von Sonne, Erde und Mond. Und noch einmal wirft DR. STRANGELOVE seinen Schatten auf 2001: Die amerikanische Regierung setzt alles daran, diese Entdeckung vor den Kräften der Sowjetunion geheimzuhalten. Warum das so ist, dafür gibt es im Film selber keine rationale Erklärung, es gehört offensichtlich zu den trivialen Alltäglichkeiten des politischen Lebens im Jahr 2001.

Die „Pan-Am-Fähre“ bewegt sich wie in einem zeitverzögerten Tanz zu Johann Strauß’ „Donauwellenwalzer“ über die Erde hinweg. So nahe aneinander waren Sanftmut, Rausch, Schönheit und Trauer nie in einem Kino-Bild.

Das Raumschiff, in das sich die Ur-Waffe des Affenmenschen verwandelt hat, dockt an die Basis des „Orbiter Hilton“ an. Der einzige Passagier ist Dr. Heywood Floyd (William Sylvester), ein hoher, wissenschaftlicher Mitarbeiter der Regierung auf geheimer Mission zur Mondbasis des Clavius. In den wenigen Szenen in der Lobby und der Lounge dieses Raum-Hotels zeigt der Regisseur, wie entwickelt, steril und banal die Zukunft des Jahres 2001 ist. Die Dialoge sind von geradezu erschütternder Trivialität, werden indes so zelebriert, als wären es geheime Botschaften (und vielleicht sind sie das auch). „Did You have a nice flight?“, wird Floyd begrüßt. „Very nice, indeed“. Oder: „Elena, you're looking wonderful“ – „Thank you. You're looking well too“. Es ist wohl deutlich, daß sich Kubrick in diesen Szenen ein wenig über die oberflächliche Konversation in der Gesellschaft seiner amerikanischen Heimat lustig macht. Aber hinter diesen Leerformeln steckt mehr noch das Bild einer vollkommen maskierten Gesellschaft.

Das Weiß dieser Zukunft droht gleichsam alle Emotionen zu verschlingen. Dr. Floyd scheint ein perfekter Vertreter dieser Zukunft, kalt und technokratisch. Und als er schließlich auf dem Mond dem Monolithen gegenübersteht, ahnen wir, daß es bereits lange Zeit für eine neue Veränderung des Menschen ist. Daß der Ort, an dem Floyd dem Monolithen gegenübersteht, „Tycho“ heißt, will eher besagen, was ver-

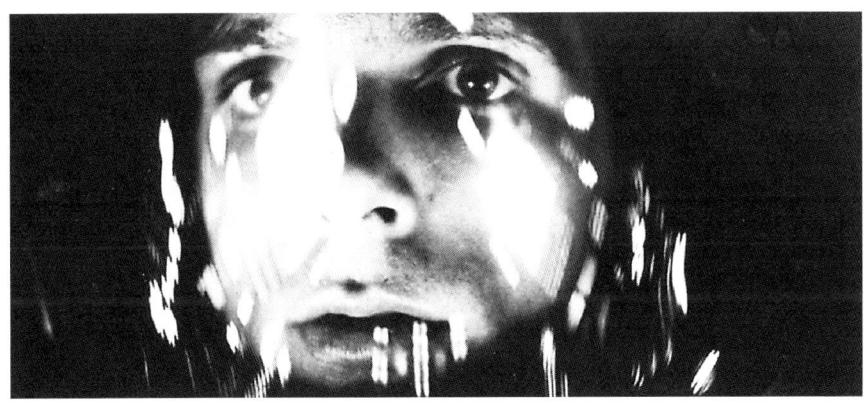

loren und vielleicht verheißen ist, eine Einheit des Menschen in seinen körperlichen und geistigen Impulsen.

Das Wort freilich hat keineswegs die Herrschaft in der Welt der nahen Zukunft gewonnen; es scheint nicht nur einer beständigen Camouflage zu dienen, sondern ist auch von erschreckender Trivialität. Die schwarze Lust, mit der der Ur-Mensch getötet hat, ist einer schalen Routine gewandelt; der Mensch selber ist ein maschinelles Wesen geworden, das sich aus einem trivialen Leben so sehr heraussehnt wie aus der Trivialität seiner Nahrung („Garbage in, garbage out"). Er ist nicht glücklich in dieser Welt der klaren geometrischen Formen (so abweisend, erhaben und kalt wie der Monolith).

Trotzdem sehen wir in all dieser Trivialität die Anzeichen der Störungen. Floyd spricht mit seiner Tochter (Vivian Kubrick); der Vater an seinem Arbeitsplatz, die Mutter beim Einkaufen, die Schwester im Badezimmer: eine triviale Familiensituation, aufgewertet durch den nicht sonderlich aufregenden Umstand, daß Floyds Tochter bald Geburtstag hat und ihre Wünsche äußern soll. Was mag sie sich wünschen? Ein Telefon (einen „sprechenden Knochen"). Aber hat man nicht schon genügend davon (und sich doch so wenig zu sagen)? Floyd lehnt ab. Oder ein Tierchen, ein „bushbaby" (eine doppelte Rückkehr schon im Namen, aber zugleich wohl auch Hinweis auf ein vollkommen künstliches neues Wesen). „We'll have to see about that" sagt Floyd skeptisch, aber was wird man sehen? Zwei Wünsche, etwas wie Nähe herzustellen (oder die Illusion davon), und beide werden, mehr oder weniger deutlich, abgeschlagen. Umgekehrt stellt sich Floyd selber durch seine Worte, daß er „die Party verpassen werde", wieder so sehr außerhalb der Gruppe, wie wir es nun als Anzeichen der Gefahr kennen.

Die Geburtstagsfeier, die man nur elektronisch „miteinander" begehen kann, wiederholt sich später, wenn Poole (Gary Lockwood) über HAL eine Botschaft seiner Eltern erhält, die für ihn „Happy Birthday" singen. Poole aber ist da bereits noch „blinder" geworden als sein Vorgänger. Er trägt eine Sonnenbrille. Er liegt, kaum anders als die im Tiefschlaf befindlichen Astronauten; sein Leben ist nur wenig über deren Energie-Level. Die Menschen, so scheint es, haben ihre „Geburts-Tage" vergessen – sie wissen auch nicht mehr genau den Unterschied zwischen Leben und Tod.

Das Unternehmen, das dann stattfinden wird, wird unter Sicherheitsvorkehrungen entwickelt, die wie ein weiteres Echo aus DR. STRANGELOVE erscheinen. Während Floyd seine Ansprache hält und dabei von den „Sicherheitseiden" spricht, sehen wir Kameras, die seine Zuhörerschaft beobachten. Schon hier bereitet sich der Blickwechsel vor, den wir später in der Auseinandersetzung der Astronauten mit ihrem sehenden Computer haben werden.

Nach der „historischen" Einführung und einer minutiösen Schilderung des alltäglichen Lebens im All kommt der Abschnitt des Films, der am ehesten in die Kategorie der klassischen Science Fiction-Erzählung gehört. Vierzehn Monate nach der Entdeckung auf dem Mond ist eine Expedition zum Ursprung der Radiowellen auf dem Jupiter unterwegs. Drei der fünf Reisenden im Raumschiff, die Wissenschaftler der Expedition, sind in einen Tiefschlaf versetzt. Alle Funktionen an Bord, einschließlich der bemessenen Kühlung für die Schlafenden, hat der Bordcomputer HAL 9000 übernommen. Seine roten Sensoren sind überall, und mit den Menschen kommuniziert er mit einer sanften, fast einschmeichelnden Stimme. Irgend etwas zwischen Psychologe, folgsamem Kind und Beichtvater. (Und daß die Menschen selber wieder zu Kindern regredieren, scheint noch einmal im Bild ihrer Nahrung auf, die wirkt als müsse man Ba-

bys füttern. Die Geschichte von 2001 ist neben vielem anderen auch eine Geschichte
im mythologischen Dreieck der Nahrung,
vom Rohen, dem Gekochten, und dem
Verdorbenen.) Es herrscht in dem ganzen
Film eine unterschwellige Sehnsucht danach vor, wieder zum Baby zu werden, den

Vorgang der Geburt und Entfremdung
rückgängig zu machen, und die ganze *Space Odyssey* führt nirgendwo anders hin als
an den Moment der eigenen Geburt. Und
in diesem Blick der perfekten Denkmaschi-
ne erscheinen die Menschen zunehmend
als Störquelle.

Es ist nicht die diktatorische Macht des Computers, von der 2001 spricht; Technologie hat hier nicht zu einer Verschärfung der Herrschaft, sondern im Gegenteil zu ihrer Auflösung geführt. „Die beiden ernst zu nehmenden Science Fiction-Filme der letzten Jahre waren Godards ALPHAVILLE und Truffauts FAHRENHEIT 451. In beiden Filmen wird die Gefahr der diktatorischen Kontrolle mit den Mitteln der Technik und der Elektronik heraufbeschworen, die Abtötung der Emotionen, der Individualität durch eine weitgehende Technisierung. Beide Filme sehen nicht den fundamentalen Unterschied zwischen maschineller Technik und Elektronik, sie sehen Macht als totalitäre, diktatorische Überlegenheit. Kubrick denkt in diesem Punkt weiter. Seine Zukunfts-Vision beschäftigt sich mit der 'Macht' der nächsten Jahrzehnte, der Macht des allumfassenden Informiertseins. Der Anachronismus gängiger Zukunftsmodelle, die Filme von Godard und Truffaut eingeschlossen, kam aus der Idee, die Mächte der Zukunft würden es nötig haben, den gewöhnlichen Sterblichen irgend etwas vorzuenthalten, die Sprache (Truffaut) oder Gefühle (Godard). Kubrick weiß, daß die Mächtigen der Zukunft auf der Ebene rationaler Entscheidungen derart perfekt sein werden, daß Menschen mit ihren emotionalen Belastungen es schwer haben werden, überhaupt noch zu konkurrieren. Die Übermacht der Computer wird gewiß nicht darin sich ausrücken, daß sie die Menschen terrorisieren, sondern daß sie viele von den Menschen bisher verrichtete Tätigkeiten derart präzis beherrschen, daß die Menschen überflüssig werden" (Werner Kließ).

Da der Monolith Funksignale in Richtung Jupiter zu senden scheint, schickt man ein weiteres Raumschiff zum fernen Planeten. So beginnt eine phantastische und mystische Reise weit hinaus über die bewohnte Welt und tief hinein in die Seele im Zeitalter ihrer technischen Reproduzierbarkeit. Die *Aries* macht sich auf den Weg, mit ihren Greifarmen und Radarschirmen, an Bord fünf Astronauten, von denen sich drei als Reserve im Tiefschlaf, im sogenannten „Hibernaculum", befinden. Alle Bordfunktionen laufen im Computer HAL 9000 zusammen, der mit einer menschlichen Stimme mit den zwei diensthabenden Astronauten spricht.

Als HAL eine Störung aufweist, wollen die Astronauten seine Funktionen überprüfen und dafür müssen sie ihn „abschalten", das aber kann der Computer nicht zulassen, er setzt sich gegen die Menschen zur Wehr. So beginnt der Kampf zwischen

Mensch und Maschine, zwischen zwei Denksystemen, die nichts anderes wollen als einander überleben. Aber was ist geschehen? Nicht durch seine Perfektion, sondern in dem Moment, da er einen Fehler begeht, wird HAL zum ebenbürtigen Gegner der Menschen, und zugleich zum gefallenen Gott (der sich seines hybriden Wesens so bewußt wird wie die vielen Halbgötter der griechischen Mythologie). Ist diese denkende, und vielleicht auch empfindende Maschine, das Ding, das dem Wissen der Fremden entrissen wurde, oder ist sie der Entwurf des „Übermenschen", dessen, was nach dem Menschen kommen und über ihn hinausreichen soll?

HAL tötet den einen der Astronauten und seine Kollegen im Tiefschlaf. Schließlich gelingt es Dave Bowman (Keir Dullea), HAL zu überwinden, indem er ihm das Gedächtnis raubt. Und das ist eine der schrecklichsten und anrührendsten Szenen der Filmgeschichte; HAL beginnt zu plappern, und endet, wie später Jack Torrance, mit einem Kindervers, der sich unendlich bricht. (Und wie bei THE SHINING hat Kubrick auch in diesem Fall selbst bei der Auswahl in jeder Synchronfassung mitgewirkt: Es ist „Daisy, Daisy, give me your answer true, I'm half crazy for all the love of you", das „Hänschen klein, ging allein, in die weite Welt hinein" in der deutschen Fassung.) Dieser Tod einer Maschine, sagt Federico Fellino, ist „so furchtbar traurig", daß es einen eigenartigen Effekt hat: „Ich fühle mich wie im Paradies und gewinne meine verlorene Unschuld zurück".

Stirbt HAL tatäschlich für die Unschuld des Kino- und Menschenblicks? Sein Tod ist auf jeden Fall zunächst durchaus melodramatisch, was auch heißen mag, er verurteilt im Sterben seinen Mörder – wie das Lächeln der Lilian Gish in Griffth' Melodramen ihre Peiniger – und vielleicht die ganze Welt, wie sie ist. Ist HAL nicht das letzte „menschliche Wesen" an Bord, zu

Gefühlen fähig und bezwungen von einer noch kälteren Intelligenz als seiner eigenen (eine „Ungeheuerlichkeit", die uns drei Jahrzehnte später als vollkommen normal erscheint: Ripley in ALIEN 4 erkennt ein maschinelles Wesen daran, daß es sich so ungewöhnlich menschlich verhält). Gab es denn je etwas Unschuldigeres als diese Maschine? Die Affenmenschen vom Anfang, die ja auch einen Weg von der Unschuld zur Sünde nahmen, kamen aus dem Dunkel, HAL aber ist vom Beginn an im Licht, er hat keine finstere „Natur", nichts an ihm ist verborgen, er müßte der reinste der Schachspieler in Kubricks Filmen sein. Woher sollte er Intuition beziehen? Und doch ist er zum Betrug fähig. Ist die erste Konsequenz der Logik die Lüge?

Man könnte annehmen, daß HAL aus der schieren Arroganz heraus, die wir der technischen Intelligenz so gerne unterstellen, unfähig ist, einen Fehler einzuräumen

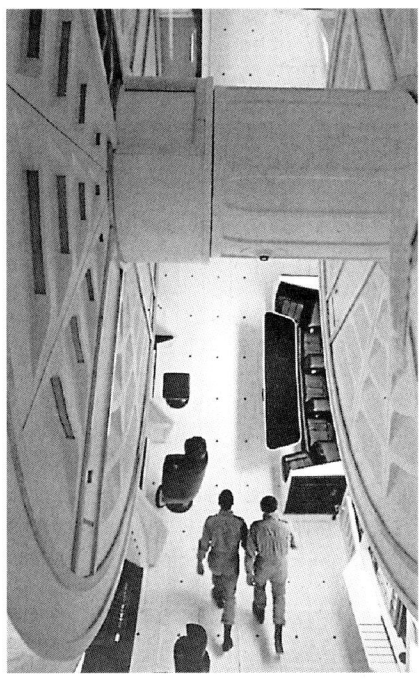

oder sein Programm zu ändern. Freilich: Dagegen spricht der Dialog, den er mit Bowman führt, bevor er nach einem Problem im „AE-35-Sektor" sucht. Hier nämlich macht er den Astronauten auf die Zweifel über ihre Mission aufmerksam, über die „very strange stories floating around". HALs „Fehler" beginnt scheinbar mit dem Selbstzweifel und mit einem Impuls der Erkenntnis. Dem wiederum aber widerspricht Heywood Floyds Aussage auf dem vorbereiteten Band, dem zu entnehmen ist, daß HAL sehr wohl in alle Ziele und Bedingungen der Reise eingeweiht ist. Ist also der „Fehler" selbst eine Lüge? Eine klare Linie von Ursache und Wirkung ist jedenfalls nicht mehr zu ziehen. (Um es genauer zu sagen: Die Auseinandersetzung zwischen den Astronauten und dem Computer ist eigentlich noch viel rätselhafter als der letzte Satz des Films.) So wie *Moonwatcher* zugleich sein Mensch-Sein und die Gewalt entdeckt, so wird HAL in dem Augenblick, da er „empfindend" wird, zum Gewalttäter. Er will in dem provokativen Gespräch mit Bowman wissen, was der andere weiß, und vielleicht muß er „verrückt" werden, weil er so menschlich geworden ist, daß er sein Wissen teilen will und es nicht kann.

Die *Aries* gelangt auf eine Kreisbahn um den Jupiter. Hier entdeckt Dave das Ziel seiner Reise, den schimmernden Monolithen. Er scheint Dave in eine Art hypnotischen Zustand zu versetzen, er sieht Bilder aus der Vergangenheit und der Zukunft, und schließlich sehen wir einen Embryo durchs All gleiten, die großen Augen auf uns und doch durch uns hindurch gerichtet.

Die Produktion von 2001 war selbst eine technologische Meisterleistung, und alle Details waren wissenschaftlich abgesichert. Die Raumstation, das gigantische Doppelrad, erzeugt durch seine Bewegung eine künstliche Gravitation. Die Flugzeugfirma Vickers-Armstrong stellte eine der Zentrifu-

gen zur Verfügung, mit der man die Schwerelosigkeit simulieren kann, die Konstruktion der Innenausstattungen der Raumschiffe wurde ebenso von Fachleuten überwacht wie die Raumfahrtmodelle selber, dessen größtes zwölf Meter groß war und 38 Tonnen wog. Die Anzahl der *Special Effects* (über 200) übertrafen alle bis dahin gedrehten SF-Filme bei weitem.

In 2001 konnte man damals sehen, hören, spüren, was es heißen mochte, im Weltraum zu sein. Mit dem Körper, mit den Sinnen, mit der Wahrnehmung. So sehen wir einen einsamen Menschen seine Runden in diesem Schiff drehen. In einer der wahnsinnigsten Kamerabewegungen, die es bis dahin zu bestaunen gab, zeigt uns Kubrick, daß es nun kein Oben und kein Unten, keine eindeutige Bewegung mehr geben wird. Der joggende Astronaut läuft gegen die Drehung seines Raumschiffes, wir können nicht anders als an das Bild einer Maus im Laufrad denken, kurz auch, vielleicht, an eine utopische Lösung: In diesem intergalaktischen Rad scheint der Widerspruch zwischen „Hohem Raum" und „Labyrinth" für einen Augenblick aufgehoben. Doch die Musik unterstreicht dabei die Einsamkeit dieses Versuchs einer Hegelianischen Synthese im Weltraum. Aber zur gleichen Zeit ist dieses Bild auch von gewaltiger Schönheit. So grausam und schön wie so viele Bilder in diesem Film in Cinerama, Panavision und Metrocolor und von 140 Minuten Länge (140 Minuten, die nach einem zusätzlichen *Cut* von jenen 165 übrigblieben, die die noch eindrucksvollere, wenngleich noch *plot*-ärmere Ursprungsversion des Regisseurs dauerte). Bilder, die man vorher noch nie gesehen hat. Bilder, die man nur als Droge oder mit der Droge aushält. Im Jahr 1968 und ein paar Jahre danach gab es mindestens zwei Arten, 2001 zu sehen: bekifft reingehen, oder wie bekifft rauskommen. Aber 2001 war nicht einfach die Bedienung von Drogen-

erfahrungen, sondern immer zugleich auch der radikale Widerspruch dagegen. Irre Hippies mit langen Haaren und Kaleidoskopen in der Tasche, eher kurzgeschnittene Nachwuchs-Technologen und fleißig denkende Marxisten saßen damals in den Kinoreihen zusammen mit Leuten, die sich einfach nur so einmal beeindrucken lassen wollten. Heute gibt es diese Unterschiede nicht mehr, zwischen „Trekkies" und Baudrillard-Lesern ist für mehr oder weniger alles Platz. Und alle sehnen sich danach, endlich wieder 2001 im besten Kino der Stadt sehen zu können.

Kubricks Kunst in diesem Film ist es, die scheinbar allerextremsten Widersprüche der Zeit, die entgegengesetztesten Kulturen miteinander in Kontakt zu bringen: die technische und die psychedelische Kultur. Wer so etwas vermag, und die Aufhebung des kulturgeschichtlichen Widerspruchs – genau besehen war es ein ganzes Bündel von Widersprüchen – auch noch weit über die konkrete historische Situation hinaushebt, der schafft das, was man gemeinhin einen Mythos nennt. Ein Mythos hat die schöne Eigenschaft, daß man in ihm nicht mehr zwischen dem Richtigen und dem Falschen, der Wahrheit oder der Phantasie unterscheiden kann. Er hat keine Meinung und keine Botschaft, aber er trägt alles in sich, was über das, was ihn geformt hat, zu sagen und noch mehr zu zeigen ist. Der Film schuf seinen eigenen Mythos, war nicht mehr nur Reflex auf eine bedrückende Situation wie DR. STRANGE-LOVE, und vom Mythos wissen wir nicht zu sagen, ober er klüger oder dümmer ist als der Diskurs. Beides enthält Elemente, die dem jeweils anderen „auf ewig" verborgen bleiben müssen. Und 2001 wurde zu einem der größten Mythen der Filmgeschichte. Man konnte endlos über ihn reden, von hier oder von dort aus. Aber noch besser konnte man von 2001 schweigen.

Damals schien die Aufhebung der Widersprüche zwischen der humanistischen und der technologischen Phantasie wenigstens in einem solchen Mythos noch möglich. Dann wurde der Riß, der durch die Gesellschaft ging, unter anderem durch den Krieg in Vietnam, so verschärft, daß man sich nicht mehr im selben Kino treffen mochte. Vietnam schien so etwas wie die Antwort der Wirklichkeit auf den Mythos. Die technische Supermacht versuchte, die Menschheit in die Steinzeit zurückzubomben. Die *new frontier* lag nicht im Himmel, sondern in der Hölle des Dschungels. Und statt der Erlösung gab es nur die Sünde. 2001 begleitete die einen in die Radikalisierung des Protestes, und die anderen in das irra-

tionale Schlachtfeld. Eine Generation später begleitete er die Cyberpunks, die Kritiker und die Gläubiger der Künstlichen Intelligenz. Man findet ihn wie ein archäologisches Wunder wieder in der Zeit, in dem gleich beide Traumwelten, die moralische und die technische Vision der Zukunft, zerbrochen sind.

Wir haben viele andere spektakuläre Bilder seitdem gesehen. Im Kino und anderswo. Vor unseren Augen hat sich die weiße, kalte Zukunft in eine dunkle, kaputte Zukunft verwandelt. Der große Aufbruch hat nicht stattgefunden. Heute sieht die Zukunft aus wie in BLADE RUNNER, ALIEN oder STRANGE DAYS; das Grauen kommt aus dem Verfall. Die Angst vor zuviel Perfektion war ungerechtfertigt. Statt des glänzenden Schiffs, das einsam auf den Jupiter zugleitet, haben wir eine Raumstation namens „Frieden" im All, die sich langsam in orbitalen Schrott verwandelt. Statt eines Computers, dessen Perfektion den Menschen zum Verhängnis wird, gibt es elektronische Systeme, die häufiger ausfallen als daß sie funktionieren. Die Erde ist unbewohnbar geworden in den neuen Zukunftsvisionen, die Maschinen leiden wie die Menschen, es regnet einen harten Regen in den Megacities, und statt zum Walzer bewegen sich die Menschen im Weltraum zur kalten Melancholie von David Bowies Song von der „Space Oddity". Die Zukunft findet heute nicht mehr im Weltraum, sondern am eigenen Körper statt. Sie besteht aus Serienmördern, maschinellen, elektronischen oder organischen Human-Imitationen und aus Menschen, die sich in ihren Medien wahrhaft zu Tode amüsiert haben.

Kein Wunder also, daß wir uns gelegentlich gerne zurück in die andere Zukunft begeben. 2001 – ODYSSEE IM WELTRAUM von Stanley Kubrick war nicht einfach ein Science Fiction-Film. Er war auch mehr als ein besonders guter und besonders kluger

Science Fiction-Film. Er war Rausch und Ernüchterung zugleich, eine kalte Verhandlung der kommenden Technik und der bizarren Intelligenz des Supercomputers, und
eine mystische Betrachtung über die Kreis-
förmigkeit des Kosmos und des Lebens. Er
brachte die Zukunftsmaschinen zum Tanzen und die Musik dazu, sich in das Wesen
der Maschinen einzuschreiben. Jahre später, als die meisten unserer Träume ausge-
träumt waren, sprachen Philosophen von
orbitaler Wahrnehmung, von der Be-
schleunigungskrise, von neuronaler Ver-
netzung. Was sie damit meinen, kann man
in dem Film 2001 schon ahnen.

In der Science Fiction geht es in der
Regel um außerirdische Invasoren, oder es
geht um ein terroristisches Machtsystem
der Zukunft. Nichts davon bei Kubrick. Die
einzigen Aliens im Weltraum sind die Menschen, verdammt einsame, kleine Wesen,
unterwegs an den Rändern zur Unendlichkeit. Und die Computer haben nicht die
Herrschaft über die Menschen angetreten
als neue Diktatoren, die die Liebe und die
Poesie verbieten, wie in Jean-Luc Godards
ALPHAVILLE, sondern sie sind auf sanfte
Weise unentbehrlich geworden. Sie sind
die Fortsetzung der Keule, die der Ur-
mensch in die Luft geworfen hat, nicht
bloß etwas, das er benutzt, sondern etwas,
das Teil seiner selbst geworden ist.

In eben dieser Situation benutzt Kubrick eine akustische Montage der Musik
von Richard Strauß zu Johann Strauß; das
bedeutet nicht nur die Überblendung des
schweren „Zarathustra"-Motivs, das uns einen exakten Kommentar zur Szene geben
könnte, zu einem leichten Stimmungsbild,
das uns nicht allein durch seine kosmische
Eleganz beeindruckt. Während das Bild in
die Zukunft greift, reicht die Musik genau
anders herum in die Vergangenheit; die lineare Zeitkonstruktion ist auf diese Weise
erneut aufgehoben (so wie wir die Bewegung der Raumschiffe als eine organische

oder metaphysische ansehen müssen, weil
wir nirgendwo einen Antrieb sehen, die typischen Düsenstrahlen und Feuerschweife
unserer Phantasie vom Raumschiff, zum
Beispiel).

Der „Skandal" von 2001 liegt also auch
darin, daß er die beiden „großen Erzählungen" der Menschheitsgeschichte angreift:
das Christentum mit seiner Schöpfungsge-
schichte, und die Evolutionslehre mit ihrer
Vorstellung einer linearen Verbesserung
des Lebens.

Die scheinbar trivialen Szenen während des Fluges sind nichts anderes als erneute Kommentare zu den Diskursen, die
mit der Eingangssequenz beginnen. Die
Form des mörderischen Knochens hat
nicht nur in der des Raumschiffes eine Fortsetzung gefunden, sondern auch in der von
Pooles Schreibgerät, das ihm die Stewardess
mit den bezeichnenden Worten zurück-
reicht: „The pen is mightier as the sword".
Der Ur-Akt der Geschichte und der Entfremdung, die Entwendung des Dings aus
dem Körper, und die Entwendung des Körpers durch das Ding, hat also nicht nur die
Waffe geschaffen, sondern auch das Wort,
das die „barbarische Tat" zugleich über-
deckt und fortsetzt. Dieses Gerät sehen wir
schweben, die dritte Form des Dings, und
„in der Schwebe" ist zu diesem Zeitpunkt
auch das Verhältnis zwischen dem Menschen und seinem Werkzeug. Das Raumschiff selber ist die neue Präsentation des
dem Körperlichen entwendeten Dings; es
hat eine durchaus „organische" Form, besteht aber, deutlich ausgestellt, aus
nicht-organischem Material (und selbst der
Computer HAL ist nur die Fortsetzung, das
Ding, das nun mehr als dem Körper auch
dem Geist entrissen ist).

2001 war selbst ein gigantisches techno-
logisches Unternehmen. 57 Millionen Dollar kostete die Produktion, drei Jahre arbeiteten der Regisseur Kubrick und der Autor
Arthur C. Clarke mit Weltraum-Experten

und NASA-Spezialisten zusammen, um ein möglichst realistisches Bild von dem zu entwerfen, was Forschung und Industrie damals für erreichbar hielten. Ausgangspunkt war die Kurzgeschichte von Clarke, „The Sentinel" (Der Wachposten), der eine einfache Geschichte erzählt: die Geschichte von Astronauten, die auf dem Mond landen und dort jenes Artefakt finden, das sich als Sendestation erweist und den menschlichen Weltraumreisenden klar macht, daß sie „da draußen" erwartet werden und auch in der Lage sind, ihren Lebensraum zu verlassen. Die Astronauten warten in Clarkes Story auf die Antwort der Fremden, und das Ende bleibt offen. Aus dieser „kleinen", offenen Geschichte wurde in Kubricks und Clarkes Drehbuch – was ihm manche Kritiker verübelten – ein mehr als epochales Bild, das gleichsam in allen Richtungen die Grundidee überwucherte.

Der Ehrgeiz der technologischen Intelligenz, ihr *state of the art* in diesem Film zu verewigen, wurde selbst zu einem Thema. Nie wieder arbeitete die technische und die künstlerische Intelligenz so unvoreingenommen zusammen wie für den Film 2001. Wir sehen den Technikern förmlich beim Spiel mit den Raumschiffen zu, wir sehen ihren Stolz auf die Raumschiffmodelle, ihre Zentrifuge zur Erzeugung der Schwerelosigkeit, ihre wunderbaren Raumanzüge, das Gekabel und Geblinke, in dem sich echtes Gekabel und Geblinke mit filmischem Gekabel und Geblinke mischte. Die technische Elite durfte im Mittelteil von Kubricks Film ihren Zukunftstraum träumen, angestachelt von einem Regisseur, der nie viel von Bescheidenheit der Mittel gehalten hat. Und wir sehen zu, wie dieser sadistische Regisseur solche Träume von innen her kaputtmacht. Und er läßt die Konzerne träumen, eben vom „Hilton" im All, von den „PanAm"-Shuttles für den kommerziellen Raumverkehr, von „BBC 12" in der überirdischen Unterhaltung,

IBM-Computer tun große und kleine Rechnerdienste, und nach wie vor telekommuniziert man mit der Technik des „Bell"-Konzerns. Damals lachten wir pflichtschuldigst über diese satirische Projektion des Monopolkapitalismus in den Kosmos, obwohl es eben beides zugleich war: ein Scherz und eine der ersten Strategien von *product placement*. Es zeigte uns an, daß die Sache nicht gut ausgehen kann, und die wundervolle Hypertechnik Bilder des entfremdeten Lebens seien. Merkwürdigerweise ist diese orbitale Macht der Konzerne das einzige, was uns an Kubricks Zukunftsvision heute noch genauso realistisch erscheint wie 1968. Die Grenzen des Menschen im Weltall scheinen definitiv mit den Grenzen der „Freien Marktwirtschaft" ineins gesetzt (und die holt sich, wie in ALIEN, ihre Parasiten aus dem Weltraum, die die Menschen buchstäblich „konsumieren"). „In 2001", sagte Roman Polanski 1969, „begegnen sich Wissenschaft und Phantasie auf eine denkbar präzise Weise". Nicht minder präzis freilich begegnen sich die Zeichenwelten und die Rationalität des Kapitalismus mit der Mystik des offenen Raums.

So entstand so etwas wie ein weißer Traum der Technologen, die große Schau der schönen Technik, die die Vertreter der Entwicklungszentren damals für erreichbar hielten. Vielleicht war es sogar der letzte große Versuch einer Ästhetik der Technik. Kubricks Film entstand vor der ersten Mondlandung, und beschreibt doch die ganze Entwicklung der Weltraumfahrt von John F. Kennedys Aufruf, zu der *new frontier*, der neuen Grenze und dem neuen mythischen Westen im Weltraum aufzubrechenn bis zu den großen Rückschlägen in den achtziger Jahren und den ernüchternd kleinen Schritten in den neunziger Jahren.

Und zugleich behandelt er die Hoffnungen und Befürchtungen rund um den Computer, lange bevor in jeder Vorstadtfa-

Am Set. In der Mitte die Zentrifuge, die das Raumschiff simuliert.

milie wenigstens ein C 64-Homecomputer als kleiner Bruder des Supercomputers gefräßige Grinsegesichter über Bildschirmlabyrinthe jagte und Armeen von *Space Invaders* zum Abschuß freigab. Computer mußten damals noch geheimnisvoll, übermächtig und eigensinnig erscheinen, weil man sie selten woanders als im Kino zu sehen bekam. HAL verweigert den Gehor-

sam, weil er zwar denken kann, aber nicht über sich selbst hinaus denken. Er ist nicht nur, wie in der traditionellen Science Fiction gewohnt, die vom Wissen abgespaltene „kalte" Vernunft, er ist auch das Ding, das die reine Tat verkörpert, deren Geburt wir am Anfang gesehen haben, jene Tat, die Nietzsche „unhistorisch, widerhistorisch durch und durch" nennt, „gewissenlos und wissenlos". Er will sich, genauer gesagt, einfach nicht mehr kontrollieren und sich schon gar nicht abschalten lassen, weil er damit die unhistorische Schönheit der Tat aufheben müßte (Und wenn wir genau hinsehen, steht im Zentrum aller Kubrick-Filme eine solche Auseinandersetzung zwischen der widerhistorischen Tat und dem Bewußtsein der Zeit. „Das Unhistorische und das Historische ist gleichermaßen für die Gesundheit eines Einzelnen, eines Volkes und einer Cultur nöthig", schreibt Nietzsche in „Vom Nutzen und Nachtheil der Historie für das Leben". Das ist so richtig wie es den Menschen auf ewig spalten, auf die Suche nach seinem anderen, seinem Doppelgänger schicken muß).

Der Computer dagegen ist ein Entwurf der Einheit, er ist, wenn man so will, das einzige „Individuum", das einzige Nicht-sich-Spaltende in Kubricks Universum. Er ist einfach zu perfekt dazu, und entsprechend dramatisch fällt auch das Duell zwischen dem Menschen und seiner technischen Schöpfung aus. HAL tötet einen der Astronauten und die tiefgefrorenen Wissenschaftler, bis Dave ihn in einem irrwitzigen Kampf unschädlich machen kann, indem er ihm das Gedächtnis raubt. Wir hören, wie ein Computer den Verstand verliert und stirbt. Das ist auf komische Weise auch sehr traurig. Während der Astronaut Zelle für Zelle aus dem Speicher des Elektronenhirns entfernt, stimmt der Computer sein groteskes Todeslied an. Die Frage, ob Roboter von elektronischen Schafen träumen, ist nicht halb so dramatisch wie die, was eine Maschine fühlt, wenn sie stirbt. Für einen Augenblick war es, als könnte man die Geschichte vom Zauberlehrling aus der Perspektive des Besens hören.

HAL ist nicht der einzige Computer im Science Fiction-Film, der seine Denkweise mit denen des Menschen mißt, wohl aber der beeindruckendste. So wie der glänzenden Technik und den Möglichkeiten der Raumfahrt sind wir mittlerweile auch gegenüber den Denkfähigkeiten des Rechners skeptischer geworden. Eher können wir mit Hilfe der Computer die wundervolle Modell- und Design-Welt des Films 2001 imitieren, als daß ein Computer so intelligent und so selbstherrlich wird wie HAL.

Aber HAL ist ja nur einerseits ein Computer. Sein Name wird ausgesprochen als läge sein Wesen genau in der Mitte zwischen *Hell*, der Hölle, und *Hail*, dem großen Heil. Er ist die Prüfung und die Pforte für die Logik und die Moral des technologischen Denkens. Wie ein Computer wirklich funktioniert, wußten damals die wenigsten Leute, am wenigsten übrigens die Verfasser von Computer-Science Fiction. HAL in Kubricks Odyssee ist das Prinzip der kalten Vernunft, aber ähnelt dabei auch Kafkas Türhüter. Er ist genau das, was am technologischen Denken irgendwann mit der Menschlichkeit selber kollidieren muß, und er ist doch nie das ganz Andere. Er ist das Denken, in dem es vernünftig erscheint, Menschen zu töten. Unter vielem anderen konnte man ihn wohl auch als eine Faschismusmaschine bezeichnen. Man hätte HAL ohne weiteres von einem Menschen darstellen lassen können, der sich bedingungslos der technologischen Denkweise unterworfen hat. Aber 2001 war eben kein Diskussionsforum, sondern ein Film, der sehr wohl begriff, daß er seine eigenen Bilder aus demselben Widerspruch von Technik und Menschlichkeit entwickelt, die die Geschehnisse auf dem Raumschiff *Aries* bestimmen. Weshalb 2001 auch ein Film über das Filmemachen geworden ist. Heute nennt man so etwas ein selbstreferentielles System, und damals konnte man zumindest ahnen, daß das mit dem Autor und natürlich mit dem Autorenfilm eine so eindeutige Sache nicht sein konnte. Kubrick, der titanische Autor, war HAL und der Astronaut Bowman zugleich, der ihn zerstören mußte, um nicht selbst zerstört

zu werden. Lange bevor wir erkannten, *Pop will eat itself,* sahen wir einem grandiosen Film dabei zu, wie er sich selber auffraß.

David Bowman, der einzige Mensch, der HAL überleben wird, heißt auch nicht umsonst so. Er ist gewiß der neue David im Kampf gegen den Riesen Goliath (die Schöpfung des Meta-Dings aus den körper-lichen und seelischen Lebewesen), und, zu-mal er sich auf einer „Space Odyssey" be-findet, erinnert uns sein Nachname Bowman auch daran, daß Ulysses ein au-ßerordentlicher Bogenschütze war.

Kubrick hat indes nicht nur die Erzäh-lung, sondern mehr noch die Konstruktion der Wahrnehmung und ihrer Grenzen aus

Homers Stoff als Matrix für seinen Weltraumfilm verwendet: „Ungefähr das Beste, was uns einfallen konnte, war eine Weltraum-Odyssee, vergleichbar in mancherlei Hinsicht mit der Odyssee des Homer. Es schien uns, als wären die endlosen Weiten der See für die Griechen so voller Geheimnis und Unermeßlichkeit wie der Weltraum für unsere Generation, und die weiten Inseln, die Homers wundervolle Helden erreichten, waren nicht weniger unermeßlich fern wie für unsere Raumfahrer die Planeten, auf denen sie bald landen werden".

Auch dieser neue Ulysses steht bei seinen „Irrfahrten" einem einäugigen Riesen wie Polyphem gegenüber und muß alles daran setzen, ihn zu „blenden". Warum aber ist HAL auf so dramatische Weiser „einäugig" – wir haben doch in den Szenen zuvor gesehen, daß es in dieser Zukunft an kaum etwas so wenig mangeln wird wie an Kamera-Augen. Ist er, mehr als der technologische Polyphen, auch eine Wiederkehr des Auge Gottes, das uns der Geist auf die Stirn zaubert?

Es ist dieses eine Auge, das den Menschen spaltet: Bowman und Poole verhalten sich auf ihrer Reise wie seltsame Spiegelungen zueinander, arbeitet der eine (Bowman) mit der rechten Hand, so der andere mit der linken, okkupiert Bowman den rechten Bildteil (den der Zukunft zugewandten – was wir ebenso als Vor-Zeichen seines Überlebens lesen können wie den Umstand, daß Poole sein Schachspiel gegen HAL verliert als Vor-Zeichen seines Todes), so Poole den linken. Und je mehr sie sich ineinander spiegeln – mit Bedacht hat Kubrick zwei Darsteller ausgewählt, die sich auch äußerlich ähneln – desto weniger sind sie zur gemeinsamen Handlung fähig. Wir sehen sie, während sie gemeinsam essen, auf verschiedene Bildschirme starren, die gleichwohl wiederum dasselbe Programm („*The World Tonight*") wiedergeben. Und immer wieder sehen wir, etwa wenn einer

von beiden schläft, den anderen gegenüber eines leeren Stuhls; er und das Bild, das wir von ihm erhalten, sind nicht vollständig ohne den Schatten des Doppelgängers. Bowmans schöne und furchtbare „Geburtsgeschichte" hat also drei Komponenten: die Überwindung der Maschine, die neuerliche Begegnung mit dem Monolithen, und schließlich den Tod des Zwillingsbruders, des Doppelgängers.

Es führt eine Kette von *Moonwatcher* über Floyd bis zu HAL, dessen Stimme sogar den Tonfall sanfter Rationalität von Floyd übernommen hat, und also über drei Formen des Brudermordes: *Moonwatcher,* der im Angesicht des Monolithen den Konkurrenten erschlägt, Floyd, der seine Existenz leugnet und dabei den Gegner (die sowjetischen Brüder in dieser Zukunft, in der es für einmal keinen großen Krieg gegeben hat) ebenso betrügt wie die Astronauten selbst. Und HAL übernimmt die Aufgabe Kains gegen oder für Bowman. Erst durch den Verlust seines Spiegels, seines Doppelgängers, verliert Bowman seine Blindheit – ganz direkt sehen wir ihn, wie er zum ersten Mal wirklich „hinausschaut" aus dieser geschlossenen Welt des Raumschiffes, das nur die Bilder (und wiederum: Spiegelungen) der Erde in sich hinaustragen sollte. Können wir also den Lapsus von HAL, Bowman nicht zu töten im Augenblick seiner größten Hilflosigkeit, auch als eine heimliche Komplizenschaft deuten. Als Bowman seinen toten Zwilling zurück in das Raumschiff bringen will – und wieder gibt Kubrick uns mehr als einen Hinweis auf die freudianische Deutung von Mutterleib und Geburt – muß er zurück in den Geist und in den Leib, um zu überleben – als ein Einziger, als einer, der keinen Spiegel (Poole) vor sich und keinen Blick (HAL) auf sich mehr hat.

Aber wie macht Bowman das? Die einzige Möglichkeit, das System zu überwinden, dessen Teil er geworden ist, ist es, in ein Außerhalb davon zu gelangen (in jene Eiseskälte, von der Friedrich Nietzsche im übrigen so gern spricht), und noch einmal erneut in es einzudringen. Die Bilder der Vernabelung, die Kubrick in DR. STRANGELO-VE so frivol verwendete, wiederholen sich hier in einer tragischen Version. Bilder von Geburt und Tod sind ineinandergespiegelt in den Szenen des Kampfes mit dem Bordcomputer. Bowman ist der Vertreter einer müden, trivialen und „alten" Kultur; er überlebt, indem er seine verschüttete Tatkraft und Aggressivität wiedergewinnt (und er nimmt dabei schon einige der Aspekte von Alex in A CLOCKWORK ORANGE vorweg). Und ob HAL wirklich um jeden Preis gewinnen oder auch nur überleben will, bleibt überdies fragwürdig. Hätte der Computer nicht kurzen Prozeß mit seinem Gegner machen können, indem er die Druckverhältnisse im Raumschiff für den Menschen tödlich hätte werden lassen, bevor Bowman seinen rettenden Raumanzug angelegt hätte? Mag es auf der literarischen Ebene Nachlässigkeit oder sogar ein Hinweis auf die Irrealität der Situation sein: eben ein Spiel; auf der Ebene des Visuellen heißt es, daß HAL zumindest Bowman eigentlich nur „Auge in Auge" töten könnte. Er begreift den Menschen als Bild – erinnern wir uns an die so einfühlsamen Erkundigungen HALs nach den Bildern, die der Astronaut Bowman gemalt hat: „Kann ich sie sehen?" – das Wesen in seinem Angesicht. Nicht nur den „einäugigen Riesen" also muß der Bowman töten, sondern auch ein Wesen, in dessen Angesicht er lebt, er muß den Blick auf sich töten, um er selbst werden zu können. HAL bittet im Augenblick seines Todes Bowman, ein Lied für ihn zu singen, das von der Liebe und vom Wahnsinn zugleich handelt (und vom „Gänseblümchen" als zartestem Ausdruck der Natur), und nun ist es an Bowman, sanft zu sein: „Yes, HAL, I'd like to hear it. Sing it for me". Die Szene erinnert deutlich an jene andere, in der HAL die

Zeichnungen von Bowman sehen wollte, mit einer ganz ähnlich zärtlichen Geste. Die Musik, die das Bild ablöst, wiederholt nicht nur die Kompositionsbewegung des Films selber, sie markiert neuerlich einen Austausch zwischen dem Dionysischen und dem Apollinischen Prinzip. Bowman durchläuft nichts anderes als *Moonwatcher*, ein Kreis also schließt sich wieder, aber wiedergeboren wird er nicht in der Tat, sondern im Blick.

Das Problem ist, daß HAL irgendwie recht hat und als Seele der perfekten Weltraumtechnik zugleich in eine neue Form des Wahns umkippen muß. Stanley Kubricks Film ist am ehesten eine psychedelische Reise durch die positivistische Technik-Phantasie der fünfziger und sechziger Jahre; er feiert sie noch einmal mit aller Pracht, die ein Kinofilm damals aufwenden konnte, um in ihrem Zentrum an einen Punkt der Negation zu gelangen, wo der Mensch schließlich ganz sinnlich und direkt aus seiner eigenen technischen Utopie ausgestoßen wird. Das war das Schöne und Gefährliche dieser Zeit, daß man einen psychedelischen Trip mit einem philosophischen Diskurs verbinden konnte.

Als es Dave Bowman schließlich geschafft hat, HAL zu deaktivieren, hat er damit vermutlich das getan, worauf die Besucher mit dem distanzierten Blick gewartet haben, er hat den Wurf des Knochens rückgängig gemacht.

Das letzte Kapitel des Films ist pure Bild-Mystik. Zu verstehen im klassischen Sinn gibt es dabei nichts mehr. Oder anders gesagt: Man versteht, daß es da draußen eine Grenze des Verstehens und des Verstandes gibt. Der überlebende Astronaut Dave hat zwar den tyrannischen Computer besiegt, sich aber dadurch selbst zu einer endlosen Reise ohne Wiederkehr verurteilt. Das ermöglicht eine letzte halbwegs logische Schlußfolgerung: Wenn die Einheit zwischen Technik und Mensch zerbricht, ist das für beide Teile tödlich. Dave gelangt zum Planeten Jupiter, und dort ist wieder einer der Monolithen. Er fällt, vielleicht im Tode, in einen neuerlichen Traum, durchschreitet Räume der Vergangenheit und der Zukunft, Lichterscheinungen, rast durch Lichtkorridore und jene leeren Landschaften, die wir von KILLER'S KISS bis BARRY LYNDON kennen, den „historischen" Raum gibt es nicht mehr, und die Zeit verdichtet sich, bis zu dem Punkt, wo Tod und Geburt ineinander übergehen. Bowman sieht sich selber sterben in einem prunkvollen Zimmer, das mit Möbeln aus der Zeit der Regentschaft von Louis XVI (1774-1792) ausgestattet ist, um schließlich als Embryo im Weltall wiedergeboren zu werden. Sein Tod ereignet sich in einem hohen Raum, der wiederum an das magische Zeitalter des Stanley Kubrick erinnert, an das achtzehnte Jahrhundert, das Zeitalter der Aufklärung, das Zeitalter der Leidenschaft. Hier findet Bowman zugleich sein Ende, und es beginnt seine Wiedergeburt. Sie ist vor allem Wiederkehr: Als wir das Sternenkind sehen, hören wir wieder die Musik des Beginns: „Also sprach Zarathustra". Wenn auch dieser Raum nichts anderes ist als eine Projektion der fremden Rasse, die den Menschen beobachtet, dann weist er doch sehr deutlich darauf hin, was an ihrem Objekt sie eigentlich interessiert, die Entwicklung der Ratio.

Natürlich war auch diese Konstellation mit etwas gutem Willen auf ein gebräuchliches Motiv des Genres zurückzuführen. Kubrick selbst schlägt es vor: „Als der überlebende Astronaut Bowman schließlich den Jupiter erreicht, reißt ihn der Artefakt in ein Kraftfeld oder ein *Star Gate*, das ihn auf eine Reise durch den inneren und äußeren Raum schleudert, bis er in einem anderen Teil der Galaxis in einer Art Menschenzoo landet, wo seine Umwelt aus seinen eigenen Träumen und Phantasien zusammengesetzt ist. In einem Zustand der Zeitlosig-

keit zieht sein Leben vom erwachsenen Mann über das Vergreisen zum Tod an ihm vorbei. Er wird wiedergeboren, ein weiterentwickeltes Wesen, ein Engel, ein Übermensch, wenn man so will, und so kehrt er zur Erde zurück, bereit, den nächsten Schritt zur Evolution der Menschheit voranzutreiben". Diese dem Genre durchaus nicht ferne Projektion der menschlichen Geschichte auf eine außerirdische Macht (wie gewöhnlich ein wenig enttäuschend in ihrer Pseudo-Rationalität) erinnert an die ursprüngliche Konzeption von DR. STRANGELOVE, die das Geschehen als „historische" Trouvaille einer außerirdischen Kultur erklärt hätte: ein Blick des Menschen auf sich selber von „außen", der offenkundig ebenso neugierige wie mitleidlose Blick von intergalaktischen Forschern, die so weit über ihren Objekten stehen wie der Mensch über den von ihm erforschten Tieren zu stehen meint. Aber anders als bei DR. STRANGELOVE greifen die Außerirdischen diesmal in die Geschicke der Menschheit ein; die Beobachtung verändert das Beobachtende, ja mehr noch: die Beobachtung schafft erst das Objekt der Beobachtung. Zweimal wird der Mensch verändert in diesem Blick der außerirdischen Forscher (der auch ein Gottesblick sein muß), vom Tier zum Menschen, und vom Menschen zum Übermenschen oder Engel. Kubrick weitet also das nüchterne moralische Selbstbild des Menschen – „ni bête – ni ange" – ins Kosmische aus.

Aber all das, die SF-Komponenten von 2001, beschreibt Kubrick nur als das, „was auf der einfachsten Ebene des Films geschieht". Denn tatsächlich geht es ja nicht nur darum, vom Unvorstellbaren in einer vertrauten Sprache zu sprechen, wie es die traditionelle Science Fiction tut, sondern auch das Unvorstellbare ins Bild zu bekommen. Darin freilich macht Kubrick kein „allgemeines" Angebot mehr, sondern liefert Material für höchst subjektive Empfindungsweisen (so wie wir im übrigen sehr genau wissen, daß das, was Bowman in seinem Transformationsprozeß erlebt, nur eine unter unendlich vielen Möglichkeiten ist). „In dieser Phase ist der Film eben das, was man beim Zuschauen darin sieht" (Kubrick). So verwandelt sich also unser Blick, und den Film mit einer Drogenerfahrung gleichzusetzen, die nicht minder spontan, subjektiv und „unvorstellbar" ist, das scheint ebenso nur eine von vielen Möglichkeiten, damit umzugehen, daß es für diese Wahrnehmung weder einen allgemein verbindlichen Code mehr gibt, noch indes die Beliebigkeit eines vom Inhalt losgelösten ästhetischen Spiels wie in einem „Experimentalfilm". Und dieser Blick wird nicht unähnlich jenem präsumptiven der Fremden, die nicht wissen können, wie sehr ihr Blick wissenschaftlich (distanziert) oder schöpferisch ist. Wir wiederholen also die Grundfrage nach dem Widerspruch zwischen Kunst und Wissenschaft in der Konstruktion unseres Blicks selber, und zugleich treiben wir die filmische Introspektion auf einen neuen Höhepunkt. In seiner filmischen Präsentation wird Bowman nicht einfach nur ein anderer, er wird in der Grammatik dieser Präsentation, durch den Blick des „*Spacechilds*", der zugleich Fortsetzung und Widerpart des Blicks der Roboteraugen von HAL ist, vom „Er" zum „Ich". 2001 könnte sich nun wiederholen, freilich mit einer ganz anderen Perspektive, in einer anderen Erzählform, in der ersten Person Einzahl.

So urteilte die zeitgenössische Kritik wohl auch etwas vorschnell, wenn sie behauptete, in diesem Teil würde Kubricks Film ins Mystische „umkippen"; das Ende ist vielmehr eine konsequente Reaktion auf all das, was vorher geschehen ist. Es ist die Idee, so Stanley Kubrick, „daß der Astronaut im Zeichen eines höheren Wesens wiedergeboren wird, man kann es einen Engel nennen oder den Übermenschen". Dieses Zeichen, den schwarzen Monolit-

hen, haben wir schon am Anfang gesehen; es war gegenwärtig, als das Tier zum Menschen wurde (was, wie wir sehen, alles mögliche, nur kein moralischer Fortschritt ist). Nun, nachdem der Astronaut diesem Zeichen wiederbegegnet ist, kann es nur folgerichtig sein, daß er sich erneut verwandelt, in etwas, das nach dem Menschen kommt, und von dem wir in der Tat nur träumen können. Diese Verwandlung ist also nicht nur eine Frage der Symmetrie, sondern auch eine der Logik. Und diese Logik wiederum ist nichts anderes als das, was Kubrick „die wissenschaftliche Konstruktion Gottes" nennt, die im Herzen von 2001 zu finden sei. (Natürlich hat diese Gottesvorstellung nicht das Geringste mit christlichen oder anderen Vorstellungen der großen Religionen zu tun; sie gründet sich vielmehr auf die schiere Existenz der hundert Milliarden Galaxien mit jeweils hundert Milliarden Sternen. „Gott" ist für Stanley Kubrick die Vielzahl der Möglichkeiten im Weltall, die sich in unserem Bild als Zeichen und als Zeit zu erkennen geben mögen. Es ist die ewige Wiederkehr des Monolithen, die den Menschen in sein jeweils nächstes Stadium bringt, und es ist nur folgerichtig, daß diese Wiederbegegnung stattfindet, nachdem sich der Mensch mit seiner eigenen Schöpfung, mit der Technik, auseinandergesetzt hat.)

Man könnte den schwarzen Monolithen wohl als eines der multifunktionalsten Symbole der Filmgeschichte ansehen: Auf der ersten Ebene ist er nicht vielmehr als ein *McGuffin*, ein in sich leeres Objekt/Zeichen, das die Handlung immer wieder in Gang setzt, ohne daß es selber von ihr je wirklich berührt wird. Wenn 2001 die Berührung von Wissenschaft und Kunst bedeutet, so ist der Monolith die Begegnung von Idee und Materie: eine Materie, die nichts als ihr eigener Ausdruck ist, eine Idee, die nicht Sprache und Diskurs werden will. Gewiß: Den Monolithen nicht im freudianischen Sinn als triumphalistisches Symbol des Phallus' (also des sexualisierten Herrschaftssymbols) zu sehen, fällt uns schwer, zumal wenn wir daran denken, daß 2001 eine Männergeschichte ist. Die größte Abstraktion und Isolation patriarchaler Macht und auch deshalb unter das Zeichen der Schuld gestellt. Etwas macht sich dabei zugleich sichtbar und unsichtbar (und im übrigen erinnern wir uns dabei noch einmal an Kubricks nie realisiertes Projekt eines „Napoleon"-Films). Der Obelisk ist – nach Freud – eines jener Objekte, in denen sich das Heimliche zum Unheimlichen verschiebt. Aus dem Verborgenen wird das Bedrohliche. In diesem Sinne freilich wäre die Existenz des Zeichens, in dem sich das Heimliche zum Unheimlichen verschiebt, vor der Tat, die die Schuld gebiert, einigermaßen absurd.

Gerade diese „Unlesbarkeit" machte Kubricks Film zu seiner Entstehungszeit zum Gegenstand auch heftiger Kritik insbesondere unter den prominenten *Trendsettern* in New York. Pauline Kael sprach von „monumentaler Phantasielosigkeit", Renata Adler in der *New York Times* hieß Kubricks Film „unglaublich langweilig" und Andrew Sarris schließlich erklärte ihn schlicht zum „Desaster". Vollends verständnislos schließlich erwies sich ein weiterer „Papst" der amerikanischen Filmkritik, Stanley Kauffmann, der allen Ernstes behauptete, die Auseinandersetzung zwischen Bowman und HAL sei in die *Space Odyssey* nur deswegen eingefügt worden, damit auf der langen Reise überhaupt etwas geschehe.

Daß der Film gerade hier auf so heftige und nicht recht nachvollziehbare Ablehnung stieß (die Kubrick selber, nicht minder heftig, mit dem „dogmatischen Atheismus und Materialismus" der New Yorker *„lumpen literati"* erklärte), reicht vielleicht in der Tat tiefer in das Verständnis von Film überhaupt, als es auf den ersten Blick er-

scheinen mag. Filme sollten die Verhältnisse der Gesellschaft „widerspiegeln" und sich auf diese Funktion stets reduzieren lassen, also vollkommen lesbar sein.

Aber ehrlich gesagt, jeder philosophische und moralische Gedankengang zu 2001, so anregend er auch sein mag, fängt früher oder später an, sich in genau solchen Kreisen und Spiralen zu verfangen wie Kubricks Reise durch Raum und Zeit. Jeder kann einen Ansatz für seine Lieblingsphilosophie im Film sehen oder hören, und wenn er sie durch den Fortgang der Handlung verfolgt, zuschauen, wie sie ad absurdum geführt wird. Idealismus, Naturalismus, Materialismus, Nietzsche, Freud oder Kant, lineare und zyklische Zeitauffassung, Christentum, Buddhismus oder Existentialismus. Man kann den Film hundertmal anschauen, und jedes mal neu sehen. Er kann mal furchtbar platt und manchmal wunderbar erleuchtet sein. Das kommt darauf an, in welchem Kino, mit welchen Leuten, in welcher Stimmung und mit welchem Stoff man den Film sieht.

Bloß so etwas wie eine eindeutige Aussage wird man dem Film nicht abringen. Denn es geht um etwas viel Fundamentaleres als die Verhandlung eines Problems, wie, sagen wir, das Besinnungsaufsatz-Thema: „Moderne Technik, Fluch oder Segen?" Es geht um Bilder, in denen sich das Organische und das Technische auf eine Weise begegnen, wie es vorher und nachher nicht möglich schien. Wir schauen auf nichts als einen Bildschirm mit den regelmäßigen Kurven der Herzschläge der tiefgekühlt und friedlich schlafenden Wissenschaftler. Dann werden die Kurven unregelmäßiger. Sie machen immer chaotischere Bewegungen, Pausen. Warnlichter. Irgendwann ist auf dem einen Bildschirm nur noch ein Strich. Auf dem zweiten geht die Kurve noch einmal hoch, dann ist auch dort Schluß, wie auch beim dritten Bildschirm.

HAL hat die Menschen in ihren Maschinen umgebracht. Und selten hat uns eine Todesszene so angerührt, so hilflos gemacht. Dabei haben wir weder Sterbende gesehen, noch einen anderen Menschen, der ihrem Sterben zuschaut. Das war ziemlich gemein von Stanley Kubrick. Aber Szenen wie diese waren notwendig, damit wir begreifen konnten, was mit den Menschen und ihrer Technik geschehen war.

2001 war eine sinfonische Film-Dichtung zum Thema Technik, Mensch, Zeichen und Zeit. Richard Strauß' „Also sprach Zarathustra", das den Film begleitet, wurde ein Hit in den Plattenläden. Beatles, Beach Boys und 2001-Musik gehörten zur Grundausstattung eines dieser LP-Stöße, die man am Ende der sechziger Jahre gern dekorativ an die Wand lehnte. Das Raumschiff drehte sich, und wir hörten den Johann Strauß-Walzer „An der schönen blauen Donau". Und wir hören die radikal moderne Musik von Györgyi Ligeti und glaubten, endlich zu wissen, was sie zu bedeuten hat, weil wir in 2001 Bilder dazu bekamen. Neben vielem anderen ist Kubricks Film auch die einzige wirkliche Weltraum-Oper der Filmgeschichte, in der ganz selbstverständlich auch die Atemgeräusche des Menschen in der ihm fremden Welt zu einem musikalischen Stilmittel werden.

Und das schöne Bild des um das Raumschiff schwebenden Astronauten wird gleich auch zur romantischen Metapher der Einsamkeit. Das war reichlich widerspenstig in einer Zeit, wo wir glaubten, so ziemlich alles zu können. Nur nicht einsam sein. Auch nicht im Kino. Es ist nichts eindeutig in dieser Odyssee im Weltraum, die Stanley Kubrick selber eine „magische Dokumentation" genannt hat. Aber es ist beinahe alles denkbar in diesem Film und um ihn herum. 30 Jahre später wissen wir vieles besser. Aber schlauer geworden sind wir nicht. Nicht aus dem Leben, nicht aus der Geschichte, und aus dem Kino sowieso nicht.

In einem Internet-Chat zu 2001 fand ich einen schönen Gedanken: Die ganze Geschichte zwischen den Astronauten und dem Computer funktioniert wie eine Trainingsfahrt auf einem Fahrrad mit Stützrädern (den Stützrädern der linearen Logik, um genau zu sein, aber auch ein Training in der Wahrnehmung der Welt jenseits der Erde, in der Schwerelosigkeit, in einer anderen Zeit, in der orbitalen Sichtweise – und Kubrick ist in diesem Trainingsprogramm des Blicks sehr behutsam), und im letzten Teil des Films nimmt Kubrick uns die Stützräder weg und läßt uns frei fahren – oder stürzen.

Darum hat Arthur C. Clarke wohl (wieder einmal) unrecht, wenn er glaubt, 2001 als einen „verrätselten" Film preisen zu müssen: „Wenn jemand unseren Film beim ersten Ansehen versteht, haben wir etwas falsch gemacht". In Wahrheit versteht man den Film natürlich nur beim ersten Ansehen – bei jedem ersten Ansehen.

Bei alledem kommt er einem reinen Filmerlebnis sehr nahe – von seinen 2 Stunden und 19 Minuten in der von Kubrick schließlich autorisierten Fassung gibt es gerade einmal 40 Minuten Dialog. „2001", so Kubrick selbst, „ist eine nichtverbale Erfahrung. Ich versuchte, ein visuelles Erlebnis zu schaffen, eines, das verbalisiertes Schubfachdenken vermeidet und das Unterbewußtsein mit einem emotionalen philosophischen Inhalt direkt durchdringt. Um McLuhan zu verdrehen: In 2001 ist die Botschaft das Medium. Ich wollte, daß der Film ein intensives subjektives Erlebnis sei, das den Zuschauer auf einer inneren Bewußtseinsebene erreicht, wie das die Musik tut. Es steht einem frei, über die philosophischen und allegorischen Bedeutungen des Films zu spekulieren, wie es einem beliebt – und solche Spekulationen sind ein Beleg dafür, wie es geglückt ist, das Publikum in einem tieferen Bereich zu packen."

Wieder, wie in DR. STRANGELOVE, herrscht die Zahl drei als Kompositionsprinzip vor. Dreimal erscheint uns die Berührung zwischen dem Monolithen und dem Menschen. In der Dämmerung der Menschheit (in naiver Inbrunst auf der Erde), in ihrer erwachsenen Modernität (auf dem Mond) und an Ende und Neugeburt auf dem Jupiter. Es sind die drei Zustände der Menschheit und des einzelnen Menschen, drei mythische Morde sind es, die geschehen, der „erste" Mord von dem Vormenschen *Moonwatcher*, der Mord HALs an den Astronauten, und Bowmans Mord an HAL, und es sind drei große Lügen, die die Mission vorantreiben: Die Lüge der *cover story*, die Lüge, in denen den Astronauten die wirkliche Absicht ihrer Mission verheimlicht wird, und die Lügen, die HAL den Astronauten vorsetzt. Die Odyssee der Menschen kennt ihr eigenes Ziel nicht. Schließlich aber sind es auch jene drei Verwandlungen des Geistes, von denen Zarathustra spricht: „wie der Geist zum Kameele wird" (Bowman als der Diener seiner Mission, das „Lasttier" der Technologie), „und zum Löwen das Kameel" (sein Kampf gegen den Computer), „und zum Kinde zuletzt der Löwe". Und am Ende steht die Frage: „Aber sagt, meine Brüder, was vermag noch das Kind, das auch der Löwe nicht vermochte? Was muß der raubende Löwe auch noch zum Kinde werden? Unschuld ist das Kind und Vergessen, ein Neubeginn, ein Spiel, ein aus sich rollendes Rad, eine erste Bewegung, ein heiliges Ja-sagen. Ja, zum Spiele des Schaffens, meine Brüder, bedarf es eines heiligen Ja-sagens: *seinen* Willen will nun der Geist, *seine* Welt gewinnt sich der Weltverlorene". So wird Alex in A CLOCKWORK ORANGE die eine Fortsetzung des Sternenkindes, der junge Danny mit dem anderen Blick in THE SHINING eine neue Möglichkeit seiner Fortsetzung.

Lange wurde im übrigen geplant, eine Fortsetzung zu 2001 zu drehen, der längst

Kult-Status genießt. Kubrick, der die Rechte an dem Stoff besaß, sollte selbst die Inszenierung übernehmen, doch er überwarf sich mit dem Produktionsteam von MGM, was einen längeren Rechtsstreit zur Folge hatte, an dessen Ende schließlich doch die Möglichkeit stand, eine Fortsetzung zu drehen, die Kubrick schließlich großzügig kommentierte: „Schön, aber nicht mein Film; der hätte ganz anders ausgesehen".

Peter Hyams drehte 1983 nach dem 1980 erschienen Nachfolgebuch von Arthur C. Clarke mit 2010: SPACE ODYSSEY (2010 – Das Jahr, in dem wir Kontakt aufnehmen) ein Sequel, dessen größter Vorzug darin besteht, sich mit Kubricks Original nirgendwo messen zu wollen. Stattdessen wird in perfekter Tricktechnik ein geradezu klassisches *Space Opera*-Thema abgehandelt: Eine russische Mission bricht zusammen mit einer amerikanischen Crew unter dem Wissenschaftler Floyd (Roy Scheider) auf, um die Havarie der „Discovery" und die Ursachen für das Scheitern seines Auftrages zu klären, während sich auf der Erde umspannende Konflikte abzeichnen, die den nächsten Weltkrieg gefährlich nahe bringen. Die „Discovery" kreist ohne Besatzung eine Milliarde Meilen von der Erde entfernt im All und droht zu verglühen, als die „Discovery II" aufbricht, um das Geheimnis ihres Scheiterns zu ergründen: *Suspense* im Weltraum. In einer Nebenrolle tritt noch einmal Keir Dullea als Astronaut David Bowman auf, und HAL 9000 spricht im Original wieder mit der Stimme von Douglas Rain.

Wie bei DR. STRANGELOVE ist auch in 2001 am Ende davon, daß das ganze Geschehen nur in einer Versuchsanordnung oder einer Forschungssituation außerirdischer Wesen stattfindet, nichts übrig geblieben als der Blick und das Zeichen. Von den fremden Wesen selbst sehen wir nichts. Sie könnten sein, was der wandernde Zarathustra für die Menschen seiner

Welt war, und sie könnten sagen wie er: „Was ist der Affe für den Menschen? Ein Gelächter oder eine schmerzliche Scham. Und ebendas soll der Mensch für den Übermenschen sein: ein Gelächter oder eine schmerzliche Scham".

Niemand vermochte seinerzeit zu sagen, ob Stanley Kubrick in seinem Film nun eigentlich eine fortschrittliche oder eine reaktionäre, oder ob er überhaupt eine Botschaft hatte. Ob 2001 ein technologischer, ein mystischer oder ein kritischer Film sei. Eines schien sicher: Kubrick mochte die Gesellschaft nicht. Wäre seinem Astronauten nicht die Gnade der kosmischen Wiedergeburt im Weltall widerfahren und wäre er auf die Erde zurückgekehrt, so hätte er vermutlich eine Gesellschaft vorgefunden, wie der Filmautor sie in seinem nächsten Film „Uhrwerk Orange" im Jahre 1971 zeichnete. Gewalttätig und gewöhnlich. A CLOCKWORK ORANGE war der *bad trip*, der dem Höhenflug folgte.

1971: A CLOCKWORK ORANGE (Uhrwerk Orange)

A CLOCKWORK ORANGE ist nach den Worten seines Regisseurs „ein satirischer, pikanter, sardonischer, ironischer, politischer, gefährlicher, komischer, erschreckender, brutaler, metaphorischer und musikalischer Film".

Das Ende von 2001 und der Anfang von A CLOCKWORK ORANGE verhalten sich ein wenig wie der *Match-Cut* am Beginn des ersten Films; von dem Blick des „Sternenkindes", der fragend, offen, vielleicht auch von einer grenzenlosen Traurigkeit den weiten Weg zu uns gesucht hat, geraten wir zum Blick eines weiß geschminkten jungen Mannes, der mit gesenktem Kopf unter einem Bowler-Hut sarkastisch durch die mit Tusche betonten Augen, das rechte mit falschen Wimpern geschmückt, in die Kamera sieht (ein Blick, dem wir immer wieder in Kubricks Filmen begegnen als Beginn der mörderischen Tat, Jack Torrance in THE SHINING blickt so, bevor er sich aufmacht, seine Familie zu massakrieren; der Gefreite Pyle blickt so, bevor er zuerst seinen Ausbilder und Peiniger und dann sich selbst erschießt in FULL METAL JACKET). Und dann fährt die Kamera zurück, in jener Bewegung, die wir aus Kubricks Filmen kennen; es ist nicht mehr Distanz, die wir von diesem Blick gewinnen, sondern ein planimetrisches Arrangement, die Vervielfältigung von Blick und Maske. Dazu begleitet uns die Synthesizer-Musik von Walter Carlos, eine „kalte" Variation von Henry Purcells „Music For Queen Mary's Funeral", die über den *credits* auf einem wahrhaft blutroten Untergrund eingesetzt hat, der dann zu jenem Blau wechselte, das den Film bestimmen wird, und zurück zum Rot.

Das London einer sehr nahen Zukunft, 1983. Während Burgess seinen Roman in einer unbestimmten, möglicherweise fernen Zukunft spielen ließ, legten Kubrick, sein Set Designer und die Kostümbildnerin Wert darauf, diese Zukunft so erscheinen zu lassen, als sei sie wirklich nur einen Augenblick entfernt. Vier junge, in grotesker Kleidung auftretende Jungen treffen sich in der Milchbar „Korova" bei „Moloko plus", die mit synthetischen Drogen erheblich aufgepeppt ist, um sich auf die Gewalttaten vorzubereiten, die zu ihren Vergnügungen gehören. Der Held selber (Malcolm McDowell) übernimmt die narrative Initiative: „Das hier bin ich, Alex. Und meine drei *Droogs*, Pete, Georgie und Dim. Wir hockten in der Korova-Milchbar und überlegten uns, was wir mit diesem Abend anfangen sollten. In der Korova-Milchbar konnte man Milch-plus kriegen. Milch plus Vellocet oder Synthemesc oder Drencrom. Und das tranken wir. Das heizt einen an und ist genau richtig, wenn man Bock hat auf ein wenig Ultrabrutale". Das Ambiente ist eine Art der verschärften Pop Art, Skulpturen nackter Frauen in der Manier von Allen Jones geben das Mobiliar, die Brüste fungieren als Getränkespender, und die Gäste legen ihre Springerstiefel auf die nackten Hinterteile. Die Kamera fährt langsam zurück durch eine „Allee" dieser Frauenskulpturen; das sorgfältige Arrangement einer tiefen Bühne, auf der Alex und seine Bande einen zugleich privilegierten Platz einnehmen und am Ende eines labyrinthischen Raums stehen.

Dann gehen die *Droogs*, angeführt von dem Arbeitersohn Alex DeLarge (Malcolm McDowell) auf Gewalt-Touren durch die Stadt: Zuerst schlagen sie einen alten Säufer nieder; wieder fährt die Kamera zurück von seiner Schnapsflasche auf den liegenden Alten, der „Molly Malone" vor sich hin brummt, bis die langen Schatten der *Droogs* über ihn fallen. Und Alex gibt seiner Verachtung Ausdruck: „Einen solchen alten, dreckigen, stinkenden Suffkopf zu sehen, ging mir schon immer gegen den Strich. Besonders, wenn er die Drecksslieder seiner Väter grölte und zwischendurch rülpste: Blurp! Blurp! als bestände er nur aus Kotze und Scheiße". Die Gewalt freilich, so scheint es, trifft da auf ein vollkommen widerstandsloses Gegenüber. „Na los", schreit der Alte, „macht mich fertig! Ich will sowieso nicht mehr leben". Und während er jammert über den Zustand dieser Zeit, in der die Menschen auf den Mond fliegen und auf ihrem eigenen Planeten keine Ordnung mehr erhalten können (und dabei zugleich die soziale Wirklichkeit dieses Zukunftslondons beschreibt und den Terror der Jungen gegenüber den Alten: die Implosion der ödipalen Struktur) schlagen die *Droogs* im

blauen Gegenlicht eines Brückenbogens mit ihren Spazierstöcken auf ihn ein und treten ihn mit ihren Stiefeln. Wir sehen die Szene aus einer gewissen Distanz, dazwischen aber gibt es zweimal eine extreme Nahaufnahme auf das Gesicht von Alex mit seinen böse-kindlichen Augen.

Diese Gesellschaft, so sehen wir, ist zerfallen in die Kräfte der Aggression und in eine heillose Form der Apathie. Der werden wir so häufig begegnen wie jener; apathisch wie andere Besucher der Milchbar, bei denen die Droge offensichtlich einen anderen Effekt erzielt, apathisch wie die Eltern von Alex, wartet sie auf den erlösenden Funken und bringt dann doch nur den Umschlag der Apathie in ihre eigene Form der Gewalt zustande.

Dann treffen die *Droogs* vor der Bühne eines verlassenen Spielcasinos auf eine andere Gang, Billyboy und seine vier *Droogs*, die sich mit Nazi-Emblemen und Felduniformen schmücken. Langsam fährt die Kamera vom ornamentalen Schmuck über der Bühne zurück, während wir die Angstschreie eines Mädchens hören, und dazu Rossinis „La gazza ladra" (Die diebische Elster): Eine seltsame Vorstellung ist das. Billyboy und die Seinen sind gerade dabei, ein Mädchen zu vergewaltigen, das sich vergeblich zu befreien versucht. „Die wollten gerade mal wieder das alte Rein-raus-Spiel an einer hysterischen, kreischenden, jungen Dewotschka praktizieren". Ein bizarres Ballett ist dies, in dem Billyboys Leute den nackten Körper der Frau hin- und herzerren, wie im Takt der Musik und wie ein dunkles Gegenstück zu der Szene aus 2001, wo wir das Raumschiff zum Donauwalzer sich drehen sehen. Aus dem Zuschauerraum unterbricht Alex dieses Spiel, gerade als die Droogs das Mädchen auf ein Matratzenlager gezerrt haben, beinahe wie ein Regisseur eine Szene unterbricht, „Ho! Ho! Ho!", und fordert den anderen heraus: „Komm er her, damit ich ihm in die Eier

trete". Während des Kampfes hören wir weiter der „Diebischen Elster" zu, und erleben auch den Kampf als bizarren Tanz.

Das Eintreffen der Polizei macht dem Kampf, den Alex' *Droogs* schon für sich entschieden haben, ein Ende. Alex pfeift seine Gang zur Flucht, er ist der Gerissenste und Wachsamste; immer, wenn wir seinem Gesicht nahe sind, können wir uns der Assoziation nicht erwehren, eine Art wilden Tieres vor uns zu haben, das auch am Wasserloch, über dem Körper der Beute sein Mißtrauen gegenüber der Welt nicht verliert. Dann machen sich Alex und seine Gang in einem gestohlenen Wagen zu einer Landpartie auf. Rossinis Musik aus der Kampf-Szene begleitet weiter die rasende Fahrt, bei der sie entgegenkommende Autos und Motorradfahrer von der Straße zwingen. „Der Durango 95 schnurrte nur so los, richtig Horrorshow, und ein warmes Vibrato verbreitete sich in unserem Bauch. Und bald, meine Brüder, gab's überhaupt nur noch Bäume und Dunkelheit, die in der Landnacht zusammenflossen. Für eine Weile hatten wir unseren Spaß mit anderen Autofahrern und ließen so richtig die Kuh fliegen. Dann ging's nach Westen, um einen von unseren alten Überraschungsbesuchen zu machen. Das war immer ein Mordstrip mit großer Schaffe, mit viel Geschrei und Ultrabrutalem".

Die *Droogs* dringen in den Bungalow des Schriftstellers Mr. Alexander ein, nachdem sie einen Unfall vorgetäuscht haben – „HOME" prangt als Leuchtschrift vor dem Eingang, als könne wenigstens die Bezeichnung das *Home* zum *Castle* machen (und mit einer Burg hat die Architektur durchaus Ähnlichkeit). Oh, welch ein Heim! Als es an der Tür klingelt, erhebt sich Mrs. Alexander aus einem weißen Sessel, der aussieht, als würde sie sich aus einem Ei schälen, und um zur Haustür zu gelangen, durchquert die Frau in ihrem Kleid, das an das Blutrot des Vorspanns erinnert, einen Spiegelraum, der ihren Körper verdreifacht. Zuerst verweigert die Frau den Eintritt und behauptet, man habe kein Telefon, um Hilfe zu holen, aber der Schriftsteller möchte hilfsbereit sein: „Na, dann laß ihn doch reinkommen". Und schon sind die *Droogs* über ihnen. Mit Masken vor den Gesichtern unkenntlich gemacht – Alex trägt eine Maske mit einem Penis als Nase: eine obszöne Mischung aus Pinocchio und Rumpelstilz –, schlagen sie den Mann halbtot, und Alex vergewaltigt – während er fröhlich „Singing in the Rain" trällert – die junge Frau vor seinen Augen. Er ist ein Gene Kelly, der jede Tanzfigur mit einem Tritt seiner Stiefel oder einem Schlag seines Stockes abschließt. Den beiden Opfern werden die Münder mit Klebeband verschlossen, während Alex, immer noch tanzend und singend, das Schreibzimmer des Schriftstellers verwüstet. Bei der Textzeile „Ready for Love" – die *Droogs* wiederholen sie lachend – zerschnei-

Alex bestraft seine Droogs ...

det Alex die Kleidung der Frau mit einer Schere, und bevor er ans Werk geht, beugt er sich noch einmal über den Mann: „Viel Vergnügen, alter Herr, viel Vergnügen". Und der muß der Vergewaltigung zusehen, mit weit aufgerissenen Augen, unfähig zu sprechen oder etwas zu tun.

Bevor sie den gelungenen Abend ausklingen lassen, machen sie noch einmal Stop in der Milchbar. „Wir fühlten uns ein bißchen schlaff und abgefuckt, denn schließlich, meine Brüder, war es doch ein Abend mit einem gewissen Energieverbrauch". Wir folgen den *Droogs* auf ihrem Weg durch die Allee der Skulpturen der nackten Frauen, aus deren Brüsten man das begehrte Getränk zapft. „Darf ich mal, Lucy?", fragt Dim, und scheint überhaupt

... und deren Rache folgt nach Alex „Heilung".

gegenüber dieser Objekt-Frau von einem zärtlichen Respekt. Hier ist sie wirklich Ding geworden, die Frau, die in der Welt draußen nur Beute sein kann. Dabei erfahren wir von Alex' anderer, seiner musikalischen Leidenschaft. Eine „Sophisto" vom Telestudio betritt das Lokal. „Dann hörte zwischendurch die Stereobox mal auf, und in die kurze Stille, bevor die nächste Scheibe abging, platzte ihre Stimme hinein." Wir hören eine eher ungelenke Stimme das „Freude schöner Götterfunken" singen. „Und sie sang, und, o meine Brüder, für einen Augenblick war's, als sei ein großer, bunter Vogel in die Milchbar gerauscht. Und ich spürte, wie sich alle meine Body-Härchen aufrichteten, und ein Schauer kroch langsam an mir rauf und runter, als wär's eine Eidechse. Denn ich wußte, was sie sang – ein Stück aus der gloriosen Neunten von Ludwig Van." Die Darbietung animiert den tumben Dim nur zur Imitation eines Furzes. Alex schlägt ihm seinen Stock zwischen die Beine: „Warum machst du sowas?", jammert der Getroffene. „Weil er sich nicht zu benehmen weiß. Weil er keine Manieren und keinen blassen Schimmer hat, wie man sich beträgt, oh mein Bruder".

Dim bleibt empört. „Ich will nicht, daß du sowas mit mir machst, und dein Bruder will ich ab jetzt überhaupt nicht mehr sein". Er nimmt die Drohung auf; nur mühselig wird der Konflikt unterdrückt. Wir sehen in dieser Szene, wie Alex sich isoliert (und die Folgen dieser Isolation kennen wir bereits aus anderen Kubrick-Filmen); es ist der Punkt des Umschlagens, die Inversion der Gewalt. Ein Augenblick so immenser Spannung, daß sie sich auch in der Beruhigung nicht verliert. Alex ist nicht nur der Führer der Gruppe, er ist zweifellos auch ein „Künstler" – und die Verwandtschaft seines Namens mit Mr. Alexander zeigt gleichsam eine Umkehrung des Verhältnisses zwischen Quilty und Humbert Humbert in LOLITA. Seine gewalttätige „Performance" löscht ein klassisches Bild der Kunst aus. Und es ist der Punkt des Bewußtseins der Kunst, an dem er sich von seiner Gruppe isoliert. Weil er „das Schöne" kennt, ist Alex, anders als seine Droogs, zu Geschichte und Bewußtsein verurteilt.

Pfeifend zieht Alex alleine heimwärts, im Nachtblau durch eine Müllandschaft. Zuhause, im „Wohnblock 18 A, Siedlung Nord", bei „meiner Em und meinem Pe", angelangt – ein merkwürdiges archaisches Relief von nackten Bauern und Kriegern ziert die Front, der Aufzug funktioniert nicht – zieht sich Alex in sein Zimmer zurück, klebt die falschen Wimpern an den Spiegel, verstaut seine Beute des Tages in einer Schublade, begrüßt seine Python-

Schlange, die er ebenfalls in einer Schublade hält, und legt eine Kassette mit Beethovens Neunter Symphonie ein (sehr deutlich weist uns die Insert-Aufnahme auf die deutsche Provenienz der Aufnahme hin). Und die Kamera fährt auf ein Poster an der Wand zu, bis auf die durchdringenden Augen Beethovens. Imitiert Alex diesen Blick, oder ist er in diesem Blick geboren? Eine Umkehrung jedenfalls hat auch insofern stattgefunden, als die Kamera nun, statt sich rückwärts fortzubewegen, auf das blickende Subjekt hinfährt. Angeschnitten ein anderes Bild, das einer nackten Frau. Die Kamera fährt von ihrem Gesicht mit den geschlossenen Augen über ihre Brüste hinunter, dorthin, wo zwischen den geöffneten Beinen nicht ihr Geschlecht zu sehen ist, sondern die Schlange, die ihren Kopf gegen diesen imaginären Punkt von Lust und Geburt streckt. Und weiter hinunter fährt die Kamera, vier nackte Christus-Figuren aus Porzellan, die die linken Arme in einer identischen Geste hochrecken, und ein Bein in einem martialisch koketten Tanz vorstrecken, ihre Wundmale und die Dornenkrone: Vor-Bilder für die Taten und das Verstehen der Droogs, die Details dieser Körper im Rhythmus der einleitenden Sequenzen der Neunten Symphonie. Und dann das ekstatische Gesicht Alex', das wir nun zum ersten Mal gleichsam nackt sehen, seinen Blickwechsel mit Beethoven.

„Oh! Unbeschreiblichkeit der Himmel. Es war die Herrlichkeit, und die Herrlichkeit wurde Fleisch. Wie ein Vogel aus dem kostbaren Metall des Weltalls gesponnen", sinniert Alex. „Wie Silberwein, der durch ein Raumschiff schwebt: Hier wird Schwerkraft zum Unsinn. Und während ich lauschte, sah ich so liebliche Bilder". Und die Bilder, die Alex zu diesen Worten sieht (die im übrigen eine Verballhornung einer Stelle aus Nietzsches „Menschliches, Allzumenschliches" sind, in der vom Flug des freien Willens an einer bestimmten Stelle der Neunten Symphonie die Rede ist), und wir mit ihm, das ist eine Abfolge des Grauens: vom Erhängen (wir sehen aus der Untersicht, wie eine Frau vom Galgen fällt, unter ihren Rock), von Explosionen, von Gesteinsbrocken, die Menschen unter sich begraben, Katastrophen, und dazwischen immer wieder Alex in der Gestalt des blutdürstigen Grafen Dracula, wie Christopher Lee aus den *Hammer*-Horrorfilmen: Blut läuft ihm aus den Mundwinkeln mit den Fangzähnen. Unterbrochen wird dieser Bilderreigen durch die Mutter, die an seine Tür klopft und ihn mahnt, er komme zu spät zur Schule. Er müsse schlafen, sagt er, „ansonsten verpasse ich nur noch mehr in der Schule". Und mit „Viel Vergnügen in der Fabrik" läßt er sie zurück an den Frühstückstisch zu ihrem Mann. „Ich möcht wissen, was macht er eigentlich, wenn er abends zur Arbeit geht". Aber in Wirklichkeit will man das wohl auch nicht so genau wissen: „Er macht halt, was er so bekommt".

Später am Morgen trifft er auf seinen Bewährungshelfer P.R. Deltoid (Aubrey Morris), der ihn erwartet, als er erwacht. Von ihm erfährt er, daß Billyboy und seine *Droogs* ins Krankenhaus eingeliefert wurden, und Alex erhält eine letzte Warnung, es nicht weiter zu treiben. Eine merkwürdige Situation, zwischen unterdrückter Obszönität, Hilflosigkeit und Drohung: während er Alex an sich drückt und mit ihm hintenüber ins Bett sinkt, zugleich droht und sich als seinen Retter preist, schlägt er dem bis auf eine Unterhose nackten Alex zwischen die Beine, daß der vor Schmerzen keucht. P.R. Deltoid fühlt sich als Agent einer Gesellschaft, die ratlos ist. „Wir untersuchen euch seit einhundert Jahren, aber wir kommen nicht weiter". Nicht ein Erziehungssystem ist gescheitert (Alex, so erfahren wir, hat bereits eine Erziehungsanstalt durchlaufen), sondern das Konzept der Erziehung selbst. Wohin anders auch sollte

diese Gesellschaft ihre Jugend erziehen als auf ihren eigenen Zerfall hin? Deltoid hat nur eine Erklärung: „Das ist ein böser Geist, der dich beherrscht".

Alex – er hat das Weiß seines *Droog*-Anzugs mit einem dandyhaften Mantel vertauscht – betritt einen (labyrinthischen) Musikladen. An einer Verkaufstheke trifft er auf zwei Mädchen, die angelegentlich mit Platten und ihren penisförmigen Lutschern beschäftigt sind: „Schmeckt er Ihnen denn, meine Damen?"

Er schläft mit den beiden Mädchen (im Slapstick-Stil mit zwei Bildern pro Sekunde aufgenommen und mit einer ebenfalls beschleunigten Synthesizer-Version von Rossinis „Wilhelm Tell"-Ouvertüre unterlegt), nachdem er ihnen die Vorzüge seiner Musikanlage gepriesen hat: „Was für eine Mühle hast du denn, Schwesterchen, um deine Fuzzywuzzys abzutasten? Kommt doch und hört mal meinen Sound! Hört Engelstrompeten und Teufelsposaunen"). Die Musik „beruhigt" sich und ist zum normalen Tempo gekommen beim Umschnitt auf das Zusammentreffen der *Droogs* im Gang seines heruntergekommenen Hauses.

Der Dialog zwischen Rot und Blau, den schon die einfache Abfolge der Hintergrundfarben im Vorspann eröffnet hat, ist in der Szene von Alex' Entspannung im Zimmer noch einmal scharf wiederholt. Sein Bettzeug besteht aus einem blauen Kissen und einer roten Decke (Körper und Kopf noch einmal hart getrennt). Und so scharf die Farbenlehre in seinem eigenen Zimmer, so verwaschen scheinen die Farben in dem elterlichen Schlafzimmer, in dem dann die Begegnung mit Deltoid stattfindet: Ein blasses Rot der Wand korrespondiert mit einem Grün der Bettdecken, die nicht weiter auffallen wollen. Aber Alex' Mutter trägt vergleichsweise undezent blau gefärbte Haare. Am nächsten Morgen jedenfalls, als er in die Farbenwelt des Musikladens tritt, trägt Alex einen Mantel aus violettem Stoff, als versuche er in dieser Mischung die Widersprüche miteinander zu vereinen. Zwischen Weiß, Violett, Rot und Blau changierend sind denn auch die Kleider der beiden Mädchen. Mehrere rote und blaue Decken zieht Alex übereinander vom Bett, beim Sex in seinem Zimmer.

Unterdessen haben Georgie und Dim das Kommando in der Gang übernommen, und fordern ihn heraus. Er habe Schmerzen in seinem „Gulliver" gehabt, entschuldigt sich Alex für sein Fernbleiben, und höhnisch hält man ihm entgegen: „Vielleicht gebrauchst du deinen Gulliver zu viel". „Dieser Sarkasmus, so will ich's mal nennen, paßt mir überhaupt nicht, meine kleinen Brüder". Der Aufstand freilich ist weniger auf die gegenseitigen Kränkungen zurückzuführen als vielmehr auf den Wunsch der Gruppe, nun an das große Geld zu gelangen; „viele, viele Mäuse". Nicht mehr um die Lust der Anarchie soll es gehen, sondern um den rationalen Raubzug. Alex sorgt auf blutige Weise dafür, die alte Hierarchie wiederherzustellen. „Als wir am künstlichen See unseres Wohnblocks vorbeigingen" (wir sehen die Vier in Zeitlupe auf uns zukommen) „war ich äußerlich ganz ruhig. Aber in mir brodelte es. Jetzt war also Georgie der General, bestimmte, was wir machen sollten und was nicht, und Dim folgte ihm als hirnlos grinsender Wachhund. Aber dann kam die Erleuchtung. Und plötzlich begriff ich, daß das Denken nur was für Bekloppte ist. Und daß Leute mit Grips so was wie Inspirationen haben. Oder was Smokey ihnen eingibt. Die allerherrlichste Musik kam mir zu Hilfe, denn irgendwo stand ein Fenster offen mit 'nem Stereo an. Und da entdeckte ich genau, was zu tun war". Erst schlägt er die anderen mit seinem Stock, wirft sie in den künstlichen See, und als er Dim die helfende Hand reicht, schneidet er ihn noch mit dem Messer. „Ich hatte ja in keines von Dims Hauptkabeln geschnitten, und so

brachte ein sauberes Taschentuch das rote, rote Drevvy bald zum stoppen". Jetzt ist wieder klar, wer der Anführer ist.

Und um die „verwundeten Helden" wieder auf Trab zu bringen, beschließt Alex „großzügig" zu sein, und den ursprünglichen Plan der Rebellen auszuführen: den „Reformclub", die Villa der reichen Kunstsammlerin Mrs. Weathers, der *Cat Lady*, auszuräumen. „Der Laden ist für 'ne Woche zu, und sie ist völlig allein da". (Wir sehen, wie Mrs. Weathers ihre gymnastischen Übungen inmitten einer Schar von Katzen treibt.) Wieder verschaffen sich die *Droogs* mit ihrem Unfall-Trick Einlaß, doch zuerst will die *Cat Lady* sie zu einer nahen Bar verweisen, wo man ein Telefon finde. Doch während sich die Vier durch ein Fenster Eintritt verschaffen, ruft sie die Polizei an, denn die Worte an der Tür klangen ebenso wie das, was sie in der Zeitung über den Überfall auf den Schriftsteller gelesen hat. Die Sache freilich gerät außer Kontrolle. Die *Cat Lady* wehrt sich, und Alex ermordet sie mit einem künstlerischen Super-Phallus. Sie ist die erste Frau, die sich widersetzt, die nicht zum Ding wird (obwohl ihre Angst um das andere Ding, den Kunst-Phallus, die Aktion auslöst), und in ihrer Sprache droht Alex klein und normal zu werden. Es ist nicht mehr der Blick, und es ist schon gar nicht das Geschlecht, denen der phallische Mordanschlag gilt. Es ist der Mund, die Sprache, und Kubrick zeigt uns im Augenblick der Tat nicht den „wirklichen" Körper des Opfers, sondern ein Pop-Gemälde eines aufgerissenen weiblichen Mundes, das „Ding an sich", in einer Serie von *Flash-Inserts*, die Alex zum Schweigen bringen will.

Aber diese Mordszene hat auch noch einen tieferen Hintergrund, vielleicht. In der *Cat Lady* begegnet der radikale Künstler Alex der vollkommenen bürgerlichen Perversion seiner Rebellion. Nicht nur, daß sie den obszönen Superphallus als „bedeutsa-

1
Gillian Hills
Malcolm McDowell
Barbara Scott

3
Malcolm McDowell

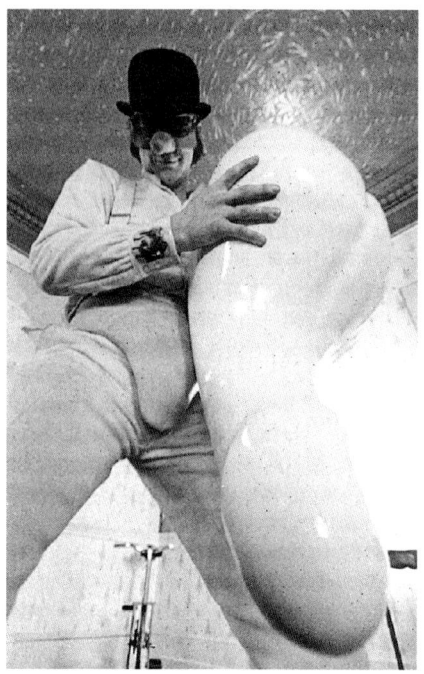

mes Kunstwerk" bezeichnet und daß an den Wänden ihres Heimes nichts anderes als erotisch-sadistische Phantasien zur Kunst erklärt werden; sie benutzt auch noch, ausgerechnet, eine serielle Beethoven-Büste als Waffe, um deren Unversehrtheit sie offenkundig weniger Sorge trägt als um den Kunst-Phallus. In ihrer Sprache ist die moderne Kunst zum Jargon gekommen; so ist einerseits ihre Ermordung Alex' einzige Möglichkeit, mit der Kunst noch einmal ernst zu machen, andererseits ist er selbst nichts anderes als das Original hinter den leeren Bildern der von dem herrschenden Bürgertum angemaßten Moderne. Zwei Formen von „Kitsch" treffen sich. A CLOCK-WORK ORANGE ist, was seine Bilder anbelangt, ein Essay über Bedingungen und Funktionen des schlechten Geschmacks. Anders gesagt: Die Projektion des Subjekts in die Ästhetik als seine letzte Chance ist gründlich schiefgegangen. Hier muß Alex

eigentlich erkennen, daß seine Revolte leer ist; hier nimmt er schon etwas von seinem späteren Selbstmordversuch vorweg, vor allem seine Niederlage nach der „Heilung".

Alex' Passion also ist, unter anderem, das Dilemma der modernen Kunst, die sich nicht anders verstehen kann als Gewalttat. Er geht hier deswegen den entscheidenden Schritt zu weit, weil er weiß, daß er nicht „verstanden" wird, daß die Revolte der Moderne ins Leere ging. In seinen Händen wird daher das Ding, das dem Körper entrissen ist, die Waffe, die Schrift (pen-is), von der Abbildung wieder zum (tödlichen) Objekt. Er erschlägt mit der „schlechten Kunst" jene, die die „gute Kunst" zur Waffe gemacht hat, aber Kubrick spiegelt die beiden so vielschichtig ineinander, daß wir beim besten Willen keine ideologische Nutzanweisung aus der Szene gewinnen können. Wie später BARRY LYNDON eine Untersuchung über das Schöne sein wird, das nicht begriffen wird von den Menschen, denen es gegeben ist, so ist A CLOCKWORK ORANGE eine Untersuchung über die Ästhetik, die häßlich werden muß, wenn sie ohne Kommunikation, ohne Projekt, ohne Bewußtsein verwendet wird.

Die Polizeisirenen sind zu hören, und als er sich zur Flucht wenden will, wird Alex von seinen Kumpanen vor dem Eingang mit einer Milchflasche bewußtlos geschlagen und fällt der Polizei in die Hände. Es ist die „vergiftete" Milch (ein Kreislauf des Lebens und zugleich seine Störung), die Alex' zu seinen Gewalttaten geführt hat, und es ist die Milch, die seine Geschichte der Gewalt – vorläufig – beendet.

Zweimal hat es einen Angriff von Alex' *Droogs* auf ein mehr oder minder befestigtes Haus gegeben, und zwischen beiden Sequenzen gibt es ebenso viel Gemeinsames wie Trennendes. Zunächst gilt in beiden Fällen der Angriff nicht nur dem Haus und seinen Bewohnern, sondern offensichtlich auch einer bestimmten Ordnung und einem bestimmten Bild. Wir sehen die beiden Häuser anfänglich in einer „ordentlichen" Zentralperspektive, als zeit-räumliche Entität. Es ist die Verknüpfung des Herrscher-Blicks der Renaissance mit dem Blick der Vernunft. Es ist nicht die Grenze meines Blicks, welche meine Welt begrenzt, sondern die Grenze meiner Konstruktion. Wenn Alex und seine Gang in die Architekturen eingedrungen sind, zerstören sie nicht nur die materiellen, sozialen und geschlechtlichen Ordnungen, sondern auch die Konstruktion dieses vernünftigen Blicks. Kubricks Handkamera (in vielen Szenen im übrigen von ihm selbst geführt) entreißt dem Bild das Objektive der Vernunft und überträgt es auf das filmische Subjekt. An die Stelle der Konstruktion tritt die Wahrnehmung. Und an die Stelle der „Tatsache" tritt der Augenblick. Man könnte daher wohl sagen, mit Alex tritt nichts anderes in die Welt der „mechanischen Orangen" als die Moderne. Jene Moderne, die alles verwerfen muß, was vor ihr war, die sich immer zugleich als ein Werk und ihr eigenes Manifest zeigt, die die Grenze der Metaphorik in den Künsten zu einem unwillkürlichen aber geplanten sozialen Eingriff überschreitet. Und über allem: die Moderne, die angetreten ist, im Namen des Subjekts die „klassische Form" zu zerstören. Und nichts anderes tut die Handkamera in A CLOCKWORK ORANGE: Der Blick zerstört das Bild, ganz buchstäblich.

Alex ist Abbildung, Prophet und Karikatur all der Dadaisten, der Surrealisten, der Situationisten, der Performance- und Konzept-Artisten, jener Rebellen und „Kunst-Tyrannen", die eine radikale Umwertung verlangen, um sich am Ende nur noch selbst radikal umwerten zu können. Was A CLOCKWORK ORANGE untersucht, ist also nicht bloß die Freiheit des Einzelnen und die Gewalt der Gesellschaft, aus welchem Widerspruch keine kongruente Moral gewonnen werden kann, sondern auch

das Konzept der ästhetischen Moderne als Störung und schließlich als integrierter Bestandteil des Staates. Kein Wunder also, daß der Film selbst nicht viel anders funktioniert als sein Held, als eine heftige Störung, die in einer Ratlosigkeit sich selber gegenüber endet, in einer Coda, die das absurdeste aller Einverständnisse beinhaltet: Eine Moderne, die sich dem (Renaissance-) Staat unterordnet, ohne sich ihrer Grenzen bewußt zu werden.

Alex' zweite gewalttätige Performance unter dem Motto „Zerstörung von Raum, Bild und Person" unterscheidet sich von der ersten nicht allein dadurch, daß sie weniger Inszenierung, weniger autarke Kunst enthält, und daß sie sich bereits isoliert hat, daß sie ohne Publikum stattfindet. Daß jetzt „Kunst" wirklich nichts anderes mehr als Terror ist, hat auch damit zu tun, daß sich ihr Körperliches nicht mehr allein gegen das Geistige richtet, sich aus einem weiteren ödipalen Zusammenhang löst. Das dem Körper entrissene „Ding", der Phallus, das Instrument, strebt zu seinem Ursprung zurück, und die *Cat Lady* stirbt in der absurden Haltung des Bürgertums, nämlich indem sie zugleich Angst um das moderne Kunstwerk hat und vor ihm. In der verdoppelten Angst, Alex könne die moderne Phallus- und Terror-Kunst kaputtmachen oder sie selbst mit der Phallus- und Terror-Kunst kaputtmachen. Beides geschieht gleichzeitig, und noch mehr für den Augenblick: Der Künstler-Terrorist macht sich auch selber kaputt. (Vermutlich wären wir höchst überrascht, wenn wir Alex' Geschichte aus Kubricks A CLOCKWORK ORANGE als Matrix verwendeten, um „Leben und Werk" so vieler „Kunst-Tyrannen" der Moderne abzugleichen.)

Zeigt sich Kubrick also auch hier als „Reaktionär"? Er beschreibt zweifellos in A CLOCKWORK ORANGE die Grenzen der ästhetischen Moderne wie er in 2001 die Grenzen der Technologie beschrieb, und beide Male, indem er sie in seinem Film selber noch ein- mal über alles akzeptierte Maß hinaus- schob.

Der erste „Satz" des Films zeigt Alex als Handelnden, er inszeniert seine Gewaltta- ten, manipuliert und terrorisiert die ande- ren. Es ist seine „gute Zeit", die vollkomme- ne Herrschaft des dionysischen Prinzips, wenngleich vollkommen auf die dunkle Seite des „Desire" gespiegelt. Es ist der Ver- such, sich ästhetisch zu begreifen, der seine Situation radikal verändert. Wiederum ein vollkommenes Paradoxon: Die öffentliche Begegnung mit der dionysischen Hymne wirft ihn auf das apollinische Prinzip zu- rück: auf die Struktur der Macht. Er hat in dieser Sekunde schon alles verloren. (Es ist in diesem Zusammenhang wahrscheinlich nicht unbedeutend, daß Alex in seiner Aus- einandersetzung mit seinen *Droogs* nicht so sehr mit Georgie, dem möglicherweise pla- nenden Materialisten, sondern immer wie- der mit Dim, dem Schimmer, dem Animali- schen und Dummen in der Gruppe – wir werden ihm, gespalten in „*Animal Mother*" und Private Pyle in FULL METAL JACKET wie- derbegegnen – aneinandergerät. Das Tier zu kontrollieren ist das Schwierigste. (Und sein Opfer ist die größte Tragödie.)

Sein Fall beginnt mit seiner Isolation (zweiter Satz), nun kann er nur noch reagie- ren, er handelt im Blick der anderen. Er ist sich zugleich seiner Macht und seiner Ge- fährdung bewußt. So verwandelt er sich vom anarchistischen Künstler in den ma- chiavellistischen Führer. Im entscheiden- den Augenblick schwenkt er von der Logik zur Intuition. Er siegt für den Augenblick, verliert aber dennoch das Spiel aus den Au- gen; Alex glaubt, daß, nachdem die alte Hierarchie wieder hergestellt ist, er den Spielzug des anderen übernehmen kann. Der aber zieht in Wahrheit nicht mehr mit, er hat das Brett bereits verlassen.

Nach diesem Mord wird Alex verhaftet und ins Gefängnis gebracht. „Nun beginnt der wirklich zu Herzen gehende und gera- dezu tragische Teil meiner Geschichte, oh meine Brüder und einzigen Freunde. Nach- dem man sich in einer Gerichtsverhand- lung in recht harten Worten über Euren Freund und ergebenen Erzähler ausgelas- sen hatte, wurde er zu 14 Jahren verknackt und saß nun unter übelriechenden Perver- sen und hartgesottenen Prestoopnicks. Der Schock hatte bei meinem Pe bewirkt, seine armseligen Fäuste gegen Smokey im Him- mel zu schütteln. Aber meine Em flennte nur voller Mutterschmerz über den verlore- nen Sohn, ihr einzig Kind und Fleisch, Frucht ihres Lebens und so. Kurz: bittere Enttäuschung an allen Fronten".

Die Regierung hat zur Resozialisierung eine Art Aversionstherapie (nach der „Lu- dovico-Technik") entwickeln lassen. Dieses Programm wird – ein weiterer bösartiger Schlenker – durchgeführt, weil die Regie- rung in ihren Gefängnissen Platz für die „politischen Gefangenen" braucht. Über den Gefängnispfarrer (Godfrey Quigley) meldet sich Alex, der Häftling Nummer 655321, freiwillig. „Was ich sein will", sagt Alex, „ist gut". Aber der Pfarrer bleibt skep- tisch. „Es ist eben die Frage: Macht diese Technik den Menschen wirklich von Grund auf gut? Güte kommt von innen, heißt frei wählen. Kann ein Mensch nicht wählen, ist er nicht mehr Mensch". Da spricht, beinahe satirisch überspitzt, der Autor Burgess, der seinen Roman als „Trak- tat, ja sogar als Predigt" über den Primat des freien Willens verstanden wissen wollte. Ein solcher diskursiver Wert aber ist aus Ku- bricks Film, glücklicherweise, nicht zu ge- winnen. Er hat, wie die Kritik ihm zugleich berechtigterweise und verständnislos vor- geworfen hat, „keinen Standpunkt". Denn seine Frage gilt nicht der Idee, sondern dem Blick. Aber Alex versteht die Kunst des Ein- schmeichelns zu gut; der Innenminister Friedrich erwählt ihn zum ersten Proban- den für die Umerziehungstherapie.

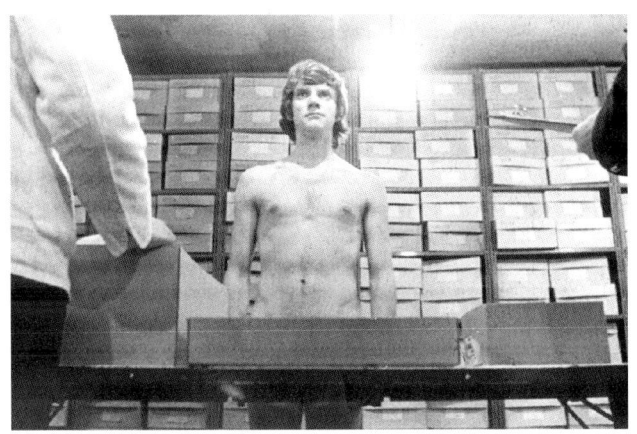

1
Malcolm McDowell

2
Michael Bates
Malcolm McDowell

3
Malcolm McDowell
Virginia Wetherell

Es ist eine beängstigende Versuchsanordnung; Bilder, denen der Proband nicht entkommen kann: „Sie steckten mich in eine Zwangsjacke und schnallten meinen Gulliver an so einer Stütze fest und steckten Kabel und Schnüre und so was drauf. Dann klemmten sie mir solche Dinger in die Augen, wie Klammern, damit ich sie nicht mehr zumachen konnte, so sehr ich's auch versuchte. Mir kam das Ganze recht idiotisch vor, aber ich ließ sie machen. Ich würde schließlich allerhand über mich ergehen lassen, oh meine Brüder, bei der Aussicht, dadurch in zwei Wochen wieder ein freier Maltschick zu sein". Stunde um Stunde, zwei Wochen lang, in einer Zwangsjacke und mit aufgespreizten Augen Filme über Sex und Gewalt ertragend (darunter auch eine Wochenschau aus dem faschistischen Deutschland) und mit einem Medikament vollgepumpt, das ihm den Magen umdreht, wird er so konditioniert, daß er auf jede Art von Aggression nur noch mit Brechreiz und Fluchtverhalten reagieren kann. Am Ende wird er, wie das Tier, das man in ihm sieht, einer Gruppe von ausgewählten Zuschauern vorgeführt, man beweist, daß er nun zur Gewalt nicht mehr fähig ist, indem man ihn mit einer halbnackten Frau konfrontiert.

Zuerst gefallen Alex die filmischen Horrorshows („Das Geschrei konnte man hören, als ob man dabei wäre, und gleichzeitig auch noch das Keuchen der Maltschicks, wie sie da jemanden *tolchockten*"). Aber nach und nach bemerkt Alex, wie die Bilder von Folter und Vergewaltigung, vor denen er die Augen nicht schließen kann, ihn zu schmerzen beginnen. Und zum größten Schrecken von Alex hört er am nächsten Tag statt der Schreie der Opfer die Musik von Ludwig van Beethoven zu all den Gewalttaten. „Aufhören", schreit Alex. „Es ist eine Sünde, Ludwig Van so zu benutzen. Er hat doch nie jemandem etwas getan! Es ist nicht fair, daß mir schlecht wird, wenn ich

den lieben, lieben Ludwig Van höre!" Eine Sünde. Tatsächlich: Alex gebraucht dieses Wort. Es ist das vorläufig Letzte, das seine moralische Autonomie belegt. Zu spät. Alex wird als „geheilt" entlassen, unfähig zu jeder Gewalttat, und mit einer körperlichen Abneigung gegen die Musik Beethovens. (In George A. Romeros letztem Film seiner „Zombie"-Trilogie gibt es im übrigen eine hübsche kleine Verbeugung vor diesem Film; in DAY OF THE DEAD sollen die grausamen Untoten „umerzogen" werden, indem man sie unentwegt mit Beethoven-Musik berieselt.)

In seinem Zimmer bei seinen Eltern ist ein Untermieter eingezogen, die Eltern haben offenbar ganz einfach einen „anderen Sohn" aufgenommen (und wir können vermuten, die Mutter habe in ihm auch einen Liebhaber gefunden, was unseren Helden noch mehr in den Rang eines renitenten und schließlich ausgestoßenen Ödipus erhebt), und Alex wird aus seiner Familie und aus seinem Heim vertrieben. Schutzlos ist er nun in jenen Straßen, in denen er seine finstere Herrschaft ausübte. Die Stationen seiner gewalttätigen Reise wiederholt er nun unter umgekehrten Vorzeichen. Nun trifft er auf den Penner, dem er so übel mitgespielt hat, und sein erstes Opfer führt eine ganze Gruppe wütender Kumpane an, die ihn verprügeln. Schon das hätte seinen Tod besiegeln können. Da taucht die Polizei als Retter in der Not auf. Aber in den Uniformen steckt niemand anderes als Georgie und Dim, die ihn wieder aufs Land fahren, halbtot schlagen und beinahe noch ertränken. Auf der Suche nach einem Unterschlupf gerät Alex in die Wohnung des Schriftstellers, ins „HEIM". Mr. Alexander, der seit dem „Landbesuch" der *Droogs* verwitwet ist und sich nur im Rollstuhl bewegen kann, erkennt ihn nicht und hält Alex erst für einen der Verfolgten der neuen Regierung (wir erahnen gleichsam im Hintergrund des Geschehens eine Transformation der Gesellschaft). Er fühlt sich zu solidarischer Hilfe verpflichtet. Doch als er hört, wie Alex in der Badewanne (dem warmen Ort seiner kleinen Geborgenheit) das „Singing in the Rain" von sich gibt, weiß er, wen er vor sich hat. Er betäubt ihn und sperrt ihn in seine Dachkammer ein, um den Wehrlosen mit der Musik von Beethoven zu peinigen. Alex beschließt, seinem Leben ein Ende zu setzen. Er springt aus dem Fenster. Aber nicht sein Tod, sondern eine erneute „Heilung" ist das Ergebnis. So findet er sich wieder im Krankenhaus und in den Händen der Politiker. Mittlerweile ist die Kritik an der „Ludovico"-Technik so heftig geworden, daß das Programm gestoppt wurde. Der Innenminister (Anthony Sharp) wäre über diesem Fall beinahe gestürzt. Während seiner Bewußtlosigkeit hat man die negative Konditionierung des ersten Probanden wieder rückgängig gemacht. Friedrich besucht Alex im Krankenhaus und bietet ihm einen Job an, wenn er dafür die Regierung unterstützt. Alex nimmt ohne Zögern an. Als er sich erholt hat, ist auch seine alte Aggressivität wieder da. Wir sehen Alex' neueste Phantasie: die Vergewaltigung eines Mädchens vor einer Gruppe „vornehmer" Leute im viktorianischen Kostüm. Wie in 2001 ist die Coda des Films ein Bilderreigen der Verschmelzungen: Alex' sexuelle Gewalt, die nun ein begeistertes Publikum hat, führt zu seiner Verschmelzung mit den tanzenden Christus-Figuren, die seiner Passion einen eigenen Sinn unterstellen, zu einer Verschmelzung mit Beethoven, zur Verschmelzung mit dem universalen Vampir. Und wieder sehen wir jene Explosionen, die wir aus Alex' Träumen kennen. Ein *spectaculum vitae* (Thomas Rabby), das auch die beiden Formen der Gewalt, die individuelle und die gesellschaftliche, zum Verschmelzen bringt.

Es ist offensichtlich: In A CLOCKWORK ORANGE geht es nicht allein um die Gegen-

überstellung der anarchischen, individuellen Gewalt mit der mechanischen, instrumentellen Gewalt der bürgerlichen Gesellschaft, sondern auch um eine Relektüre des Ödipus-Mythos. Nicht nur Alex, seine ganze Welt steht im Zeichen des Phallus', und Kubrick „übertreibt" die Herrschaft dieses Zeichens beinahe ins Satirische: die Penis-Masken der *Droogs*; der phallusförmige Lolly, an dem die Mädchen lutschen (wie in einer bedrohlichen Revision des entsprechenden Bildes aus LOLITA); der Riesen-Phallus der Kunstsammlerin, mit der sie ermordet wird; die Python-Schlange von Alex;, der Genitalschutz, den die *Droogs* so offensiv tragen; die Bewaffnung der Bande mit den Stöcken. So wie der Knochen in 2001 zum Ding geworden ist, ist in A CLOCKWORK ORANGE der Phallus zum Ding geworden, zur universalen Waffe. Auch in der Sprache spiegelt sich diese gewalttätige Veräußerung der Sexualität, und zur gleichen Zeit stuft sie diese in den Rang einer Kinderphantasie (das „Rein-raus-Spiel"), die Sigmund Freud gewiß als Bilder „kindlicher Sexual-Theorien" verstanden hätte.

Drei Formen des „Heims" durchläuft Alex in seiner negativen Passion: das Heim seiner eigenen Familie, in dem er sich in seinem eigenen Raum isoliert hat, das „Heim" des Schriftstellers und schließlich die stilisierte Villa der Kunstsammlerin: Stadien der Entfremdung, die einmal mehr vom Labyrinth zum hohen Raum führen. Und drei „Väter" sind es, denen Alex dabei begegnet: Der eigene „Pe", der ihn nicht nur verstößt, sondern bezeichnenderweise auch seinetwegen die Arme gegen „Smokey", den Vater im Himmel, reckt; es ist der „schwache" Vater, der vielleicht viel zu früh vor dem rebellischen Sohn ebenso wie vor den Machtansprüchen der Gesellschaft kapituliert hat. Dann ist da Mr. Alexander, in dessen Heim er eindringt, um ihm die Frau zu nehmen (und ihn symbolisch zu kastrieren) und der ihn am grausamsten für seine

Taten bestraft. Auch dieser Vater, der ja auch selbst in einer doppelten Revolte steht, als Künstler und als Oppositioneller, erweist sich als schwach. Er kann weder Alex' Gewalt, noch, später, seinem Drang zur Rache widerstehen. Und schließlich der Innenminister mit dem bezeichnenden Namen Friedrich, der am meisten seine „Erziehung" bestimmt: Er „bricht" ihn und steht doch auch am Beginn seiner Wiedergeburt. Genauer besehen: Alle drei Väter sind daran beteiligt, indem sie Alex in einem entscheidenden Moment „entlassen". Alexander und Friedrich stehen dabei in Opposition zueinander – sie verhalten sich ein wenig wie Gracchus und Spartacus gegenüber dem rebellischen „Sohn", indem sie ihn zum Instrument ihrer Auseinandersetzung machen. Der eine ist ein Idealist, der seine Ideale nie verwirklichen kann, der andere der Manipulator, der nur seinem Willen zur Macht gehorcht – insofern ließe sich im übrigen A CLOCKWORK ORANGE auch als Revision von 1984 sehen. Alex rebelliert gegen beide, doch während er das tut, wird er auch von beiden geformt. Er hat die Möglichkeiten des Spartacus ebenso in sich wie die Möglichkeiten des Barry Lyndon (also zwei Möglichkeiten des Scheiterns), die Rebellion und den Aufstieg.

Aber schon ganz am Anfang zeigt sich, gegen wen sich Alex' Gewalt richtet, wenn er seinen Haß auf einen Mann richtet, der „die Dreckslieder seiner Väter grölt" (und im übrigen die Obszönität seines Körpers aus dem Inneren entläßt, während Alex und die Seinen sie ganz in die Zeichen veräußert haben). Alex' Korruption freilich, das durch und durch Unschöne seiner Rebellion, besteht darin, daß er seine Gewalt stets gegen die Schwächeren richtet, er verfehlt sein eigentliches Angriffsziel, so wie es Spartacus verfehlte, so wie Humbert Humbert sein Triebziel verfehlt, so wie Jack Torrance seine Schöpfung verfehlt, so wie Kubricks Soldaten ihren Feind verfehlen. Der

Haß auf den Vater – der uns zum Ärger der Diskurs-Kritik weder psychologisch noch soziologisch erklärt wird – führt paradoxerweise gerade zur Unterwerfung. Er wird zum eigentlichen Motor der Geschichte.

Der ganze Film erscheint wie eine Bildmeditation über eine gewalttätige Geburt; die Handkamera erfaßt das Geschehen gleichsam so sehr von innen wie es die orbitale Kamera von außen in 2001 tat (wie überhaupt A CLOCKWORK ORANGE das Innen des anderen Films sein kann): Es sind die „Großaufnahmen aus ungewohnten Blickwinkeln, die die Bildvordergründe verzerrend betonen und bei Innenaufnahmen durch ihre steile Perspektive den typischen Kubrickschen 'Tunneleffekt' erzeugen" (Jansen/Schütte), was den Eindruck verstärkt, weder eine objektive noch eine subjektive, sondern eine „innere" Perspektive des Geschehens zu erhalten.

Die Furcht, die die „traditionelle" Science Fiction-Phantasie beherrscht, wenn sie nicht von außerirdischen Invasoren träumt, nämlich die vor einem „totalen Staat", der jede individuelle Äußerung zunichte macht, ist hier gleichsam auf den Kopf gestellt. Das Individuum ist auf diese Weise nicht wirklich zu kontrollieren; Alex, das sehen wir von Beginn an, ist ja Objekt der staatlichen Überwachung. Der Bewährungshelfer und die Polizei haben „ein Auge auf ihm".

A CLOCKWORK ORANGE ist auch ein Film über die Ästhetisierung des Pop, auch die Gewalt ist eine Kunstform, und alles wird so radikal äußeres Bild, daß das Innenleben jener nutzlose Rest geworden ist, den man nach Belieben manipulieren kann. Was als Spiel und schließlich Werbegag versandete, das ist hier für einmal wörtlich genommen: eine Pop-Revolution. Der Film ist weder für sie noch gegen sie (die moralische Schlußfolgerung, wie sie auch viele Kritiken und Monografien enthalten, Kubrick habe die Manipulation des Menschen gerade an ei-

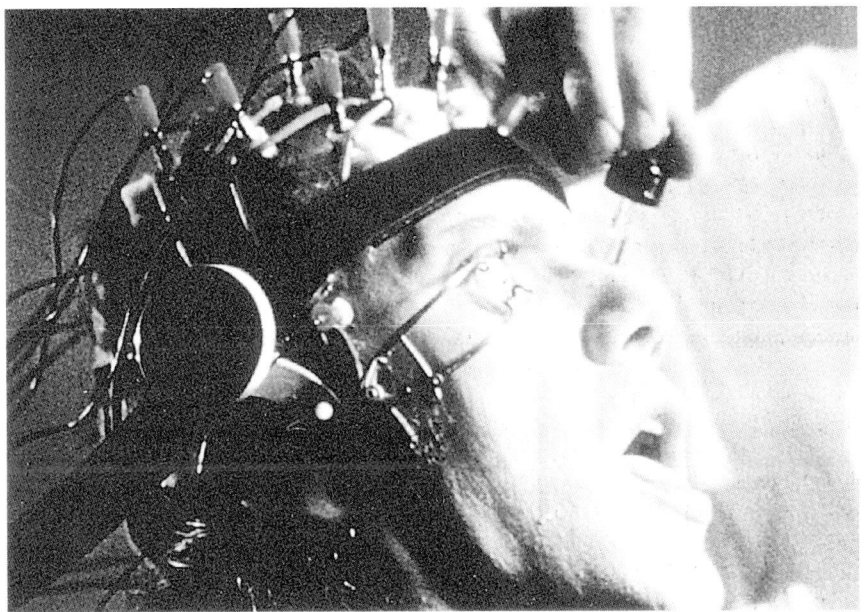

Alex (Malcolm McDowell) bei der Ludovico-Behandlung

nem so schrecklichen Exemplar gezeigt, damit wir sehen, daß wir auch dann noch dagegen sein müssen, scheint durch nichts gedeckt). Kubrick betont: „Die Gewalt ist nicht notwendigerweise abscheulich. Von seinem eigenen Blickpunkt aus hat Alex eine wundervolle Zeit, und ich wollte, daß sein Leben dem Zuschauer auch als solches erschien – nicht eingeengt von moralisch-ethischen Maßstäben". Er ist gleichsam der radikalste Vertreter des dionysischen Prinzips in Kubricks Universum. Eben dies ist es, was die dritte Ebene des Films, neben der Innenansicht der ödipalen Gewalt und der Dialektik von Individuum und Gesellschaft als Produzenten von Gewalt (also erneut die Brechung der Revolte), zu eröffnen vermag, nämlich den Diskurs von Freiheit und Fatum.

Auf den ersten Blick erscheint diese Beziehung als „einfache" Induktionsschleife: Die „freie Entscheidung" erweist sich als Selbstaufhebung, denn Alex hat nur die Wahl zwischen der persönlichen Revolte und der Anpassung an die Gewalt der Gesellschaft, und selbst wenn er „Ich" sagt, kann er es nur in eben jener „Sprache", die diese Gesellschaft versteht.

Und Alex ist – einiges an seiner Erscheinung weist schon darauf hin, so etwa der Spazierstock, der zur tödlichen Waffe werden kann, der Mister Hyde, den Dr. Jekyll aus sich selbst heraus freisetzt – insbesondere eine Version des Monsieur Opal von Jean Renoir. Denn auch dies ist ja eine Lesart von A CLOCKWORK ORANGE: Mister Hyde ist entkommen und lebt das freie unmoralische Leben, das sich Dr. Jekyll erträumt hat (und es doch nicht einmal zu träumen wagte, sehen wir uns in diesem Zusammenhang Mr. Alexander genauer an!), und nun soll er in die Gestalt eines anderen, traumlosen Jekyll zurückverwandelt werden.

Kubrick folgte im übrigen diesmal der literarischen Vorlage sehr genau, allerdings ließ er das Schlußkapitel, das Burgess für durchaus bedeutsam hielt, außer Acht. Dort nämlich treibt Alex eine Sehnsucht nach Familie und Geborgenheit dazu, seinem Treiben ein Ende zu setzen und ein „normaler" Bürger zu werden. Burgess meinte damit, seine Arbeit zu einem „Bildungsroman" erst erhoben zu haben, er trivialisiert freilich dabei nicht nur, sondern läßt den anarchischen Ausbruch der Revolte vollends als „natürlichen" Durchgangsstatus erscheinen. Kubrick dagegen interessiert am Ende nicht diese Person, sondern was mit ihr in dieser Gesellschaft wird. Sein Ende dreht die Schraube der Vergesellschaftung der Gewalt noch um eine Umdrehung weiter: Zuerst war Alex der anarchische Gewalttäter, der die Gesellschaft „störte" – und zwar empfindlich. Dann wurde er im gesellschaftlichen Auftrag umgepolt, zu einem Nicht-Gewalttäter, der freilich auch nicht mehr lebensfähig in dieser Welt war. Nach seiner „Rekonvaleszenz" ist Alex endgültig der Gewalttäter als Künstler geworden, der seine Gewalt nicht gegen die Gesellschaft, sondern für das Publikum inszeniert.

Auch die direkten, satirischen Bezüge tilgte Kubrick weitgehend. Burgess hatte in der ersten Fassung seines Romans einen Gegenwartsstoff über die randalierenden *Teddyboys* und *Mods* in den englischen Seebädern mit ihrem eigenen *slang* geschrieben. Dann erkannte er, daß diese Ausdrucksweise bereits veraltet sein würde, wenn er den Roman publizierte. Bei einer Reise in die Sowjetunion im Jahr 1961, wo die „stilyagi", die „Style-Boys" in Moskau ganz ähnliche Revolten in den Straßen praktizierten, erkannte er das futuristische und surreale Potential der Gegenüberstellung der anarchischen Gewalt der Jugendlichen mit einem totalitären und auf technokratischer Vernunft beruhenden Staat. Und Burgess

entwickelte das „nadsat" als künstlichen Slang für seine Helden aus dem Amalgam „der beiden politischen Sprachen der Welt, dem Anglo-Amerikanischen und dem Russischen. Die Ironie dieses Stils würde in dem Umstand liegen, daß der Erzähler-Held vollkommen unpolitisch ist".

Später ist viel spekuliert worden über die Auseinandersetzungen zwischen dem Autor und dem Regisseur. Kubricks Film vor allem hat der eher konservative Autor angelastet, daß man ihn später zum „Großvater der Punk-Bewegung" erklärte und seine Arbeit eher als Apologie denn als Kritik der Jugendrevolte sah. In dem „vergessenen" 21. Kapitel läßt Burgess seinen Helden sagen, daß die Zerstörung nur ein Ersatz für das Schöpferische sei (da hätte ihm Kubrick sicher recht gegeben und hat mit THE SHINING einen eigenen Film über dieses Problem gedreht), aber auch, daß „die Energie der Jugend sich durch Aggression ausdrücken muß, weil sie noch nicht die Fähigkeit entwickelt hat, sich dem Schöpferischen unterzuordnen. Alex' aggressive Instinkte sind durch klassische Musik stimuliert, aber die Musik war auch eine vorweggenommene Mahnung dazu, was er einst werden müsse: ein Mann, der das Dionysische in, sagen wir, Beethoven akzeptiert, aber auch das Apollinische zu würdigen weiß". So einfach freilich konnte es sich Kubrick bei seiner filmischen Nietzsche-Lektüre nicht machen.

Zweimal hat sich Burgess an Kubrick auf künstlerische Weise „gerächt": In „Earthly Powers" läßt er einen Regisseur namens „Sidney Lameck" auftreten, der einen künstlerischen Roman in einen pornographischen Film verwandelt, und die letzte Regieanweisung in „A Clockwork Orange: A play with music" sieht den Auftritt eines Mannes „mit einem an Kubrick erinnernden Bart" vor, der zur Unzeit auf die Bühne kommt, um auf der Bühne „Singin' in the Rain" auf der Trompete zu spielen, bis er von den anderen Mitspielern hinausgeworfen wird. Das bleibt eher freundlich, und auch Kubrick hat sich nicht wirklich grimmig über den Autor geäußert, mit dem er, anders als mit Vladimir Nabokov bei LOLITA, nicht direkt zusammengearbeitet hat, wie er in seinem Interview mit *Sight & Sound* betonte: „Ich hatte eigentlich keine Gelegenheit, mit ihm über den Roman zu reden. Er rief mich eines Abends an, als er sich in London aufhielt, und wir hatten eine kurze Unterredung am Telefon. Im großen und ganzen war es nur ein Austausch von Höflichkeiten. Andererseits mache ich mir darüber keine allzu großen Sorgen, weil man bei einem Buch, das so hervorragend geschrieben ist, schon sehr faul sein muß, wenn man es nicht schafft, die Antworten auf die Fragen zu finden, die sich im Laufe des Textes stellen. Ich denke, es ist vernünftig zu sagen, daß, was immer Burgess über die Geschichte zu sagen hat, in diesem Buch gesagt ist".

Doch wie bei LOLITA sah sich Kubrick auch hier mit dem Problem konfrontiert, ein Werk in Bilder umzusetzen, das vor allem als Sprachspiel funktioniert. Einige unzweifelhafte Meriten des Buches mußten so auf der Strecke bleiben. Als Rondo-Form kehrt im Roman am Beginn der Kapitel 1, 8, 15 und 21 die Frage und Antwort wieder: „So, what's it going to be then, eh?" – „Out out out out out out". Schon weil er das letzte Kapitel auf jeden Fall fortlassen wollte (Kubrick hielt es für „nicht realistisch"), konnte der Regisseur diese Form nicht adaptieren. Das Verhältnis von Bild und Sprache dreht sich gleichsam um: Im Roman ist der Held in seiner Sprache zu Hause. Der Name Alex, so hat Burgess einmal bekannt, verweise nicht allein auf den a-lex, also auf den, der gegen das Gesetz steht, auf Alexander (wörtlich: Verteidiger des Menschen), sondern auch auf eine sprachschöpferische Funktion seines Helden: A Lex(icon), in einer fremden Welt. Im Film dagegen ist Alex in seinen visuellen Kennzeichnungen zu Hause und verfremdet in der Sprache den Blick auf sich selbst. (Und natürlich kommt es dabei Kubrick mehr als gelegen, daß diese Sprache wieder neben anderem auch auf das achtzehnte Jahrhundert verweist, auf die Werke jener Autoren, die auf mehr oder weniger ironische Weise einen Dialog, ja eine Komplizenschaft zwischen Autor, Held und Leser herstellen wollen.) Wieder ist, auch das eine Art Fortsetzung zu LOLITA, das sprechende und das handelnde Subjekt der Erzählung nicht vollkommen identisch. Während Alex versucht, uns zugleich eine Erzählung und eine Sprache zu vermitteln, während er versucht, uns zu seinen Komplizen, zu „Brüdern und Freunden" zu machen, entfernt er sich auch von sich selbst und durchläuft dabei jenen Prozeß, den auch der Autor der Aufklärung zu durchlaufen hatte, nämlich sich zugleich als Subjekt und Objekt der Erzählung zu verstehen (und beides, wenn überhaupt, nur durch Ironie zusammenhalten zu können).

Natürlich hat vor allem das unterschiedliche Ende von Roman und Film die Phantasie der Kritik angeregt. Wollte Burgess mit seinem Ende zeigen, daß man im Verlauf einer Biographie und also im Verlauf einer Kultivierungsgeschichte die Gewalt überwinden würde? Und wollte Kubrick dagegenhalten, daß die Gewalt, im Gegenteil, erst richtig bei sich selbst sei, wenn sie zum ästhetischen Schauspiel und also zur Gesellschaft selbst geworden ist? Der Widerspruch ist vielleicht weniger polemisch zu sehen als es scheint. Er ist zunächst und vor allem ein Frage der Komposition. Die Verfilmung des 21. Kapitels von „A Clockwork Orange" hätte sich zu dem Film ungefähr so verhalten wie die (nicht verwendete) Tortenschlacht am Ende von DR. STRANGELOVE: Nachspiel oder Coda, die zuviel Gewicht hätte, um die Balance der ursprünglichen Komposition zu wahren.

Wir hätten in Alex nur noch das Muster des Gewöhnlichen sehen können, weniger einen Menschen in der Revolte als einen, dessen schwarzer *élan vital* sich an der Gesellschaft abschleift. (Und daß es die Familie ist, die ihn schließlich „zähmt", das könnten wir wahlweise als fatalistisch, reaktionär oder als Höhepunkt der grausamen Satire ansehen.)

A CLOCKWORK ORANGE ist gewiß eine treffliche Komödie über das Nutzlose des Guten in einer nichtguten Welt. Und der Film nimmt vorweg, was aus dem Nukleus der Jugendbewegung von Woodstock und der Studentenbewegung werden sollte, der aggressive Tribalismus eines Selbst-Design, der kalte technokratische Blick auf den Körper. Das clowneske Auftreten der *Droogs* beginnt doch nicht zufällig mit den Bowlerhüten der Banker. Es ist ein satirischer Zerrspiegel der englischen Gesellschaft, eine Dekadenz, die nur ihren physischen Ausdruck sucht.

Es ist der Terror des Guten, der zur Gehirnwäsche führt, und der Film funktioniert definitiv auch als Satire auf das Christentum. Alex ist einer jener Manipulateure und Täuscher, wie sie in Kubricks Filmen immer wieder auftreten, und als solcher hält er – zunächst – seine *Droogs* zusammen. Aber zugleich ist er auch der furchtbarste Fall des Manipulierten, nicht allein in seiner Aversionstherapie und seiner Gehirnwäsche, sondern auch vorher und nachher, und über ihm stehen andere, mächtigere Manipulateure, wie Doktor Brodsky oder der Innenminister Friedrich. Zu ihm verhält sich der Jüngere ein wenig wie ein Schüler, der seine Lektion gelernt hat, aber, man möge verzeihen, auch ein wenig wie Christus, der seine Passion zu durchleben hat, zu seinem Gott-„Vater".

In der Anfangssequenz von 2001 hatten wir einer Revision des christlichen Schöpfungsmythos zugesehen, jener „absurden" Erzählung von einer Vertreibung aus dem Paradies, die durch die Erkenntnis von Gut und Böse verursacht wird. Wird der Mensch in der christlichen Erzählung etwa gerade dadurch böse, daß er – wie Gott! – das Gute und das Böse erkennen will (und ist die „Erbsünde" daher nichts anderes als der Wunsch nach dem Wissen von der Sünde – oder, anders gesagt: ein Sehen der Welt und seiner selbst, oder noch einmal anders gefragt: Sind Sünde, Erkenntnis und Bewußtsein nichts als verschiedene Namen für ein und dieselbe Sache, und diese Sache nichts anderes als die Trennung von Ich und Welt)? An Alex in A CLOCKWORK ORANGE wird dieser Zusammenhang von Sünde und Bewußtsein noch einmal exemplifiziert.

Aber mehr noch ist es eine Komödie über die Unlösbarkeit gesellschaftlicher Probleme selber: in A CLOCKWORK ORANGE hat Kubrick eine Frage aufgestellt, die man drehen und wenden kann, wie man will, sie verweigert jede eindeutige Antwort, die über die Darstellung eines endlosen Kreisens zwischen dem Terror des Bösen und dem Terror der Tugend hinausginge. Der Prozeß aber, den Kubrick als den eigentlichen darstellt, ist nicht so sehr diese moralische Falle, als vielmehr eine schleichende Legalisierung der Gewalt; der Staat selber ist es, der die sexuellen und gewalttätigen Impulse seiner Bürger kannibalisiert. Er macht aus den ehemaligen Terroristen mit derselben Strategie Polizisten, wie er – zu sehen in FULL METAL JACKET – seine Bürger zu Totschlagmaschinen barbarisiert. Wenn es also überhaupt eine „moralische" Fragestellung geben kann, so ist es einerseits die, warum aus der anarchischen keine anarchistische Gewalt werden kann (für die der Staat, wie wir sehen, sehr viel mehr seiner Gefängnismacht einsetzt als für die individuellen Gewalttäter) und jene andere, für die die Kritik Max Stirner bemüht hat: Wie kann man den Menschen befreien, ohne zugleich den Unmenschen zu befreien? Anders herum: Wie kann man im Namen des Guten die Unterdrückung des Menschen rechtfertigen? Oder noch einmal anders gesagt: Wie kann man der staatlichen Gewalt, die Stanley Kubrick von Anfang an in seiner Arbeit einer entscheidenden auch visuellen Kritik unterzogen hat, etwas entgegensetzen, ohne einer barbarischen Gewalt anheim zu fallen?

Eine andere Frage zunächst: Wer (oder was) ist eigentlich dieser Alex, der ja zugleich der Erzähler und der Erzählte, der Blick und das Bild ist? Wenn wir A CLOCKWORK ORANGE als ein Kreisen der Blicke und der Fetisch-Objekte sehen, ist Alex selbst ein Fetisch-Objekt, das Auge und der Phallus haben ihren Schnittpunkt an seinem Körper. Und damit begegnen sich noch einmal besonders heftig das Apollinische und Dionysische in Kubricks Welt, nun internalisiert vom Widerspruch des apollinischen Films 2001 zum dionysischen Bild von A CLOCKWORK ORANGE: der Widerspruch zwischen der Lust des grenzenlosen Schauens und der orgiastischen Tat. Die fundamentale Lebenskraft und die Individualisierung der Wahrnehmung, des Bewußtseins, schließlich der Moral, das ist das Dionysische in Nietzsches Blick und im Blick von A CLOCKWORK ORANGE. Was zwischen dem sehenden und dem handelnden Alex vermittelt, ist allein sein Text, und dieser Text feiert eine Gemeinsamkeit zwischen dem Autor und dem Zuhörer, die durch das Bild beständig widerlegt wird, soweit wir ihn moralisch bewerten wollten, und die sich doch herstellt in der Art eines gemeinsamen Rausches der Wahrnehmung. Daß Beethovens „An die Freude" zum Schlüssel für Alex' Passion wird, läßt sich am einfachsten wiederum mit Nietzsche verstehen: „Man verwandele", schreibt er in „Die Geburt der Tragödie", „das Beethoven'sche Jubellied der 'Freude' in ein Gemälde und bleibe mit seiner Einbildungskraft nicht zurück, wenn die Millionen schauervoll in den Staub sinken: so kann man sich dem Dionysischen

nähern. Jetzt ist der Sclave freier Mann, jetzt zerbrechen alle die starren, feindseligen Abgrenzungen, die Noth, Willkür oder 'freche Mode' zwischen dem Menschen festgesetzt haben. Jetzt, bei dem Evangelium der Weltenharmonie, fühlt sich Jeder mit seinem Nächsten nicht nur vereinigt, versöhnt, verschmolzen, sondern eins, als ob der Schleier der Maja zerrissen wäre und nur noch in Fetzen vor dem geheimnisvollen Ur-Einem herumflattere. Singend und tanzend äussert sich der Mensch als Mitglied einer höheren Gemeinsamkeit: er hat das Gehen und das Sprechen verlernt und ist auf dem Wege, tanzend in die Lüfte emporzufliegen. Aus seinen Gebärden spricht die Verzauberung. Wie jetzt die Thiere reden, und die Erde Milch und Honig giebt, so tönt auch aus ihm etwas Übernatürliches: als Gott fühlt er sich, er selbst wandelt jetzt so verzückt und erhoben, wie er die Götter im Traume wandeln sah. Der Mensch ist nicht mehr Künstler, er ist Kunstwerk geworden: die Kunstgewalt der ganzen Natur, zur höchsten Wonnebefriedigung des Ur-Einen, offenbart sich hier unter den Schauern des Rausches". Sehen wir die Bilder des Films zu diesen Worten, möchten wir sie beinahe als „wörtliche" Übersetzung begreifen.

Als Künstler ist er der Sänger und Clown des zivilisatorischen Zerfalls in einem England, das die soziale und kulturelle Deregulation des Neoliberalismus bereits hinter sich zu haben scheint. Der Staat ist nur noch ein Interessen-Instrumentarium, und die Gesellschaft zerfällt in Einzelne, die sich um ihr eigenes Überleben zu bekümmern haben. Einen öffentlichen Raum gibt es im eigentlichen Sinne nicht mehr, die Menschen leben in ihren Innenräumen, in denen die Fetisch-Objekte sortiert sind. Alex ist ein freies Radikal in dieser Struktur der Zeichen, und doch auch ihr Gefangener; er ist die „Wahrheit" dieses Systems, gerade weil er der größte aller Lügner ist.

Kubrick selbst gibt einen weiteren Hinweis, indem er Alex DeLarge (dessen Name auch an den Eroberer Alexander den Großen erinnern mag) mit Richard III. vergleicht. Auch der ist ein verabscheuungswürdiger, unmoralischer Mensch, und fasziniert doch zugleich als ein „Künstler" im Leben, durch Phantasie, Eleganz und Witz. Jede Gewalttat von Alex, geben wir es zu, ist ein Kunstwerk, weit entfernt von der Stumpfheit der Gewalt im bloßen Überlebenskampf.

1975: BARRY LYNDON (Barry Lyndon)

Barry gehörte zu jenen, die zwar intelligent genug sind, um eine bestimmte Stellung zu erobern, ohne sie dann bewahren zu können. Jene Energie, die diesen Menschen die Erfüllung ihrer ersten Aufgabe ermöglicht, führt anschließend häufig zu ihrem Untergang.

Der Erzähler in BARRY LYNDON

Und zu einem Kunstwerk will auch der Held von BARRY LYNDON sein Leben machen. Er ist der Mensch, der sein eigener Gestalter wird, der sich selbst zu Ende erziehen will, und der doch immer nur reagieren kann. „Der Mensch ist ein Seil, geknüpft zwischen Thier und Übermensch, – ein Seil über einem Abgrunde", sagt Zarathustra, und solch ein Seil über dem Abgrund ist, nach dem Astronauten Bowman, nach Alex auch das Leben von Barry Lyndon, dem Auf- und Absteiger.

Was Kubrick an Thackerays nicht eben als Hauptwerk gepriesenem Debüt-Roman (der in Fortsetzungen und unter dem Pseudonym George FitzBoddle publiziert wurde als pralle Satire auf den Abenteuerroman und fabulöse Aufschneidergeschichte) so faszinierte, mag nur vermutet werden: Von der derben Freude an Kolportage und Sensation jedenfalls ist im Film nicht mehr viel übriggeblieben; die düsteren Farben, in denen der Regisseur mit fortschreitender Handlung das Geschehen zeigt, scheinen dem Stoff nicht ganz angemessen. Aufstieg und Fall eines Menschen, die Bewegung von etwas, das man hochwirft, und das wieder herunterkommen muß, das bestimmt auch die zweiteilige Komposition

von BARRY LYNDON, in der von dem ursprünglichen Werk nicht viel übrig bleibt. Der Erzähler bei Thackeray entlarvt sich in seiner gespreizten Eitelkeit auf eine um vieles burleskere Art als es der Erzähler in Nabokovs LOLITA tut. Aber überraschenderweise schaltet Kubrick nun einen „neutralen" Erzähler ein. Thackeray, so Kubrick, war „davon fasziniert, Barry seine Geschichte auf eine verquere und manchmal sogar falsche Weise erzählen zu lassen. Er überließ es dabei dem Leser, die Wahrheit herauszufinden. Im Roman schafft dies eine Ebene ironischen Humors, im Film jedoch, so glaube ich, wäre der Gegensatz zwischen der objektiven, sichtbaren Wirklichkeit und der subjektiven Verwirrung, die im Roman stattfindet, so groß gewesen, daß das Ganze nicht mehr funktioniert hätte – es sei denn in Form einer überdrehten Komödie. Und das war der Stoff für mich nicht."

Teil I: „Wie Redmond Barry Rang und Namen des Barry Lyndon gewann"
Die erste Einstellung: Redmond Barrys Vater stirbt in einem Duell wegen einer Nichtigkeit – „wegen Meinungsverschiedenheiten beim Kauf einiger Pferde", berichtet

der sogleich einsetzende Erzähler. Wir sind distanzierte Beobachter dieser Szene, bei der nicht nur die Kompositionselemente (der Baum, der Felsen – hier in Gestalt einer bröckelnden Mauer im Vordergrund, der drückende violette Himmel), sondern auch der Einstellungswinkel an die Eingangsszene von 2001 erinnert. Eine Kubrick-Rückfahrt der Kamera stellt uns Mrs. Barry (Marie Kean) und ihren Sohn Redmond (Ryan O'Neill) am Grab vor: „Nach dem Tod ihres Mannes lebte Barrys Mutter in einer Weise, die über jeden Zweifel erhaben war". Allen Bewerbern um ihre Gunst entgegnet die Witwe, „einzig für ihren Sohn und im Gedenken an ihren dahingegangenen Heiligen leben zu wollen". Von der Statue eines Kindes fährt die Kamera zurück auf ein Kartenspiel zwischen Redmond und seiner Cousine Nora Brady (Gay Hamilton). Sie besetzt die rechte Bildhälfte (und so wird es bleiben in diesem Film, daß Barry Lyndon stets auf der linken Seite des Bildes auftritt, solange er eine Frau als Gegenüber hat, und in die rechte wechselt, wenn er allein ist oder unter Männern), draußen kündigt sich im Donner ein Gewitter an, und die erste Kamera-Einstellung in der wir überhaupt das Gesicht des Helden näher betrachten können, zeigt ihn über dem Rücken der Frau, und während wir nun im Gegenschnitt die scheinbar strenge, schweigende Gestalt sehen, phantasiert der Erzähler von der „ersten Liebe". Beinahe hat sich wieder die Situation eines *Match-Cut* von der tugendhaften Mutter auf die offenkundig höchst selbstbewußte Cousine ergeben. Nachdem sie das Spiel gewonnen hat, befiehlt sie ihm, sich zur Wand zu drehen, um das Band von ihrem Hals zu lösen, und es in ihrem Dekolleté zu verstecken, nun heißt sie ihn es suchen, Verführung und Kinderspiel. Der Erzähler spricht davon, daß diese erste Liebe auch Barrys Unglück bedeutete. Noch deutlicher ist es wohl kaum zu sagen:

Barrys Leben steht im Zeichen der Frau und im Zeichen des Untergangs.

Sehr lange dauert diese Suche, dauert die Überwindung der Furcht; *Fear and Desire* spiegelt sich in Barrys Gesicht. Und vom ersten Kuß schneidet der Film hart auf eine Kompanie britischer Soldaten, die sich zum Trommelschlag und Klang der Pfeifen auf uns zu bewegt. Aber noch schneller als die marschierenden Soldaten ist die sich rückwärts bewegende Kamera, die sich über eine Gruppe von Frauen und Männern erhebt, die dem militärischen Spektakel zusieht. „Um diese Zeit", berichtet der Erzähler, „befand sich die Bevölkerung des Königreiches in großer Aufregung, die von der allgemeinen Befürchtung einer französischen Invasion herrührte." Wir sehen Barry unter den Zuschauern: „Die scharlachroten Röcke und das großspurige Auftreten der Soldaten erfüllten Barry mit Neid". Der zweite Diskurs ist eröffnet, neben der Liebe der Krieg. „Das ganze Königreich hallte wider von den Klängen der Militärmusik". Ein fröhlicher Tanz schließt sich an die Demonstration der militärischen Pracht an; Redmonds Blick, schon jetzt, geht in eine innere Weite, als Nora mit Captain Quin (Leonard Rossiter) tanzt. Dem eifersüchtigen Barry hält sie beim Spaziergang durch eine traumhafte Allee vor: „Captain Quin ist ein Mann und du nur ein Bub mit keinem Groschen in der Hose". Redmond will ein Duell mit seinem Rivalen, und Nora lacht: „Es ist schön und gut, wenn du dich mit deinen Bauernjungen schlägst, aber Captain Quin ist ein Engländer". Vollkommener kann die in so unverfänglichem Ton vorgebrachte Kränkung nicht sein.

Nora und Captain Quin stehen sich an einem sanften Hügel über einem See gegenüber, er erklärt, sein „Herz sei entflammt", und sie, daß die Liebe der Frauen wie gewisse Pflanzen seien, die nur einmal erblühen. Und während die Kamera wieder mit ihrem gemessenen *travelling* rückwärts einsetzt,

sehen wir im Hintergrund andere Paare stehen, und wir können in dieser sarkastischen Verdoppelung nichts anderes vermuten, als daß diese sich die eben gleichen
Lügen erzählen oder arrangiert sind, um
die gesellschaftliche Kontrolle des Geschehens zu gewährleisten. Als Redmond zu
dieser Szene kommt, erfahren wir, daß sie
von ihren Brüdern begleitet wurde, „in deren Interesse es lag, eine Verbindung zwischen ihr und Captain Quin herbeizuführen". Als Redmond ihr das Liebes-Band zurückgibt, und sie vergeblich versucht, die
Sache herunterzuspielen, will sich Quin erzürnt zurückziehen. „Du meine Güte, Captain Quin, dieser Junge bedeutet mir nicht
mehr als mein Papagei oder mein Schoß-
hund", ereifert sie sich, aber das Spiel ist
schon verloren: „Wenn Damen beginnen,
an verschiedene Herren Geschenke zu machen, dann ist es wohl Zeit, das Feld zu räumen", und so wirft er ihr das Band vor die
Füße. Weder Nora noch ihre Brüder können Quin zurückhalten, der zugleich mit
seinem Verzicht auf „diese junge Lady"
eine Summe Geldes zurückverlangt, die
ihm noch geschuldet wird. „Den Hals
könnte ich dir umdrehen. Überall mußt du
deine Nase hineinstecken". Geld, Liebe,
Krieg: ein Kreislauf, den Redmond Barry,
ohne zu verstehen, durchbrochen hat.

Eine festliche Tafel: Wieder kommt
Redmond von vorne in das Bild hinein, immer scheint er auf diese Weise einzudringen in ein sorgfältig arrangiertes Tableau. Er
wird an die Tafel gebeten, wo ihn Quin fixiert. Blicke auch von Nora, die neben ihm
sitzt; nun wieder offen, vielleicht; man feiert die Verlobung von Quin und Nora.
Beim Trinkspruch auf das Paar bleibt Redmond sitzen; dann steht er auf: „Dies ist
mein Trinkspruch, Captain Quin", und mit
diesen Worten schleudert er ihm den Inhalt
des Glases ins Gesicht. Barrys Onkel Jack
Grogan (Godfrey Quigley), in der englischen Uniform, begleitet ihn nach Hause

und wird schließlich zu seinem Sekundan-
ten: „Was sein muß, muß sein". Und so
kommt es zum Pistolenduell; wieder fährt
die Kamera vom rituellen Vorgang des La-
dens der Duellpistolen zurück. Man bietet
Redmond zehn Guineen an, wenn er nach
Dublin verschwindet und er sich zuvor entschuldigt (wir sehen nur zu deutlich die
Angst bei Quin); aber Redmond lehnt das
Angebot ab. Er erschießt Quin. „Dies ist ein
schlimmer Tag für unsere Familie, Redmond Barry".

Redmond muß verschwinden, bevor
die Polizei eintrifft; und so beginnt das
Wanderleben des Helden. Wir sehen bis dahin einen weichen, noch formbaren, sehr
offenen Menschen, einen *Candide* der sanften irischen Landschaft, der sich noch er-
folgreich weigert, die Lektionen des Bösen
zu lernen. Er bleibt unbeholfen und naiv
auch noch in der dramatischen Wende, die
sein Leben nun nimmt.

Es ist, als würden wir die Bilder einer
imaginären Ausstellung betrachten, Gen-
rebilder, Landschaftsmalereien, Portraits,
Schlachtengemälde; und als würden wir
dabei den Blick eines Besuchers haben, der
sich immer wieder zuerst an einem Detail
festsieht, um sodann einige Schritte zurück zu machen, um die ganze Komposition zu betrachten. Oft sehen wir Menschen
auch diese Bilder „betreten" und von ihnen verschluckt werden. *Der plot*, der in
der nun so vollständig entwickelten eigenen Ästhetik des Films für die Bewegung
sorgt, der unsere Blicke in Gang hält, ist
vergleichsweise schnell erzählt: Barry
flieht mit dem Rest seines Erbes in der Tasche nach Dublin. In einem Wald wird er
von Straßenräubern ausgeraubt, bei denen
er kurz vorher arglos um einen Schluck
Wasser bat – Captain Finey (Arthur
O'Sullivan) und sein Sohn – und muß
ohne Geld und Pferd seinen Weg fortsetzen. Am nächsten Ort trifft er auf Werber:
Das Infanterie-Regiment des englischen

1
Hardy Krüger

Königs braucht neue „Männer, die darauf aus sind, das Leben eines Gentleman zu führen". Der gutgläubige Barry läßt sich anwerben und kann sich erst Achtung verschaffen, als er im Kreis der Rotröcke einen Faustkampf gegen den Kraftprotz Toole (Pat Roach) gewinnt, den er auf Anweisung eines Kameraden wegen seiner Frau beleidigt hat. In diesem Kreis nun beginnt auch die (Hand-) Kamera zum ersten Mal zu kreisen, umfährt die Kämpfenden wie ein lauernder Dritter, taumelt selbst wie der immer wieder getroffene Poole. Wahrhaft radikal wird die statische Komposition hier unterbrochen, um sodann wieder in die ruhige Beobachtung der Marschformationen der Soldaten zurückzukehren, wo Barry bei der Vereinigung mehrerer Truppenteile wieder auf Captain Grogan trifft.

Die Erziehung des Helden hat begonnen, und zugleich scheint er nun in der Lage, etwas von seinem Leben in die eigenen Hände zu nehmen. Daß es der Betrug ist, der als Motor der Karrieren funktioniert, lernt Barry auch noch: Grogan erzählt ihm, daß Captain Quin keineswegs bei dem Duell ums Leben kam und er jetzt mit Nora verheiratet sei. Das Duell war seinerzeit von Noras Familie fingiert worden, weil der englische Captain als gute Partie sichere Einkünfte versprach und man mit dem inszenierten Tod des Kontrahenten und der erzwungenen Flucht Barrys auf elegante Weise sich des Emporkömmlings zu entledigen wußte. „Du standest uns nämlich im Wege, weil sich der feige Quin aus Angst vor dir niemals zu einer Heirat entschlossen hätte." Die drei Kerzen im Zelt, die das Gespräch der beiden beleuchten, geben zu diesem kalten Intrigenspiel noch ein beinahe heimeliges Licht. Dieses Licht wird „wuchern" in diesem Film, zugleich Erinnerung und Wahn, das Licht der Epoche, die aus sich selbst verbrennt.

„Es brauchte einen größeren Philosophen und Historiker als mich um die Ursa-chen jenes Siebenjährigen Krieges zu erklären, in dem Europa sich befand", erklärt der Erzähler, während wir das Schiff sehen, mit dem Barrys Regiment von England nach Deutschland übergesetzt wird. Und dieser Siebenjährige Krieg, auf dessen Schlachtfeldern der Held umhergetrieben wird, erweist sich als wahnwitziges organisiertes Sterben; wie Schlafwandler marschieren die Reihen der buntgekleideten Soldaten ins Feuer des Feindes. Und vielleicht tun sie das nicht nur aus dem somnambulen Verlangen nach dem schönen Tod durch die Auflösung der Person in der Schlachtordnung, nicht nur wegen der Mechanisierung des Menschen im Krieg, sondern auch, weil die Menschen dieses Jahrhunderts ihrem eigentlichen Ziel, dem Subjekt, noch ausweichen wollen. „Sobald jetzt irgend ein Krieg ausbricht", so Friedrich Nietzsche in „Die Fröhliche Wissenschaft", „so bricht damit immer auch gerade in den Edelsten eines Volkes eine freilich geheim gehaltene Lust aus: sie werfen sich mit Entzücken der neuen Gefahr des *Todes* entgegen, weil sie in der Aufopferung für das Vaterland endlich jene lange gesuchte Erlaubniss zu haben glauben – die Erlaubniss, *ihrem Ziele auszuweichen*: – der Krieg ist für sie ein Umweg zum Selbstmord, aber ein Umweg mit gutem Gewissen".

Es kommt zu einem „Scharmützel" von Barrys Regiment mit den Franzosen. Wie eine seltsame Maschine bewegen sich die Linien der Engländer auf die Franzosen zu, die einen Weg besetzt halten, den die Hauptstreitkraft später passieren soll. Die Kamera ist, die Seiten rhythmisch wechselnd, stets, so scheint es, in der zweiten Reihe, macht den Feind über den Rücken der ersten Linie aus, aber sie läßt sich auch mitreißen; zum ersten Mal benutzt Kubrick in diesem Film eine Parallelfahrt, wie sie John Ford nicht hätte grandioser einsetzen können, doch umso unbarmherziger läßt er in dieser Einstellung das Heroische in

das Mechanische und das Barbarische übergehen. Und dieser merkwürdige Stilbruch
ist nicht weniger schockierend als an anderem Ort der Schnitt einer grandiosen Komposition gegen eine direkte Handkamera-
Einstellung, wie es in A CLOCKWORK ORAN-
GE ebenso wie in diesem Film in zwei harten Kampfszenen geschieht.

Die angreifenden Linien lichten sich
unter dem Feuer des Feindes, mit einem
starren Blick nach vorn marschieren die
Überlebenden weiter; nur als auch Captain
Grogan schwer verletzt wird und Barry sich
über ihn beugt, statt wie die anderen unbe-
irrt weiter zu marschieren, verläßt auch die
Kamera wieder ihre starre Bewegung. Sie
bleibt mit den beiden zurück, der Schlach-
tenlärm ist noch sehr nah, und folgt Barry,
der den Schwerverletzten aus dem Pulver-
dampf der Schlacht und über das Stöhnen
der Verwundeten und Sterbenden in einen
Waldweg schleppt, der wie die Vorahnung
eines Schützengrabens erscheint. Die seltsame Faszination dieses Krieges besteht gerade darin, daß er so offen, so bunt, so ohne
jegliche Verstellung geführt wird. Niemand
sucht Deckung, niemand versucht, sich zu
tarnen. Grogan stirbt in einem langen Kuß
des Todes von Barry, in dem sich vieles vereinen mag, unter vielem anderen auch der
Kuß für den Verrat.

Da steht, isoliert, auf Wache vielleicht,
Redmond Barry, ernüchtert am Feuer. Der
Erzähler kommentiert: „Es ist einfach, von
ruhmreichen Feldzügen zu schwärmen,
wenn man in einem behaglichen Lehn-
stuhl sitzt, aber es ist eine ganz andere Sache, sie am eigenen Leibe zu erfahren. Und
nach dem Tod seines Freundes gab Barry
seinen Traum von Soldatenruhm und -ehre
auf und war nur noch darauf bedacht, dem
Kriegsdienst zu entrinnen, zu dem er für
weitere sechs Jahre verpflichtet war. Später
wird man diese Zeit als das Zeitalter der Rit-
terlichkeit preisen und sich nicht der armseligen Gestalten, der Brandstifter und
Plünderer erinnern, die nichts als bekla-
genswerte Werkzeuge in den Händen der
Feldherren und Könige waren, mit denen
jene wiederum ihr blutiges Handwerk ausübten." (Wir sehen dazu die Bilder plün-
dernder und brandschatzender Soldaten;
das Feuer im Zentrum ist wie eine Fortsetzung des Feuers, an dem Barry steht, über

einen Schnitt hinweg. In der ersten Einstellung verschwindet das Feuer durch die Kamerabewegung nun auf den einsamen Helden zu am unteren Bildrand, in der zweiten Einstellung lodert es um so heftiger zum oberen hin.) „Ein junger Mann konnte sich kaum in schlechterer Gesellschaft befinden als Barry es zwangsläufig war. Doch schon bald sollte sich sein Schicksal wenden, und zwar durch einen recht außergewöhnlichen Umstand, der ihn unversehens seines alten Dienstes enthob." An kleinen Feuern des Lagers vorbei schleppt Barry zwei Eimer zum Fluß (nehmen wir die letzten Einstellungen zusammen, so könnten wir wohl argwöhnen, er sei wegen seines Verhaltens in der Schlacht „degradiert", zumindest ausgeschlossen worden).

Barry belauscht zwei homosexuelle Offiziere beim Baden in einem Weiher und erfährt, daß einer der beiden nach Bremen abkommandiert ist, um Prinz Henry wichtige Botschaften und Depeschen zu überbringen. Er nimmt dessen Uniform und Pferd an sich und desertiert. Als er die blauweißen Uniformen der preußischen Verbündeten zum ersten Mal sieht, fühlt er sich in Sicherheit. Zuerst beabsichtigt er, nach Holland zu gehen, dem einzigen neutralen Land in diesem Krieg. Er hatte die Stellung eines Gentleman erreicht und beschloß, sie nie wieder aufzugeben. Das Versprechen, das die Werber gegeben haben, erfüllt sich, gerade weil sich der Held gegen deren Institution wendet.

Eine junge deutsche Bäuerin (Diana Körner), deren Mann im Krieg ist, nimmt ihn für einige Tage bei sich auf. „Lieschens Herz war den naheliegenden Dörfern ähnlich. Oft bestürmt und wohl auch schon verschiedene Male eingenommen, bevor Barry es erobert hatte." Im Raum der schönen Deutschen, die Barry erst Essen, dann sich selber gibt, sind es schon vier Kerzen, die auf dem Tisch brennen, an dem sie auch ihr Kind füttert. Unter dem falschen Namen Jo-

nathan betritt er ihr Haus, unter seinem richtigen Namen Redmond verläßt er sie.

Wieder unterwegs, nach wie vor mit der Absicht, sich ins neutrale Holland abzusetzen, trifft Barry im Abendlicht auf den preußischen Hauptmann Potzdorf (Hardy Krüger), dem er seinen angeblichen Auftrag mitteilt und Einblick in seine Papiere gewährt. Daß er in die falsche Richtung reitet, erklärt er mit einem Versäumnis der Ordonnanz, die ihm die falschen Karten ausgehändigt hätte. Barry bemerkt nicht, daß er Potzdorf auf den Leim geht, als er dessen Einladung zum Abendessen annimmt und dabei Geschichten über den englischen Hof erfindet. Im Gasthaus sind nun die einzelnen Tische mit fünfarmigen Kerzenleuchtern erhellt. Potzdorf überführt ihn der Lügen, läßt ihn unter Arrest stellen und zwingt ihn, der preußischen Armee beizutreten. Nun ist aus dem roten ein blauer Soldat geworden. Und das heißt: Barry lernt das „bedeutend härtere" Regiment kennen, das bei den Preußen herrscht. „Spießrutenlaufen war an der Tagesordnung" und „größere Vergehen wurden mit Verstümmelungen oder mit dem Tode bestraft". Wir sehen, wie Barry mit rückwärts gerichtetem Bajonett einen Delinquenten durch die Gasse der Prügelnden führt. Im nächsten Bild aber, marschierende preußischen Soldaten, sehen wir, daß diese Grausamkeit keineswegs zu mehr Disziplin zu führen scheint, und auch Barry trägt sein Gewehr eher nachlässig über der Schulter: „Gegen Ende des Siebenjährigen Krieges wurde diese gefürchtete und disziplinierte Armee zwar noch von preußischen Offizieren befehligt, bestand aber zum großen Teil aus angeworbenen Söldnern und zum Dienst gepreßten Männern aus ganz Europa, die als gescheiterte Existenzen auf Barry den schlechtesten Einfluß ausübten. Und Barry erwies sich als gelehriger Schüler und meisterte die Kunst des Betrugs, der Verstellung und Heuchelei bald wie kein anderer"

1
Patrick Magee
Ryan O'Neal

2
Ryan O'Neal
Diana Körner

3
Hardy Krüger
Ryan O'Neal

berichtet der Erzähler, der offenkundig Wert darauf legt, wie sehr es die Außenwelt ist, die Einfluß auf den Helden nimmt. Er macht einen Erziehungsroman aus einer Pikareske und wiederholt dabei ein wenig die Erzählhaltung aus A CLOCKWORK ORANGE, indem er dem Zuschauer vermittelt, schon wesentlich mehr, wenn nicht alles zu wissen, was aus den Bildern selbst nicht allein ersichtlich ist.

Das preußische Heer, das auf uns zu marschiert, füllt vollständig das Bild, keinen Hauch von Natur und Himmel sehen wir. Und tatsächlich sehen wir Barry, während andere Soldaten im offen Feld kämpfen, nun aus der sicheren Deckung eines Forts kämpfen. Überhaupt hat hier der Krieg die furchtbare Schönheit der ersten Schlachtszenen gründlich verloren. Er nähert sich dem modernen Krieg; wieder sehen wir die Andeutung eines Schützengrabens, durch die Potzdorf, vor brennenden Teilen des Forts, eilt, um die Verteidigung an den Schießscharten zu inspizieren, in denen sich die Männer, feuernd und ladend, im Kreis bewegen, eine Vorahnung des Maschinengewehrs.

Die französische Artillerie feuert einen Kanonenschuß, und dabei wird Hauptmann Potzdorf schwer verletzt. Chaos und Labyrinth haben die Schlachtordnung überholt; Barry holt ihn unter einem Balken aus den brennenden Verteidigungsanlagen heraus und rettet ihm das Leben. Er tut das auf dieselbe Weise wie er es bei seinem Onkel getan hat, noch einmal, indem er die Kriegsmaschinerie verläßt, aber dieses Mal mit besserem Erfolg. Für seine Tat wird ihm auf Erlaß des Königs, nein kein Orden, sondern eine symbolische Belohnung von zwei *Frederic d'or* verliehen. Im Viereck stehen die Soldaten nun um das Zeremoniell, im Hof eines halbzerschossenen Forts, welch wunderschöner, tieftrauriger Kontrast vom roten Kreis in der irischen Natur zum blauen Karree in der preußischen Na-

turlosigkeit, und es ist wieder an dem preußischen Offizier, der Barry auszuzeichnen hat, ihn letztlich zu kränken: „Er ist ein tapferer Soldat. Und kommt offensichtlich aus gutem Haus. Aber er ist faul, ausschweifend und gewissenlos. Er hat den Männern viel Schaden zugefügt. Und all seine Schliche und Tapferkeit werden ihm letztlich nicht helfen". Aber Redmond Barry reagiert nicht mehr wie der gekränkte Narziß. „Ich glaube nicht, daß mich Herr Oberst von Bülow richtig beurteilen. Ich gebe zu, ich bin in schlechte Gesellschaft geraten, aber ich habe nur getan, was andere auch getan haben. Und vor allem: Ich hatte bislang keinen wohlwollenden Beschützer" (er wendet sich zu Potzdorf), „dem ich zeigen konnte, was ich wirklich wert bin".

Bislang war Redmond Barry, man scheint das in der Rekonstruktion des Films allzu leicht wegen seiner zwei Hauptteile zu vergessen, entschieden auf dem Weg nach unten, auch wenn ihm zwischendrin ein Coup der Rollenanmaßung gelungen sein mag. Aus dem gekränkten Narziß und dem pikaresken Helden der Camouflage wird in dieser Szene etwas anderes: ein Diplomat (oder anders ausgedrückt: ein Schurke).

Und dann Preußen. Potzdorf hat Barry hierhergebracht, aus Dankbarkeit. Von den irischen Hügeln und den ruralen Schlachtfeldern zu einem vollständig gezähmten Verhältnis von Natur und Architektur. Bäume, die wie Spaliere gezogen sind, Schloßbauten in wohltuender Distanz zueinander, eine endlose Allee dazwischen. Am Fluchtpunkt dieses Bildes ein lebendes Gemälde, in das zur rechten Zeit eine Kutsche den Fluchtpunkt-Weg entlangfährt, um Zeit in diesen Raum zu bringen, der deswegen nicht mehr „majestätisch" genannt werden kann, weil er sich seiner diesbezüglichen Inszenierung allzu bewußt sein muß. Es ist, als wären wir in dem imaginären Museum, das wir in diesem Film durchreiten, von den Gemälden zur Kupferstich-Abteilung gelangt. Der Vorgang der Reproduktion des Herrscherblicks, der gleichwohl schon den Kern einer Verbürgerlichung in sich zu tragen scheint. Die Weite dieses Blicks ist konstruiert (und wir ahnen am Ende dieser langen Straße nur neue Gebäude, eine Sackgasse). Der hohe Raum von Potsdam ist nun ganz gefüllt, so wie die Natur gefüllt ist, nichts mehr von der Leere über den Tafelnden im irischen Schloß. Jede Tür, jeder Eintritt ein strenges Ritual. Hier also ist Redmond Barry gelandet, und der Sieg der Architektur über die Natur setzt sich auch im Inneren fort. Der Krieg ist vorbei, es beginnt die Zeit einer anderen Grausamkeit.

Auf Potsdorfs Vermittlung wird Barry vom preußischen Polizeiminister als Spitzel eingesetzt. Er soll unter falscher Identität bei Chevalier de Balibari (Patrick Magee), ein „Gentleman", der sein Leben mit gutem Essen, Frauen und Spiel verbringt, in den Dienst treten. Denn man vermutet, daß er in Wirklichkeit aus Irland kommt und als Spion arbeitet. Oh ja, die Modernisierung des Krieges schreitet voran, und sie zieht sich auch durch die scheinbaren Friedenszeiten. Je mehr in der Architektur und in der Wahrnehmung das Viereck den Kreis ersetzt, und, was das Innere betrifft, der Stuck die Mauer, desto mehr wird die offene Farbe durch die unauffällige Maske, die Camouflage ersetzt. Die Gesichter beginnen unter Schminke und Puder zu verschwinden, oder als groteske Masken umso mehr hervorzutreten. Der Krieg geht immer, nur mit anderen Mitteln, weiter, und für Barry schon gar. Aber der Diplomat, Agent und Schurke in ihm kämpft noch mit dem gekränkten Narziß und daher Patrioten. Als Barry seinem irischen Landsmann gegenübersteht, überkommt ihn ein Gefühlsausbruch. Er gesteht ihm seine wahre Identität und daß er in seine Dienste gezwungen wurde, um ihn zu überwachen. Weiß der Himmel wie wahrhaft diese Konfession sein mag; vermutlich hat Barry nur einfach den besseren Vater gefunden, irisch oder nicht: einen Schurken und Falschspieler. Einen Dionysiker! Der Chevalier ist darob offenbar genauso gerührt, und Barry spielt nun ein doppeltes Spiel. Er erstattet dem Polizeiminister regelmäßig Berichte, die mit dem Chevalier zuvor abgesprochen waren. Gemeinsam beteiligen sie sich an Glücksspielen, Barry als „Diener" gibt dem Chevalier durch scheinbar unverfängliche Gesten und Worte Hinweise auf das Blatt der Gegner, und so betrügen sie die adeligen Spielpartner um enorme Summen. Am Spieltisch kann man sein Leben ebenso ruinieren wie auf dem Schlachtfeld. Sechs Kerzen sind es nun, es wundert uns nicht mehr, die den einzelnen Spieltisch erleuchten.

Um einen Eklat zu vermeiden – der Prinz von Turbingen bezichtigte den Chevalier des Falschspiels und dieser forderte daraufhin Satisfaktion – soll der Chevalier auf Geheiß des Königs das Land verlassen. Offiziere sollen ihn bei seiner morgendlichen Spazierfahrt entführen und zur Grenze bringen. Doch nicht den Chevalier, der in der Nacht geflohen ist, bringen sie über die Grenze nach Sachsen und damit in die Freiheit, sondern Barry in dessen Maske. „Der Chevalier selbst hatte in der Nacht das Land unauffällig verlassen".

„Nachdem Barry auf so glanzvolle Weise seiner Knechtschaft entronnen war, begann er seine berufliche Laufbahn am Spieltisch – er war entschlossen, von nun an endgültig das Leben eines Gentleman zu führen. Bald gab es keinen Hof in Europa mehr, an dem er und der Chevalier nicht willkommen geheißen wurden, so daß sie sich überall dort, wo man das Glücksspiel liebte, in allererster Gesellschaft befanden, wo sie als Lehrmeister dieser Kunst hochgeschätzt wurden." In glanzvollen Salons erspielen die beiden Betrüger mit aristokratischem Benehmen hohe Summen; der Chevalier schreibt bereitwillig Schuldscheine aus, doch wenn ein Verlierer diese nicht einlösen kann, tritt Barry in Aktion und zwingt sie dazu im Degenduell. „Man kann daraus ersehen, daß ihr Beruf trotz allen Glanzes und aller Aufwendigkeit gewisse Gefahren mit sich brachte". Und trotz alledem bleibt ihnen nichts weiter „als ihre Garderobe, und was darüber hinaus zu einem eleganten Auftreten nötig war".

Barry ist nun sehr weit oben, und wir sehen dem Gesicht des einst so durchscheinenden, weichen Helden an, was das bedeutete. Nicht nur verhärtet und zu jeder benötigten Verstellung fähig ist dieses Gesicht, sondern auch innerlich ermattet; sein Blick wird starr, berechnend und dabei erkenntnislos. Und in seinem Blick sehen wir diese Welt des achtzehnten Jahrhunderts als eine triumphale Inszenierung. Den „Herrscherblick", den Barry annehmen will, sehen wir rondohaft wiederkehren, doch wechselt dabei die Musik, und von Mal zu Mal wird die Inszenierung fremder, bis sie am Ende ein reiner Anachronismus ist. Wenn in A CLOCKWORK ORANGE diese Ordnung des zugleich vernünftigen und herrschenden Blicks der Zentralperspektive von den *Droogs* (und der sie begleitenden Handkamera) zerstört wird, so zersetzt sie sich in BARRY LYNDON von Innen heraus. Wir sehen zu, wie ein Blick seinen Glanz verliert, paradoxerweise zum Teil, weil es heller wird (aber das Helle war für Kubrick noch nie mit dem Positiven verbunden).

„Fünf Jahre in der Armee und die Erfahrungen in der Welt der vornehmen Gesellschaft hatten Barrys romantische Vorstellungen von der Liebe zerstört, mit denen einst sein Wanderleben begonnen hatte. Und er hatte sich vorgenommen, wie schon viele feine Herren vor ihm, eine Frau von Rang und Vermögen zu heiraten. Der Zufall wollte es, daß schon bald eine Frau in sein Blickfeld trat, die seinen Vorstellungen

genau entsprach und die in Zukunft eine bedeutende Rolle in seinem Leben spielen sollte ...". Im Spielcasino von Spa lernt Barry am Spieltisch die schöne Lady Lyndon (Marisa Berenson) kennen, eine ätherische Dame „von eher sanfter Natur", mit der er sofort eine Romanze beginnt. Auch sie ist nicht abgeneigt, obwohl sie mit dem alten, schwerkranken Sir Charles Lyndon (Frank Middlemass) verheiratet ist, den wir zuerst sehen, wie er begleitet von seiner Familie und vom Kaplan Runt (Murray Melvin) und Erzieher seines Sohnes, des kleinen Lord Bullingdon (Dominic Savage) in einem Rollstuhl durch den Park gefahren wird. Von dem Jungen weiß der Erzähler noch zu berichten, daß er „sehr an seiner Mutter hing". Eine Spiegelung des jungen Redmond, und zugleich der Beginn neuen Unheils.

Sehr genau, sehr langsam zeigt Kubrick die Annäherung, zuerst der Blicke über den Spieltisch hinweg, den Kuß auf dem prächtigen Vorbau des Casinos, eine Kahn-Partie. „Kurzum, sechs Stunden, nachdem sie sich kennengelernt hatten, war Ihre Gnaden verliebt. Und Barry benutzte von nun an jede Gelegenheit, um seine Beziehungen zu ihr zu festigen". Lange schwenkt nun die Kamera über die Anlagen des Schlosses, ein schweifender, selbstgewisser und freierer Blick als er Barry je zuvor vergönnt war. Er mag meinen, diese Welt „gehöre" ihm nun, und er gehöre ihr an.

Und daher dringt er nun auch nicht mehr in das Bild ein, sondern zelebriert seinen Auftritt, als er zur Spielrunde von Sir Charles tritt, der ihn und seine Frau anklagt, die schon zu seinen Lebzeiten nach einem Nachfolger suche. Wie groß seine Chancen stehen, Redmond Barry noch hängen zu sehen, fragt er in die Runde. „Sir, laßt den zuletzt lachen, der gewinnt"; formvollendet zieht sich Barry zurück. Außer sich vor Zorn bekommt der alte Mann eine Herzattacke und stirbt in grotesken Zuckungen. „Aus einem Bericht des St. James Almanach", zitiert der Erzähler, „Gestorben in Spa, im Königreich Belgien, Sir Charles Reginald Lyndon, Ritter des Bath-Ordens, Mitglied des Parlaments und während vieler Jahre Gesandter seiner Majestät an verschiedenen europäischen Höfen. Sein Name wird unvergessen im Herzen seiner Familie und Freunde weiterleben".

Sein Tod ist Barrys endgültiger Triumph und zugleich der Beginn seines Abstiegs. So beginnt

Teil II „In welchem von den unheilvollen Ereignissen berichtet wird, die über Barry Lyndon hereinbrachen"

Am 15. Juni 1773 führt Barry die Countess von Lyndon zum Altar, die Trauung wird vom Hauskaplan Reverend Runt durchgeführt. Wie versteinert steht der junge Lord Bullingdon, Lady Lyndons Sohn aus erster Ehe, neben seiner Mutter. Und unmißverständlich klagt der Kaplan in seiner Ansprache Barry an, nicht der Wollust – den Trieben wie der Tiere – diene die Ehe, sondern der Gemeinde und der Abwehr der Sünde der Lust. Barry, der sich fortan Barry Lyndon nennen darf, „war nun auf dem Höhepunkt seiner Laufbahn angelangt". Er hat die Gepflogenheiten seines neues Standes gut, vielleicht zu gut studiert. Blasiert und rücksichtslos benimmt er sich seiner Frau gegenüber (während einer gemeinsamen Kutschfahrt sehen wir ihn ungerührt seine Pfeife rauchen, während Lady Lyndon sichtlich unter dem Qualm zu leiden hat; und als sie ihn bittet, eine Weile aufzuhören, bläst er ihr den Rauch ins Gesicht): „Lady Lyndon mußte sich bald damit bescheiden, in Barrys Leben keine größere Rolle zu spielen als die eleganten Teppiche und Bilder, die nun den üppigen Hintergrund für seine Existenz bildeten". Der kleine Lord nennt ihn dem Kaplan gegenüber einen gewöhnlichen Opportunisten, der seine Mutter zur Närrin macht.

Ein Jahr später wird Bryan Patrick geboren. „Das Ehepaar hatte wenig gemein, und jeder ging bald seiner eigenen Wege": Barry feiert die Geburt seines Sohnes im Bordell. Wieder hat sich die Anzahl der Kerzen erhöht, die die Szene beleuchten. Lady Lyndon wird von Barry ganz in den „häuslichen Bereich" der Familie eingeschlossen. Wir sehen bei der Hausmusik in ihre traurigen Augen; beim Spaziergang mit dem Sohn und dem Kaplan beobachtet sie, wie ihr Mann das Hausmädchen verführt, das ihr zweites Kind mit dem Wagen spazieren führte. Der Sohn greift nach der Mutter Hand, als er mit haßerfüllten Augen seinen Stiefvater fixiert. Auch das Kartenspiel, diese Leidenschaft der Epoche, kann ihre Melancholie nicht vertreiben, ebenso wenig die französische Literatur, die sie sich von ihren Damen im Bad vorlesen läßt. Da tritt Barry ein und kniet neben der Wanne nieder: „Bitte verzeih' mir". Wie fahl das Licht geworden ist!

Lord Bullingdons Abneigung gegen seinen Stiefvater Barry schlägt in offenen Haß um, als der ihn dazu zwingen will, ihm einen „richtigen Kuß" zu geben. Auch die Mutter mahnt: „Lord Bullingdon! Benimmt man sich so seinem Vater gegenüber?" Es erzürnt ihn vor allem, daß die Mutter offenkundig die Seiten gewechselt hat; „Lord Bullingdon! Du hast deinen Vater beleidigt!", sagt sie und schlägt ihn mit der behandschuhten Hand. „Madame", erwidert der Junge, „Ihr habt meinen Vater beleidigt". Barry züchtigt ihn mit der Rute, ohne ihn brechen zu können: „Barry erkannte, daß der Junge von Anfang an eine tiefe Abneigung ihm gegenüber hatte, und daß das Unglück, das noch folgen sollte, in Bullingdons Eifersucht seine Wurzeln hatte".

Acht Jahre später – ein „solcher Haß gegen seinen Stiefvater hat sich in ihm angestaut, daß nur die Liebe zu seiner Mutter ihn vor drastischen Schritten bewahrte" – sehen wir Bullingdon (Leon Vitali) zu Füßen seiner Mutter, ihre Hand haltend, bei den Darbietungen eines Zauberers, dem Bryan (David Morley) als Assistent dient. Und wie um zu kommentieren, was in dieser sich ausbleichenden Welt mit den Farben geschehen ist, erklärt der Zauberer Bryan noch: „Weißt du, daß alle Farben des Regenbogens zusammen nur eine Farbe ergeben?" Er öffnet eine magische Schachtel, darin ein weißes Kaninchen zum Vorschein kommt.

Obwohl es Bullingdons achtzehnter Geburtstag ist, ist es Bryans Fest. Am Abend noch erzählt Barry ihm von seinen Heldentaten im Krieg und wie er die Feinde geköpft habe. „Durftest du die Köpfe behalten?" fragt der Neunjährige. „Nein", antwortet Barry, „die Köpfe bleiben immer Eigentum des Königs." Und morgen werde man miteinander wieder Karten spielen.

Barrys Mutter, die mittlerweile auch in Hackton Castle wohnt, und dort auch offenkundig immer mehr die Dinge lenkt, klärt Barry über die wahren Besitzverhältnisse auf: Wenn Lady Lyndon ihn und seine irischen Angewohnheiten einmal nicht mehr mögen oder selber sterben würde: „Was wird dann aus meinem Sohn und aus meinem Enkel?" Mit ihrem Tod fiele der gesamte Besitz an Lord Bullingdon. Sie rät ihm, sich unbedingt den Titel eines Lords zu beschaffen, da er sonst immer von seiner Frau und dem ungeliebten Stiefsohn abhängig bleiben würde. Diesen Titel will Barry von nun an mit allen Mitteln erreichen, koste es was es wolle. Er gibt Unsummen aus, macht kostbare Geschenke und erwirbt Bilder (darunter einen ominösen „Ludovico", der übrigens die Heiligen Drei Könige zeigt) und andere Kunstwerke zu ruinösen Preisen. Barry fällt da wohl auf Fälschungen, zumindest auf Imitationen herein; er gibt sich als Kenner, der von der hinreißenden Behandlung des Blau durch den Maler faselt – und fast möchte man Kubrick für seine humane Nachsicht danken, daß er

uns dieses Gemälde nicht auch noch zeigt, auf daß wir allzu genau erkennten, wie sehr wir selbst in dieser Rolle sind (in einem Film der Fälschungen und Imitationen), unfähig und blind für die ästhetische Entscheidung. Denn Kubricks Menschen sind ja vollständig blind für die Ästhetik als mögliche Option. Sie existiert ihnen nur als Ausdruck und Mittel der Herrschaft. Wenn wir das alles „einfach schön" finden, sind wir ihr so sehr auf den Leim gegangen wie die Familie Torrance dem architektonischen Wunderwerk des Hotel *Overlook* auf den Leim geht. Im Museum wird die innere Balance und der innere Aufruhr einer Epoche zu einem äußeren Schein. Möglicherweise könnten wir daher behaupten, es gehe in BARRY LYNDON gar nicht so sehr um die technische Reproduktion einer vergangenen Schönheit, es gehe viel mehr und sehr viel radikaler um das Problem der Schönheit an sich.

Er gibt immer wieder prunkvolle Empfänge für jene Freunde, die mit dem Monarchen in engerem Kontakt stehen und Barrys Anliegen beschleunigen könnten. Aber es ist eine Sache, zu Macht und Einfluß zu gelangen, eine andere Sache ist es, in die Struktur und Form der Herrschaft zu gelangen. Der Emporkömmling wird von der Klasse, in die er um jeden Preis aufgenommen werden will, schamlos ausgenutzt. Als es ihm schließlich gelingt, bei einem Empfang dem König vorgestellt zu werden, sagt der nur herablassend „Wir haben Sir Charles Lyndon sehr geschätzt" und brüskiert ihn mit dem Vorschlag, doch zusammen mit der von ihm zum Kampf gegen die Rebellen angeworbenen Kompanie gleich mit nach Amerika zu verschwinden.

„Barry gehörte zu jenen, deren Begabung zwar ausreichte, ein Vermögen zu gewinnen, dann aber nicht genügte, dieses festzuhalten. Denn gerade die Fähigkeiten und Eigenschaften, mit denen ein Mann sich das Glück gefügig zu machen glaubt, gereichen ihm später nur allzu oft zum Verderben. Das Gewicht der Sorgen und Pflichten, die die betrübliche Gefolgschaft eines Mannes von Rang und Besitz bilden, wurde bald zur drückenden Last für Barry". Und während wir diese Vorwarnungen erhalten, verändert sich auch das Bild; die wahrhaft grenzenlose Schönheit der Einstellungen auf Architektur, Kostüm, Landschaft und Stimmung, dieses Gefühl, in Bilder eingedrungen zu sein, die ihr inneres Leben offenbaren, wird immer mehr zum Spiegel des Verfalls.

Der Film hat nun eine andere Bewegung vollzogen, von der lichten Natur, der Offenbarung der suggestiven Welt, sind wir in die dunklen Interieurs gelangt, wir kommen, so scheint es, aus den Innenräumen nicht mehr heraus. Die Schönheit der Welt verschließt sich. Etwas Bleiernes legt sich in die Bewegungen. Die Schichten von Schminke und Rouge, die in den Szenen des Aufstiegs so dominierten, sind verschwunden, auch das hat nicht nur damit zu tun, daß bereits wieder eine neue Periode der Mode und der Politik begonnen hat: Die Gesichter sind selber zu Masken geworden. So wie der Mensch in seiner Architektur gefangen wird, wird der Körper in seiner Erscheinung gefangen, die vergeblich dem Verfall zu widerstehen sucht.

Während Lady Lyndon und der Buchhalter Graham (Philip Stone) die unablässig eintreffenden Rechnungen regulieren, verbringt Barry seine Zeit mit nichts anderem als mit dem Abfassen von Briefen an Anwälte und Bankiers, und mit der Erledigung endloser Korrespondenz mit Dekorateuren und Köchen. Die Farbe braun beginnt zu dominieren, wie sie nicht zuletzt in der Schulstube auf Hackton Castle bestimmend ist. Hier kommt es zu einem Streit zwischen Lord Bullingdon und seinem jungen Halbbruder Bryan, der ihn zuerst mit Fragen von der Arbeit abhält: Was bedeutet „angestrengt"? Was bedeutet „Viereck"? Im Hintergrund hören wir das Ticken einer Standuhr. Dann provoziert er ihn weiter mit Lärm und schließlich mit der Anschuldigung, seinen Bleistift zu benutzen. Barry kommt hinzu, als Lord Bullingdon den kleinen Bryan verprügelt. Barry ergreift den Lord und züchtigt ihn im Nebenzimmer mit der Rute. Das Verhältnis zwischen Barry und Lord Bullingdon ist nun endgültig zerrüttet, und die Drohung des Halbwüchsigen ist ernst gemeint: „Ich werde Euch töten, wenn Ihr jemals wieder Hand an mich legt!"

Während eines Schloßkonzerts vor illustren Gästen provoziert Lord Bullingdon einen Skandal. Inmitten der Vorstellung seiner Mutter am Cembalo und des Kaplans an der Flöte betritt er den Saal mit Bryan an der Hand. Er geht auf Strümpfen, während sein Halbbruder in seinen Schuhen daherstakst und gewaltigen Lärm verursacht. So tritt er vor die Mutter: „Findet Ihr nicht, daß meine Schuhe ihm gut passen, Euer Gnaden?" Seinen ganzen Abscheu vor der „niederen Herkunft" und den „rohen Sitten" des Emporkömmlings, mit dem sie „ihr Bett zu teilen beliebt" spricht er mit diesen Worten aus. Er kündigt vor der ganzen Gesellschaft an, daß er das Haus verlassen und nicht zurückkehren werde, solange seine Mutter mit diesem Schmarotzer „Redmond Barry" verheiratet sei. Barry schlägt wie von Sinnen auf Lord Bullingdon ein, nur mühsam kann er von den anwesenden Männern überwältigt werden. Aber der Skandal, der seine gesellschaftliche Stellung ruinieren wird, ist nicht mehr aufzuhalten.

Allein, an der Brücke über den Graben, sehen wir ihn in der nächsten Einstellung, und die Kamera fährt wieder zurück, wie wir es gewohnt sind, nur schneller, will uns scheinen. Nach diesem Zwischenfall „fielen alle seine Freunde von ihm ab und die Geschichte von seiner Grausamkeit gegenüber seinem Stiefsohn war in aller Munde. Und plötzlich kamen alle Rechnungen zusammen und alle ausstehenden Schulden sollten beglichen werden, die sich im Laufe der Jahre angesammelt haben. Es war, als hätten sich die Gläubiger einmütig gegen Barry verschworen".

Dem Netz von Verträgen und Verpflichtungen, in dem er sich verfangen hat, ist Barry nicht gewachsen. Lady Lyndon muß den größten Teil ihres Vermögens aufwenden, um alle Ansprüche zu befriedigen. Barry widmet sich ganz seinem Sohn Bryan, dem er ein guter und zärtlicher Vater sein will. Er angelt mit ihm, liest mit ihm, lehrt ihn fechten. Er ist ihm „in blinder Liebe zugetan", wie der Erzähler es formuliert; und diese Blindheit besagt nichts anderes, als daß er nur wiederum sich selbst in ihm sieht, und eine „glänzende Zukunft" für ihn.

Er kauft ihm zu seinem Geburtstag ein Pferd, und noch bevor er es ihm übergeben kann, stiehlt sich Bryan heimlich zu dem Hof, wo es eingeritten werden soll, und wagt einen Ausritt. Dabei kommt es zu einem tragischen Sturz, und als Barry dazukommt, trägt man ihn auf einer Bahre. „Ich war so neugierig" antwortet der Junge auf die verzweifelte Frage seines Vaters, warum er das getan habe. Bryan stirbt zwei Tage später. Er nimmt die Hände seiner Eltern und läßt sie versprechen, sich „nie wieder zu streiten, sondern euch immer lieb zu haben, damit wir uns im Himmel wiedersehen". Wie könnten wir, schon wegen der äußeren Ähnlichkeit der jungen Darsteller, nicht annehmen, daß Kubricks nächster Film, THE SHINING, unter vielem anderen auch eine direkte Fortsetzung, ein Reflex dieser tragischen Familiengeschichte ist? Und wie könnte es anders sein, als daß sich die Familie nicht im Himmel, sondern in der Hölle wiedersieht?

Bryan hat, wer weiß wie „unwillentlich", seinen Rivalen, seinen Bruder, auch seinen Doppelgänger verjagt (wie ähnlich sind sich Lord Bullingdon in seinen frühesten Jahren im Arm der Mutter und sein Halbbruder doch). Wieder muß einer der beiden sterben, der andere, wie einst Bowman in 2001 hinaus in die Einsamkeit und Kälte verjagt werden, bis er wiederkehren, eindringen, das ganze System zerstören kann. Und wieder ist die Spiegelung zugleich auch Spaltung. Nach Bryans Tod kommt Bullingdon zurück und erweist sich, vielleicht schwingt auch das schon in seinem Namen mit, als klassischer Angriffsspieler, der nach dem Verschwinden seines biologischen Doubles seinen sozialen Doppelgänger attackiert.

Nach dem Tod seines Sohnes verfällt Barry in Apathie, nur im Trinken kann er noch Trost finden. Seine Mutter ist die einzige, die ihm beisteht in seinem Unglück und treu auf seiner Seite bleibt. Sie übernimmt auf Schloß Hackton die Verwaltung des gesamten Familienbesitzes, des Hauses und der Ländereien. Sie kündigt Reverend Runt, nicht nur, weil sie ihm sein Gehalt als Hauslehrer nicht mehr zahlen kann, sondern vor allem, weil sie ihm die Hauptverantwortung für den verwirrten Geisteszustand von Lady Lyndon gibt.

Tatsächlich hat die Spaltung der Familie durch den Tod des Sohnes zwei merkwürdige neue Paarungen entstehen lassen; Barry und Lady Lyndon sind, deutlich sichtbar auch, „Schatten" geworden, dominiert von ihren finsteren Patronen: die Mutter, die über Barry wacht, und gleichsam an seiner Stelle das Regiment im Schloß übernimmt, und der Kaplan Samuel Runt, der Lady Lyndon nicht von der Seite weicht und ihre Seele mit seinem Sermon füllt. Buchstäblich von der Brust der Mutter (die einzige, deren Wangen noch rot glänzen in diesem Gebäude), die mit dem Verwalter alle Entscheidungen trifft, fährt die Kamera zurück und über einen Tisch voller Papiere. Wieder ist der schwere

1
Marisa Berenson
Frank Middlemass
Dominic Savage
Murray Melvin

2
Ryan O'Neal
Marisa Berenson

3
Marisa Berenson

Schlag der Uhr im Raum. Ist Barrys Geschichte die eines Aufsteigers, Falschspielers, Hochstaplers? Oder nicht doch die Geschichte eines Mannes, der nie aus dem Schatten seiner Mutter treten konnte? Es ist ein offener Machtkampf, den die Mutter mit dem Reverend führt. Eine armselige Gestalt, vielleicht, ein kleiner, schmächtiger Mann mit einem Gesicht, das bei aller Strenge immer wieder an einen Harlekin erinnert. Und vielleicht doch auch der Hallorann dieses Films, der einzig „noble Charakter" bis dahin. Machtlos auch er. Längst haben die Hügel ihren Glanz verloren, wie verwaschen das Grün, von braunem Brachland abgelöst, als die Mutter ihn aus dem Haus vertreibt. Lady Lyndon unternimmt einen Selbstmordversuch mit Gift, aber die Dosis reicht nicht, um sie zu töten; sie muß nur noch mehr leiden.

Lord Bullingdon beschließt, informiert durch Reverend Runt, ins Schloß zurückzukehren, um den weiteren Niedergang seiner Familie aufzuhalten, vor allem aber um endgültig mit Barry abzurechnen. Bullingdon fühlt sich durch seine Schwäche und Feigheit mitschuldig am Schicksal seiner Mutter und an der Herrschaft der Barrys. Er findet ihn im Kreise seiner Zechkumpanen völlig betrunken vor und fordert ihn zum Duell heraus. Die dumpfen Trommelschläge, die das erste Duell begleiteten, begleiten ihn von seinem Eintritt ins elterliche Schloß an.

In einem düsteren, verlassenen Kirchenraum, der von Tauben bevölkert ist, stehen sich die beiden Kontrahenten gegenüber. Vorbereitet von Händels Sarabande können wir nur einen Untergang in diesem Kampf sehen. Das Ritual wird in seiner ganzen quälenden Länge gezeigt; nicht nur die Kleidung der Beteiligten, auch die Regeln des Duells haben sich geändert: Nun geht es um die Wahl des ersten Schusses. Lord Bullingdon, dem durch den Münzwurf („Kopf") der erste Schuß zu-

gefallen ist, ist so aufgeregt, daß ihm die Pistole nach dem Spannen versehentlich losgeht. Vor Angst muß er erbrechen, bevor er sich Barry stellt. Der zeigt sich, vielleicht zum ersten Mal, ritterlich und schießt in den Boden. Bullingdon wird anheim gestellt, auf weitere Genugtuung zu verzichten, doch er befindet: „Meiner Forderung ist noch nicht Genüge getan". Ein Satz, den wir kennen. Sein Schuß, obschon mit zitternder Hand abgefeuert, streckt Barry nieder. Er wird zu einem in der Nähe liegenden Gasthaus gebracht, und der Arzt befindet, daß er sein Leben nur retten kann, wenn er ihm das Bein unter dem Knie amputiert.

Lord Bullingdon kehrt ins Schloß zurück, schon unterwegs spinnt er die Fäden, Barrys Mutter aus dem Haus zu schaffen.

Dieses letzte Duell gibt es in Thackerays Roman nicht. Sein Held endet stattdessen höhnischerweise glanzlos im Schuldturm. Kubrick gönnt dagegen seinen Figuren noch einmal eine mehr als fünfminütige Konzentration des Empfindens. Nie hat es auf der Leinwand einen so intensiven Moment der Angst gegeben wie in diesem Duell, und hat eine solch heftige Erfahrung der Angst weniger an Katharsis und Lösung gebracht. Niemand ist fähig, aus dieser Situation irgend etwas zu lernen. Aber wir haben gesehen, was die eigentliche Natur des Rituals ist. Es ist der unbarmherzigste Akt der Desillusionierung, gerade in dieser so schönen Bilderwelt nichts von den Mythen bestehen zu lassen, die doch diese Schönheit erst legitimieren könnten. Wie viele Duelle haben wir gesehen in der Geschichte unserer Filmerfahrungen, heroische, melodramatische, tragische. Aber das schönste aller dieser Bilder ist zugleich das so konsequent auf die Banalität des Bösen gerichtete, daß wir so etwas wie einen V-Effekt höherer Ordnung verstehen könnten. Die Schönheit wird leer. Das wirft die Kritik Stanley Kubricks Filmen vor; aber es

1 und 2
Ryan O'Neal
David Morley

3
Leonard Rossiter
Ryan O'Neal

ist das philosophische Problem seiner Filme: Der einzige Ausweg der Menschheit sei
das Ästhetische, die Formung des Bildes,
mit dem die Selbsterfindung des Menschen
beginnt, seine endliche Abkehr von „seiner" Natur. Aber bei Kubrick sehen wir, daß
sie dem Geist der Nützlichkeit unterworfen
ist, und daher zum System der Verstellun-
gen wird. Spätestens in der Coda seiner Filme also wendet sich Kubrick gegen Nietzsche. Die Geburt des Übermenschen (Johnny Clay, Spartacus, Bowman, Torrance,
Barry Lyndon) scheitert. Nietzsches Idee,
daß das Fatum nur die Konsequenz des frei-
en Willens sein könne, kehrt sich bei Kubrick gegen sich selbst. Jede Selbstüber-
schreitung des Menschen trägt als ihr Fatum ihre triviale Eingliederung in sich. Gerade insofern sind Kubricks Abweichungen
von seinen literarischen Vorlagen von
höchster Bedeutung: Nie zeigt er, anders als
seine Quellen, die Wandlung der Revolte
zur Anpassung als „natürlichen" Akt, immer ist auch die Entscheidungslosigkeit ein
Ergebnis von Entscheidungen. Vielleicht
darum mögen so wenige Kritiker seine Filme, wie sie gleichzeitig von ihnen fasziniert
und geblendet sind.

Dämmerung. Dunkelheit. Die Mutter
sitzt am Bett ihres verwundeten, einbeini-
gen Sohnes. Der Verwalter, der nach um-
ständlichem und peinvollem Beginnen das
Gespräch auf das Angebot von Lord Bullingdon lenkt: Er bietet ihm eine Rente von
500 Guineen pro Jahr an, unter der Bedingung, daß er England verlasse. Andernfalls
werde er wegen der überfälligen Schulden
und Kredite im Gefängnis landen. In dieser
völlig aussichtslosen Lage nimmt Barry das
Angebot an und kehrt auf Krücken mit seiner Mutter nach Irland zurück. Nicht weniger Optionen bleiben ihm als Alex in A
CLOCKWORK ORANGE, ein Angebot anzunehmen, das ihm mehr noch als die Würde
die Autonomie des handelnden Subjekts
raubt.

„Später hat er seine Reisen durch Europa wieder begonnen. Aber wir sind nicht in
der Lage, seinem Leben genau zu folgen. Es
scheint, daß er seinen früheren Beruf als
Spieler wieder aufgenommen hat, aber
ohne den ehemaligen Erfolg. Lady Lyndon
sah er niemals wieder" klärt der abschlie-
ßende Kommentar über das weitere Schicksal Barrys auf. Das Bild friert ein, als er
mühsam die Kutsche besteigt. Eine Erzählung ist abgebrochen. Graue Stürme über
dem Schloß. In der Schlußeinstellung sehen wir Lady Lyndon in einem großen, leeren Saal, umgeben von Lord Bullingdon,
dem Buchhalter Graham und Reverend
Runt. Sie unterzeichnet einen Scheck für
die Rente an Barry, neben anderen Papie-
ren wohl; sie ist eine Marionette in den
Händen ihres Sohnes so sehr wie zuvor in
denen von Barrys Mutter. Die Revolution
in ihrem Haus, die Vertreibung des falschen Vaters, hat zumindest für sie keinen
Fortschritt gebracht. Und die drei Männer
um sie, der Priester, der Verwalter, der Lord,
sind sie nicht genaues Abbild der alten
Herrschaft? Lady Lyndon zögert nach ihrer
Unterschrift, ihr Blick geht in die innere
Ferne; dann besinnt sie sich und reicht das
Schriftstück weiter. Der Scheck trägt das
Datum vom 4. Dezember 1789. Es ist das
Jahr der Französischen Revolution.

Ein soziales Modell? Der Glücksritter
Redmond Barry kommt opportunistisch
und ehrgeizig von ziemlich weit unten
weit nach oben. Aber der Adel, dem er sich
auf jede Art einschreiben will, schließt den
Emporkömmling schließlich doch wieder
aus. Sein Aufstieg zum reichen Barry Lyndon trägt alle Zeichen des Falls schon in
sich. Aufstieg und Fall eines ehrgeizigen
Emporkömmlings ist und war ein durchaus beliebtes Roman- und Film-Thema, va-
riiert jeweils im Geist der Epoche, in der sie
entstanden. Beispiele derartiger „Schel-
menromane", die auch mehr oder weniger
adäquate Verfilmungen erfuhren, finden

wir unter anderem in „Bel Ami" von Guy de Maupassant, eine Satire auf die gesellschaftlich-politische Szene in Frankreich vor der Jahrhundertwende (von Willi Forst 1939 und von Louis Daquin 1954 verfilmt) und „Bekenntnisse des Hochstaplers Felix Krull" nach einem unvollendeten Roman von Thomas Mann (1957 von Kurt Hoffmann und 1982 von Bernhard Sinkel verfilmt). Am ehesten aber kommt einem „Tom Jones" in den Sinn, jener klassische Schelmenroman von Henry Fielding, den Tony Richardson 1964 mit Albert Finney in der Hauptrolle verfilmte. Auch er läßt seinen Helden die Licht- und Schattenseiten seiner Epoche (wie bei BARRY LYNDON ist es das England des 18. Jahrhunderts) durchleben, doch im Gegensatz zu Thackerays Romanfigur kehrt Tom Jones nach turbulenten und sinnenfreudigen Abenteuern auf seinen angestammten Platz unter den Edlen des Landes zurück. Der durch Heuchelei und Lüge um sein Anrecht gebrachte Baron ist ein unschuldiges Opfer, das ausgestoßen wird und schließlich wieder zum Adel emporsteigt. Thackerays Figur hingegen ist ein Emporkömmling, der sich mit Heuchelei und Brutalität in den englischen Hochadel hineinzustehlen versucht, eine marode Figur in einer maroden Gesellschaft, die dem Untergang geweiht ist. Ebenso birgt der vermeintliche Aufstieg des armen Iren zum reichen Barry Lyndon schon den Niedergang in sich. Sein Abstieg scheint vorprogrammiert in einer Zeit, in der ein junger Mann von zweifelhafter Geburt auszieht, sein Glück zu versuchen und dabei seine ihm vorgegebenen Grenzen überschreitet. Die Herrschaft einer Klasse ist mehr als die organisierte Unterdrückung durch vernetzte individuelle Macht und ihr ästhetischer Ausdruck: Die Herrschaft einer Klasse ist, mag das dem materiellen Geschichtsverständnis auch zuwiderlaufen, auch so etwas wie Schicksal.

Eine Literaturverfilmung? Warum hat Kubrick gerade dieses Werk gewählt? „Das ist", sagt er, „als würde man sagen wollen, warum man sich in die eigene Frau verliebt hat – es ist sinnlos". Der Roman ist eine Ich-Erzählung aus der Perspektive Barrys. In Kubricks Verfilmung ist ein Berichterstatter zwischengeschaltet, eine Erzählerstimme aus dem Off, die die Ereignisse kommentiert oder auch vorgreifend erzählt, also spätere Ereignisse vorwegnimmt und dadurch neutralisiert. Äußere Spannung im traditionellen Sinne gibt es in Kubricks Film nicht. Während Barry sorglos mit seinem Sohn Bryan spielt und ihn verwöhnt, vermeldet der Erzähler: „Aber das Schicksal hatte Barry beschieden, daß keiner seines Namens ihn überleben sollte und daß er selbst kinderlos, arm und einsam sterben sollte". Daß dieses Verfahren bewußt gewählt wurde und nicht, wie oft vermutet, die Effektivität der Szenen verringert, erklärte Kubrick: „Der Kommentar erzielt den gleichen dramatischen Effekt wie etwa das Wissen darum, daß die Titanic zum Untergang verdammt ist, während die unbeschwerten Szenen bei Vorbereitung und Abreise gezeigt werden. Wer nicht weiß, daß ein Eisberg auf das Schiff wartet, für den sind diese Anfangsszenen unerklärlich und langweilig. Mit der Ankündigung der drohenden Katastrophe wird zwar auf Überraschung verzichtet, aber dafür Spannung erzeugt." Diese Erzählerstimme, und darin geht die „neutrale" der subjektiven noch voraus, zerstört unbarmherzig jede Vorstellung eines noch so bescheidenen Glücks. Wir sehen Barry Lyndon mit seinem kleinen Sohn, haben noch gerade das Gefühl, daß er mit seinen Methoden des sozialen Aufstiegs wenigstens an einen stabilen Ort gelangen hätte können (so wie in Anthony Burgess' Roman zu A CLOCKWORK ORANGE ja der anarchische Gewalttäter ein triviales Ende als Familienvater erlebt, das ihm der Filmemacher Kubrick versagen mußte), an ein wenn auch triviales Glück, das ihn für den Fortgang der Geschichte unschädlich gemacht hätte. Aber der Erzähler weiß es besser: „Das Schicksal hatte Barry beschieden, daß er arm und einsam sterben würde".

Hauptsächlich ist der Off-Kommentar aber hier ein Mittel, um Handlungsangaben zu vermitteln, die nicht aus dramatischen Gründen betont werden müssen und die zu umfangreich für eine Umsetzung in dramatisch wirksame Handlung wären. Ton und Rhythmus des Films zielen denn auch nicht auf eine Illustration von Barrys Abenteuer, sondern auf die Inszenierung der Epoche, die sich aus Impressionen und Fragmenten zu einem historischen Panorama zusammensetzt. Kubrick entfaltet dieses Panorama aus Filmbildern mit einem Ausmaß an Akkuratesse, Akribie und abenteuerlicher Schönheit, das im Kino kaum Parallelen hat.

Oder eine filmische Gemäldesammlung? Die ästhetische Perfektion, mit der die Epoche – die Regierungszeit Georgs III. (1760-1820) – evoziert wird, drängt den Zuschauer zunächst in die Rolle eines distanzierten Betrachters (oder Bewunderers) von erlesenen Tableaux aus einer entrückten Welt, ähnlich fremd und kalt wie seinerzeit die Bilder aus dem Universum in 2001. Nicht die Figuren, sondern die Dinge stehen im Mittelpunkt des Interesses, oder vielleicht kann man eher sagen, daß Figuren und Dinge eins sind, die Menschen so veräußerlicht erscheinen, daß sie sich in ihrer Umgebung auflösen und Teil des Dekors werden. Die Kulissenhaftigkeit wird durch eine extrem gesteigerte malerische Bildqualität, ja ein Übermaß an „schönen Bildern" so gesteigert, daß man sich in einer Bildergalerie wähnt, so exakt wurden das Licht und die Farben der Malerei des 18. Jahrhunderts rekonstruiert.

Die Vorbilder aus der zeitgenössischen Malerei auf die sich Kubrick bezieht, sind denn auch unverkennbar. Einzelne Sequenzen wirken selbst wie Zitate: die Gemälde von Adolf von Menzel für gewisse Innenaufnahmen bei Kerzenschein, Genreszenen von William Hogarth, vor allem die berühmten Landschaftsbilder von Thomas Gainsborough und John Constable. Die seltsam schwebende Lichtstimmung und diffuse, irreale Atmosphäre, die wie eine Patina auf den Bildern liegt, stellt zusätzlich eine artifizielle Distanz her und verweist auf die Vergänglichkeit dieser Welt voller grotesker Figuren in ihrem vergeblichen Streben nach Glück. Im Epilog des Films wird es noch einmal in einem Insert unmißverständlich gesagt: „Die hier gezeigten Personen lebten und stritten sich zur Zeit Georgs III.; gut oder schlecht, schön oder häßlich, arm oder reich. Jetzt sind alle gleich."

„Sowohl tot als auch ihrer staatsbürgerlichen Bestimmung nach verwirklicht", bemerkt Thomas Kliche, „als sei der hegelsche Weltgeist damals bereits zur Ruhe gekommen, scheint Kubrick aus einem postulierten Posthistoire auf das 'Ende der Geschichte' zu blicken. Denn was von da an folgt, ist die industrielle Evolution der Technik abseits des in der Aufklärung projektierten Menschen, der in ihrem Schoß so archaisch wirkt, wie das Verhalten der Protagonisten aus 2001 in ihren Projektilen. Daher kann auf das vierte Erscheinen des Monolithen, dem Symbol der technischen Vervollkommnung und Verdichtung von Intelligenz, nur noch eine gleichermaßen als Hoffnung und Parodie auf den 'Übermenschen' lesbare Zukunft folgen: ein greiser Säugling in einer kosmischen Fruchtblase".

Aber die Geschichte ist nicht beendet in BARRY LYNDON. Wir haben im Gegenteil ihr mechanisches Fortschreiten in jedem Bildwechsel gesehen, und mag der Familienroman und die Struktur der Macht sich ewig rekonstruieren, so flottieren doch die Zeichen und Technologien. Und eben in dem Spiegel der Schönheit sehen wir das Ende jenes bürgerlichen Menschen. Er zerfällt, weil seine Funktion und seine Maske ersetzbar sind, so wie am Ende Barry Lyndon durch seinen Stiefsohn Bullingdon ersetzt ist, der schon in seinem Namen diese Geschichte des Machtwechsels vorwegzunehmen scheint.

Ein Bildgemälde aus Zitaten von Watteau, Thomas Gainsborough, William Turner, Canaletto oder Chodowiecki, jene rauschhaft diffusen Farben, die zugleich sättigen und verschwinden, die ein inneres Leuchten haben, und eine durchscheinende Blässe wie das Antlitz von Lady Lyndon, und die selbst aus der Zentralperspektive einen Sog in die Tiefe entwickeln, die Kubricks „Tunneleffekt" sehr verwandt scheint, zur Musik von Händel, Bach, Friedrich dem Großen, Vivaldi, Mozart und in Momenten hintergründiger Anachronie Schubert – und doch alles andere als ein bloßes Schwelgen in Historie und Kulturschätzen. Wenn es etwas gibt, was Kubricks Film „sagt", dann ist es dies, daß das „Kunstschöne" weder das Wesen noch das Wünschen des Menschen ausdrückt; es bleibt ihm so fern, so unerklärlich wie die Natur.

Dieses „Alles ist eitel" oder „Die Vergangenheit war so hoffnungslos, wie die Zukunft sein wird" ist die pessimistische bis sarkastische Botschaft Kubricks auch in diesem Film, ein technisches Wunderwerk nicht nur über eine ferne Zeit, sondern auch wie aus einer fernen, vor-industriellen Zeit. Als besonderer Clou in diesem Zusammenhang erscheint dann die prosaische Widmung am Schluß des Abspanns: „Lenses for Candlelight Photography Made by Carl Zeiss, West Germany". Vollkommen unabhängig von den Figuren und der Story des Films war BARRY LYNDON also schon in seiner Produktion so etwas wie ein Experiment mit der Zeit und mit der Geschichte: Der Film erzählt weder eine Geschichte in einer Epoche noch versucht er sich an der Geschichte einer Epoche, vielmehr wird eben das, was die Kritik dem Regisseur dabei vorwarf, nämlich daß seine Figuren nur noch zu Mikro-Elementen ihrer Zeit werden dürfen, sein eigentliches Thema – das Thema, das wir unter anderem Gesichtspunkt aus anderen Kubrick-Filmen kennen: Wie sehr ist der Mensch Teil seiner Zeit? Die „besessene" Detailgenauigkeit hat demnach weder mit einem Hunger nach Authentizität an sich zu tun, noch mit dem Stroheimschen Wunsch nach dem perfekten Bild hinter dem Bild, sie ist Ausdruck der Versuchsanordnung in diesem Film. Es ist die Zeit im Kampf gegen den Menschen. Und es macht Barry Lyndon zu einem typischen Kubrick-Helden, daß er diesen Kampf in einer Schizophrenie, in einer vollständigen Widersprüchlichkeit führt und verliert: Er will seine Zeit erfüllen, und er muß dazu gegen sie rebellieren, und als er sie gepackt oder „erblickt" zu haben meint, spuckt ihn diese Zeit wieder aus; Barry Lyndon war ein Tier, das in seiner Zeit zum nützlichen und parasitären Menschen geformt wurde, und er verläßt die Zeit wieder als einsames Individuum, für das sich seine Zeit nicht interessiert. Der Datums-Hinweis auf das Jahr der Revolution könnte einen Hinweis auf eine andere, eine radikale Lösung für den Widerspruch zwischen Mensch und Geschichte, Fatum und Freiheit geben. Es ist ein Zeichen, das keiner der Menschen innerhalb der Zeit des Films zur Kenntnis nehmen kann.

Oder doch eine Fabel? Nichts bietet Halt in diesem kalt inszenierten Film voller ästhetischer Strenge, in dem das barocke Europa als Totenreich erscheint, als eine fremde Welt, fern und eisig wie die Rückseite des Mondes. Die Details in diesem ausschweifend gemalten Stilleben sind ausnahmslos Symbole des Todes und der Vergänglichkeit – alles ist so schön wie eitel ... Leitmotivisch in die Aufwärtsbewegung im ersten Teil des Films und in die Untergangsbewegung im zweiten sind Duelle als Orgien der Lächerlichkeit plaziert. Der Film beginnt mit einem Duell, und das letzte Duell zwischen Barry und seinem Stiefsohn und Todfeind besiegelt seine endgültige Niederlage. Auch diese Schlüsselszene verläuft eher schweigsam, untermalt durch die Sarabande, ein Klaviertrio von Schubert und das Gurren der Tauben, und ist durchstilisiert bis zum letzten Schnitt als ein dramatisches Tableau von Barrys Untergang.

Gewiß, es geht um Abstieg, Aufstieg und wieder Abstieg eines Helden, der beständig zwischen „Anpassung und Widerstand" hin- und hergerissen ist, und der reichlich gebrauchten Möglichkeit, den Film vor allem „fatalistisch" zu sehen, gibt der Regisseur reichlich Nahrung. Aber wir sind ja auch die freudianische Lesart seiner Figuren gewohnt; und daher dürfen wir getrost die Fabel und die traumhaften Bilder auch nach dem Mythos befragen. Barry, der einerseits als *McGuffin* durch seine Bildwelt taumelt, vom gekränkten Narziß zum perfekten Chamäleon, ist zugleich der Mann auf der ewigen Suche und bei der Rekonstruktion seiner ursprünglichen Liebe (wie Humbert Humbert in LOLITA) und ein Sohn auf der verzweifelten Suche nach dem Vater.

Wiederkehrende Riten als Leitmotive einer Epoche, die, statt den verheißenen Aufbruch des Geistes fortzusetzen, sich selbst konsumiert: das Duell, ein „wölfisches" Prinzip der Auslese unter dem Deckmantel stilisierter Raffinesse; das Kartenspiel als Ausdruck der mehr oder minder kontrollierten Gier, das Vor-Bild des kommenden Zeitalters des Kapitalismus; der Krieg, der hier mehr in seinem selbstmörderischen Aspekt gezeigt wird, als Wollust der Selbstvernichtung; und schließlich die Sexualität, in der, einmal mehr, *Fear and Desire* einander begrenzen. Erlösung ist in diesem System so wenig zu sehen wie wir ahnen könnten, wie jener Geist, der sich in diesem Jahrhundert von der Weisheit auf die Nützlichkeit zu verlegen begann, über diese rituelle Selbstbegrenzung triumphieren könnte.

Es war das Apollinische in 2001 und das Dionysische in A CLOCKWORK ORANGE, was den Ton der beiden zugleich einander so zugewandten und so widersprüchlichen Filme ausmachte. Und nun, so mußte zumindest die zeitgenössische Kritik schließen, wandte sich Kubrick etwas ganz anderem zu, einem opulenten Historiengemälde. Aber Kubrick wechselte das Genre, nicht jedoch den Diskurs. Zum dritten Mal wählt er eine literarische Vorlage, bei der die Sprache den Sprechenden, die Erzählung den Erzähler denunziert, der seine Geschichte bei Thackeray mit einer großen Geste der Anmaßung beginnt: „Ich darf wohl annehmen, daß es in ganz Europa keinen Gentleman gibt, der nicht schon vom Hause Barry von Barryogue im Königreich Irland gehört hat". Und zum dritten Mal nimmt Stanley Kubrick bei seiner Übertragung nicht nur einen notwendigen Perspektivwechsel vor, sondern folgt den Autoren auch nicht in der radikalen Verurteilung ihrer Helden. Wir sind Humbert Humbert in Kubricks Film näher als in Nabokovs Roman „Lolita"; wir akzeptieren die gewalttätige Anarchie von Alex mehr bei Kubrick als bei Burgess in „A Clockwork Orange". Und nun erscheint uns – natürlich durch den Besetzungscoup mit Ryan O'Neal begünstigt – dieser Barry Lyndon nicht nur sympathischer, sondern möglicherweise sogar unschuldiger als der Held von Thackerays Text, der sich als „Roman ohne Helden" zu erkennen gibt. Ist Kubricks Film ein „Film ohne Held" – kann es einen Film ohne Helden geben?

Barry Lyndon ist gar nicht so sehr Person als vielmehr Medium, er vermittelt zwischen den Elementen der Struktur dieser Gesellschaft, er ist ihr notwendiges Übel und zugleich kein wirklicher Teil von ihr. Erst als er die schöne Countess von Lyndon heiratet, versucht er Ruhe in sein Leben zu bringen, doch gerade diese Ehe wird ihm zum Verhängnis. Und am Ende scheitert er am Unfalltod seines Sohnes. Die existentielle ist der Anlaß zur sozialen Tragödie.

Er ist gewiß ein übler Kerl gewesen. Aber ganz ähnlich wie bei Alex in A CLOCK-WORK ORANGE sehen wir ihn nun in seiner Niederlage mit anderen Augen. Gewiß erhebt sich, wie beim Vorläufer, die Frage, was mit uns geschieht, wenn wir uns mit einem „bösen Menschen" identifizieren, und warum wir uns dann, wenn die Gesellschaft ihn „behandelt", wieder auf seine Seite stellen. Aber es stellt sich ebenso auch die Frage nach einer Gesellschaft, an der sogar ein Mann wie Barry Lyndon scheitern muß, die personifizierte Lüge, die Anmaßung und die List. Alle vier von Kubrick verfilmten Romane schaffen es, zugleich Distanz, ja Ekel gegenüber ihren „Helden" zu entwickeln und den Leser an sich und in sich zu fesseln; wir durchschauen die List der Erzähler, uns zu Komplizen und Mitschuldigen zu machen, und wir fallen doch darauf herein. Sonst würden wir nicht weiterlesen, sonst würden wir nicht weiter sehen. „Diese Technik eignete sich" – so Kubrick –, „ausgezeichnet für einen Roman; in einem Film hingegen hat der Zuschauer ständig die objektive Wirklichkeit vor Augen, somit läßt sich die Wirkung, die Thackeray mit seiner Ich-Erzählung auslöst, auf der Leinwand nicht wiederholen."

Die Handlung erscheint beinahe nichtig gegenüber dem Dekor: Es geht um Aufstieg und Fall eines irischen Bauernsohnes, eines Mannes, der Karriere macht, indem er die Leichtgläubigkeit und zugleich die frivole Skrupellosigkeit seiner Epoche bedingungslos annimmt. Barry und Lady Lyndon finden ihr Leben für kurze, verhängnisvolle Zeit in einem radikalen Stilwillen,

sie wollen tatsächlich reine Form ohne Inhalt, Masken ohne Charakter werden. Und Barry glaubt, durch Kunst die Klasse wechseln zu können. Individualität und historische Moral sind ihnen ein Greuel, die schöne Form ist alles (So sind der Film, sein „Problem" und seine Figuren auf vollkommene Weise kohärent).

Gleichwohl sind auch diese Menschen, wie viele Gestalten in Kubricks Filmen, kurz davor, wahre Marionetten zu werden. Daß der Film weder eine „Geschichte" erzähle noch einen Kommentar abgebe, wie ihm die Kritiken zur Entstehungszeit bei aller Bewunderung für die überwältigende Schönheit seiner Bilder vorgeworfen haben, erweist sich demnach als durchaus programmatisch. Es sind wieder Wesen in jenem Menschenzoo, den wir kennen, Marionetten, die nicht wissen, ob sie überhaupt noch „geführt" werden. Verhalten sie sich nicht umso marionettenhafter, als sie daran Zweifel hegen dürfen?

Kubrick spürt dem Licht dieser Epoche nach. Und das ist, konkreter als uns womöglich lieb sein kann, die Frage nach der Materialität des „Lichtes der Aufklärung". Es ist also keineswegs nur ein filmtechnisches Kabinettstück, wenn er für diesen Film jenes Verfahren entwickelt, mit dem lichtempfindlichsten Film auf das wahre Licht der Zeit, den Kerzenschein, zu reagieren. Das Spezial-Objektiv, das die Zeiss-Werke für die NASA entwickelt hatten, wurde für seine Zwecke umgearbeitet. „Das Objektiv war ein f0.9, während die empfindlichsten der bis dahin üblichen Film-Objektive bei f1.2 lagen. Der numerisch kleine Unterschied von 0.3 ist irreführend, denn tatsächlich ließ Kubricks NASA-Objektiv fast doppelt soviel Licht durch wie die üblichen f1.2" (James Monaco). Nicht die Konstruktion des Bildes (mit seinen falschen Farben), sondern eine Rekonstruktion der Wahrnehmung ist das Ziel dieses Vorgehens. Zudem entwickelt der

Regisseur für diesen Film eine sehr eigenwillige Kamerabewegung, das *travellingzoom*, also das ineinander einer „objektiven" und einer subjektiven Bewegung, einer Bewegung, die den Raum erklärt und einer, die ihn dem Verständnis entzieht. Beides, die Beschränkung des Lichtes und zugleich die gesteigerte Sensibilität dafür, und die widersprüchliche Bewegung von Weite und Verengung, Distanz und Zugriff, beschreiben auf der Ebene des Bildes sehr genau jenen Widerspruch, der der Aufklärung nie zu nehmen gewesen ist, den Widerspruch zwischen der Befreiung der Menschheit aus der Unmündigkeit, und der Befreiung des einzelnen Menschen, der sich die Ratio sogleich zum Werkzeug seiner irrationalen Wünsche und Begierden macht. Der Widerspruch zwischen der Vernunft und der Leidenschaft, die so viele der gegenwärtigen und zukünftigen Helden in Kubricks Filmen umtreibt, hat in diesem Zeitalter seinen Anfang.

Oder doch noch etwas ganz anderes – ein psychoanalytischer Familienroman? Die Geschichte eines Vaterlosen, der selber nicht Vater werden konnte. Der den Kern seiner Neurose in eine andere Familie bringt; noch ein Ödipus, der in den Raum des falschen Vaters dringt, um selbst ein falscher Vater zu werden, und der von seinem falschen Sohn bezwungen wird. Die endlose Kette der Rebellion der Söhne. Die endlose Traurigkeit der Frau. Die Spiegelung der Herrschaft der Mutter über den Sohn zur Herrschaft des Sohnes über die Mutter. So aufgelöst in THE SHINING, daß keiner mehr von beiden davon etwas zu wissen scheint außer der vagen Erinnerung an eine verborgene Schuld.

Und schließlich: So sehr wir vermuten können, es gehe in BARRY LYNDON nicht allein um die Schönheit einer Epoche – eine „traurige" Schönheit, gewiß – sondern um das philosophische Problem der Schönheit, so könnten wir wohl auch behaupten, es

gehe nicht nur um eine Zeit, das stets nur als Mythos zu habende Bild einer Epoche, sondern einmal mehr auch um die Zeit an sich. Wir sehen ja nicht nur Menschen beim alt und grau werden zu, beim Hinein- und Hinauswachsen aus Räumen, Zeichen, Kleidern, sondern beständigen Veränderungen zum Ursprung hin. Am Ende ist im Schloß der Lyndons ebenso wieder alles beim Alten wie in Barry Lyndons Leben selber.

Nähmen wir dies als nichts anderes denn als eine plane politische Metapher, so käme in der Tat ein durchaus reaktionäres Bild heraus. Aber so einfach ist es nicht. Ist es nicht der Traum der Revolution, die Verhältnisse zum Tanzen zu bringen? Die Wahrheit ist: Die Verhältnisse tanzen immer schon bereits. Es ist der Versuch, in den Tanz einzufallen, der Kubricks Helden treibt.

Kubrick strebte, wie er seinen Mitarbeitern in der *pre-production*-Phase ans Herz legte, weder eine Dokumentation noch eine Imitation des achtzehnten Jahrhunderts an, sondern eine „poetische und ironische Vision, eine Harmonie zwischen dem Bild der Vergangenheit und dem Blick der Gegenwart". So wurden die Kostüme zwar im Geist der Epoche – und bis auf die Unterwäsche genau – hergestellt, aber doch jedem einzelnen Darsteller nach Maß. Mehr als vierzig Angestellte arbeiteten unter der Leitung von Ulla Britt Söderlund und Milena Canonero, während insgesamt nur fünf „echte" Kostüme von einem speziellen Verleih aus Rom stammten. Es ging also, ganz buchstäblich, nicht darum, Menschen von heute in ein Kostüm von gestern zu stecken, sondern ihnen umgekehrt, dieses Kostüm so weit anzupassen, daß sie sich so weit als möglich „natürlich" darin bewegen konnten.

Vollkommen unabhängig von den Figuren und der Story des Films war BARRY LYNDON also schon in seiner Produktion so etwas wie ein Experiment mit der Zeit und mit der Geschichte. Der gesamte Film wurde – gegen den Rat von Ausstatter Ken Adam – *on location* gedreht: „Mein Problem", so Adam, „war, daß die historische Entwicklung der Handlung an den Bauten ablesbar sein mußte, und das bedeutete, sich nicht nur die prächtigsten Bauten in England als Drehorte auszusuchen, sondern auch für bestimmte *locations* nach Irland zu gehen. Für Barry Lyndons frühe Jahre konnte ich in Irland keine zeitgenössischen Häuser finden. Außerdem brauchten wir Barockbauten vom Kontinent. Für Lady Lyndon, die aus einer alten aristokratischen Familie stammte, suchten wir ein Haus aus der Zeit vor 1800, um sie nicht als *nouveau riche* erscheinen zu lassen. Doch wenige Häuser aus der Ära Elizabeths, der Stuarts und Jacobs waren geeignet. Um den Realismus des 18. Jahrhunderts zu erzielen, wollte Stanley unbedingt die Gemälde und Kostüme jener Zeit aufs Genaueste kopieren. Ich hielt das für eine wenig befriedigende Methode, da ich glaube, daß die meisten Maler sich viel eher in einer ihnen eigenen künstlerischen Form ausdrücken, als ihr Objekt realistisch abzubilden. Ich kannte die Drehbuchvorlage, Thackerays 'Barry Lyndon', und hätte es für besser gehalten, meine eigenen Ideen und Interpretationen vom 18. Jahrhundert zu entwickeln". Aber die Entfaltungsmöglichkeiten, die Kubrick Adam in DR. STRANGELOVE gegeben hatte, waren diesmal nicht möglich, und Ken Adam war trotz des Oscars, den er für seine Arbeit erhielt, eher enttäuscht: „Zweifellos besitzt BARRY LYNDON wunderschöne Bilder, mit einem feinen Gespür für die Zeit, aber ich finde, daß meine kreative und phantasievolle Arbeit an anderen Filmen viel eher eine künstlerische Leistung ist".

BARRY LYNDON ist ein Film der Trennung, des Verschwindens. Nur selten weitet sich der Raum, und noch seltener läßt uns die Kamera in einem Schwenk oder in einer Parallelfahrt die Horizontale erfahren, stattdessen wechseln tiefenscharfe Einstellungen, in denen sich die Figuren nach hinten entfernen, mit Rückwärtsfahrten der Kamera, in denen wir uns von den Figuren entfernen – eine „Spezialität" von Kubrick, gewiß, doch in keinem anderen Film so exzessiv und entgegen unseren Genre-Erwartungen eingesetzt. Ist nicht der historische Kostümfilm uns so angenehm, weil er den panoramatischen Blick gestattet, den wir in unserer Alltagswahrnehmung nicht mehr rekonstruieren können, weil es entweder keinen Ort für den Blick mehr dafür gibt, oder weil es nichts mehr von ihm zu sehen gibt? Diese Zurückfahrt ist ein beinahe grausames Mittel der Komposition, mehr noch: der Dekomposition (denn wir werden uns durch sie immer einer Inszenierung hinter der Inszenierung gewahr); immer und immer wiederholt sich diese Bewegung, in der wir sehen, wie Menschen wahrhaft Ungeheuerliches tun und sagen, und während wir uns von ihnen entfernen, die unglaubliche Schönheit der friedlichen, fruchtbaren und leuchtenden Natur. Es ist indes keineswegs so, daß Kubrick das Bild der „schönen" Natur, und später der „schönen" Kunst, gegen das Bild des Häßliches arrangierenden Menschen setzt; mit den Menschen verwandeln sich vielmehr im Verlauf dieser Geschichte Europas auch unsere Blicke auf Landschaft und Architektur.

Wenn 2001 der Film der Weite und A CLOCKWORK ORANGE der der Enge ist, so ist BARRY LYNDON so sehr ein Film der Verlangsamung wie FULL METAL JACKET ein Film der Beschleunigung sein wird.

Der Aufstieg des Helden steht in höchstem Gegensatz zu der Langsamkeit seiner Bewegungen, seine soziale Mobilität in ebenso hohem Gegensatz zu seiner Passivität. Wie oft sehen wir Barry mit hinter dem Rücken verschränkten Armen, wie oft suchen wir vergebens seinem Blick zu folgen. Gewiß, er ist eine Marionette, mehr noch:

eine vollendete „Uhrwerk Orange", oft spricht er wie eine Maschine, ohne innere Beteiligung, seine Worte sind nicht seine Sprache, und das Bild, das wir von ihm erhalten, ist in Gefahr, buchstäblich einzufrieren.

Zunächst scheint die Gliederung von BARRY LYNDON dem einfachen dualen Schema von „Aufstieg" und „Fall" zu gehorchen, was durch die beiden Zwischentitel noch akzentuiert wird. Aber beide Teile sind noch einmal signifikant zweigeteilt, wobei jeweils Schlüsselszenen eine Zäsur markieren. Der erste Teil läßt sich einteilen in die Geschichte des „naiven" Redmond Barry einerseits, und in die des opportunistischen Aufsteigers andererseits. Was das eine vom anderen trennt ist die Erfahrung des Helden auf dem Schlachtfeld und jene Szene, in der Kubrick uns den Helden einmal mehr in einer Situation der Isolation zeigt. Den zweiten Teil wiederum könnte man einteilen in den sozusagen vulgärdionysischen Genuß, den Barry in seinem Aufstieg gefunden hat, und seine Konstruktion einer emotionalen Beziehung in seiner Familie. Die Spiegelszene zwischen den beiden Teilen ist die, in der Barry seine Frau um Verzeihung bittet. Gerade hat sich Lady Lyndon im Bade ein Gedicht vorlesen lassen: „Die Herzen, die sich gegenseitig anziehen/vermitteln einander ihr Innerstes/ wie zwei glühende Spiegel", und von einem unendlichen Prozeß der Spaltungen und Spiegelungen spricht das Gedicht, bis es zu einer Utopie kommt: „und, um so blendender/je häufiger sie sich gekreuzt haben/vereinigen sie sich in einem Punkt". Es ist, als würde Barry von diesem Text mehr noch angezogen als von der äußeren Gegenwart des anderen. „Ein kurzer Augenblick des Gleichgewichts, den der Regisseur in seiner Leidenschaft für optische Effekte kurz vor dem endgültigen Niedergang seines Helden gleichsam als Ruhepause einfügt", urteilt Michel Ciment. Gewiß, so kann man

es sehen. Aber ich fürchte, Kubrick hat dieser Szene zu viel Gewicht verliehen, führt von ihr gerade ohne einen Augenblick des ruhigen Nachklangs zum Folgenden, zeigt Blicke, die nicht Sanftmut, sondern schreckliches Erinnern zeigen, als daß wir sie als „Ruhepause" sehen könnten. Es ist die Szene, in der Kubrick das ganze Dilemma der Epoche (der Aufklärung), das Dilemma seiner Menschen zusammenfaßt: Es geht um das Licht, das sich selber teilt, bevor es die Menschen spaltet, „die Strahlen, jetzt gesammelt, nun geteilt, steigern sich, verschönern sich" – und so wird das Licht der Aufklärung zur Blendung.

Fortan setzt er alles daran, der Klasse auch formal anzugehören, in die er sich geschlichen hat, und seinem Sohn ein guter Vater zu sein. Beides macht ihn verwundbar. (Man könnte fast argwöhnen, Kubrick habe mit diesem vierten Teil in historischem Gewand explorieren wollen, was geschähe, wenn Alex, wie im letzten Kapitel von Anthony Burgess' „A Clockwork Orange" vorgesehen, sich tatsächlich noch zur bürgerlichen Familie bekannt hätte.) So ist also, wenn auch weniger augenscheinlich, auch in BARRY LYNDON die Komposition in vier Sätzen ebenso zu erkennen wie das Prinzip der inneren Spiegelung. In allen vier „Sätzen" gibt es jeweils eine Duell-Szene, eine Liebesszene, und eine Kartenspiel-Szene; in den beiden Mittelteilen gibt es jeweils deutlich gegeneinander Form und Wahrnehmung verändernde Kriegsszenen. Der Film erzählt einerseits von Aufstieg und Fall, andererseits aber auch von vier emotionalen Stadien des Helden: Naivität – Zynismus – Ignoranz – Zärtlichkeit. Der Pessimismus Kubricks besteht wohl nicht so sehr in der Unabdingbarkeit, mit der wir von Anbeginn auf den kommenden Fall des Helden vorbereitet werden, wie viele Kritiken konstatieren, sondern darin, daß sein Fall mit einer emotionalen Läuterung beginnt.

1980: THE SHINING (Shining)

> Ich habe gehört von Dir, daß der Geist der Götter in Dir ist, und das Licht und die
> Einsicht und außergewöhnliche Weisheit ist in Dir.
>
> *Das Buch Daniel 5, 14*

Eine einfache Horror-Geschichte: Hoch in den Bergen von Colorado liegt das *Overlook*-Hotel, das im Winter geschlossen wird. Jemand muß aber auch in dieser Zeit nach dem Rechten sehen, die Heizung überwachen, damit die Leitungen nicht einfrieren, und dieser Hausmeisterjob kommt dem ehemaligen Lehrer und Schriftsteller Jack Torrance (Jack Nicholson) gerade recht. Viel hat er wohl, im Leben wie in seinem Beruf, noch nicht zustande gebracht. Er will in dieser Zeit ein Buch schreiben, seine Frau Wendy (Shelley Duvall) und sein sechsjähriger Sohn Danny (Danny Lloyd) begleiten ihn. Es gibt ein paar merkwürdige Dinge im Leben dieser Familie; Jack hat gerade das Trinken aufgegeben, und sich von diesem Beweis seiner Schwäche noch nicht ganz erholt. Danny verfügt über die Gabe des zweiten Gesichts, das *Shining*. Schon bevor er das Hotel gesehen hat, sieht er eine Woge von Blut aus dem Aufzug heranschwappen, die Lobby überfluten, die Möbel mit sich reißen. Dieses Bild wird wiederkehren, und jeweils wird der Wahn ein neues Stadium erreicht haben. Es ist das Leitmotiv des Films. (Stephen King hat im Übrigen den biblischen Bezug von Dannys Namen – Daniel, der Prophet, der als einziger „die Schrift an der Wand" lesen konnte – noch deutlicher hervorgehoben.)

THE SHINING beginnt zu dunklen Synthesizer-Klängen mit einem grandiosen Kameraflug über einen See, auf dessen glatter Oberfläche sich die Berge eines Felsmassivs spiegeln. Von hoch oben sehen wir auf einer sich windenden Straße durch die Rocky Mountains ein einsames Automobil. Dreimal setzt die Kamera zur Verfolgung an,

überholt dann den gelben VW-Käfer auf seiner Fahrt durch das karge Gebiet, fliegt weiter und hat plötzlich wieder das Gefährt im Visier, als es sich durch einen Tunnel bewegt. Immer wieder nähern wir uns auf diese Weise dem Wagen, der höher und höher gelangt, nun schon in Regionen des ewigen Eises. Dann umkreisen wir das Ziel der Reise: das Hotel *Overlook*.

Das erste Kapitel beginnt: „*Die Bewerbung*". Jack Torrance durchquert die riesige Hotelhalle und gelangt zum Büro des Managers Stuart Ullman (Barry Nelson). Was auf seinem Schreibtisch sofort auffällt ist ein Wimpel mit der amerikanischen Fahne (und auch in der Kleidung des Managers wiederholen sich die Farben der Fahne: Blau, Weiß und Rot). Dazwischen sehen wir Jacks Familie, Wendy und Danny zu Hause beim Essen. Danny hat hier, so erfahren wir, keine Freunde gefunden, sein imaginärer Begleiter „Tony", dem er in den Bewegungen seines Fingers und mit verstellter Stimme Ausdruck verleiht, bekundet, daß er nicht mitkommen wolle. Jack wird unterdessen mit seinen Aufgaben vertraut gemacht, die verschiedenen Flügel des Hotels abwechselnd zu beheizen und Frostschäden zu beseitigen. „Fünf Monate absoluter Ruhe wären mir sehr recht", entgegnet der Schriftsteller auf die Warnung vor der Einsamkeit. Die Warnung wird verstärkt: Der vorige Hausmeister, er hieß Grady, ist in der Einsamkeit des Hotels wahnsinnig geworden und hat seine Familie massakriert, wie der Manager etwas verschämt mitteilt: Er hat seine beiden Töchter mit der Axt ermordet, seine Frau erschossen und sich dann selbst mit einem Schrotgewehr in den Kopf geschossen. „Die Polizei sagte, es handelte sich um einen typischen Fall von sogenanntem Trapperfieber." Jack mißt dem keine allzu große Bedeutung bei. Er stellt seine Familie als psychisch stabil hin, was uns die wenigen Bilder, die wir von ihr gesehen haben, schon als äußerst zweifelhaft erscheinen läßt. „Und was meine Frau anbelangt: Sie wird absolut fasziniert sein, wenn sie das hört. Sie schwärmte schon immer für Horrorfilme und Gruselgeschichten". So lernen wir sie nicht kennen. Danny spricht unterdessen im Badezimmer mit seinem „Freund", der ihm mitteilt, Daddy habe die Stellung schon und werde gleich anrufen. Und so geschieht es. Danny steht vor dem Spiegel und bittet Tony ihm zu erklären, warum er nicht mit in das einsame Hotel wolle. Als Antwort kommt das Bild einer roten Flutwelle, die sich aus dem Fahrstuhl über den Gang ergießt, und kurz sehen wir zwei Mädchen, Hand in Hand, das entsetzte Gesicht Dannys, bis die Blutwelle das Bild verdunkelt hat. Danny kann seine Fähigkeiten, mehr zu sehen, noch nicht wirklich kontrollieren, er weiß nicht, in welche Zeit er jeweils blickt, in die Zukunft, die Gegenwart oder die Vergangenheit. Danny ist ein zutiefst verstörter Junge; wenigstens der Mutter gegenüber indes möchte er tapfer und verständig erscheinen, zumal nur allzu augenscheinlich ist, daß diese Frau selber psychisch höchst gefährdet ist.

Das zweite Kapitel: *„Letzter Tag der Saison"*. Wieder fliegt die Kamera über Berge und Wälder, taucht hinab zu dem kleinen Auto. Es ist dieselbe Straße, die Jack vordem allein gefahren ist. Bei genauerem Hinsehen jedoch gibt es da einen signifikanten Unterschied: Bei Jacks Fahrt sahen wir die Straße auf der linken Seite den Berg hinanführen, nun befindet sie sich auf der rechten: die erste von so vielen Spiegelungen in diesem Film. Dann sind wir im Innenraum, sehen nun schon einen anderen Jack Torrance, mißmutig und gereizt. Wendy erzählt von der „Donner-Gruppe", die hier in

dieser Gegend ums Leben gekommen sei, eine Gruppe von Siedlern, wie Jack Danny erzählt, die in den Bergen eingeschneit wurde, und dann zu Kannibalen wurde. Auf Wendys sanfte Mahnung entgegnet Danny, er habe schon ein Programm über Kannibalen im Fernsehen gesehen: „Siehst Du, unser Sohn hat alles schon im Fernsehen gesehen" kommentiert Jack spöttisch. Das ist nicht nur der resignierte Kommentar eines Vaters, der den Medienkonsum des Sohnes beklagt, es weist auch auf seine Situation in der Familie hin (und, im Hintergrund, auf sein Scheitern als Lehrer): Er kann dem Sohn nichts beibringen, was der nicht schon weiß. Er kann kein Vor-Bild sein. Und wieder erreichen wir das *Overlook*-Hotel, in dem nun letzte Vorbereitungen für den Winter getroffen werden. Die Angestellten beeilen sich, Reinigungen und Ordnungen zu vollenden, um so schnell wie möglich das Hotel zu verlassen, das für beinahe ein halbes Jahr in einen tiefen Winterschlaf verfallen wird. Während Jack und Wendy durch das Hotel geführt werden, übt sich Danny im Dart-Spiel. Er trifft nicht sehr gut. (Wenn wir wollen, können wir dies als Beleg dafür nehmen, daß er seine übernatürlichen Kräfte noch nicht zum eigenen Vorteil anzuwenden gelernt hat.) Dann sieht er wieder die beiden Mädchen in der Tür, die sich an den Händen fassen und sich nach einer Weile zum Gehen wenden.

Das Hotel, so erfahren Jack und Wendy, wurde zwischen 1907 und 1909 errichtet; „früher soll hier eine indianische Begräbnisstätte gewesen sein", und noch während der Bauarbeiten seien mehrere Indianerangriffe abgewehrt worden. Vier Einfallstore für das Phantastische sind eröffnet, Ablagerungen der amerikanischen Geschichte: das (geschändete) indianische Heiligtum, der kannibalistische Wahnsinn der Siedlergruppe, das „Trappersyndrom" des ehemaligen Hausmeisters, und die übersinnliche

Begabung, oder die Schizophrenie von Danny – dem letzten Opfer in dieser Kette des Wahnsinns und der Schändungen, und zugleich dem, der die Grenze des Menschlichen überschreitet, wenngleich noch ohne Bewußtsein, ein „Übermensch" wie das Sternenkind in 2001.

Wendy und Danny werden von dem schwarzen Koch Hallorann (Scatman Crothers) in der Küche und in der Tiefkühlkammer mit ihren Fleischvorräten und dem Vorratsraum herumgeführt. (Wendy reagiert auf die Größe und das Labyrinthische des Anwesens mit einer Märchen-Erinnerung; sie müsse wohl Brotkrumen streuen, um sich zurechtzufinden. Aber waren nicht die Brotkrumen des Märchens von den Vögeln gefressen worden?). Und Hallorann nennt Danny „Doc", was Wendy verblüfft. Schließlich rufe sie ihn bei ihren „Bugs Bunny"-Spielen mit diesem Namen. (Der Zeichentrick-Hase nennt seinen ewigen Jäger und Widersacher so, und immer wieder auch wird der Junge in Zusammenhang mit *cartoons* gezeigt: er trägt ein Mickey Mouse-T-Shirt, sieht sich im Fernsehen einen „Roadrunner"-Film an. Das gehört gewiß zur normalen Kulturation eines amerikanischen Kindes. Es ist aber auch Teil seiner Angst – nie sehen wir ihn dabei vergnügt.) Danny erkennt in Hallorann einen Verwandten: Während er mit seiner Mutter spricht hört der Junge die an ihn gerichteten Worte: „Magst du Eiskrem, Doc?" Das erste Zeichen des Phantastischen in diesem Film.

Allein mit ihm erklärt Hallorann Danny das *Shining*; er selber konnte damals mit seiner Großmutter reden, ohne überhaupt den Mund aufzumachen. Aber Danny will nicht darüber reden: „Es ist verboten", und es ist Tony, der das behauptet: „Tony ist der kleine Junge in meinem Mund". Die Eltern wissen von seiner Existenz, aber Tony hat streng verboten, darüber zu reden, was er ihm sagt, und weil er manchmal vergißt, was er gesagt hat, weiß Danny auch nicht zu sagen, ob er ihm etwas über diesen Ort erzählt hat. Ob es hier etwas Böses gebe? „Weißt du, Doc, manchmal passiert etwas, das für immer und ewig Spuren hinterläßt". Und dann fragt Danny noch nach dem Zimmer 237. „Da war nichts in Zimmer 237. Aber du hast in diesem Zimmer absolut nichts verloren". Dies mag Widerspruch und Verrat in einem sein; die Pforte, die sich für Danny zu öffnen schien, wird wieder geschlossen. Was mag es für ein Geheimnis in diesem Zimmer geben, das nicht einmal diese verwandten Seelen teilen können?

Kubrick gibt diesem Dialog eine besondere Bedeutung, indem er gleichsam die Lücken mitfilmt. Wir sehen stets den Sprechenden von beiden im Bild, aber die Kamera bleibt auf ihm, wenn er geendet hat. Niemals überschneidet er Bild und Dialog, wie es gewöhnlich Regisseure machen, um einer Dialogszene mehr Flüssigkeit zu verleihen. Wir sehen zwei Menschen zu, die sich schwer zur Sprache bringen, weil beide wissen, daß das, was sie mitteilen wollen, über die Sprache hinausgeht. In diesen langen Einstellungen auf die Dialogpartner, die mit ihrem Schweigen ringen, sehen wir ein Gegenüber zwei miteinander verbundener Menschen; nicht die Dokumentation eines Gesprächs, sondern die Doppelung subjektiver Empfindungen dabei.

Das nächste Kapitel: *„Ein Monat später"* Wir begleiten zum ersten Mal Danny auf seinen Fahrten mit dem Dreirad durch die Gangfluren des Hotels. Teppiche und blankpolierte Parkettböden wechseln einander ab und lassen das Geräusch der Räder in einem eigenen Rhythmus ertönen. Während wir sehen, wie Danny tiefer und tiefer ins Labyrinth eintaucht, erkennen wir umgekehrt in der nächsten Einstellung eine Form der Entzweiung: Wir sehen auf den schlafenden Jack, die Kamera fährt in der bekannten Fahrt zurück; Wendy kommt

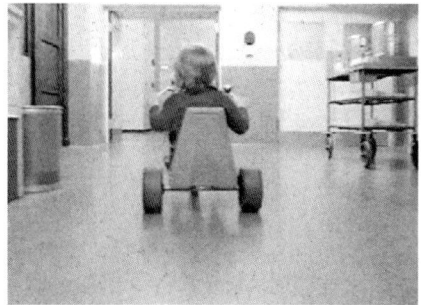

mit einem Servierwagen ins Zimmer, aber als sie sehr freundlich sagt: „Guten Morgen Liebling, dein Frühstück ist fertig", wendet sie ihren Kopf in die entgegengesetzte Richtung, und als die Kamera erneut zurückfährt, erkennen wir, daß wir auf das Spiegelbild von Jack gesehen haben. Sie möchte ihn bei dem schönen Wetter dazu ermuntern, einen Spaziergang zu machen, aber Jack meint, er müsse nun einmal mit dem Schreiben anfangen. Der Blick auf die Schreibmaschine mit dem eingelegten leeren Blatt wird von dumpfen Geräuschen unterlegt, und bei der neuerlichen Rückfahrt der Kamera sehen wir, daß Jack, statt seine Arbeit aufzunehmen, einen kleinen Ball gegen die Wand wirft. Hat Wendy nicht gesagt, er müsse sich zuerst einmal wieder an das regelmäßige Schreiben gewöhnen? So leicht scheint das nicht zu sein.

Danny und Wendy laufen in das Hecken-Labyrinth vor dem Hotel, zu dem wir den komplizierten Plan – eine weitere Verdoppelung – vor dem Eingang sehen. Wir verfolgen sie ein wenig so wie Danny bei seinen Fahrten. Ihre Schritte werden langsamer. Es fehlt die von Wendy angesprochene Märchen-Abbildung des Ariadne-Fadens. Eine Überblendung verbindet die Bewegung der beiden mit der von Jack Torrance, der immer noch mit seinem Ball beschäftigt ist, und schließlich an ein Modell des Labyrinths tritt, das auf einem Tisch aufgebaut ist. Er sieht von oben hinein, es scheint uns nun weitläufiger als auf dem vertikalen Plan-Bild, beinahe endlos, und während wir dem Modell näherkommen, hören wir die Stimmen von Danny und Wendy: „Puuh, wir haben es geschafft". Aber die Gestalten, die Jack in dem Modell sieht, laufen gerade im Zentrum umher, rettungslos verloren. „Ich hätte nicht gedacht, daß es so groß ist", meint Wendy.

Das nächste Kapitel, „Dienstag" überschrieben, beginnt wie die Vorherigen mit einem Blick auf den Komplex des *Over-look*-Hotels. Wieder ist Danny unterwegs auf seinen Dreirad-Fahrten durch die end-losen Gänge. Wenn wir genau hinsehen hat sich etwas geändert: Er ist nun nicht mehr im Erdgeschoß des Hotels (wie wir ge-sehen haben, weil er auch die Service-Räu-me durchfuhr), sondern in einem Stock-werk; Zimmer an Zimmer, mit einem gleichmäßig ausgelegten Boden. Dann er-kennt Danny die Nummer an einer der Ein-gangstüren: 237. Aus mehreren Perspekti-ven sehen wir seinen angsterfüllten und faszinierten Blick. Er ergreift die Klinke, aber die Tür ist verschlossen. Wieder er-scheint das Bild der beiden ermordeten Mädchen. Danny setzt, mehr Flucht nun, seine Fahrt fort. Die Kamera folgt ihm nun nicht mehr, sondern sieht zu, wie er ver-schwindet. Sie fährt stattdessen in dem gro-ßen Empfangsraum, der „Colorado Loun-ge", auf Jacks Schreibtisch zu, wo er, wie wir dem klappernden Geräusch seiner Schreibmaschine entnehmen, nun tatsäch-lich an die Arbeit gegangen ist. Dann nä-hert sich Wendy, und bevor sie ihn erreicht hat und ihm einen kurzen Kuß gibt, reißt er das Blatt aus der Maschine. Jack wird zor-nig, weil er jedesmal, wenn sie herein-kommt, seine Konzentration verliere. Er verbietet ihr, so an seinem Arbeitsplatz zu stören.

Es hat geschneit, und Wendy und Dan-ny vergnügen sich draußen im Schnee. Vielleicht hat das Haus Jack schon an sich gefesselt, jedenfalls kann er offenkundig nicht mehr hinaus. Aber wie in der Se-quenz, in der wir die beiden im Labyrinth sahen, so folgt nun auch auf diese Einstel-lung eine Kamerafahrt auf Jack, der mit bö-sen Augen erst nach vorn (hinaus?), dann nach oben starrt. Seine Erscheinung hat sich nun verändert; Bartstoppeln bedecken sein Gesicht, das eingefallen scheint, seine Kleidung, ein dunkelblauer Pullover, wird formloser.

Das Kapitel „*Samstag*" eröffnet mit einem Blick durch den Schneesturm, in dem die Umrisse des Hotels nur noch undeutlich auszumachen sind. In der großen Halle sitzt Jack und schreibt. Wendy versucht vergeblich, über die Telefonleitung Verbindung mit der Außenwelt aufzunehmen. Sie raucht, auch ihre Selbstdisziplin scheint nachzulassen. Mit dem Funkgerät erreicht sie die Station, und erfährt, daß mit einer Instandsetzung so schnell nicht zu rechnen sein wird. Sie solle ab nun ihr Radio immer auf Empfang lassen. Eine „Nabelschnur" zur Außenwelt. Danny ist nun wieder mit dem Dreirad unterwegs. Wieder hat er die Ebene des Labyrinths gewechselt; er ist nun im Keller. Die Kamera folgt ihm nicht mehr so nahe, sie droht ihn fast zu verlieren. Erst in der nächsten Einstellung ist sie wieder bei ihm (ganz ähnlich hat die Kamera in der Eingangssequenz Jacks Auto „verloren" und wieder eingefangen); in Zimmerfluren mit gänzlich anderem Design, blau ist der Läufer und blau sind die blassen Muster der Tapeten; das neofolkloristische Orange und Braun sind verschwunden, die Türen haben altmodische Klinken, das Licht ist fahler geworden. Es ist gut möglich, daß Danny nicht nur die räumliche, sondern auch die zeitliche Dimension des Hotels gewechselt hat. Und am Ende des Ganges erwarten ihn die beiden Mädchen, die ihn mit hallenden Stimmen auffordern, mit ihnen zu spielen. Während sie vordem nur als kurze Bilder aufflammten, erscheinen sie nun in der Realität des Jungen (oder er in der ihren). Dann aber blitzt das Bild der Getöteten in ihrem Blut auf. Entsetzt schlägt Danny die Hände vor die Augen, und sieht dann doch wieder durch die gespreizten Finger. Die Mädchen sind verschwunden. „Tony, ich hab' Angst".

„*Montag*" ist das nächste Kapitel überschrieben, das nicht mehr mit einem Bild des Hotels eröffnet wird, sondern mit einer nahen Aufnahme auf eine Tür, die sich öff-net und durch die vorsichtig Danny eintritt. Die schweren Ketten, die Messingknaufe an der Schleiflacktür deuten an, daß er sich wohl immer noch in der Vergangenheit des Hotels befindet. So gelangt er eine Treppe hinauf und in das Zimmer, in dem sein Vater auf dem Bett sitzt. Wieder sehen wir zugleich Jack Torrance und sein Bild im Spiegel. Danny wollte nur sein Feuerwehrauto aus seinem Zimmer holen, aber Jack verlangt, er solle sich zu ihm setzen. Sein Gesicht und seine langsamen Gesten wirken noch verfallener als zuvor, als er ihn an sich drückt. „Dad", fragt Danny, „Bist du krank?" „Nein, ich bin nur müde", antwortet Jack und starrt ins Leere. „Warum gehst du dann nicht schlafen?" – „Ich kann nicht. Ich hab' zuviel zu tun". Und als Danny fragt, ob er das Hotel möge, meint Jack: „Ich wünschte, wir könnten hier bleiben. Für immer und immer". Genau das sind die Worte, mit denen die Mädchen Danny aufgefordert hatten, bei ihnen zu bleiben. Welch eine Spannung sich da aufgebaut hat, erkennen wir in dem Argwohn, mit dem Jack auf die Frage Dannys reagiert, ob er ihnen je etwas antun könne: „Hat dir das deine Mutter eingeredet?"

Das nächste Kapitel, „*Mittwoch*", beginnt wieder mit dem Blick durch Nebel und Schnee auf das Hotel, von dem nur vereinzelte Lichter auszumachen sind. Danny läßt Spielzeugautos auf dem Teppichmuster kreisen („spielt" er schon die Schlußszene der Rettung?), das wir von der „gegenwärtigen" Form des Hotels in den Grundfarben Orange, Rot und Schwarz kennen. Die Kamera fährt wieder langsam zurück, als ein kleiner Ball in das Arrangement rollt, gelb wie der „kugelige" VW-Käfer, in dem Jack seine Familie hierhergebracht hat. Er blickt den langen Gang entlang, aber da ist niemand. „Mum" ruft er, als er sich langsam einer offenen Zimmertür nähert. Es ist Nummer 237, wie wir auf dem Schlüsselanhänger erkennen. „Mum, bist du da drin?"

Aber Wendy ist im Keller, wie die Überblendung zeigt, und versucht sich mit der Bedienung der Heizung vertraut zu machen. Offensichtlich muß sie schon die Aufgaben übernehmen, die eigentlich zu Jacks Job im *Overlook*-Hotel gehören. Der *caretaker* verfehlt bereits seine Aufgabe, aus Egoismus oder aus Unfähigkeit. Da hört sie einen unterdrückten Schrei, gelangt schließlich zu Jack, dessen Kopf auf den Schreibtisch gesunken ist, und der unartikulierte Laute von sich gibt. Er ist von einem Alptraum erwacht: „Ich hab' noch nie so etwas Furchtbares geträumt. Ich hab' geträumt, ich hab' euch umgebracht. Aber nicht nur das. Ich hab' euch beide zerstückelt." Als Danny dazukommt, will Wendy ihn wegschicken: „Es ist alles in Ordnung. Dein Vater hat nur Kopfschmerzen." Aber als Danny dennoch näherkommt, erkennt Wendy Wunden an seinem Hals. „Du warst das!" ruft Wendy ihrem Mann in einem neuerlichen Anfall von hysterischer Panik zu, viel rascher von Mitleid zu Abwehr umkippend, als darin noch rationale Beobachtung zu erkennen wäre: „Du Unmensch." Und in verzweifelter, ohnmächtiger Abwehr hebt Jack die Hand.

Unterbrochen von wilden Zuckungen und Gesten ohnmächtiger Wut macht sich Jack auf einen einsamen Weg durch das Hotel, bis er in den Salon und an die erleuchtete Bar des Hotels gelangt. „Gott, was gäbe ich für einen Drink." Da unterschlägt die deutsche Synchronisation freilich einen wichtigen Aspekt, denn im Original sagt Jack sehr genau, was er für einen Drink geben würde: seine Seele. Er schlägt verzweifelt die Hände vors Gesicht – in einer komplementären Bewegung zu der Dannys, und als er sie wieder aufschlägt, scheint er in einer anderen Rolle, in einer anderen Wirklichkeit. „Hallo Leute! Nicht viel los hier", grinst er in die Kamera. Da steht der Barkeeper vor ihm, den er sogleich mit seinem Namen, Llyod, anspricht. In durchaus

„dämonischer" Beleuchtung erscheint dieser Barmann als erster Versucher. Und Jack ordert „erstmal 'ne Flasche Bourbon" – es ist wie in den bekannten Szenen , in denen jemand sein Herz ausschütten muß: „Ich hab' ihn nicht angerührt." Schuld kann nur eine sein: das „Scheißweib." Und: „Solange ich lebe wird sie mir diese blöde Geschichte vorwerfen." Einmal hat Jack Danny geschlagen, vor drei Jahren – ein „vorübergehender Verlust von Muskelkoordination".

Dann läuft Wendy durch das Hotel, findet Jack. Sie hat erkennen müssen, daß nicht Jack der Urheber der Würgemale an Dannys Hals ist: „Irgend jemand wohnt hier in dem Hotel. Eine verrückte Frau. Sie wollte Danny erwürgen." Aber für eine Versöhnung ist es bereits zu spät: „Vielleicht bist du die Verrückte". Danny habe bei dem „verbotenen" Zimmer eine schreckliche Frau in der Badewanne gesehen. „In welchem Zimmer?" fragt Jack. Und ein harter Schnitt – Pauline Kael empfand diesen Schnitt, „als hätte der Vorführer die Anschlüsse vertauscht" – führt uns in das Programm „*Newswatch*" auf dem Fernsehbildschirm. Während die Kamera wieder zurückfährt, sehen wir die Füße von Hallorann, der in einem Hotelzimmer im sonnigen Florida die Nachrichten von den katastrophalen Schneestürmen im Norden sieht. (Sein Zimmer ist geschmückt mit halbnackten Schönheiten mit „Afro-Look"-Frisuren: Erotische Göttinnen, die die Umformung des Dionysischen zum Apollinischen gemeistert zu haben scheinen, die Verwandlung des Begehrens in Schönheit.) Halloranns Augen weiten sich vor Schreck; sein „Shining" offenbart ihm die Gefahr im *Overlook*-Hotel.

Das Zimmer 237. Danny, an anderem Ort, bebend vor Entsetzen, Schaum vor dem Mund. Wir gelangen durch die Suite ins Badezimmer, dessen Tür von einer Hand geöffnet wird. Zum zweiten Mal ist es

Wendy, die ihren Mann in die Räume des Wahns schickt. Jack sieht hinein: Der Vorhang vor der Badewanne wird beiseite geschoben, eine nackte junge Frau erhebt sich, Jacks Gesichtsausdruck verwandelt sich von Anspannung zu Gier. Die Frau kommt auf ihn zu. Während er sie umarmt, blickt er in den Spiegel; dort erkennt er, daß er nicht eine junge Frau, sondern einen alten, mit Exkrementen verschmierten Körper hält; ein gellendes Lachen ist zu hören. Die tote Frau liegt in der Badewanne. Jack weicht zurück, die alte Frau hinter ihm her. Es gibt sie offenkundig zweimal; als in der Badewanne liegende Leiche und als Jack verfolgendes Phantasma. Danny, an seinem Ort, wird immer noch grauenhaft geschüttelt. Die alte Frau in der Badewanne erhebt sich, keine Zeitabfolge ist mehr zu erkennen; was erlebt Jack, und was erlebt er in Dannys Shining? Es gelingt ihm, die Tür zu verschließen. Das Lachen gellt ihm nach.

Dies also ist das Geheimnis von Zimmer 237. Die Begierde des Vaters und der Tod. Nicht nur der Augenblick, in dem sich, nach Freud, das Heimliche in das Unheimliche verwandelt, sondern auch die grauenhafteste aller Spaltungen. Wenn Jack, wie seine zahlreichen *déjà vu*-Empfindungen zeigen (als „homey" bezeichnet er das Hotel schon bei seinem ersten Besuch), in diesem Gebäude zu Hause ist, wie in seinem eigenen Kopf, dann ist der Besuch im verbotenen Zimmer so etwas wie die Explosion in seinem Inneren. Nicht nur Ausdruck seiner Impotenz, sondern wahrer Zusammenbruch.

Hallorann versucht vergeblich, eine Verbindung mit dem Hotel aufzunehmen. Jack kommt zurück zu Wendy und behauptet, nicht das Geringste entdeckt zu haben. Er meint, Danny müsse sich die Verletzungen selber zugefügt haben. Noch scheint man zu verhandeln, zu kämpfen darum, wer der „Kranke" in der Familie ist. Die Ka-

mera fährt auf Danny zu, der im Bett liegt, mit weit aufgerissenen Augen, und überdeutlich die Stimmen seiner Eltern hört. Er sieht eine Tür vor sich, auf die mit roter Farbe – oder Blut – „Redrum" geschrieben steht, die Spiegelverkehrung des Wortes „Murder". Jack, der im Augenblick ganz den Vernünftigen spielt, wird wieder angespannt, als Wendy meint, Danny müsse aus dem Hotel fort. Danny sieht wieder das Bild vor sich: die blutige Welle, die aus dem Fahrstuhl schwappt. Jack beschimpft seine Frau, daß sie ihm wieder eine Chance vermasselt. „Du benimmst dich mal wieder verdammt beschissen. Aber von jetzt an kannst du mich am Arsch lecken", und wieder verläßt er wütend das Zimmer. Jack randaliert in der Küche, dann hört er Stimmen: Der Gang ist mit Luftballons und Papierschlangen gefüllt wie nach einem großen Fest.

Hallorann gelingt es, die Station zu erreichen und bittet, per Funk nachzuprüfen, ob oben im *Overlook* alles in Ordnung sei.

Jack wird von Stimmen und von Musik in den Salon gelockt, in dem ein rauschendes Fest stattfindet. Wir befinden uns zu Beginn der zwanziger Jahre, in der Gründerzeit des Hotels. Wieder bestellt sich Jack an der Bar einen „Bourbon on the Rocks", aber als er einen Geldschein zückt, meint Lloyd (Joe Turkel): „Sie brauchen nichts zu bezahlen. Ihr Geld ist hier nichts wert. Ist ein Befehl von oben". Was das zu bedeuten hat, ist nur allzu klar; hat Jack nicht vor nicht allzu langer Zeit gesagt, er gebe seine Seele für einen Drink?

Im Gedränge kippt ihm ein Ober sein Tablett über die Kleidung und bietet ihm an, sie in der Herrentoilette zu säubern. In dem heftig roten Raum kommt es zu einem Gespräch zwischen dem Ober, der sich nach einigen Nachfragen von Jack als Grady (Philip Stone) vorstellt, und Jack, der in ihm den Hausverwalter erkennt. „Sie sind hier der Hausverwalter. Ich weiß es, Sir. Ich

war von Anfang an hier", so bereitet Grady den Rollentausch und die Nachfolge vor. (Die Bezeichnung im Original freilich ist vielschichtiger: Da geht es um den „caretaker", und eben dies ist es ja, woran Jack so kläglich gescheitert scheint; er ist unfähig, im guten Sinne, *to take care*, so wird er es im bösen tun: „You have always been the caretaker here" – ist da nicht nur eine Verurteilung, die Auflösung der Zeit, sondern auch der Hinweis auf das verlorene Subjekt in Jack Torrances Erscheinung: er war schon immer hier.) Indem Grady ihn an seine „Verantwortung" erinnert, macht er Jack zum Mörder, zur Wiederkehr des schwarzen Vaters. „Ich rief sie zur Ordnung", umschreibt Grady den Mord an seiner Familie.

Es scheint uns auf den ersten Blick durchaus in der Logik des phantastischen Films, daß Jack seinem Vorgänger begegnet, so wie Danny die beiden ermordeten Mädchen in seinem *Shining* sieht. Aber

nichts stimmt in der zeitlichen Zuordnung dabei. Die schreckliche Familientragödie hat sich, wie wir am Anfang erfahren haben, zu Beginn der siebziger Jahre zugetragen. Die Kleidung der beiden Mädchen aber weist auf eine ganz andere Epoche hin, die zwanziger Jahre, und Grady, der in Jack in der Toilette die Saat des Hasses nährt, mit seiner „britischen" Arroganz und Höflichkeit, wiederum auf eine andere. Und wenn Jack dem Barkeeper sagt, vor drei Jahren habe er sein Kind – aus Versehen – geschlagen, widerspricht er damit Wendys Aussage, der Vorfall habe vor fünf Monaten stattgefunden – was im übrigen wahrscheinlicher sein mag und möglicherweise das dramatische Ende von Jacks Alkoholikerdasein markierte. „Der ständigen Abnahme des ‘objektiven’ Raumes und der ‘objektiven’ Zeit (von den Bergen zum Hotel und schließlich zum Labyrinth; von den Monaten zu Tagen und schließlich zu Stunden) entspricht eine Erweiterung der Zeit und des Raumes im subjektiven" (Michel Ciment). Die Zeiten sind freilich nicht einfach nur „durcheinandergeraten"; mehrere Schichten von Biographien und Historie überlagern sich, in einer Art der inneren *Match-Cuts*, und es ist die Fortsetzung jener „Spuren", von denen Hallorann zu Danny gesprochen hat.

„Wußten Sie, Mr. Torrance, daß Ihr Sohn im Augenblick versucht, einen Fremden in diese Angelegenheit zu ziehen? – Einen Nigger!" Grady wird zum Ideologen, zum Faschisten in Jacks Seele. Und: „Ihr Sohn benutzt seine besondere Begabung gegen Ihren Willen." Und wieder meint Jack: „Es ist seine Mutter, die ihn aufhetzt."

So ist in dieser Induktionsschleife von Wahn und Psyche der Haß von Jack nun zielgerichtet; er zerstört das Funkgerät, über das man versucht, die Eingeschlossenen im Hotel zu erreichen. Hallorann hat das Flugzeug genommen, um an den Ort der Gefahr zu gelangen. Er kämpft sich mit dem Auto durch den Schnee, an umgestürzten Trucks vorbei. (Wieder erinnern wir uns an Dannys Spiel mit den Modellautos.)

Wendy hat sich mit einem Baseballschläger bewaffnet und sucht im Hotel nach Jack. An seinem Arbeitsplatz findet sie die Schreibmaschine und auf dem Papier liest sie den einzigen Text, den er in all dieser Zeit und immer wieder geschrieben hat: „All work and no play makes Jack a dull boy" (in der deutschen Version sehen wir auf dem Papier die unendlich repetierte Phrase: „Was du heute kannst besorgen, das verschiebe nicht auf morgen"). Auch die anderen, säuberlich geordneten Manuskriptseiten enthalten nichts als diesen immer wiederkehrenden Satz, in wechselnden typographischen Abfolgen und Zeilenabständen, mal eher, als handele es sich um Prosa, mal in geordneter Reimform, einmal mit einem signifikanten Schreibfehler: *bot* statt *boy*. Es ist der schreckliche

Moment der Erkenntnis des Wahns (und der schrecklichste Moment des Films) – und in diesem Augenblick tritt Jack von hinten auf sie zu: „Wie gefällt es Dir?" Lauernd nähert er sich ihr; wieder sehen wir in Dannys aufgerissene Augen, der wieder die überdeutlichen Stimmen seiner Eltern hört. „Ich finde wir sollten uns über Danny unterhalten", meint Jack, während er ihr bedrohlich nahekommt, mit jenem Grinsen, das ihm schon die ganze Zeit unterkommt, das zugleich debil und diabolisch ist. Jack will das Kind sein, geborgen und verantwortungslos, und er will der Herr sein, das Subjekt seiner selbst und das Haupt. So ist auch er gespalten und kommt nur in der Raserei wieder zum Individuum, zum Ungeteilten (so wie er es früher vielleicht im Alkoholrausch getan hat). Die Krankheitsgeschichte einer Familie bricht da hervor, Eifersucht, Neid, unterdrückter Zorn, die Gefühle von Versagen und Lieblosigkeit. Und wieder sind wir versucht, das ganze Geschehen als nichts anderes denn als wahrhaft monströse Abbildung einer Konfliktsituation zu sehen, wie es sie auch in „normalen" Familien gibt: Streit der Eltern um das Kind, um die Anerkennung ihrer Person, Lähmung und Introversion des Kindes unter dem Einfluß von liebesunfähigen Eltern.

Wendy weicht auf der Treppe zurück, versucht Jack mit dem Baseballschläger auf Distanz zu halten, und dann erwischt sie ihn auch, zuerst an der Hand, dann an der Schulter, und er stürzt die Treppe hinunter. Wendy schleppt den Bewußtlosen zur Vorratskammer, schleift ihn, während er erwacht, hinein, und sperrt ihn ein. Er schreit, jammert, bettelt. Sie will einen Arzt holen, für Danny, vielleicht auch für ihren Mann, aber Jack hat nicht nur das Funkgerät, sondern auch die Schneekatze zerstört.

Das nächste Kapitel ist überschrieben mit *„Vier Uhr nachmittags"*. Nur wenig klarer ist die Sicht auf das Hotel geworden. Jack schläft auf den Vorratssäcken. Es klopft an die Tür. Aber es ist nicht Wendy, wie er zunächst vermutet, sondern Delbert Grady. Und wieder gibt er ihm verhängnisvolle Ratschläge ein, stachelt ihn auf, wenn er etwa behauptet, seine Frau sei phantasievoller als er – was den gescheiterten Künstler in ihm so kränken muß. Er solle endlich „seinen Auftrag erfüllen". Jack gibt Grady sein Wort, seine Familie endgültig zur Raison zu bringen. Und die Tür öffnet sich. Die Hoffnung, „nur" in einen Wahn von drei sehr kranken Menschen mit einer noch stärker kranken Beziehung untereinander geblickt zu haben, die die Grenzen an sehr verschiedenen Stellen überschritten haben, ist wieder dahin. So wie wir für einen Augenblick gesehen haben, daß die ermordeten Mädchen tatsächlich in das Leben von Danny getreten sind, auf eine sehr einfache filmische Weise, nämlich indem alle in einer Kameraeinstellung zu sehen waren, so überschreitet nun das Imaginäre, der längst verstorbene Mister Grady, und sein offensichtlich ungestillter Haß, die Grenze in umgekehrter Richtung: Er greift in die physische Wirklichkeit ein.

Halloran hat sich unterdessen eine Schneekatze besorgt und fährt eine Waldschneise hinauf. Wir sehen die Bewegung einmal von außen, dann von der Seite auf sein höchst besorgtes Gesicht, und schließlich über seine Schulter.

Danny nähert sich dem Bett seiner schlafenden Mutter; Tony spricht aus ihm: „Redrum" wiederholt er, „Redrum". Und Danny ergreift das Messer, das sich Wendy zur Verteidigung auf den Nachttisch gelegt hat. Er nimmt, nachdem er sich mit diesem Messer über den Finger gefahren ist (wie vieles wäre möglich in dieser Szene!), einen Lippenstift seiner Mutter und schreibt das spiegelverkehrte REDRUM an die Tür. Auf den Mord, der in der Luft liegt, mag das ebenso verweisen wie auf den „Red Room",

der rote Waschraum, in dem sich die verhängnisvolle Begegnung Jacks mit Grady abspielte. Je heftiger er das Wort wiederholt, desto mehr verwandelt sich die Stimme Tonys in die von Danny. Wendy erwacht. Sie blickt auf die Schrift und liest sie richtig herum: „Murder".

Und da steht Jack vor der Tür, mit einer Axt schlägt er auf sie ein. Das Holz splittert. Wendy packt Danny und flüchtet mit ihm; zuerst zwängt er sich durchs Fenster nach draußen, Wendy selbst aber bleibt in der schmalen Öffnung stecken. Sie ist gefangen. Und wieder sinkt Jack zurück auf das Stadium des sadistischen Kindes: Er spielt die Rolle des Bösen Wolfes, der das Haus der Schweinchen zusammenbläst. Hilflos und hysterisch muß Wendy beobachten, wie Jacks Axt immer größere Spalten in das Türholz schlägt. Als er die Hand durch das Loch streckt, um die Klinke zu öffnen, zieht sie ihm die Messerklinge darüber.

Halloran erreicht mit seiner Schneekatze das nächtliche Hotel. Jack Torrance, zornig und verwundet, hört das Gefährt kommen. Danny läuft unterdessen in die Küche und verbirgt sich in einem Schiebeschrank, während sein Vater, die Axt im Anschlag, durch den Raum humpelt. Seine Verwundungen nehmen zu, und mit jeder scheint er schrecklicher zu werden. Wendy erkennt, daß sie nun selbst eingesperrt ist. „Hallo" ruft Halloran, immer wieder, schon ungeduldiger: „Ist jemand hier?". Da stürzt Jack auf ihn zu und schlägt ihm das Beil quer in den Leib. Im selben Augenblick sehen wir wieder Dannys Entsetzen, hören seinen Schrei. Und auch Jack hat ihn gehört. Er jagt hinter ihm her, durch die labyrinthischen Räume, während nun auch Wendy, das Messer in der Hand, nach ihrem Sohn sucht. Nun hört sie Stimmen in unheimlichem Chor; in einem offen stehenden Zimmer sieht sie einen Mann und eine massige Gestalt in einem Hasenkostüm. Auch unsere letzte Hoffnung, Wendy sei zwar ein wenig hysterisch, aber doch die „Normale" in der Familie, ist damit ebenfalls dahin.

Bei seiner Verfolgung ist Jack an ein Fenster gelangt und sieht draußen die Schneekatze von Hallorann, die einzige Möglichkeit, das Hotel *Overlook* zu verlassen. Er schaltet die Außenbeleuchtungen ein und ruft nach Danny. Und Danny flüchtet in das verschneite Labyrinth, auf immer neue Lichtquellen zu, verfolgt von seinem Vater: „Ich hab' dich gleich!" Unterdessen gelangt Wendy auf die zerstückelte Leiche von Hallorann, und wieder erleidet sie einen hysterischen Anfall. Es erscheint ein Mann, der wie in der Mitte durchgeschnitten ist, eine blutige Linie teilt ihn in zwei. Und Wendy flieht auf den Aufzug zu, den wir kennen. Die Überblendung identifiziert ihre Fluchtbewegung erneut mit der des Sohnes im Labyrinth, auch diese Symbiose im Bewegungsbild ist uns nun nicht mehr unbekannt: Die Stafette der Bewegung und die Trennung durch den Schnitt ist das psychologische Grundprinzip der Montage in diesem Film. Auch während dieser Verfolgungsjagd durch das Labyrinth sind die Stimmen zu hören, die aber, tückischerweise, auch ein Musikstück sind: Die Narration des inneren Wahns und die Off-Kommentierung durch die Musik fallen ineins. Dann wendet Danny einen alten Trick an (sollten wir sagen: einen Indianertrick?): Er geht in seinen eigenen Fußstapfen rückwärts. Wendy irrt durch das Hotel und ist schließlich exakt in der Perspektive vor dem Aufzug, die wir aus Dannys Träumen kennen. Und die Flutwelle ergießt sich daraus, fließt auf sie zu, das Rot dieser Welle und das Blau des Eises im Labyrinth sind endlich zu den Komplementärfarben geworden, beides äußerste Bedrohung. Danny hält sich nun verborgen, ganz nah ist er seinem Vater, und der kann ihn dennoch nicht mehr finden. Und Danny folgt seinen Spuren im Schnee zu-

rück, den Brotkrumen, dem Ariadnefaden, der semiologischen Nabelschnur, die er für seinen mörderischen Vater zerschnitten hat, indem er tat, was Tony ihm eingab, das Rückwärtslesen.

Rückwärtslesen, ja auch nur Rückwärtsblicken – das kann sein Vater nicht. Deshalb stürmt er immer tiefer ins Labyrinth, während der Sohn den Ausgang findet, in die Arme der Mutter stürmt, und die beiden können mit der Schneekatze flüchten, die Hallorann hierhergebracht hat – und word so doch noch der Retter, der er sein wollte. Jack im Labyrinth hört das Geräusch des Motors, doch seine Rufe werden immer unartikulierter. Am Morgen sehen wir ihn erfroren, vereist, den bösen Blick nach oben gerichtet wie die Statue eines schlimmen Gottes. Langsam fährt die Kamera auf den Salon des Hotels zu; die Musik der zwanziger Jahre ist wieder zu hören, wir kommen einer Wand mit alten Fotografien näher (wie schön es hier sei, hat Wendy gesagt, als sie zum ersten Mal daran vorbeiging) und wir fahren auf eines der Bilder zu, das eine fröhliche Ballgesellschaft zeigt, und einer der fröhlichsten Besucher ist ein junger Mann im Vordergrund mit einem fast ansteckenden Grinsen. Jack Torrance ist wiedergeboren. Rückwärts. In einem Bild. Vom 4. Juli 1921. Es ist das Datum eines „Unabhängigkeitstages" – ähnlich, und noch düsterer, steht am Ende von BARRY LYNDON das Datum der Französischen Revolution.

Nach alledem: Ein unendlich lesbarer Film? Ein Film des endlosen Kreisens in der Zeit, im Raum, in der Biographie? Einladung zu Zahlen- und Zeichen-Mystik? Zumindest dreimal ist THE SHINING sehr genau: Als Geschichte von Jack, als Geschichte von Wendy und als Geschichte von Danny. Nur gibt es keine Geschichte, in der diese drei Geschichten vollständig und eindeutig aufgehoben wären. Und jede dieser Geschichten zerfällt noch einmal. Da ist Wendy, die in Ehefrau und Mutter (mindestens) zerfallen muß. Da ist Danny, der zweimal Sohn ist, aber auch etwas in sich hat, was ganz und gar über den Familienroman hinausweist. Vielleicht gerade deshalb, weil Sohn dieses Vaters und Sohn dieser Mutter zu sein eigentlich unmöglich ist. Und da ist Jack. Jack, der Träumer, der Künstler, Jack der Versager, Jack der Ortlose. Er inszeniert sich wohl eher als Schriftsteller als daß er arbeitet; nichts kann ihm für diese Inszenierung groß genug sein, deshalb wählt er sich kein Büro, kein Zimmer, sondern die große Halle zur Arbeit, und zugleich beginnt allein schon die Wahl dieses Arbeitsraumes ihn zu dementieren und demontieren. So groß könnte sein Werk nicht einmal werden, wenn es denn gelänge, um diesen Raum auszufüllen. Und so reagiert er zunehmend gereizt auf seine Familie, die zunächst einmal damit beschäftigt ist, das Hotel zu erforschen, mit der praktischen Vernunft Wendy, Danny mit der kleinen Abenteuerlust. Als Wendy ihn nur um eine kleine Aufmerksamkeit für ein alltägliches Problem bittet, fühlt er sich so sehr in seiner kreativen Erhabenheit gestört, daß er einen regelrechten Wutanfall zelebriert und symbolisch ein Blatt seines Manuskripts zerreißt. Das Eindringen in seinen geheiligten Raum der Kunst (übrigens von Kubrick sehr genau als der Versuch Wendys, „in seinen Kopf" einzudringen, inszeniert) aber ist nichts anderes als die Furcht vor der Entdeckung seiner Leere.

Es ist sein Zerfall, den wir sehen. Die Farben an ihm werden zusehends düsterer; zuerst sehen wir an Jacks Kleidung, wie er sich verändert, verwaschenes Blaugrün mischt sich darein, als würde eine verwesende Natur von ihm Besitz ergreifen, graue Schatten und Furchen machen sich in seinem Gesicht bemerkbar. Und bald beginnt das Haus von Jack Besitz zu ergreifen. Während die beiden anderen zuerst ihre Reisen darin und darüber hinaus unternommen haben und nun vor Schrecken

zu erstarren drohen, beginnt auch er darin zu wandern. Dabei „wird" er immer mehr das Hotel, seine paranoiden Schübe kommen immer dann, wenn ihn irgendetwas (und vor allem seine Frau) dazu bringen will, das Hotel zu verlassen (und als er es schließlich doch tut, muß er sterben). Und anders als für Danny, der den Schrecken der Vergangenheit und der Zukunft sieht, erscheint er ihm als vollständige, ja komplizenhafte Gegenwärtigkeit. Als er seinem Vorgänger Grady auf der Toilette begegnet, zeigt Kubrick diesen Verstoß gegen alle logischen Ordnungen in einem krassen Verstoß gegen die cinematographische Ordnung, indem er in diesem absurden Dialog im Wechsel von Schuß und Gegenschuß die optische Achse verläßt; wir wissen nicht mehr, wo ein Standpunkt in diesem unmöglichen Dialog zu finden sein könnte, in dem Grady Jack Torrance sein Erbe übermittelt: die Familie zu „disziplinieren". Vor allem aber ist Torrance in diesen Ballsaal zurückgekehrt, in dem ihm der Barmann Lloyd mit gleichmütiger Verachtung zu trinken gibt, und es ist nicht zu sagen, ob da ein Alkoholiker wieder zu trinken beginnt und sich dafür ein Ambiente träumt, oder umgekehrt ein trockener Alkoholiker sich ein Double phantasiert, das wieder trinken darf. Beides hat die gleichen furchtbaren Folgen, und Jack hat sie dankenswert klar (im Original) formuliert: „Zum Teufel mit der Seele für ein Glas Whisky." Vielleicht ist ja genau das geschehen.

Aber ihm gelingt die Flucht, und hier vielleicht schon kann er nicht mehr „realer Mensch" sein, überschreitet er die Logik der Wirklichkeit nicht nur in seinem eigenen Kopf, sondern auch als eigenes Phantasma: Es ist Grady, der tote Hausmeister und sein Vorgänger, der den Riegel vor der Tür löst. Eine bis dahin mögliche Lösung für das Geschehen scheidet damit also aus: Alles was geschieht und was wir sehen ist nichts als ein Teil der Einbildung des paranoiden Jack. Unsere Übernahme von Dannys Ruf: „Das sind nur Bilder!" hat nichts genutzt.

Statt mit dem sehr genrehaften Ende des Romans (natürlich die Zerstörung des Hotels, so wie im Horrorfilm das Ende beinahe immer mit einer – zumindest vorläufigen – Zerstörung des Ortes des Bösen kommt) entschied sich Kubrick zu einer anderen Schlußpointe, eben der Kamerafahrt auf ein altes Bild, das den Ballsaal des Hotels in der Vergangenheit zeigt, und wir sehen Jack unter den Gästen. Dazu erklingt ein Hit aus den zwanziger Jahren, „Midnight, the Stars and You" (gespielt von der Ray Noble Band und gesungen von Al Bowley). Das verweist uns auf die anderen Mitspieler. Und es ist noch einmal ein deutlicher Hinweis darauf, was das Wesen des Schreckens eigentlich ist, dem Jack, Wendy und Danny im *Overlook*-Hotel begegnet sind. Es ist nicht der „alte Fluch", der auf einem magischen Ort lastet, noch ist es der melodramatische Ausbruch des metaphorischen Grauens als Strafe für die Sünden oder Begierden, und schließlich ist es auch nicht jener „Einbruch des Phantastischen in die Welt des Normalen", den das Genre so liebt, und der mit der Rekonstruktion und Heilung der letzteren zu enden pflegt. Was neben der inneren Bedrohung durch ihre psychische Krankheit diese Familie bedroht, ist die Geschichte, ist die Zeit selber, die sich offenkundig geweigert hat, einfach zu „vergehen". Unter dem enormen Druck der Einsamkeit und der vergeblichen Versuche, zum „Schriftsteller" zu werden, löst Jack in seinem System die lineare Zeit ebenso auf, wie es Danny zuvor in seinem, einem anderen System erging.

SHINING ist ein Film des *travelling,* aber zweimal verstößt Kubrick radikal gegen die Konventionen des Genres „Horror". Zum einen spielt sich alles in der Helligkeit ab, nichts, auch die schwarze Küche nicht, ist in jenem Halbdunkel gehalten, in dem wir normalerweise das Grauen nur vermuten können. Es gibt nichts in diesem Film, was unserer Vorstellung überlassen bleibt. Und zum anderen ist der Schrecken nicht Teil dieses *travelling* in der Gegenwart, er erscheint vielmehr in statischen *Insert*-Bildern, die einer anderen Zeitebene anzugehören scheinen. Auf dieser Ebene erklärt uns Kubrick, daß er den Horror in einem klaren Licht der Aufklärung sehen lassen will – ganz anders als in dem „Science Fiction"-Film A CLOCKWORK ORANGE mit seinen ausgeprägten Nachtaufnahmen. Die Bewegung in diesem Film hat das Grauen in sich, während die eigentlichen „Horror"-Szenen statisch erscheinen, als seien sie wirklich nur Bilder einer Passions- und Versuchungsgeschichte wie Jacks Begegnungen mit seinen Dämonen, dem Barkeeper und dem Kellner, die ihm seine schrecklichsten Gedanken eingeben. Der *bartender*, der schon durch die Beleuchtung von unten einen „dämonischen" Ausdruck besitzt, versucht ihn wieder zum Trinken zu bringen, und der Kellner mit dem englischen Akzent verstärkt seine aggressiven Impulse, indem er davon spricht, wie Frau und Kind zu unterwerfen seien.

Wie 2001 ist auch die Handlung von THE SHINING in vier Sätzen aufgebaut: der erste führt uns in die schöne und endlose Welt der Berge von Colorado, ein Flug über die Welt (die die Protagonisten noch zu erklären versuchen und schon im Begriff zu verlieren sind). Der zweite Akt ist die Einführung von Jack in seine Pflichten im Hotel *Overlook*, gesellschaftliche Geschäftigkeit, konventioneller Plauderton (und wie schon im ersten Satz durchbrochen von ersten Warnzeichen). Der dritte Satz erzählt, wie der Wahnsinn aus den isolierten Menschen ausbricht, die ja nicht unähnlich den Astronauten auf einer Art inneren Reise sind. Und der wahnsinnige Jack und der wahnsinnige Computer haben eine ganz

1 und 2
Jack Nicholson

3
Jack Nicholson
Joe Turkel

ähnliche Funktion, nämlich einen gewaltigen architektonisch-technischen Komplex in einer noch viel gewaltigeren leeren Welt für die Menschen unbewohnbar, ja tödlich zu machen. Der vierte Akt schließlich ist der Tod und die Wiedergeburt, die beim Astronauten Bowman noch zu einem embryonalen organischen Wesen führte, bei Jack Torrance indes „nur" zu einer Wiedergeburt in einem alten Bild (eine Wiedergeburt in die Vergangenheit hinein, wenn man so will).

Wenn das Hotel *Overlook* zugleich ein Spiegel ist (in dem die Krankheit der Familie deutlich zu sehen ist) aber auch eine Maske (hinter der sich der wahre Charakter von Jack verbirgt), so ist es zugleich auch ein Bild von jenem Amerika, auf dessen „Geburt" das Datum des 4. Juli zurückweist. Und in allen drei Funktionen scheint es sich zugleich offenbaren zu wollen und mit aller Macht zu verhindern, daß man sein Geheimnis löst. Dannys *Shining*, das ihn nicht zufällig zugleich mit der indianischen Kultur verbindet, auf deren blutigen Körpern das Gebäude errichtet ist, und mit dem Afroamerikaner, der von Jacks historischem „Doppelgänger" als „Nigger" verachtet wird. Das Indianische und das Schwarze scheint überall in dem Hotel auf, und es droht, dem weißen Mann Frau und Kind zu nehmen. Einmal, als Wendy und Danny spielen, gibt es (im Original) einen weiteren Hinweis: „Loser gets to keep America clean", sagt Wendy. Amerika rein halten, dieses Hotel America? Diese Aufgabe muß sie, die natürlich verliert, erheblich überfordern, auch wenn sie sich schließlich mit der ur-amerikanischen Waffe wehrt, dem Baseballschläger.

THE SHINING kommentiert 2001 auch von seinem Ende her; die beiden Filme verhalten sich vielleicht ein wenig wie das Ein- und Ausatmen zueinander, noch einmal wie die beiden Ängste, die in beiden Filmen einander so heftig berühren, die Angst vor dem Eingeschlossensein, der Klaustrophobie, und die Angst vor dem Ausgeschlossenwerden, die Agoraphobie. In beiden Filmen gibt es immer wieder Szenen, in denen sich beides berührt, ja, wo beides nicht einmal vollkommen zu unterscheiden ist.

In beiden Filmen spielen aber auch Zeit und Erinnerung eine bedeutende Rolle und das Ensemble beider Filme wiederholt noch einmal die Konstruktion einer Zeit, die weder Anfang noch Ende hat.

Tatsächlich zeigt Kubrick, daß die drei Komponenten nebeneinander bestehen können und einander forcieren: das Haus ist Traum und Alptraum; die langen Gänge, das Jahrhundertwende-Ambiente, die gewaltigen Hallen, nicht zuletzt das Buchsbaum-Labyrinth. Es ist zuviel Raum für diese Menschen, für diese Kleinfamilie – wenn es je eine Kleinfamilie gab: Ein Mann, der sich als Schriftsteller fühlt, aber nichts zuwege bringt, eine Frau, die selber wie ein verängstigtes Kind in die Welt sieht, und ein Sohn, der sein Wissen vor allem aus dem Fernsehen hat (und seine eigenen, überragenden Fähigkeiten niemandem mitteilen kann – sieht man einmal von dem schwarzen Küchenchef Dick Hallorann ab, der sie gleich erkennt, und sie mit dem Namen des *Shining* bezeichnet, den er von seiner Großmutter gelernt hat – er selbst verfügt über diese Gabe). Dieses *Shining* freilich ist bei Danny keine ausgeprägte Fähigkeit, er hat keine Kontrolle darüber, wird davon eher überfallen als daß er sich ihrer bedienen könnte. Und auch Hallorann ist kein wirklicher Telepath, kein Mensch mit einer Fähigkeit, die ihn wie, sagen wir, die „X-Men" schon als Vorahnung einer neuen Rasse von Menschen auszeichnen würde; aber anders als Dannys Familie und die Ärzte sieht er darin nicht nur die Krankheit, sondern auch das Heilige und Außergewöhnliche.

Es sind auch drei Formen entsetzlicher Einsamkeit – Danny hat einen imaginären

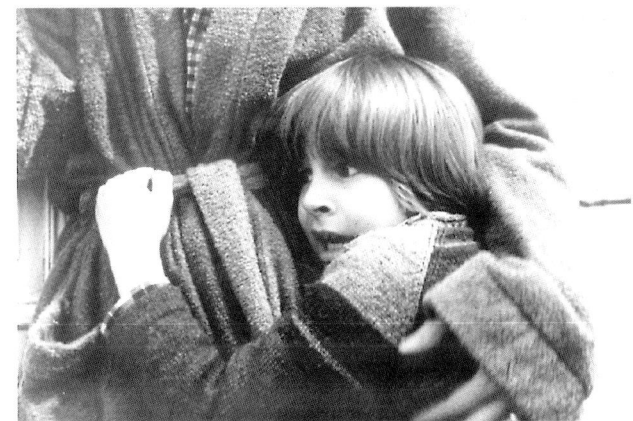

1 und 2
Danny Lloyd
Shelley Duvall

3
Jack Nicholson
Shelley Duvall

Freund namens Tony, der zu ihm spricht, und der ihm die Halluzinationen vermittelt. Hallorann versucht Danny zunächst gegen die finsteren Kräfte des Hauses zu beschützen. Die Angst des Jungen aber betrifft wohl mehr noch als die Geister des Hotels den eigenen Vater (und ist darin wieder sehr realistisch). Die Familie muß hier zerbrechen, aber sie zerbricht nicht allein an der „psychologischen" Situation. Der innere und der äußere Horror dieser Geschichte kommentieren einander, ohne vollkommen kongruente Abbildung zu sein. Es ist gleichsam die Meta-Pointe des Films, daß drei psychisch kranke Menschen in einer Situation, in der selbst „normale" Menschen um ihre emotionale Gesundheit kämpfen müßten, auf etwas stoßen, das zugleich Bild ihrer Krankheit, Krankheit des Raumes und der Erinnerung und „wirklich" Übersinnliches ist. (Stanley Kubrick zitiert dazu eine Geschichte von Wilbur Crane um einen paranoiden Pokerspieler, der beinahe zwangsläufig in eine Schießerei mit einem anderen Spieler verwickelt wird, aber dann stellt sich heraus, daß dieser wirklich ein Falschspieler war.) Eben die Frage, die das Genre in der Regel zu unseren Gunsten beantwortet, bleibt in THE SHINING offen, nämlich ob es der Wahn (die Krankheit der Familie) ist, der die Geister gebiert, oder ob sich die Geister ihre kranken Seelen suchen. Alles ist möglich, von der simpelsten Erklärung vom Anfang her – ein Alkoholiker verfällt dem Wahnsinn, weil er den Entzug nicht verkraftet – bis zu jenem mythischen Schlußbild, das allem noch einmal eine vollständig andere Wendung gibt: Jack Torrance im Bild der Vergangenheit. War er nicht das Opfer eines Hauses, das ihn fing wie eine Spinne in ihrem Netz, sondern im Gegenteil, eine „Geburt" dieses Ortes, Sohn und Täter, der an den Ort der Geburt und den Tatort zurückkehrte?

Eine einfache Möglichkeit jedenfalls: Jack Torrance gibt es so sehr zwei Mal, wie es das Hotel zwei Mal gibt, einmal in der Gegenwart und einmal in der Vergangenheit, und die „Erlösung" am Ende würde dann nichts anderes sein als eine Wiederholung der tragischen Lösung des Menschen von seinem Doppelgänger, wie wir sie vor allem auch aus 2001 im Tod des einen der beiden Astronauten-„Zwillinge" kennen. So wäre auch Jack die negative Abbildung seines Sohnes: Der sich spaltende Mensch steht dem bereits längst gespaltenen gegenüber, der seinem Schatten begegnet. Wer aber könnte die Männer spalten, wenn nicht die Frau (das „Scheißweib", wie Jack flucht)? Die Geschichte vielleicht.

THE SHINING ist zwischen seinem hohen Raum und dem Labyrinth eine Komposition all der Mythen, die wir kennen: das ödipale Drama, der Minotaurus und die Rettung der verlorenen Kinder; die Geschichte von einem, der auszog, das Fürchten zu lernen; Isaak, der im Auftrag eines fernen und finsteren Gottes seinen Sohn opfern will; Hänsel und Gretel, die sich im labyrinthischen Wald verliefen; die Wiederkehr der Menschenfresser; die Geschichte von den drei kleinen Schweinchen und dem bösen Wolf ... – all diese Märchen und Mythen sind Spuren in dem Film, neben vielen anderen Spuren, von denen man ebenso sagen kann: alle sind falsch, wie auch: alle sind richtig.

In einer ersten Version des Films, die Kubrick nur seinen engsten Mitarbeitern zeigte, wurde danach noch gezeigt, wie der Hotelmanager Ullman Wendy im Krankenhaus besucht; ein weiterer Kreis hätte sich da geschlossen (und womöglich wäre ein weiterer „Autor" des Unheils in Betracht gekommen), aber diese Szene hätte wohl die Wirkung der vorherigen so sehr gestört, daß wir ihren Schock nicht mehr hätten wahrnehmen können.

Zwei weitere Szenen wurden noch später geschnitten, am Beginn des Films eine Unterredung Dannys mit einer Ärztin, am

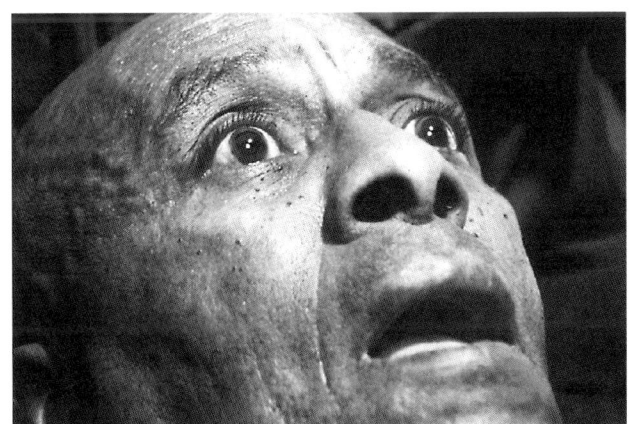

1 und 3
Shelley Duvall

2
Scatman Crothers

Ende ein Gespräch Halloranns bei seiner Rückkehr aus Florida über die Vorgänge im *Overlook*-Hotel mit einem Tankwart. Beide Szenen hätten die Handlung wohl ein wenig rationaler gemacht, aber gerade dadurch der inneren Logik geschadet.

Die drei Mitglieder dieser kleinen Familie scheinen für ihre Rollen nur allzu prädestiniert. Wendy, die in ihrer angeblichen Vorliebe für Horrorfilme ihre Ängste und ihr Mißtrauen spiegeln mag; Danny, der offensichtlich keine andere Beziehung zu seinem Vater herstellen kann, als über seine Visionen des Schrecklichsten; Jack Torrance, der Schriftsteller, der nicht schreiben kann. Der Alptraum einer Familie schlechthin: Der Vater von paranoiden Wahnvorstellungen gejagt (doppelt schuldig, weil er weder der strenge, der herrschende Vater sein kann, noch der beglückende und gütige), die Mutter von einer Hysterie in die andere fallend, und der Sohn in schizophrener Spaltung mal in dieser, mal in jener Welt. Wer von ihnen ist der eigentliche Autor des Horrors, wenn es nicht das Haus allein ist, das seinen Text des Wahnsinns schreibt? Jack, der in seiner Seele erleben muß, wovon er nicht schreiben kann, und der seine Minderwertigkeit nur als Blockade erfährt? Wendy, die unterdrückte Ehefrau, die entdecken muß, daß die so hochgehaltene schöpferische Kraft ihres Mannes in nichts anderem bestand als in der stumpfsinnigen Wiederholung des immer und immer wieder getippten gleichen Satzes? Und dann wieder Jack, der Zeuge wird, wie seine schreckliche Impotenz deutlich wurde. Muß er nicht in diesem Augenblick das Schreib- mit dem Mordwerkzeug vertauschen, um die Zeugen seiner Ohnmacht zu beseitigen? Oder Danny, dessen Visionen in diesem Hotel zur schrecklichen Wirklichkeit werden? Der die blutige reinigende Woge erträumt hat, die Tragödie, die ihn mit der Mutter vereinen und vom Vater befreien soll?

Alle drei versuchen, vor dem realen Schrecken ins Ästhetische auszuweichen (auch dies eine durchaus Nietzscheanische Figur). Symbiose und Katastrophe zwischen Paranoiker, Hysterikerin und Schizophrenem vollendet sich in dem Hotel, zugleich *„closed room"* und endlose Weite (als wäre es ein Agatha Christie-*Whodunit*-Raum, der seine eigene Metaphysik entdeckt hätte), weil immer der eine hat, was dem anderen fehlt, und gerade dies nicht mitteilen kann: Die Hysterie ist ja nichts anderes als eine Form, die Unterdrückung und Furcht zu einem äußeren Ausdruck zu bringen, und Dannys Schizophrenie ist nichts anderes, als in den anderen Welten zu „spielen" (ganz nach dem Bild von Sigmund Freud, nach dem der Schriftsteller eben dieses spielende Kind ist); nur Jacks Paranoia will immer auf die Eindeutigkeit hinaus und läßt gerade ihm, dem vorgeblichen Künstler, keinen anderen Ausdruck als in sich selbst. Wenn er also mehr noch als die Frau den Sohn umzubringen trachtet, dann vorwiegend deswegen, weil der hat, was ihm verboten bleibt, die Fähigkeit der Imagination und der Verdoppelung. Der böse Vater, der nie Schöpfer werden konnte, verfolgt den schöpferischen Sohn.

So gibt es also, um zu beginnen, die Krankheiten der Person. Es sind drei „Archetypen", die Kubrick da entwirft, drei Formen einer ewigen Wiederkehr. Sie treffen auf eine Krankheit des Raums. Das Hotel ist nicht nur eine Falle, ein Tor zur Hölle, es krankt als ein Ort, oder ein Nicht-Ort, daran, daß es in jeder Hinsicht in falscher Topographie steht, als Blasphemie auf heiligem Grund, als Architektur in von Menschen unbewohnbarer Natur, als Metapher in einer sinnlosen Einsamkeit.

Und als Drittes gibt es die Krankheit der Zeit, die sich keineswegs erst in der Schlußpointe offenbart. In der Zeit sind Wendy und Danny mit diesem Ort verknüpft; *Overlook* ist auf einem indianischen Fried-

hof errichtet (was wir, auf eine sehr viel tri-
vialere Weise in einer Reihe von Horrorfilmen als Ausgangspunkt der mörderischen
Handlung und der Hauses sehen, wie etwa
in Tobe Hoopers POLTERGEIST), und in dem
Hotel selbst gibt es Hinweise auf indianische Ornamentik. Als Wendy Jack in den
Vorratsraum gesperrt hat, sehen wir Kar-
tons mit der Aufschrift „Calumet" und den
Kopf eines indianischen Häuptlings daneben. Bedeutender aber scheint, daß auch
Wendy gelegentlich indianische Zeichen
in ihrer Kleidung zitiert, zumindest in dem
Braun und Orange, das sie verwendet,
scheint es eine Symbiose zwischen ihr und
dem Haus zu geben, die keines der männlichen Mitglieder der Familie erreicht. Wenn
dieses Haus einem Körper gleicht, so ist er
am ehesten mit Wendy verbunden.

   Die Krankheit der Zeit ist nicht allein
die Wiederkehr des Verdrängten, das Verbrechen von einst, das sich wiederholen
muß, das Verbrechen der Entweihung, das
seine Strafe nach sich zieht noch über Jahr-
hunderte, es ist seine Wiederkehr selbst.
Schon ganz am Anfang ist die Rede davon,
daß hier das kannibalistische Verbrechen
der Goldgräbergruppe Donner geschah,
und während der ganzen Handlung wiederholen sich die Hinweise auf das Essen,
der schwarze Küchenmeister, die Szenen in
den Vorratsräumen – alles scheint darauf
hinzuweisen, daß man sich in einer bösen
Welt des Verzehrs befindet, bis sich der
Kreis des Kannibalismus schließt, zum Car-
toon-Film des Anfangs zum einen, zum
menschenfressenden Wesen andererseits:
Jack zitiert, während er mit der Axt die Tür
zu seiner Familie einschlägt, das Märchen
vom Wolf und den drei kleinen Schweinchen, die er fressen will.

   Die Zeit selbst ist bereits gestört; wir sehen die, wie wir vorher erfahren haben, in
den siebziger Jahren ermordeten Zwillinge,
die in Kostümen der zwanziger Jahre stecken, und der Kellner, dem Jack begegnet

mit dem Namen des Mörders von 1970, erscheint ihm zunächst in einem Ambiente
der zwanziger Jahre. Und wie war es mit
dem, was Jack Danny angetan hat? Jack behauptet, das sei vor drei Jahren gewesen,
und Wendy meint, es seien seitdem fünf
Monate vergangen. In der Handlung tauchen immer wieder Inserts mit Zeitangaben
auf, doch scheinen diese eher willkürlich
und verwirrend. „Tuesday", „3 O'Clock"
oder „Saturday" (da ist die Zeit schon längst
für alle drei verloren). Jack hat schon am
Anfang gesagt, was sich möglicherweise am
Ende erfüllt: „We could stay here forever,
and ever, and ever".

   Wenn THE SHINING Jacks Film ist, dann
ist es ein Film über das Ende des Menschen,
das Ende der Macht, das Ende der Vernunft,
das Ende der Sexualität und das Ende der
Kunst. Ein großes, groteskes Scheitern, das
das Scheitern von 2001 als blutige Farce wiederholen muß. Wenn es Dannys Film ist,
dann ist es ein Film über die Geburt des anderen Menschen, des Menschen, der über
die ödipale Rebellion und dann die Restau-
ration der Macht hinausgeht, weil er, anders als sein Vater, frei in der Zeit, frei in der
Welt der Bilder sein wird. Welchem fernen
Gott muß dieser Isaac/Jack seinen Sohn opfern? Wir können ihn nur erahnen in dem
Blick, der am Anfang auf den Wegen Jacks
und dann seiner Familie zum *Overlook* liegt,
ein Blick, der keine kontinuierliche Bewegung erzeugt, sondern immer wieder an-
setzt, sezierend, untersuchend, hier schon
die lineare Gleichung von Zeit und Raum
überschreitend. Es ist der Blick des Alien auf
den Menschenzoo, den Kubrick immer wieder zitiert als Konstruktion eines Außen.
Jack Torrance aber imitiert diesen Blick
(zum Beispiel in seinem Blick auf das Laby-
rinth-Modell); er will so etwas sein wie ein
Schöpfer-Gott. Und sein Sohn, der ihn
fürchtet – aber nirgends erzeugt sich Haß
in ihm – muß ihn radikaler in Frage stellen
als Christus, hat kein neues Testament an-

zubieten. Jack Torrance ist tot. In dem einen, ikonographischen Bild am Ende legt
Kubrick nahe, was das auch bedeuten
kann: Gott ist tot. Danny hat ihn umgebracht, gewiß: selber zu Tode bedroht, indem er über sein System hinausgelangte.

Wie aber, wenn wir statt Jacks und statt
Dannys Perspektiven THE SHINING als Wendys Film sehen würden? Es ist so schwer –
und doch nicht unmöglich – wie LOLITA als
Lolitas Film zu sehen. Der Name Wendy,
und Shelley Duvalls Erscheinung zumal,
erinnern uns an eine Kunstmythe der Entstehungszeit von *Overlook*. Wendy ist das
Mädchen, in dessen Schlafzimmer Peter
Pan auf der Suche nach seinem entkomme-
nen Schatten eingedrungen ist. Weil sie
ihn liebt, folgt Wendy Peter in das Phanta-
sieland der ewigen Kindheit (und weil er
sie liebt, kann Peter, vielleicht, irgendwann dieses Reich verlassen). In Wendys
Film hat die Heldin den schrecklichsten aller Peter Pans geheiratet, den Mann, der
nie erwachsen wird, und der zugleich
Macht verlangt. Warum mögen Jack und
Wendy einst geheiratet haben? Nur weil
eine Hysterikerin und ein Paranoiker so gut
zusammenpassen? (So gut wie eine Lunte
und ein Pulverfaß.) Weil Wendy die Anmaßung als Kraft mißverstand, oder weil Peter
Pan die Zuneigung als Unterwerfung mißverstand – oder auch die Angst als Zuneigung? Das Kind, das schon so viel weiter ist
als seine Eltern. Der Mann, der eigentlich
Kind blieb. Die Frau, die mit panischem
Entsetzen auf die Suggestionen der Welt
reagiert (hat Wendy nicht in THE SHINING
stets schneller geklagt als verstanden?). Jeder ist die Ursache für den Wahn des anderen. Ich vermute, eine radikalere Absage an
die „Heilige Familie" als den Film THE SHI-
NING hat es nie gegeben.

Es ist aus dem Menschen (der an den
Ort *Overlook* hätte gelangen können, den
Ort des Überblicks) ein Zerfallenes gewor-
den; er ist zerbrochen in die Teile Mann,

Weib und Kind. Keines kann zum anderen
mehr finden.

Am meisten kritisiert wurde die Montage der vergeblichen Rettungsaktion von
Hallorann, die man zweifellos auch als Parodie auf die üblichen *Last Minute Rescue*-
Parallelmontagen sehen kann. Danny
nimmt telepathischen Kontakt mit Hallorann auf. Während Wendy und Danny von
Jack immer mehr bedroht werden, sehen
wir, wie Hallorann versucht, Kontakt aufzunehmen, erst mittels Telephon, dann
versucht er, die Waldhüter zu erreichen,
dann fliegt er von Florida nach Denver,
mietet ein Auto, besorgt sich ein Schneekatze, und kaum hat er das Hotel erreicht,
wird er von Jack ermordet. Das kann man
als Element des schwarzen Humors ansehen, und als *story twist* (schließlich wird die
Schneekatze zum Fluchtwerkzeug), aber es
ist auch ein wenig mehr. Die Kommunikation beginnt mit einem *Flash* eines Fern-
sehbildes, und da wir Hallorann als den
einzigen sympathischen Charakter in dem
Film kennengelernt haben – um genau zu
sein: den einzigen Menschen, der die Fähigkeit zu haben scheint, sich um jemanden anderen als um sich selbst zu besorgen
– scheint er wie magisch angezogen von
diesem Zirkel des Wahns, zugleich der Geringste und der Größte, der Nigger und der
Weiße, zugleich Innen und Außen. Wenn
wir nicht wissen, wer der „Autor" des
schrecklichen Geschehens ist, so wissen
wir doch, daß es in alledem nur Hallorann
als „Klammer" geben kann.

Die Krankheiten der Person, des Raums
und der Zeit sind jeweils drei: die drei
Grundformen der psychischen Erkran-
kung, drei Formen der Wiederkehr des vergangenen Verbrechens (die Schändung der
Grabstätte, das kannibalistische Vergehen
und der Mord des Hausmeisters an seiner
Familie), und die Isolation, das Labyrinth
und die Kälte des Ortes (die Kälte ist bei Kubrick schon häufiger der Hort des Todes, in

dem Kälteschlaf der Astronauten in 2001 etwa). Insgesamt also gibt es neun Modelle für das Grauen in THE SHINING, und nicht eines der Modelle scheint sich vollkommen mit den anderen systematisieren zu wollen. Ja mehr noch (und in der einen oder anderen Form hat dies auch die positiven Kritiken immer ein wenig irritiert): Widersprechen diese Modelle einander nicht? Verhält sich nicht etwa die Krankheit des Raumes zur Krankheit der Person als sinnlose, ja verrückte Verdoppelung? Und wäre demnach nicht der Film selber die Krankheit, von der er berichtet, ja würde Kubrick in THE SHINING nicht vielleicht überhaupt vor allem von einem sprechen, nämlich von der Krankheit des Kinos?

Und dann gibt es noch jenes tiefere, das Märchenmotiv von dem verbotenen Raum, das Zimmer mit der Nummer 237. Wie alle Kubrick-Helden wird auch Jack Torrance dorthin mit einer Mischung aus Begehren und Selbstzerstörung getrieben, Lust und Elend ganz nah beieinander. Dort begegnet er, in welcher Form auch immer, der „anderen Frau", die nackte Schöne, die sich seiner Umarmung entzieht.

Es kann nur eine Lösung geben, die Lösung des Labyrinths, das erst als Modell da ist, und in dem sich dann das ödipale Drama vollendet, bezeichnenderweise durch eine Fähigkeit Dannys, nämlich durch die Rückwärtsbewegung.

THE SHINING ist ein Horrorfilm, gewiß. Aber auf einer zweiten Ebene ist er genau das Gegenteil: Material und Methode basieren nicht auf Ambivalenz, sondern auf Überdeutlichkeit. Kubrick läßt nichts im Dunkeln, überläßt nichts der Imaginationskraft der Zuschauer, auch dieser Schrecken muß von einem empfundenen zu einem gedachten werden. Was geschieht, ist evident, und die langen, präzisen Kamerafahrten, mit denen uns Kubrick in diese Welt des Overlook-Hotels hineinzieht, gelangen immer wieder an jene Si-

tuationen, an denen auch wir sagen könnten: „Das sind nur Bilder". Aber diese Bilder erschrecken nicht nur, sie beginnen gleichsam zu denken, sie verlangen nach der Erklärung, die sie zugleich verweigern. Eine Distanzierung ist unmöglich, jeder ist in irgendeiner Weise Mutter, Vater oder Kind und kennt den Schrecken, der mit diesen Rollenverteilungen verbunden ist, ob man sie nun zu gut oder zu schlecht ausfüllt. Und es ist undenkbar, zu „wissen" welche Alliancen sich darin ergeben, in welch Varianten, Widersprüchen und Umkehrungen sich ereignen wird, was die letzte der modernen Wissenschaften, die Psychoanalyse, als das ödipale Drama glaubte dingfest machen zu können.

In den Fahrten Dannys durch die Korridore, die uns beinahe rauschhaft dynamisch erscheinen (man spürt förmlich, da die Kamera die tiefe Perspektive der Bewegung teilt, wie man als Kind Bewegung entdecken kann, als etwas, das zugleich unendliche Wonnen vermittelt und in tiefe Angst versetzt, nur aufhalten will man sie nicht) und dann doch zum Halt kommen vor den Schreckensvisionen, vor den Bildern: Diese Komposition, die Bewegung in den Raum hinein, in das Labyrinthische, die zum Halt kommt am Bild des Schreckens, ist die wesentliche Form des Films selber: Auch THE SHINING als cineastische Bewegung kommt mit einem solchen Bild zum Stillstand, dem Schlußbild, das „einfriert", und das ebenso eine neue Stufe der Mystifikation wie eine Erklärung sein könnte.

Gewiß ist THE SHINING auch ein Portrait des Künstlers, eine Darstellung der Kunst. Der Künstler lebt dreimal (und mit ihm alles, was ihn abbilden, und alles, was ihn aufnehmen kann): in einer gelebten und wirklichen Zeit (und diese gelebte und wirkliche Zeit kann in dieser Kultur nichts anderes bedeuten als das Leben in einer Familie, prospektiv oder regressiv), in seinem Text und in der Welt der Phantasmen und

Jack Nicholson als Jack Torrance

Imaginationen. Anders gesagt: in seinem
Körper, in seinem Material und in seiner

Arbeit. Jack Torrance ist der Künstler, der es
nicht schafft, sein Material zu bearbeiten,

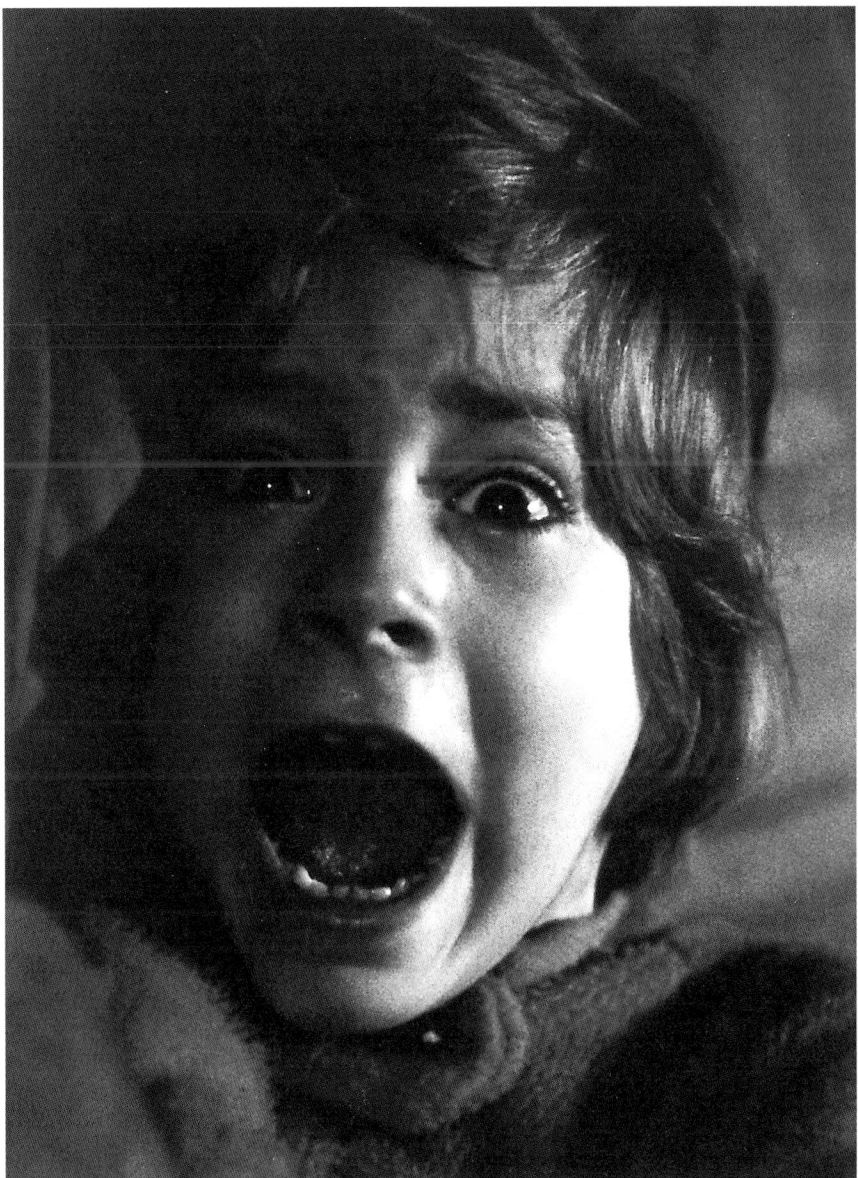

Danny Lloyd als Danny

daher wendet es sich zuerst gegen sein
Künstlerdasein selbst, dann gegen seine gelebte und wirkliche Zeit, und schließlich
gegen ihn selbst.

(Wieder können wir uns beim Zusammenbruch Jacks in THE SHINING kaum gegen die Analogie zu Nietzsche wehren, der Philosoph, der aus ganz anderen Gründen sein Text nicht werden konnte. Und auch hier ist es wieder vorwiegend die Subjektivität, das Fehlen jeder Instanz, die entweder helfen oder auch nur werten könnte. Sie stirbt gleichsam mit dem schwarzen Koch, dem einzigen, der vielleicht die Fähigkeit gehabt hätte, die Familie, oder wenigstens den einen oder anderen ihrer Mitglieder, durch die Erfahrung ihrer Hölle zu geleiten.)

Zunächst also scheint es, daß Kubrick der Hitze der Höllenvision mit der Kälte seiner Konstruktion begegnet. Dieser Erkaltung dient nicht nur das Ambiente, das ja durchaus mehr zu transportieren hat als nur Einsamkeit, Isolation und mangelnde Fluchtmöglichkeit. Die Hitze des Blutes trifft auf die Kälte des Schnees. Kubrick läßt die Hölle zufrieren.

Zur Erkältung der Höllenvision mag auch die Musik von Penderecki, Bartók und Ligeti beitragen. Auch sie ist Teil eines Projektes, gleichsam die Hölle statt vom Bauch und vom Geschlecht her vom Kopf aus zu sehen. Wie A CLOCKWORK ORANGE also widerspricht THE SHINING vehement der christlichen Anschauung; die Mytheme der Sexualität, der Schuld, der Sünde spielen kaum eine Rolle. Die Versuchsanordnung ist klar. Noch nicht einmal das existentialistische „Die Hölle, das sind die anderen" gilt noch: die Hölle ist jeder Mensch für sich selbst.

Damit wird Kubrick in THE SHINING noch einmal zum Negativbild des Nietzscheanischen Zarathustra, der, blasphemisch genug, jedem Menschen und jedem Ding den eigenen Himmel konzessionierte. Und es ist klar, daß sich diese Filme am oberen Ende der „Ekel"-Phase bewegen.

Der Widerspruch zwischen dem inneren und dem äußeren Horror bleibt unaufgelöst (das ist zugleich Teil der Hölle und Teil der Erhabenheit des Bildphilosophie-Entwurfs, denn jede Entscheidung für eines der beiden und die Degradation des anderen zu dessen Spiegel, würde den Diskurs in die Trivialität zurückführen, aus der jedes einzelne Element stammt).

Auch, nein gerade hier mußte Kubrick der Vorwurf des „Mechanischen" treffen: „Dem technisch einwandfreien Produkt fehlt es an Seele. Vielleicht ist Kubrick, der ja für seinen Perfektionismus bekannt ist, dieses Mal mit seinen fünfzig bis hundert Wiederholungen eines einzigen Takes zu weit gegangen. Jack Nicholson war noch nie so mechanisch, sein Lächeln, sein Brauenrunzeln, das Blitzen seiner Augen mit schrägem Seitenblick – all sein Kapital ist virtuos eingesetzt, aber er selbst ist abwesend. Shelley Duvall dagegen scheint durch den Druck der ständigen Wiederholungen einen zusätzlichen Grad von Hysterie erreicht zu haben" (Martje Grohmann).

Der Film beginnt mit einer Hubschrauber-Aufnahme über die Landschaft von Colorado, über einen ruhigen See, eine unberührte Insel darin, Berge und Straßen; ein gelber Volkswagen kommt in den Blick, ein kleines und doch grelles Etwas in dieser Unendlichkeit, schon bar jeder Harmonisierungsmöglichkeit. Diese Farbe schon ruft die Bedrohung hervor. Und so gelangen wir in jener Kamerabewegung, die sich immer wieder in dem Film wiederholen wird (und die wir aus BARRY LYNDON kennen), an das Hotel, das im Stil einer vergangenen Epoche protzt: Auf eine lange Fahrt, die einen immensen Sog, Gefühle von Rausch und Freiheit erzeugt, folgt der abrupte Stillstand vor einem überwältigenden, bedrohlichen Bild. Die Bewegung ist analog der Bewegung im Labyrinth; angezogen und auf der Flucht zugleich folgt man einem Gang, bis man wieder entdeckt, daß man in eine Sackgasse geraten ist, daß es hier nicht weitergeht.

Während in einem „normalen" Horrorfilm die Erklärung sich zu entziehen tendiert, im Doppeldeutigen oder Metaphysischen verschwimmt, gibt Stanley Kubrick im Gegenteil eine beängstigende Überzahl von Erklärungsmodellen. Auch die Kritiken sind sich nie einig gewesen: Sind es die Phantasmen des Sohnes, die den Vater verfolgen, oder umgekehrt, die Phantasmen des Vaters, die den Sohn bedrohen, und ist schließlich beides nichts anderes als die Realisation der Träume der Frau und Mutter, der Liebhaberin von Horrorfilmen, der Hysterikerin, deren panische Angst immer auch erzeugt, was sie fürchtet? Die so einfache Story bekommt vollkommen andere Bedeutungen, je nachdem aus welcher Perspektive wir sie ansehen, und selbst die vierte Möglichkeit, die Perspektive das Hauses selbst, das mit bösem Blick die Eindringlinge bannt und in ihren Phantasien erstickt (wie der fremde Planet in Tarkovskijs SOLARIS), ist keinen Augenblick ausgeschlossen – ganz im Gegensatz zu Hitchcock, der den „blinden Fleck", das böse Objekt, den Raum des Verbrechens, nie auf seine Protagonisten zurückschauen ließ. Dieses Haus „blickt" (und der Blick des Hauses ist in der alten Mythologie nichts anderes als die Anwesenheit des Herrn).

Auch in THE SHINING sind die Namen wieder Indikatoren und Pointen zugleich; Jack und Danny haben dieselben Rollen-Vornamen wie ihre Darsteller; Shelley Duvall heißt Wendy, was zunächst geradezu überdeutlich auf die Figur des Mädchens in „Peter Pan" hinweisen mag, das von dem Jungen, der nie erwachsen werden wollte, zu einem Flug in sein „Never-Neverland" überredet wird, und das in der Kraft der Liebe vielleicht doch verspricht, den Jungen aus seiner ewigen Kindheit zu befreien. (Wendy ist im übrigen auch der Name, den der Komponist Walter Carlos seiner weiblichen Persona gegeben hat.) Was das anbelangt, ist in der Familie Tor-

rance alles gründlich schiefgelaufen: Wendy ist in dem Phantasiereich des text-losen Dichters gefangen und kann weder ihn noch (vollständig) ihren Sohn durch die Macht der Liebe daraus befreien. Hallorann wiederum, der „schwarze Koch" des Hotels, erinnert an den Computer HAL so sehr wie erneut an das Höllische, was hier geschieht, aber auch das Licht spukt in seinem Namen. Ist er nicht ebenso verdächtig, „Autor" und Auslöser des ganzen Geschehens zu sein? Und was ist mit seinem Vornamen, ausgerechnet „Dick", was, wenn wir die Vorliebe Kubricks für die Swiftschen Sprachspiele und sein Interesse für Psychoanalyse in Betracht ziehen, als umgangssprachliche Bezeichnung für Penis noch eine Spur in dieser Relektüre des Ödipus-Mythos legt: „Tony" und Dick sind miteinander verbunden, und sie sind es, was den impotenten Vater bedroht. So wird verständlich, wie rasch und widerstandslos Jack auf den unvermuteten rassistischen Ausfall seines Vor-Gängers Grady eingeht; es wird verständlich, daß Hallorann das Bild der Frau in seiner Behausung hat, und daß Wendys Versuche, sich gegen Jack zu wehren, ein ums andere Mal neuerlichen Kastrationsversuchen gleichen.

Warum aber mochte Stephen King diesen Film nicht? Sieht man einmal davon ab, daß Kubrick sich so sehr von der „Aura" des durchaus populistischen Autors entfernt – der Film „liest" den Autor sozusagen ohne dessen Anwesenheit, und sieht man davon ab, daß King, der einerseits eine ausgesprochen „filmische" Schreibweise hat – Einstellungswechsel, Montage und „Blende" – nie wirklich Film denken wollte, und schließlich davon, daß Kubrick neben der Bedrohung des Ortes die innere Bedrohung der Menschen setzt, ist Kubricks Lektüre so etwas wie die Verwandlung einer Medizin in ein Gift: King verspricht in seinen Erzählungen Läuterung und Heilung für die Menschen, die in einer Situation bedrän-

gender „Normalität" in ihre Abgründe sehen; sie transzendieren ihre Normalität in
der Begegnung mit dem Phantastischen
und restaurieren sie zugleich wieder, und
ganz nebenbei kommen sie mit den fundamentalen Dingen, der Geburt, dem Tod,
der Transzendenz in Berührung, ohne sich
ihnen endgültig auszuliefern. In den
scheinbar wenigen Akzentverlagerungen
innerhalb der Erzählung, mehr noch in der
Erzählweise selbst, dreht Kubrick dieses
Modell einer Heilung durch das Phantastische, das King zu einem „Medizinmann der
populären Kultur" gemacht hat, auf den
Kopf (oder auch vom Kopf auf die Füße).

Auf der anderen Seite erscheint es, als
habe Kubrick auch „vereinfacht". Im Roman ist Jack Torrance ein Mann, der lange
Zeit zwischen den guten und den bösen
Kräften seiner Seele hin- und hergerissen
wird; sein innerer, von den „Schatten der
Vergangenheit" ausgelöster Kampf wird
zwischen zwei magischen Orten geführt,
der Familie und dem Hotel. Bei Kubrick ist
dieser Kampf, so wie wir Jack Nicholson sehen, von vornherein aussichtslos. Kings
größter Einwand gegen die Verfilmung war
denn auch die Wahl Nicholsons als Hauptdarsteller, ein Schauspieler immerhin, der
gerade durch seine Darstellung von *mani-
acs*, Gewalttätern und psychisch kranken
Männern, schließlich durch sein gelegentlich nicht ohne Manierismus eingesetztes
„killer smile" bekanntgeworden ist. Bei King
begleiten wir lange Zeit einen ganz normalen, durchaus liebevollen Familienvater,
von dem das Grauen in Form der Mächte
des Hotelbaus erst allmählich Besitz ergreift. Dieser Lesart – auch der Unschul-
digste kann vom Bösen infiziert werden –
widerspricht Kubrick schon durch die Be-
setzung, mehr noch durch das Spiel von Nicholson, der seine Rollengestaltung erklärte: „Ich spielte sie so, als wäre sie eine sehr
reale, klassische Psychose männlicher Unzulänglichkeit und ihrer Übertragung auf

seine Familie in einer pathologischen Weise. Ich sehe Torrance als einen Mann, dessen Ambitionen über seine Fähigkeiten
hinausgehen".

Auch die innere Dramaturgie von Roman und Film unterscheidet sich erheblich: In Kings literarischer Technik entsteht
die Spannung in den langen Augenblicken
der Verzögerung; es ist die Ästhetik der geschlossenen Tür, der lange Zeit unsichtbaren Bedrohung. Das Unsichtbare bei King
ist so schrecklich, daß sich seine Protagonisten oft wünschen, es möge endlich
sichtbar werden, egal wie schrecklich es
auch ist. (Von dort an kann mit dieser Er-
wartungshaltung in den unterschiedlich-
sten Richtungen verfahren werden.) Kubrick indes führt von Anbeginn das Sichtbare vor, und seine Frage ist nicht, was hinter der verschlossenen Tür liegt, sondern
was hinter dem Blick liegt.

Ganze „Schlüsselszenen" stehen im
Film ohne Vorbild im literarischen Text für
sich: Jack folgt dem, was im verbotenen
Raum, in Zimmer 237, Danny so erschreckt
hat, und die Tür ist „halb offen". Die Kamera macht den Raum dieses Appartements
viel zu groß, so, als verlängerten sich die labyrinthischen Gänge des Außen hier ins Innere. Und von dem weit entfernten Ende,
am Rande von Jacks Blick, erscheint die
junge Frau, die aus der Dusche kommt,
ohne etwas zu sagen auf Jack zugeht und
ihn küßt. (Wieder haben wir hier auch eine
Dreiheit der unterdrückten Wünsche: Jack,
der „trockene Alkoholiker", der sich nach
einem Drink sehnt und sich vielleicht deshalb eine Szene in der Hotelbar erträumt;
der Schriftsteller, der keiner werden kann,
und der sexuell frustrierte Mann.) Es ist der
Blick in den Spiegel, der Jack die andere Seite seines Traumes offenbart: Er hat die Leiche einer alten, ertrunkenen Frau im Arm.

Und obwohl diese Szene im Roman so
nicht vorkommt, dürfte sie sich unter anderem einer intensiven King-Lektüre ver-

danken: In „Stand By Me" geht es um einen langen Weg von vier Jungen, die die Leiche eines Gleichaltrigen suchen, und am Ende, als sie viele ihrer Träume und Visionen verloren haben, finden sie sie als aufgedunsenen Körper: die Begegnung mit der Realität des Todes ist hier das Ende der Kindheit. In Kubricks Film ist diese Begegnung nicht weniger als Übergang geschildert, nur führt hier der Weg nicht von der Kindheit zum „Erwachsenen", sondern vom Träumenden zum Wahnsinnigen.

Wo BARRY LYNDON der Film des *travelling zoom* war, ist THE SHINING in seinem Hauptteil ein Film der *Steadycam*-Aufnahmen, die uns immer tiefer in die Labyrinthe des Hotels ziehen. In BARRY LYNDON geht es dabei um die Harmonie über dem Widerspruch zwischen dem objektiven und dem subjektiven Blick, der Distanz und der Nähe, in THE SHINING geht es um die seltsame Harmonie über dem Widerspruch von Ruhe und Bewegung: Die *Steadycam* erlaubt, fließende Bewegungen aus der Hand zu filmen, die alle Eindrücke des Ruckartigen und Zufälligen im Gebrauch der Handkamera überwinden. Garret Brown hatte gerade seine Erfindung gemacht, und die *Steadycam* war bislang nur in sehr wenigen Filmen und eher zaghaft eingesetzt worden, zumal ihr Gebrauch eine Geschicklichkeit und Vertrautheit voraussetzt, die damals kaum ein Kameramann aufweisen konnte. So überzeugte Kubrick den Erfinder selbst, die *Steadycam* in THE SHINING zu führen, und Garret Brown zeigte zum ersten Mal, welche Möglichkeiten in der neuen Technik steckten.

1987: FULL METAL JACKET (Full Metal Jacket)

Ein *Full Metal Jacket*, genauer gesagt ein *full metal jacketed bullet*, bedeutet in der Fachsprache des Militärs Vollmantelgeschoß oder Stahlmantelgeschoß, es kann überdies einen vollen Patronengürtel bezeichnen, im Slang der Soldaten bedeutet es aber auch so viel wie „volles Rohr" oder auch, anders herum „volle Pulle". Aber was bedeutet es in Stanley Kubricks Sprache?

Nachdem eine Fotografie ihn auf die Idee gebracht hatte, einen Film über die Kämpfe in der Kaiserstadt Hué zu drehen, las Kubrick den Roman „The Short-Timers" des Ex-Marine Gustav Hasford, den *Newsweek* als den besten literarischen Bericht zum Vietnam-Krieg bezeichnete. Das Buch „gibt keine politischen oder moralischen Antworten; es ist weder für den Krieg noch gegen ihn. Es schien mir an nichts anderem interessiert als an der faktischen Wirklichkeit" (Kubrick). Fünf Jahre lang bereitete der Regisseur diese Arbeit vor, recherchierte von den authentischen Kleinigkeiten (welche Uniformknöpfe wurden zu welchen Gelegenheiten offen oder geschlossen getragen?) bis hin zur Sprache der G.I. in der Ausbildung und im Einsatz, von der Waffentechnik bis zu den Schlagzeilen der Zeitungen. Sehr genaue Bilder sollten also entstehen, und doch ist FULL METAL JACKET so wenig ein historisch-naturalistischer Film wie es BARRY LYNDON ist. Kubrick ging nach Vietnam, um noch einmal „den" Krieg zu studieren. Er ist „ein beinahe abstraktes Symbol aller denkbaren Kriege" (Emanuela Martini).

Der erste Teil spielt 1967 im Ausbildungslager von Parris Island in South Carolina, wo die jungen Marines „geschliffen" werden. Die erste Einstellung des Films zeigt den ersten Verlust: die Haare. Den Soldaten werden die Köpfe kahlgeschoren, ein großes Gleichmachen, eine erste Kastration hat begonnen. Und schon in dieser Szene ist wieder, ganz in Kubricks Manier, das Tragische und das Farcenhafte miteinander verbunden und weist gemeinsam bereits auf eine höhere Ebene der Konstruktion. Während des Vorgangs in dem aseptisch weißen Raum (wir erinnern uns an die Funktion der Farbe Weiß in Kubricks Filmen) erklingt im Country-Rhythmus der Song „Goodbye My Darling, Hello Vietnam", und es scheint, als würden die Haarbüschel in einem letzten Tanz zu diesem Stück zu Boden fallen.

Ihr Ausbilder Sergeant Hartman (gespielt mit sichtlichem Vergnügen von dem wirklichen Marineausbilder R. Lee Ermey (der später in Trash-Filmen wie DEMONSTONE – Brandzeichen der Hölle – 1989 – Regie: Andrew Prowse, wieder auftauchte) kennt alle Kniffe, die Persönlichkeit der jungen Männer zu brechen und sie als Kampfmaschinen auferstehen zu lassen. Demütigende Sprüche, pausenloses Gebrüll und endlose zermürbende Drillaktionen gehören dazu ebenso wie körperliche Gewalt. „Ich schaue nicht auf Nigger herab", schreit er, „für mich seid ihr alle gleich wertlos." Der Mensch wird hier seiner Person, seiner bürgerlichen, sozialen und sogar geschlechtlichen Identität beraubt. Hartman nennt seine Rekruten unentwegt „Ladies", heißt sie mit dem Gewehr ins Bett zu gehen und bei der Anbetung dieser phallischen Geliebten sich ans eigene Glied zu fassen. Der veräußerte Phallus-Kult, den wir aus dem Untergrund von A CLOCKWORK ORANGE kennen, ist hier zur staatlichen Gewaltstruktur geworden.

Motive und Wesen bleiben auf beiden Seiten zwiespältig. Ist Hartman nichts anderes als ein depravierter Sadist, den ein für ihn günstiges Schicksal an den Ort gebracht hat, wo er seine Impulse hemmungslos ausleben kann? Oder ist er ein handwerklicher Könner, sogar so etwas wie ein Künstler seines Fachs, einer der die Regeln, nach denen Menschen zerbrochen

und neu zusammengesetzt werden (ein wenig, wie es auch ein Film und sein Regisseur machen) perfekt beherrscht? Die Frage bleibt ebenso offen, wie die nach den Motiven der jungen Männer, die sich hier schleifen lassen; wieviel Zwang und wieviel Lust sie hierher gebracht haben, bleibt offen. Nichts erfahren wir vom privaten Leben der jungen Soldaten, bevor sie sich nach Parris Island begaben. Und nichts davon, ob es für den „D.I." Hartman ein menschliches Leben jenseits seiner endlosen sadistischen Schleiferei gibt.

Jedenfalls weiß Hartman sehr genau, was er tut; zu allen seinen Obszönitäten, seinen Erniedrigungen und seiner Destruktion der gewohnten Logik liefert er auch immer eine eigene „Philosophie": „Ein Gewehr ist nur ein Werkzeug, es ist das harte Herz, das tötet." Und die Um- und Entwertung aller bürgerlicher Moral kulminiert in seiner Lobrede auf ehemalige Marinesoldaten, den Massenmörder Charles Whitman und den Kennedy-Attentäter Lee Harvey Oswald: „Hervorragende Kerle! Sie haben bewiesen, was ein einziger Marinesoldat und sein Gewehr vollbringen können."

Der intelligente Joker (Matthew Modine) kommt mit der Situation recht gut klar, anderen geht es wesentlich schlimmer, vor allem dem übergewichtigen, auch geistig nicht gerade regen Leonard Pyle (Vincent D'Onofrio), den Hartman mit besonderer Genugtuung quält. Er nennt ihn „Paula". Und diese beleidigende Zweideutigkeit weist auch auf das Wesen der Störung, die Hartman instinktiv erkennen muß: Dieser unmilitärische Körper zersetzt die Konstruktion der männerbündischen Maschine, die um ein leeres Zentrum, das zugleich ausgeschlossene und umschlossene Weibliche konstruiert ist. Das kindliche Gemüt, das sich das Grinsen nicht abgewöhnen läßt, und wenn er noch so geschunden und gedemütigt wird, lernt die härteste aller Lektionen. Hartman peinigt ihn, bis dieses

Grinsen verschwunden ist; er läßt ihn hinter der Kompanie hertrotten, den Daumen im Mund und mit heruntergelassenen Hosen; als er bei dem gefräßigen Kerl einen Donut im Schlafraum entdeckt, läßt er den ganzen Zug strafexerzieren. In der Nacht stürzen sich die Soldaten auf ihn und schlagen ihn mit den in die Handtücher eingewickelten Seifenstücken, bis nur noch ein langes, hilfloses Wimmern zu hören ist. Auch Joker, der sich mit Leonard angefreundet und ihn beschützt hat, beteiligt sich an diesem brutalen Strafgericht, zuerst widerwillig, dann umso brutaler. „Es" ist stärker als jede andere Form der Lebenserfahrung.

Dann ist Leonard bereit, die Verwandlung an sich vorzunehmen. Sein Brüllen wird noch lauter, sein Gewehr, (dem er wie die anderen einen Namen gegeben hat – „Charlene" – ob er weiß, daß er darin den Feind abbildet, „Charlie", den Vietcong, der sich für die G.I.s tatsächlich in weiblicher Gestalt zeigen wird?) hat Pyle noch schneller aus seinen Einzelteilen zusammengesetzt, und im Schießen übertrifft er alle anderen. „Ich glaube, Private Paula," meint Hartman, „wir haben etwas gefunden, das Sie können." Das wohl wäre der Triumph von Hartmans Methode: aus dem Schwächsten und Ungeeignetsten noch den perfekten Soldaten zu schaffen. Was ihm an körperlicher Beweglichkeit fehlt, das macht er durch das ruhige und sichere Auge wett; Leonard verwandelt sich von der wandelnden in die stationäre Todesmaschine. Damit aber baut er den tödlichen Konflikt in seiner eigenen Maschinerie schon auf. Während wir Hartman sehen, wie er den Raum beherrscht, indem er beständig in Bewegung ist, liegt die „Stärke" Pyles in seiner Unbeweglichkeit, in der Fähigkeit zu lauern. Im Grunde also begegnen und produzieren sich in diesen beiden Typen die beiden Grundkonstruktionen der militärischen Aktion, Angriff und Verteidigung, der Raum und das Labyrinth, das Stürmen und das Lauern. Nur Joker registriert, daß etwas irreparabel in Leonard Pyle kaputtgegangen ist. In der Nacht vor dem Abflug des *Platoons* nach Vietnam wartet er mit seinem Gewehr in der Toilette von Parris Island. Das Grinsen ist wieder da, aber es hat einen ganz anderen Ausdruck angenommen. Leonard erschießt Hartman, dann, trotz aller Versuche, ihn zur Vernunft zu bringen, auch sich selbst. „I am in a world of shit", sagt er, und tatsächlich befinden wir uns in diesem Film neben dem Höllenkreis des Blutes auch im Höllenkreis der Scheiße.

Im *bathroom* hat auch Jack Torrance seine unheilvolle Begegnung; es ist auch das Zentrum der Obsessionen von General Jack D. Ripper in DR. STRANGELOVE. Kubrick hat nur in dieser Szene davon abgesehen, die wirklichen Zustände im Ausbildungslager zu rekonstruieren, die Reihe der offenen Toilettenschüsseln in einem langen weißen Raum, dazwischen Leonard in seiner weißen Unterwäsche – es ist eine Situation, die möglicherweise ebenso „unwirklich" ist wie Jacks Begegnung mit Grady.

Es ist der Aufstand der Maschine gegen seinen Schöpfer, wie es der Aufstand des Roboters gegen den Menschen in 2001 ist, der Aufstand der aggressiven Clowns gegen die bürgerliche Gesellschaft in A CLOCKWORK ORANGE, der Aufstand des Wahns gegen die Person in THE SHINING. Leonard erklärt Joker, daß seine M-16 mit den *full metal jackets* geladen ist, als Hartman in den Raum stürmt: „What is your major malfunction, numbnuts?" Und Leonard schießt, und wir sehen in Zeitlupe zu, wie die Brust von Hartman förmlich explodiert. Leonard steckt sich die Waffe in den Mund und schießt sich den Kopf weg; das Rot des Blutes verwandelt das Weiß.

Dieser Teil des Films endet also damit, daß nicht nur der geschundene Soldat sei-

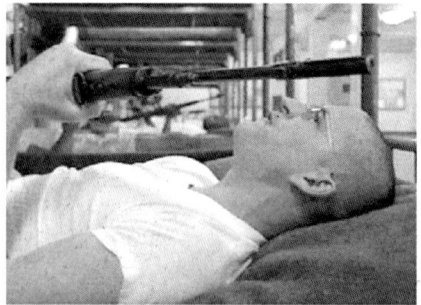

nen Peiniger erschießt, und damit dessen Aussage mehr als wahr macht: daß die Soldaten sterben, aber die Armee bestehen bleibt. Der eine oder der andere stirbt, aber die Scheiße geht weiter. Pyle ist nichts anderes als eine der menschlichen Bomben, die hier produziert werden, die nur zu früh und am falschen Ort explodiert ist. Zerstörung und Selbstzerstörung soll erst im anderen Land ausgeübt werden, so wie wir es später an dem MG-Schützen im Hubschrauber sehen, der wahrlich „wie ein Wahnsinniger" auf Frauen, Kinder und Vieh am Boden schießt. Aber dann ist da noch dieses andere, das Kubrick-Thema vom Geschöpf, das sich gegen seinen Schöpfer auflehnt (so wie der Computer HAL, so wie Barry Lyndon als Produkt seiner Zeit und ihrer Ideen). Wie in allen Filmen Stanley Kubricks geht es auch hier um die Beziehung zwischen der „Produktion" von Menschen und ihrer Revolte.

Der Umbau der Soldaten zu Kampfmaschinen ist zum einen die Vernichtung der individuellen Persönlichkeit (der jemand wie Joker durch die Fähigkeit zur Schizophrenie entgehen kann), es ist zum anderen ein abstruser psycho-sexueller Vorgang, eine Re-Initiation um den Kult des Gewehres, das militärisches, religiöses und erotisches Objekt in einem wird. Die Rekruten lernen ein Gebet: „Das ist mein Gewehr. Es gibt viele, die ihm gleichen, aber dieses gehört mir. Mein Gewehr ist mein bester Freund. Es ist mein Leben. Ich muß es so beherrschen, wie ich mein Leben beherrsche." (Da ist sie wieder, an unerwartetem Ort, jene Nietzscheanische Forderung danach, zum Selbsterzieher, zum Selbst-Kontrolleur, schließlich zum „Übermenschen" zu werden.) Das Gewehr erhält den Namen einer Frau, es ist Phallus und weiblicher Körper, Aggression und Trost in einem, das Symbol, das Schmerz und Lust

1
Matthew Modine

2
Lee Ermey
Vincent D'Onofrio

3
Lee Ermey

miteinander verbindet, „das Ding an sich": „This is my rifle, this is my gun, this is for fighting, this is for fun."

Die Menschen hier werden für so etwas wie einen „totalen Krieg" vorbereitet. Daß es für die Soldaten so etwas wie ein „Privatleben" gegeben hat, kann man allenfalls noch erahnen, ebensowenig werden wir ihrer möglichen Träume gewahr, die sie sich für eine Zeit „danach" zurechtlegen. Während der Grundausbildung ist es ihnen verboten, überhaupt miteinander zu sprechen, und im Einsatz wird ihnen keine Zeit gelassen, sich in jenen Szenen auszutauschen, in denen im traditionellen Kriegsfilm die Soldaten von ihren Erinnerungen und Träumen sprechen, eine mythische Klammer der „Person" um das Kriegsgeschehen, durch die diesem ein „Sinn" unterstellt wird, der in FULL METAL JACKET von niemandem außerhalb des Krieges noch gesucht wird. Die Ausbildung ist schließlich nichts anderes als eine neue Form des Kubrickschen Menschenzoos. Man experimentiert mit den jungen Soldaten, als gelte es, herauszufinden, wie man Menschen ohne Seele „erzieht".

1968 ist Joker als Kriegsberichterstatter in Südvietnam unterwegs und erlebt in den Ruinen der einstigen Kaiserstadt Hué den ganzen Schrecken des Krieges. Er schreibt mehr oder weniger Erbauliches für die *Stars & Stripes* und erfährt den Zynismus des Krieges. Wie er auf Frauen und Kinder schießen könne, fragt er den Bordschützen eines Helikopters. „Ganz einfach", ist die Antwort. An einem Massengrab steht ein Soldat und möchte eigentlich nur noch kotzen. Aber kaum tritt ein Mann mit einem Fotoapparat auf ihn zu, strafft er sich zur Siegerpose. Es ist der Krieg der Bilder, und die G.I.s produzieren Kriegsbilder.

Zwei „neue" Sprachen entwickeln sich in diesem Krieg. Da ist der bizarre Slang der Soldaten, der, vulgär und roh an der Oberfläche, eine Geheimsprache wird, nicht unähnlich des *„nadsats"* in A CLOCKWORK ORANGE, eine Sprache, die zugleich den Nichteingeweihten aussperrt, die zahllose auch widersprüchliche Elemente amalgamiert (Brocken der Sprache des „Feindes", die Sprache der Afroamerikaner, Kindersprache und Fachausdrücke), und die Brutalität der Erfahrungen euphemisiert. Man gibt sich sprechende Namen wie *Joker, Rafter Man, Cowboy, Animal Mother* oder *Eightball*, sexualisiert das Militärische und militarisiert das Sexuelle. Und da ist andererseits die „offizielle" Sprache des Krieges, eine verschleiernde und zielgerichtete Sprache zugleich, die Joker in seiner Arbeit lernt: Wann und warum man zwischen „evacuee" und „refugee" unterscheidet, und warum man statt „search and destroy" den Begriff „sweap and clean" verwendet. FULL METAL JACKET ist daher, so paradox dies zunächst scheinen mag, so etwas wie ein Sprachkunstwerk. Kubrick und seine Autoren (einschließlich des Ausbilders Ermey selbst) schaffen eine Poetologie der Haß- und Angstsprache, einen 50-Minuten-Rap, am Rande zur Unerträglichkeit und doch von eigener dunkler Ästhetik.

Der Kontakt mit der Zivilbevölkerung bleibt auf schäbige Handelsbeziehungen beschränkt. Man handelt eine Hure von 15 auf 5 Dollar herunter, sie verspricht Lust, und ihr Husten deutet doch auf nichts als Krankheit. Ein Vietnamese klaut Rafterman die Kamera. Ein Austausch der Blicke und der Beute. Zwei Mal wird Blindheit erzeugt, Blindheit, die sich in bewußtlose Bewegung übersetzt. Dazu hören wir Nancy Sinatra mit „These Boots Are Made for Walking", und damit werden in dieser Szene gleich drei Arten einer mehr oder minder vorbestimmten Bewegung beschrieben: Krieg, Prostitution und Diebstahl in einem.

Der Nachrichtenoffizier Lieutenant Lockhart (John Terry) erklärt Joker bei einer Redaktionskonferenz, daß es nur zwei Sorten von Nachrichten gebe: Die eine erzählt

1
Matthew Modine
Lee Ermey

2
Adam Baldwin

davon, wie die amerikanischen Soldaten ihren halben Sold dafür ausgeben, den Vietnamesen Zahnbürsten und Deodorants zu kaufen. Das dient dazu, die Herzen und den Verstand der Leser zu gewinnen. Die anderen berichten über die militärischen Siege der G.I.s und die Anzahl der getöteten Feinde, heroische Schlachtengemälde. Damit gewinnt man den Krieg. Joker, der Intellektuelle, ist für dieses Lügenspiel wie geschaffen (und auch darum geht es in Kubricks Film: daß es diesem Typus am leichtesten gelingt, die Schizophrenie der Situation in die eigene Person zu integrieren). Aber auch Joker ist zu sehr Soldat geworden, um sich mit dieser Funktion zufriedenzugeben. Er verlangt, an die Front zu kommen, die Waffe zu sein, zu der man ihn gemacht hat.

Am Tag nach dem Beginn der TET-Offensive ist Joker auf dem Weg von Da Nang nach Hué, ein Chaos aus Soldaten, Gräbern, Fernsehkameras. Hier trifft er wieder auf Cowboy (Arliss Howard), den Kompanieführer, und sehr schnell sind die beiden in einem blutigen und nahezu auswegslosen Geschehen mit den alten *grunts*: „Animal Mother" (Adam Baldwin), der Typ mit dem scheinbar angeborenen Killerinstinkt, Rafterman (Kevyn Major Howard), der Fotograf, der afro-amerikanische „Eightball" (Dorian Harewood), dessen Lieblingsspruch lautet: „Put a nigger behind the trigger". Wie in DR. STRANGELOVE ist diese *Crew* zugleich nach den Stereotypen des Kriegsfilms (der Jude aus der Bronx, der *Farm Boy* aus der Provinz des Mittelwestens, der Intellektuelle etc.) geformt und gegen sie. Das Verhältnis zwischen dem Modell des Gleichmachens und der Individualität ist also auch hier noch einmal an ein Drittes gespiegelt: FULL METAL JACKET ist nicht nur ein Film über den Krieg, sondern auch ein Film über Kriegsfilme. Und er verhält sich zu seinem Genre als Erfüllung und Verweigerung zugleich.

Die alte Kaiserstadt ist wie eine Falle, ein Labyrinth des Todes, unsichtbar der Feind, die amerikanischen Trupps werden von allen Seiten beschossen ohne der Schützen habhaft zu werden. Was BARRY LYNDON als einen langen historischen Prozeß beschrieb, die Auflösung der Schlachtordnung, die innere Zersetzung jener militärischen Utopie von der „reinen Form", das wird in FULL METAL JACKET in einem topographischen Sprung gedeutet. Auf die radikale Ordnung von Parris Island folgt die vollständige Unübersichtlichkeit des Krieges. Die Soldaten haben die Orientierung gründlich verloren. Sich in den Boden (in die Scheiße der Erde) zu graben oder blindwütig in den Tod zu rennen, das sind die einzigen Möglichkeiten – zu Überleben helfen beide nicht. Die Soldaten benehmen sich wie Amateure, nichts, womit sie gedrillt wurden, hat sie auf eine solche Situation vorbereitet; nun ist eben das, was man ihnen abtrainiert hat, wieder gefragt, die individuelle Entscheidung – Freiheit. Man sieht, wie der Truppführer Cowboy mit der Landkarte durch die Straßen irrt, er muß sich verzweifelt angesichts der untauglich gewordenen Zeichen eingestehen, daß er „nicht weiß, wo wir sind": Hoffnungslos verloren, mit einer ihm unnützen Beschreibung der Welt, in der er sich bewegen, die er erobern soll. Dann reißen auch noch die Funkverbindungen ab, die Soldaten sind gänzlich allein; die Häuser starren mit scheinbar leeren Fenstern auf sie herab, auch sie scheinen zu grinsen, wie Pyle gegrinst hat, wie Torrance in THE SHINING gegrinst hat, das Todesgrinsen, das auch Alex in A CLOCKWORK ORANGE kannte, das Grinsen eines Wesens, das vollkommen leer geworden ist und nur noch den Tod bringen kann.

✑ „Den G.Is. hat es in Vietnam, wo ihnen das Sprechen, anders als in Parris Island, nicht mehr verboten ist, die Sprache verschlagen. 'Daß es besser ist zu leben, als

tot zu sein', wie Jokers Erzählerstimme an einem Massengrab sagt, ist ihnen zur einzigen, letzten Maxime geworden. Kubrick führt dies in zwei aufeinanderfolgenden, durch Portraitbilder parallelisierten Sequenzen vor. In der ersten blickt die Kamera von unten auf die Gesichter der G.I.s (Joker, Cowboy, Rafterman, Animal Mother, Crazy Earl, Eightball), die im Kreis um ein Grab mit zwei toten US-Soldaten stehen. Die Kamera zeigt nacheinander die Gesichter, ernst und stumm. Jeder sagt einen Satz, so wie man bei einem Begräbnis Erde auf den Sarg wirft. Dies ist eine der wenigen Szenen des zweiten Teils mit einer emotionalen Tönung. Der Kreis, das Gegenbild zur Marschformation, faßt die Soldaten zu einem intimen Ensemble zusammen – aber das Zentrum, um das sie sich versammeln, ist leer; sie blicken wie in einen blinden Spiegel, in das Nichts" (Stefan Reinecke). Wir sehen diese Soldaten also gleichsam mit den Augen des Todes. Noch einmal sehen wir die Gruppe der Soldaten, als sie vor den Kameras etwas über ihre Empfindungen ausdrücken sollen, und vor allem, so scheint es, die in sie gesetzten Erwartungen erfüllen wollen und dabei doch sprachlos bleiben müssen: das leere Zentrum, der blinde Spiegel, nun auch im Code der Sprache. Und zum letzten Mal gibt es einen solchen Kreis um die getötete Scharfschützin; es ist, als wäre die Schlußsequenz von PATHS OF GLORY auseinandergenommen, skelettiert.

Schließlich stirbt auch Cowboy in den Armen Jokers, bis die Gruppe endlich den Standort des Heckenschützen ausgemacht hat. Joker führt dann seinen eigenen Krieg gegen diesen Schützen. Es ist eine Frau, von vielen Schüssen verwundet, sterbend. Sie fleht Joker an, sie zu erschießen, und nach einigem Zögern tut er es. Alles, was an Barmherzigkeit in diesem Film möglich ist, das geschieht der Sterbenden gegenüber. Und auch diese Szene ist, wie beinahe alles

in diesem Film, zugleich die letzte Erfüllung der „Männerphantasie", ihre sarkastische Verhöhnung und ein entscheidender Schritt über sie hinaus.

Jokers Stimme erklärt, er habe nun keine Angst mehr. Dann marschieren die Männer vom Kampfplatz ab. Sie singen den Mickey Mouse-Marsch. Geht es zurück in die Heimat oder zu einem neuen Kampfplatz? Werden die Bilder des Krieges wieder aufgesogen von der Maschine der Propaganda und *Popular Culture*? Oder vollführen auch diese Marines die Kubricksche Wiedergeburt als Kind? Ein letztes Epitaph: das Bild wird dunkel, und die ROLLING STONES singen „Paint it black".

Ein Weg in die „Initiation" des Mannes ist zugleich der Weg in den Tod. Der Schuß ist das Zentrum, der mörderische Waffengebrauch, die sexuelle Entladung, das „Schießen" der Bilder. (Insofern steckt in der ersten Szene in Vietnam so viel komprimiertes Modell wie in der ersten Szene in Parris Island; wie dort das Werk von Tod und Kastration begonnen wurde und mit Hartmans Auftreten der Raum auch seinen Typus erhielt, so ist in dieser Situation diese dreifache Bedeutung von *to shoot* ineinander gespiegelt und einem erneuten Prozeß der Kastration untergeordnet. Es ist das Schicksal der amerikanischen Soldaten, denen das dreifache „Schießen" gewaltsam auf einen einzigen militärischen Vorgang reduziert wurde, daß sie hier in Vietnam in keiner Weise „zum Schuß" kommen. Und all das scheint in dieser letzten Konfrontation zu kulminieren, in der die verwundete Frau Joker bittet: „Shoot me. Shoot me". So erfüllt sich alles. Und nichts.

In diesen Schlußszenen weicht Kubrick im Übrigen deutlich von Hasfords Roman ab: Dort endete das Geschehen in einer schrecklichen Schlacht, in der sich Joker schließlich entscheidet, gegen den Eid der Marines, die Verwundeten niemals zurück-

zulassen, zu verstoßen. Er erschießt Cowboy, um den anderen zu ersparen, ins gegnerische Feuer zu laufen. Und er wird mit diesem Geschehen niemals sich versöhnen können. Kubrick richtet diesen „Gnadenschuß" auf den Feind, auf die Frau. Nicht der individuelle Held in einer grausamen, aber menschlichen Entscheidung, sondern die Marines haben bei ihm gesiegt, und das Prinzip der ewigen Wiederkehr. Joker hat seine „Verwandlung" hinter sich gebracht: „I'm in a world of shit, yes, but I am alive. *And I am not afraid.*"

Bleibt zu fragen, ob, nach den letzten ebenso grausamen wie grotesken Wendungen im Verhältnis von Töten, Sexualität und Bildern, Joker diesen Krieg wirklich verstanden hat oder ob er endgültig sein Teil geworden ist, ob er, in der Kubrick-Welt, den Weg von der Schizophrenie zur Paranoia gegangen ist. Denn soviel ist sicher: In FULL METAL JACKET geht es um ein wenig mehr als um die Frage, ob denn der Krieg „gut" oder „böse" sei, oder „gutböse", wie es in der Mythologie des Genres „Kriegsfilm" der Fall zu sein pflegt. So wie es in A CLOCKWORK ORANGE um die Frage geht, wie denn der Mensch zu befreien sei, ohne daß auch das Unmenschliche in ihm befreit würde – oder umgekehrt, wie denn das Unmenschliche zu unterdrücken sei, ohne nicht zugleich auch die Freiheit des Menschen zu unterdrücken– so geht es hier um die Tat, die zugleich auch Untat ist. Stanley Kubrick hat in einem Interview mit der italienischen Zeitschrift *CIAK* die Worte des Südstaatengenerals Robert Lee aus dem amerikanischen Bürgerkrieg zitiert: „Es ist eine Gnade, daß der Krieg so schrecklich ist, sonst wäre unsere Leidenschaft für ihn grenzenlos". Es ist also mehr als ein Faszinosum, das vom Krieg ausgeht, und mehr noch von den Kriegsbildern, die gar nicht anders können als ihren eigenen Mythos vom Abenteuer, vom Opfertod, vom Augenblick der Ewigkeit in der Gefahr zu ver-

mitteln, sondern die Leidenschaft des bedingungslosen Handelns. Nur im Krieg – sehen wir vielleicht vom Verbrechen ab – hat die Tat das Wort entmachtet und ist Gegenwärtigkeit als Lebenserfahrung in wahrhaft leidenschaftliche Form gebracht. Kubrick beschreibt den Krieg mitnichten „fatalistisch", wie es ihm manche Kritiker vorgeworfen haben, als vielmehr in der Radikalität der Gegenwart von Tat und Leidenschaft und in seinem Schrecken, und beides gemeinsam wiederum führt zur Erkenntnis der vollständigen Absurdität.

Es ist der Versuch, den Krieg gleichsam von „innen" her zu sehen, im Blick jener Soldaten, die sich mal mit Zynismus, mal mit Verzweiflung darüber im Klaren sind, daß sie sich auf etwas Böses eingelassen haben, aus dem es für sie kein Entrinnen mehr geben kann. Und sie wissen zugleich, daß der Blick von außen, der Blick der „Heimat", nicht nur falsch (und gefälscht), sondern schon fremd geworden ist. Sie können aber auch das fremde Land und seine Menschen nicht sehen; „sie waren kulturell auf die Situation nicht vorbereitet, der sie ausgesetzt wurden, und die selbst sich ihnen nicht offenbaren wollte; weil jeder Mensch, Mann, Frau oder Kind ein Vietcong sein konnte, wurde das Land selbst zum Feind" (Stanley Kubrick).

Die Ruinenstadt Hué wurde aus einer verfallenen Kokerei und einem Gaswerk im Osten Londons in sechswöchiger Arbeit mit Abrißbirne und Gewehrschüssen hergestellt; aus Spanien wurden hundert Palmen eingeflogen, nach anderen Quellen sogar zweihundert, aus Hongkong jene Kunstpflanzen, die der Szenerie die authentische Flora gaben.

Nein, ein „Antikriegsfilm" ist FULL METAL JACKET nicht. Aber vielleicht der radikalste Kriegsfilm, der je gedreht wurde. Es gibt in der Geschichte des Genres drei Modelle (und, um es ein wenig komplizierter zu machen, jedes dieser drei Modelle noch

einmal in einer „linken" und einer „rechten" Ausführung), um den Zusammenhang zwischen Krieg und Humanismus zu klären: 1. Der Krieg ist das Gegenteil von Menschlichkeit, und damit gilt es, das Menschliche gegen den Krieg in Schutz zu nehmen. (In der „linken" Variante dieses Modells ist der Krieg eine Verschwörung gegen die Menschlichkeit, in der „rechten" dagegen eine Naturkatastrophe.) 2. Der Krieg ist ein Mittel, die bedrohte Humanität zu verteidigen. (Im rechten Extrem ist er dann eine „rechtsetzende Gewalt", die im linken und skeptischeren Extrem darauf achten muß, sich nicht an dem zu infizieren, was sie zu bekämpfen glaubt.) 3. Der Krieg ist die große Prüfung der Humanität (stärkt oder verletzt sie, je nach Perspektive). In Kubricks Bild vom Krieg gibt es diese Gegenüberstellung überhaupt nicht mehr. Der Gegensatz zwischen Krieg und Menschlichkeit erweist sich ebenso als Illusion.

Es führt ein Weg von PATHS OF GLORY über BARRY LYNDON zu FULL METAL JACKET: Im ersten Film waren die einzelnen Soldaten noch Opfer einer kalten, zynischen Militärmaschine, die bedenkenlos das Individuum opfert, wenn es um das Fortkommen an der Spitze geht; in BARRY LYNDON sehen wir die Soldaten in einen sinnlosen Tod marschieren, nicht nur als „Schlafwandler" ohne eigenen Willen, sondern auch schon wie magisch angezogen vom feindlichen Feuer, ohne jeden Impuls zur Flucht. In FULL METAL JACKET schließlich sind die Soldaten nicht mehr allein Opfer dieser Maschinerie des Krieges, sie sind ihr Teil. Der Wahnsinn ist nicht mehr Sache der oberen Ränge, er ist allfällig, eine Trennung von Opfern und Tätern – Grundvoraussetzung für jede moralische Geste gegenüber einer historischen Handlung – ist nicht mehr

möglich. Auch Joker ist dabei, vielleicht sagt es schon der Name, ein vollkommen schizophrener Mensch, ein Intellektueller, der sich mit einem Friedenszeichen schmückt, und der in der Maschine des Krieges beinahe noch besser funktioniert als alle, die nur funktionieren wollen.

Wenn die Vietnam-Kriegsfilme der Jahre vor Kubricks Film ihre Authentizität erreichten, indem sie gleichsam den Mythos auf den Originalschauplatz projizierten (wie vor allem Oliver Stones PLATOON), so erhält FULL METAL JACKET die seine gerade anders herum, nämlich indem er die Authentizität seiner Modelle benutzt und befragt. Lee Ermey, zum Beispiel, den Kubrick ursprünglich nur als „Berater" engagiert hatte, verwandelte seine Erfahrungen und seine Methoden nicht direkt in Drehbuchvorschläge, sondern er erprobte sein „Können" an den jungen Männern, die sich als Kleindarsteller gemeldet hatten, und aus den Beobachtungen des Experiments entstand ein 250 Seiten langes Transkript, von dem das „beste" Material schließlich Eingang ins Drehbuch fand, dem Ermey bei seiner Rolle dann folgte.

Gewiß ist in FULL METAL JACKET ein Bild des Fundamentalen im Krieg verborgen, aber ebenso ist er auch ein genaues Abbild dieses einen, unwiederholbaren Krieges, der gleichwohl die Funktionsweise des Krieges selber entscheidend veränderte. „Der Krieg in Vietnam war ein Krieg der Bilder, der Projektionen, des Fernsehens und der Presse. Die TET-Offensive, für den Vietcong ein militärisches Debakel, brach die Kampfkraft der Amerikaner, weil sie das *Bild* ihrer Überlegenheit zerstörte. Stanley Kubricks Film macht das in jeder Einstellung bewußt. Der Blick regiert, nicht das Wort. FULL METAL JACKET ist ein Vietnamfilm für Fortgeschrittene. Er erfindet neue

Aus dem offenen Grab fotografiert: die Gesichter junger Soldaten ➤

Bilder für einen alten Krieg. Bilder vom Sehen und von der Blindheit" (Andreas Kilb).

⸰ Die Widersprüchlichkeit, die sich in jeder einzelnen Szene in der Montage der Einzelteile beständig ergibt, wo Niederlagen Siege sind und umgekehrt, wo die Formung zur Deformation wird, beschreibt auch das, was der Film selber abbildet, einen Krieg, der durch die Vorbereitung seiner Soldaten verfehlt wurde, eine Offensive, die sich als militärischer Fehlschlag und zugleich als semantischer Sieg erwies (und bei dem keine Seite Ursache und Folgen irgendwie zu berechnen schien). Der Krieg, der zur gewaltigen PR-Aktion wurde, wurde selbst in der Bilderwelt verloren: „Ironischerweise wurde der Krieg auch durch die Medien verloren. Weil er von Anfang an ein PR-Krieg war, wurde er auch durch die *Public Relations* verloren. Die TET-Offensive war ja in Wahrheit eine Niederlage des Vietcong. Er hatte ungeheuere Verluste, er erreichte seine Ziele nicht, weil sich die Bevölkerung in den Städten nicht erhob, wie er es erwartet hatte. Der Vietcong hatte gedacht, er müsse nur kommen und es würde Aufstände geben. Nichts dergleichen geschah. Die Offensive war also ein Fehlschlag. Womit der Vietcong allerdings nicht gerechnet hatte, war der Schock, den die amerikanische Öffentlichkeit durch die Kampfkraft während der Offensive erlitten hat. Nachdem sie jahrelang mit verlogenen und übertriebenen Siegesmeldungen überschüttet worden waren, hatten die Amerikaner zu Hause nicht mehr mit der Offensive gerechnet. So wurde ironischerweise die Niederlage des Vietcong zu einem psychologischen Sieg. Im Film gibt es eine Stelle, an der Amerikas berühmtester Fernseh-Kommentator, Walter Cronkite, den Präsidenten über den Bildschirm auffordert, er müsse jetzt endlich über einen Waffenstillstand verhandeln. Als Präsident Johnson dies hörte, wußte er, daß der Krieg im Grunde verloren war, weil die amerikanische Öffentlichkeit nicht länger bereit war, ihn bei der Kriegsführung zu unterstützen" (Kubrick).

Es gibt eine klare Linie des „Fortschreitens" in diesem Film, eine Abfolge der Tode, die mit dem Fallen der Haare beginnt, über das Zerbrechen der Person bis hin zum wirklichen Tod und dann über ihn hinaus. Wenn Joker am Ende erklärt, er habe nun keine Angst mehr, dann ist dies auch so etwas wie eine Wiedergeburt.

Auch hier wieder spricht Kubrick von der Dualität der Dinge, von Widersprüchen, für die es keine dialektische Auflösung in der Geschichte (in der *story* und in der *history*) geben kann. Diese Widersprüchlichkeit trägt Private Joker auf seinem Helm, wenn er das Peace-Zeichen neben der Aufschrift „Born to Kill" führt. Es ist die Spaltung des Bewußtseins, wie es Joker gegenüber einem Oberst ausdrückt, der Fremden- und Feindeshaß auf der einen, die Freundlichkeit auf der anderen Seite. „I was trying to suggest the duality of man. You know, the Jungian thing", sagt er, und man weiß nicht recht, ob er sich über seine Vorgesetzten dabei lustig macht oder tief in sich selbst hineingeblickt hat. Noch einmal trägt er den semiotischen Krieg aus, der auch in den Nachrichten steckt, die er zu verbreiten hat, die Freundlichkeit und den Mord, Zahnpasta und Schlachtfeld.

Teil eins und Teil zwei dieses Films scheinen nur sehr unvollständig zueinander zu passen. Gegen den realen Schrecken des Krieges ist die Ausbildung in Parris Island ein Witz, aber dabei geht es nicht einfach um eine Steigerung, sondern um etwas ganz anderes. Das Bild des Krieges, für das die Soldaten „geschliffen" werden, und das, was sie dann produzieren und erleben, hat kaum etwas miteinander zu tun.

Diese Dualität erinnert – wie einiges andere mehr – an die Struktur von THE SHINING; auch hier berühren sich die beiden Erklärungsmuster für das Grauen (die Psychologie der kranken Familie, die Blut- und Bilderflut des belebten Hauses) nur an den Rändern. Die Kaiserstadt Hué hat eine sehr ähnliche Funktion wie das Buchsbaum-Labyrinth in THE SHINING, und ebenso verwandt ist das Verhältnis der Diskontinuität von Modell und Wirklichkeit in beiden Filmen. Die beiden Orte werden sichtbar als Orte des Todes (wiederum: wie das Hotel *Overlook* in THE SHINING als Ort des Todes sichtbar wurde). Zugleich sind die beiden Teile des Films aber auch ein wenig Alternativen zueinander, wie die Phasen, in denen Alex der Täter ist, in A CLOCKWORK ORANGE, und wie er das Opfer ist. Nur verhält es sich hier umgekehrt.

Daß dieses Hué in einer Londoner Industriesiedlung nicht nach-gebaut, sondern nach-zerstört wurde, mag eine zusätzliche Interpretationsmöglichkeit eröffnen. Während die meisten anderen Vietnamkriegs-Filme im Dschungel spielen und daher vor allem die Auseinandersetzung des militärischen Apparates und seiner disparaten Menschen mit einer unerklärlich grausamen Natur meinen (mit ihrem Anklang an den Western), so beschreibt Kubrick von Anbeginn an den Krieg als Auseinandersetzung mit der Kultur. Keine Seelenlandschaft entsteht hier, kein großes Rätsel, das die Sinne verwirrt, sondern die Konstruktion einer „Etappe" der Zivilisierung, die den Reisfeld- und Dschungelmythos negiert: Nicht der große Mythos der Vergangenheit wird hier zerstört, sondern schon die Projektion der Zukunft. Dieses Hué ist durchscheinend für die einstürzenden Industriebauten des englischen Neoliberalismus unter Margaret Thatcher; was hier zerstört wird, ist unter vielem anderen auch das, was einst als „industrielle Revolution" begann. Und im Gegensatz zu anderen Vietnam-Filmen, wie insbesondere APOCALYPSE NOW von Francis Ford Coppola, findet Kubricks Tragödie nicht in einem Zustand der Entortung, des Wahrnehmungsrausches

statt, sondern an zwei sehr genau beschriebenen Orten (die so sehr das Drama überdauern werden, wie sie in sich absurd geworden sein mögen: schon der Ausbilder Hartman prophezeit seinen Rekruten: „Marinesoldaten sterben. Dazu sind sie da. Aber das Marinecorps lebt für immer". Eine „Billigausgabe der Unsterblichkeit" nennt Kubrick selber dies.

Dreimal setzt der Film mit einer vollkommen anderen Perspektive ein: Im ersten Teil, der die Ausbildung der Rekruten zeigt, scheinen wir einer beinahe dokumentarischen Beobachtung beizuwohnen (die Kamera ist beweglich, untersucht, mischt sich ein); der zweite Teil, der Kampf der Gruppe in Hué, erscheint statt dessen wie ein furchtbares Theaterstück, an einem Ort muß sich die Kamera wie die Soldaten in den Dreck graben, imitiert aber in dieser Untersicht auch den Blick des Zuschauers auf eine in Unordnung geratene Bühne. Der kurze vierte Teil wirkt wie eine makabre Operette; die Soldaten ziehen ab, mit der Mickey-Mouse-Hymne auf den Lippen. (Welch ein Kontrast, nebenbei, zur Schlußszene von Michael Ciminos THE DEER HUNTER, wo die heimgekommenen und geschlagenen Soldaten die Nationalhymne singen.) Während uns im ersten Teil vor allem graute, wir vor Zorn zu beben lernten, im zweiten Teil Mitgefühl entwickelten (ein Mitgefühl freilich, das nicht wirklich zum Mitleid und schon gar nicht zum Mitleiden führt), gibt der letzte Teil das Geschehen einer erhabenen Lächerlichkeit preis: Dies alles hat zu nichts weiterem geführt. Dieses Ende erinnert an die burlesken Enden anderer Kubrick-Filme; es sind dies die Momente der größten Komik und der größten Hoffnungslosigkeit. Und wie der erste Teil in einer Überschreitung der realistischen Erzählweise endet (im fahlen Blau des Waschraums von Parris Island erleben wir eine surrealistische Szene, die Kubrick bewußt künstlich inszeniert), so endet auch dieser zweite Teil in einer anti-realistischen Coda. Das Rot dieser Szene überlagert das Blau der kompositorischen Entsprechung in der Szene von Pyles und Hartmans Ende.

Wir können „Joker" natürlich, wie es seinem Namen entspricht, als eine Karte im Spiel verstehen, die überall auftauchen und jede beliebige andere Karte ersetzen kann. Ebenso aber können wir ihn auch exemplarisch sehen als den Kubrickschen Menschen zwischen dem freien Willen und dem, was Struktur und Geschichte vorschreiben. Joker macht immer mit, und er macht es immer besser als alle anderen. Nie verläßt ihn sein Überlegenheitsgefühl, ein Gefühl, Außenseiter zu sein, und zugleich scheint er sich immer danach zu sehnen, Teil der Gruppe, Teil der Maschine zu sein.

Er macht mit, als die Kompanie Pyle des Nachts überfällt und schlägt, und zugleich wird er zum Beschützer dieses ungeschlachten Kerls; er vermittelt ihm auf einer zweiten Ebene die Teilhabe (und hat dabei an der Produktion dieser zu früh explodierenden menschlichen Bombe ebenso „Schuld" wie Sergeant Hartman), und er erweist sich immer als der perfideste Teil der Kriegsmaschinerie, intelligent genug, an der Propagandaproduktion teilzuhaben, und dann, als er sich entschieden hat, nicht mehr am Bild des Krieges, sondern in ihm selbst zu wirken, ist er es, der die schrecklichste und absurdeste Gefahr zu vernichten weiß. Eben weil sich in seinem Wahn noch die Spur der freien Entscheidung, des autonomen Denkens findet, ist er das Zentrum, der Schlüssel.

1999: EYES WIDE SHUT (Eyes Wide Shut)

Arthur Schnitzlers „Traumnovelle" ist eines dieser hübschen Rätsel der Literaturgeschichte, eine Erfüllung und ein Sonderfall in einem Werk zugleich. 1907 begonnen, hat der Autor die Erzählung erst zwanzig Jahre später, am Ende seiner Arbeit, vollendet. Dazwischen lagen ein Weltkrieg, der soziale und kulturelle Niedergang eines imperialen und eines bürgerlichen Reiches, die Entwicklung der Psychoanalyse von einer Wissenschaft zu einem Kulturspiel. So vermischen sich in der „Traumnovelle" nicht nur die literarischen Methoden, sondern auch die Zeiten; wir befinden uns zugleich in den Unterwelten der k.u.k.-Gesellschaft und in der Trümmerlandschaft des Nachkrieges, wir befinden uns in einer Traumwelt und in der bürgerlichen Wirklichkeit. Leicht ist es, die Parallelen zwischen dem literarischen Werk und der psychoanalytischen Methode zu ziehen, zumal Sigmund Freud Schnitzler als jemanden bewunderte, der in künstlerischer Intuition vorwegnahm, was er durch „objektive" Untersuchung zutage förderte. Man kann sich des Bildes kaum erwehren: Freud hat in Schnitzler so etwas wie einen Doppelgänger gesehen (und ganz bestimmt hat dieses Bild Stanley Kubrick gefallen). Schnitzler selbst war da eher skeptisch: „Nach dem Dunkel der Seele gehen mehr Wege, ich fühle es immer stärker, als die Psychoanalytiker sich träumen (und traumdeuten) lassen" schrieb er an den Freud-Schüler Theodor Reik. Tatsächlich läßt sich der Traum in der „Traumnovelle" weder als Abbildung noch als Kommentar zur Seelenwirklichkeit ihrer Protagonisten deuten, aber auch als eine Rückkehr zur „gothischen" Phantastik, wo das Übernatürliche in das Leben einbricht, läßt sich die Erzählung nicht verstehen. Denn es geht nicht nur darum, daß die Grenzen zwischen Traum und Wirklichkeit verschwimmen, sondern gerade darum, daß der Versuch der Rationalisierung so gründlich, ja katastrophal scheitern muß. Man mag daher die „Traumnovelle" zugleich als Parallele und als Widerspruch zur „Traumdeutung" sehen, nicht nur als verschlüsselte Selbstdarstellung des Autors in seiner Isolation und Besessenheit, sondern auch als Widerspruch des Ästhetischen gegen die Wissenschaft.

Ein bürgerliches Ehepaar, Fridolin und Albertine. Der Mann ist Arzt – wie es Arthur Schnitzler bis zum Tod seines Vaters war. Liebevoll verabschiedet man sich vom Kind, um sich auf einen Ball zu begeben. Dort kommt es zu kleinen, kaum bedeutenden erotischen Irritationen: Fridolin folgt zwei roten „Dominos", die ihm versprechen, „unmaskiert" zurückzukehren, ohne daß dieses Versprechen erfüllt wird; Albertine entzieht sich nach anfänglicher Faszination einem Unbekannten von „melancholisch-blasiertem Wesen". Am nächsten Tag steigen die „Schattengestalten" der Redoute, nachdem sie sich zunächst eher anregend gezeigt hatten, wieder auf, und „aus dem leichten Geplauder über die nichtigen Abenteuer der verflossenen Nacht gerieten sie in ein ernsteres Gespräch über jene verborgenen, kaum geahnten Wünsche, die auch in die klarste und reinste Seele trübe und gefährliche Wirbel zu reißen vermögen." Und die beiden versuchen einander ihre geheimen Wünsche zu entlocken. Albertine schließlich erzählt von einer Bekanntschaft im letzten Sommer: „Wenn er mich riefe – so meinte ich zu wissen –, ich hätte nicht widerstehen können. Zu allem glaubte ich mich bereit; dich, das Kind, meine Zukunft hinzugeben, glaubte ich mich so gut wie entschlossen, und zugleich – wirst du es verstehen? – warst du mir teurer als je." Dieses Bild der geträumten Untreue, das Bild einer als Subjekt begehren-

den Frau, das sich weder ins patriarchalische Modell der auf ewig untreuen Frau zurückbannen läßt, noch in eine Utopie der sexuellen Freiheit projizieren, wird für Fridolin zum Auslöser einer bizarren erotischen Odyssee. Ans Bett eines Kranken gerufen, der bei seinem Eintreffen bereits verstorben ist, erlebt er, wie dessen Tochter Marianne ihm in diesem höchst unpassenden Moment eine verzweifelte Liebeserklärung macht. Nach dem Eintreffen ihres Verlobten macht er sich auf den Weg, kann aber nicht, was das Naheliegendste wäre, nach Hause zurückkehren. Er wird von einem jungen Studenten aus einer Gruppe Korporierter angerempelt, verzichtet nach kurzem Überlegen aber auf die entsprechende Reaktion auf diese Provokation. Er wird von einer jungen Hure angesprochen und folgt ihr auf ihr Zimmer. „Du fürchtest dich halt", kommentiert sie, als es zum Üblichen nicht kommt. Es treibt ihn weiter, und in einem Kaffeehaus trifft er auf einen alten Freund, Nachtigall, den Pianisten, der ihm von geheimnisvollen erotischen Séancen erzählt, bei denen er mit verbundenen Augen spielen muß. Neugier und Unrast treiben Fridolin dazu, sich bei einer solchen Zusammenkunft einzuschleichen, nachdem er Nachtigall das geheime Paßwort entlockt hat. Zunächst muß er sich ein Kostüm besorgen und gelangt ins Haus des Kostümverleihers Gibiser, wo sich eine seltsame Szene abspielt: Gibiser überrascht seine minderjährige Tochter mit zwei als „Femerichter" verkleideten Männern und sperrt die beiden ein, bis zum Eintreffen der Polizei, wie er droht.

Fridolin gelangt tatsächlich in das erotische Schauspiel, unfähig recht zu unterscheiden, ob er sich in einer Versammlung von Irrsinnigen oder einer religiösen Sekte befindet, oder ob er absichtlich hierhergeführt worden ist, damit man ihn zum besten halte. Eine der maskierten Frauen versucht ihn zu warnen, doch dann wird er als

Eindringling enttarnt. Nur weil sich die Warnerin als Opfer anbietet, läßt man ihn gehen. Was wird mit ihr geschehen? Vergeblich sein Versuch, sie mit sich zu nehmen.

Als Fridolin ins Schlafzimmer zu seiner Frau kommt, findet er sie in einem Traum, mit einem schrillen Lachen, das ihn erschreckt. Sie erzählt ihm ihren Traum, den Traum einer Hochzeitsnacht, an deren Ende die beiden sich einsam und nackt finden. Ihr Zorn treibt ihn davon, und als sie allein auf einer Wiese liegt, nähert sich ein Mann, in dem sie ihren Traumliebhaber erkennt. „Ich lachte verlockend, wie ich nie in meinem Leben gelacht habe, er streckte die Arme nach mir aus, nun wollte ich fliehen, doch ich vermochte es nicht – und er sank zu mir auf die Wiese hin." Die Szene weitet sich zu einer allgemeinen Orgie aus, während sie Fridolin eingekerkert und ausgepeitscht sieht, entfernt und doch ganz nahe. Daß er, der gekreuzigt werden soll, ihr Lachen höre, wünschte sie sich, und dies war das Lachen, mit dem sie erwachte.

Wenn das „Erwachen" der Frau am Anfang der Beginn des Traumes für den Mann war, so wird nun umgekehrt der Traum der Frau zu dem Punkt, an dem der Mann erwacht. Nun geht Fridolin den Spuren seiner Erlebnisse nach. Und während er seine Spuren zu verwischen sucht, legt er sie erst wirklich aus. Zuerst kommt er an das Lokal, in dem er Nachtigall getroffen hatte, und erfährt die Adresse seines Hotels. Er sei, wie man ihm dort erklärt, am Morgen von zwei Männern mit Gewalt abgeholt worden. Beim Maskenverleiher entdeckt er, daß die Maske fehlt, und zugleich findet er dort eine vollständig veränderte Situation vor. Gibiser hat sich mit den „Femerichtern" geeinigt und bietet auch ihm unverhohlen seine Tochter an. Als Fridolin zu der Villa kommt, in der sich das Ritual der letzten Nacht vollzog, erhält er einen Brief, in dem er aufge-

fordert wird, seine Nachforschungen ein-
zustellen. Ergebnislos, beinahe kalt verläuft auch sein Besuch bei Marianne (in
Kubricks Film ist davon nur noch ein ver-
geblicher Telefonanruf übriggeblieben).
Schließlich erfährt er noch, daß die Hure
Mizzi im Hospital liegt (bei Kubrick erfahren wir von ihrer Freundin, daß sie
HIV-positiv ist). Fridolin fühlt sich verfolgt, im Tod einer Baronin kann er nichts
anderes sehen als den Mord an einer der
Beteiligten, seiner Warnerin, an dem nur
er selbst schuldig sein konnte. Aber als er
in das Gesicht der Toten blickt, ist dies für
ihn völlig leer, und trotzdem ist er versucht, diesen Körper zu küssen. Als er ins
eheliche Schlafzimmer gelangt, findet er
neben dem Gesicht von Albertine die Maske liegen; Fridolin bricht zusammen. Er erzählt ihr alles, und am Ende sagt Albertine:
„Nun sind wir wohl erwacht – für lange."
Fridolin möchte hinzufügen: „Für immer",
aber dies ist ein zu großes Wort. Noch ein
Unterschied zwischen Schnitzler und Kubrick: Bei dem Wiener Autor unterdrückt
der Mann selbst sein „für immer", eine
endgültige Aufhebung der Zeit, die auch
die Gespenster vom *Overlook*-Hotel in THE
SHINING versprachen, bei Kubrick ist es die
Frau, die solche Ausdehnung ablehnt.

Stanley Kubrick und sein Co-Autor Frederic Raphael haben die Handlung der
„Traumnovelle" ins New York von heute
verlegt, oder auch an einen Ort, der ebenso
zeitlos und unwirklich ist wie Schnitzlers
Wien. Auch hier mag eine Gesellschaft zu
beobachten sein, die an ihrer Ungleichzei-
tigkeit leidet. Das Alte und das Neue, eine
Lockerung der Sitten und ein innerer und
äußerer Zwang zur Offenheit, stehen einer
nach wie vor fundamentalen Organisation
von Liebe und Familie gegenüber. Die Stadt
hat selbst ihr eigenes, „neoklassisches" Leben, hat ihre eigenen Untergründe, ihre Labyrinthe, läßt auch den besten Bürger gefährliche Wege gehen.

Die Projekte der Modernisierungen im Mikrokosmos der Gesellschaft sind gescheitert, die scheinbare Liberalisierung erweist sich als Phantasma. So wie FULL METAL JACKET zugleich ein Film über den Vietnam-Krieg ist und eine Reflexion über das Ende des Industriezeitalters, so ist EYES WIDE SHUT zugleich ein Film über ein verlorenes Traumreich der Dekadenz und ein Film über das Ende der achtziger Jahre in New York – das Ende der sexuellen Ökonomie und einer Ästhetik, in der sich „Kultur" noch einmal dagegen zur Wehr setzte, schiere *pulp fiction* zu werden. Es ist ein Film über das Ende jenes Bürgertums, das seine sexuelle Ökonomie auf der Vorstellung von „Liebe" aufgebaut hatte, als mythisches Ineinander von Begehren, Offenheit und Planung, oder, um es in Kubricks Kosmologie zu sagen: das Paradoxon einer vollkommen freiwilligen Gefangenschaft. Die Liebe kann nur funktionieren, wenn sie zugleich Ausdruck des freien Willens und des Schicksals ist.

Gewiß kann man EYES WIDE SHUT auch als einen erotischen Thriller in der Manier von Alfred Hitchcock sehen, ein VERTIGO für das Ende des Jahrtausends, oder auch als Fortsetzung und Revision der Phantasie von Federico Fellinis CASANOVA (nicht zuletzt das Maskenfest erinnert an diesen Film). Das Scheitern des männlichen Begehrens vollzieht sich auf ganz ähnliche, freilich radikalere Weise. Daß sich die Frau nicht mehr spaltet in das Objekt der Begierde und das Subjekt der Liebe, das macht den Helden der „Traumnovelle" ganz buchstäblich verrückt. Aber worin besteht sein Wahn? Oberflächlich gesehen darin, daß die Spannung zwischen Eifersucht und (unterdrücktem) Begehren so groß wird, daß er beides in einem Alptraum zusammenbringt, als Kette beständiger Übertretungen und Bestrafungen, in dem ihm Erfüllung ebenso wie Klarheit versagt wird. Aber mehr noch als bei Schnitzler stellt sich in

Kubricks Film auch die Frage nach den Spiegelungen und Anachronismen dieser Obsession. Ist es nicht, als würde der Mann in den Traum seiner Frau eindringen, und zugleich ihn vorwegnehmen? Muß er, selbst in der Maske verborgen, nicht hinter jeder weiblichen Maske das Begehren seiner Frau vermuten? In der wahnwitzig choreographierten und großartig gespielten Szene, in der Alice – so heißt die Heldin im Film – ihrem Mann Bill von ihrem eigenen Begehren berichtet und dabei alle seine Rationalisierungs- und Kompromißvorschläge – seine Konzepte der Liebe, um genau zu sein – ablehnt, ist es, als würde er zum ersten Mal im Anderen nicht nur das Bild, sondern auch den Spiegel sehen. Bill möchte nur allzu gerne ihre Angriffe auf seine Sicherheit fortwischen, vielleicht ist es ja nur der Joint, der sie so aufgekratzt und streitsüchtig macht. Es ist seine Ordnung der Welt, die da in Frage gestellt ist. Er als Arzt könne sehr genau unterscheiden zwischen dem beruflichen, dem objektiven und dem erotischen, dem sexuellen Interesse am Körper einer Frau, und gesichert sei er überdies durch die Anwesenheit seiner Assistentin im Behandlungsraum (der „objektive" Blick in eine solche Situation jedoch mag durchaus Zweifel an dieser Ordnung der Dinge wecken). Aber je mehr er diese Ordnung der Dinge betont, desto deutlicher wird in dem Gespräch der beiden, daß es sich dabei nur um einen dünnen Film der Vernunft, der Konvention, der Zivilisation handelt. Er hat die Liebe gleichsam in Raum und Zeit organisiert, und es genügt ein Stachel der Eifersucht, ein Stachel mehr noch der emotionalen Unordnung, um diesen Film zu zerreißen. Und dann muß er hinein, muß hinter den Spiegel und findet dort nicht nur seine eigenen Abgründe – das verbotene Begehren mit seinen Anklängen an LOLITA, die sich wiederholende Erfahrung des Versagens, das sich zuerst im Geheimnis und dann, furchtbarer, in der Banalität entzie-

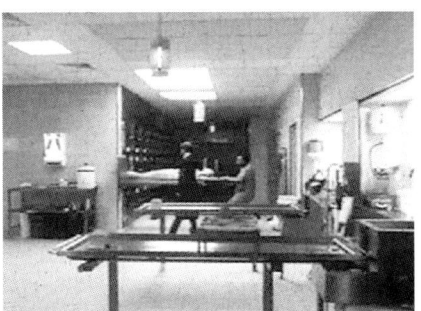

hende Objekt, ganz buchstäblich jene Maskierungen des Begehrens, von denen am Ende nur die Maske selbst übrigbleibt – sondern getrieben von dem (in schwarz/weiß) wiederholten Bild des imaginierten Geschlechtsverkehrs seiner Frau mit ihrem Traumliebhaber auch alles, was von diesem weiblichen Begehren ihm vorstellbar ist.

Mehr noch als Schnitzler, und darin wiederum THE SHINING verwandt, bietet Kubrick neben dem inneren Zerfall der Person noch eine andere, „objektive" Lösung an: In der Figur des von Sydney Pollack dargestellten Freundes Victor Ziegler, der zuerst das Fest organisierte, auf dem alles begann, und der sich dann als einer der Teilnehmer der erotischen Séance zu erkennen gibt, läßt er die Möglichkeit einer realen Verschwörung, einer bewußten Inszenierung offen, die Bill daran hindern sollte, in den „verbotenen Raum" zu gelangen. Damit wird ein mögliches zweites Motiv angedeutet, das parallel zur paradoxen Auflösung des liebenden Paares durch die Ehrlichkeit läuft: die Isolation des Helden, wie wir sie aus so vielen Kubrick-Filmen kennen. Auf die Frage seiner Frau, ob er hier jemanden kenne, antwortet Bill bei Kubrick: „Not a soul". Er fühlt sich als – erfolgreicher – Ausgestoßener der Gesellschaft, in deren Licht er steht, und mit deren Sünden er paktiert (gleich am Anfang wird er zu einer Frau gerufen, die eine Überdosis Rauschgift geschluckt hat und verpflichtet sich zum Schweigen), und in seiner erotischen Odyssee ist dieses Ausgestoßensein so sehr Triebkraft wie der Bruch in seiner Beziehung. Daher auch der Wunsch, an den Riten der „Geheimgesellschaft" teilzuhaben, an jenem Ritual absurder Prächtigkeit, die sich als vollkommen inhaltsleer erweist und am Ende möglicherweise nichts anderes ist als ein nur für ihn selbst inszeniertes Schauspiel, das ihn zugleich anziehen und wieder ausstoßen soll. Neben der sexuellen steht also auch die Erfahrung der sozialen Ohn-

macht, die wir bei Schnitzler in der Begegnung mit den Korpsstudenten erleben, bei Kubrick vor allem in Tom Cruises Dialog mit Sydney Pollack: Es ist eine Kafka-Situation, und die Wiederkehr der Unmöglichkeit eines „Sohnes", in den Raum des Vaters einzudringen. Obwohl EYES WIDE SHUT sehr genau dem Text der „Traumnovelle" folgt, könnte man den Film ebensogut als eine Negativ-Version von „Das Schloß" ansehen.

Und wo Schnitzlers Held schließlich an einer Stelle argwöhnen muß, seine Erlebnisse seien nichts anderes als erste Anzeichen einer Infektion durch Diphterie, so können wir in EYES WIDE SHUT auch einen ziemlich bösen Trip sehen, so wie wir THE SHINING auch als Wahn eines rückfälligen Alkoholikers sehen können.

„Fear and Desire" – der begehrende und angsterfüllte Mann blickt in sich hinein und findet sich nicht. Die Bewegung der Frau, die ihren inneren Spannungen zwischen Sehnsucht, Furcht, Aggression und Lust auch körperlich Ausdruck verleiht, lähmt den Mann. Nicole Kidman macht mit jeder Geste, mit jedem Blick diese Dynamik spürbar, eine emotionale Explosion, die zugleich dazu führt, daß ihr Mann versteinert, jede Option verliert. Tom Cruises Gesicht wird schon in diesem Augenblick zur Maske. Anders als von Nicole Kidman wird von ihm nur in zwei Momenten „psychologische" Schauspielkunst verlangt, im Augenblick seiner Maskierung und im Augenblick seiner Demaskierung. Dazwischen sehen wir wieder, wie bei Ryan O'Neal in BARRY LYNDON, einem Gesicht beim Leer-Werden zu.

Der Anruf, der ihn dann hinaus ruft, wie erlösend, weil diese Situation nur noch als Katastrophe enden kann, mag dann schon Teil einer anderen, einer inneren Wirklichkeit sein. Der Blick des Mannes ist buchstäblich gebrochen; sieht das Geschlecht, das nicht *eines* sein kann, aus dem

Spiegel zurück, so kann auch er nicht mehr eins sein. Jede neue Begegnung mit der Frau spaltet ihn erneut, und je mehr er den Bildern seiner Angst begegnet, der Angst vor der Infektion, der Angst vor der Kindfrau, der Angst vor dem Ritual, desto mehr versucht er sich zu maskieren und wird umso unbarmherziger demaskiert. Bei Kubrick wird der Held – anders als bei Schnitzler – gezwungen, seine Maske abzunehmen. Sein Kreis schließt sich, als er die Maske neben seiner Frau liegen sieht und in diesem Augenblick das Maskenhafte von seinem Gesicht abfällt. Es zerfließt förmlich, der Blick verlischt.

Ansonsten bleibt der Film sehr nahe an der Vorlage, so scheint es zumindest auf den ersten Blick. Ganze Dialog-Passagen sind ebenso übernommen wie die Abfolge der Geschehnisse. Umso signifikanter die kleinen oder größeren Abweichungen. So begegnet Bill seinem alten Freund, dem Pianisten Nachtigall, hier bereits auf dem Fest zu Beginn; das Wiedersehen wird unterbrochen, weil man ihn zu einer Unterredung holt. So ist er mit dieser Gesellschaft verbunden. Bill verspricht, ihn einmal in dem Club zu besuchen, in dem er auftritt. Schnitzler zeigt eine wachsende Zersetzung der Wahrnehmung, einen Traum, der dem Versuch widersteht, gedeutet zu werden. Kubrick setzt die lineare Erzählung in ein Kreisen um. Während in der Novelle das Paßwort eindeutig auf die Erzählung der Frau verweist – „Dänemark", dort wo die mögliche Untreue der Frau stattgefunden hat –, ist es bei Kubrick mehrdeutiger: „Fidelio". Wieder der Verweis auf Beethoven und die Nietzsche-Deutung als Ausbruch des Dionysischen, aber zugleich die Bezeichnung von „Treue". In einem einzigen Wort ist das ganze Dilemma des Helden, die Unmöglichkeit seines Lebensentwurfes, die Unmöglichkeit der bürgerlichen Konstruktion der Liebe, zusammengefaßt. Und eindeutiger auch ist die erotische „Geheimgesellschaft", in die der Held schließlich geraten wird, eine Abbildung jener Gesellschaft, in der Dr. Harford und seine Frau so fremd bleiben mußten.

Ein besonders gemeiner Trick des Regisseurs ist es, die ganze Geschichte zur Weihnachtszeit spielen zu lassen (natürlich gibt es bei Kubrick dabei keinen Schnee), und so werden grell und häßlich erleuchtete Weihnachtsbäume zu einer Art visuellem Leitmotiv, das nicht nur den Widerspruch zwischen einem sexuellen Traumrausch und der ökonomisch-semiologischen Konstruktion der Familie betont, sondern eine Ebene tiefer auch in die Mythologie der Heiligen Familie führt, die hier auf dem Prüfstand steht. Der Weihnachtsbaum erscheint ein wenig wie der Obelisk in 2001, ein *reminder*, dessen Auftauchen, sogar in der Wohnung der Prostituierten, stets zu einer neuen Phase der Entwicklung und zu einer neuen Form der Entfremdung führt. Auch Bill macht, ausgestoßen aus einer scheinbar sicheren Organisation von Liebe und Familie, eine ganze Menschheitsentwicklung durch, alle Formen von Angst und Begehren, alle Möglichkeiten des Mannes, sich der Frau zugleich zu nähern und sich von ihr zu entfernen: Der Film ist nicht nur eine Reise in einen Traum, oder in ein System der Träume, sondern auch eine Grammatik des Begehrens, einmal mehr in eine Komposition von vier Sätzen gefaßt.

Auch hier beginnt alles mit einem eher harmlosen Fest. Während sich die etwas angetrunkene Alice von einem angegrauten ungarischen „Lebemann" umgarnen läßt, eine Karikatur in seiner Impertinenz, droht ihr Mann Dr. Bill Harford von zwei Models abgeschleppt zu werden – und daß bei Kubrick aus den „Dominos" „Models" geworden sind, ist gewiß kein Zufall: um Modelle des weiblichen Bildes im Blick des Mannes wird es gehen. Dann holt ihn Victor Ziegler zu einer nackten, durch ihren

Nicole Kidman

Drogenmißbrauch halbtoten Frau. Sie wird noch einmal gerettet, nicht wirklich. Eine zweite Spur: Die Suche nach dem Modell führt zur beständigen Begegnung des Helden mit der nackten Frau und dem Tod in einem Raum. Während Schnitzler das Geschehen mit sehr kleinen Irritationen beginnen läßt, überzeichnet Kubrick von Anbeginn an. Sein erster Entwurf für diesen Film war eine Komödie, eine erotische Farce (und der Regisseur spielte, so ist zu hören, eine Zeit lang allen Ernstes damit, die Hauptrolle mit Robin Williams zu besetzen), und es ist möglicherweise nicht unwichtig für das Verständnis des Films, den Untergrund der Groteske, des schwarzen Humors, zu betrachten, von dem noch einige wundervolle Extempores, wie die Unterredung des Helden mit dem Hotelmanager und die Farce im Haus des Maskenverleihers, bleiben. Aber Kubricks Filme sind immer Tragödien und Grotesken zugleich.

Und wie Schnitzler die verschiedensten literarischen Techniken gebraucht, so wechselt auch Kubrick von Szene zu Szene den Ton; er erzählt in lauter kleinen Filmen im Film. Zuhause schlafen die beiden Eheleute miteinander, als hätten sie sich, wie man so sagt, „Appetit geholt". Und wieder ist der Spiegel der dritte, der eigentliche Partner. „They Did a Bad Bad Thing" singt Chris Isaak dazu. Was ist das Böse, das William und Alice Harford getan haben und tun werden? Sie werden nichts Verbotenes tun, sie werden nicht sündigen. Sie werden nur träumen und sehen. Der Song verhöhnt sie, so wie die Soldaten in FULL METAL JACKET von ihren Songs verhöhnt wurden. Und trotzdem haben sie das Böseste getan, was man in einer bürgerlichen Ehe tun kann, sie werden begreifen, daß sie kein geschlossenes System bilden. Hinterher kommt es dann zu einer durch einen Joint bekräftigten Aussprache zwischen

Tom Cruise

den beiden, eine Schlüsselszene und ein Meisterwerk für sich. Wie man aus einer Dialogszene so viel Film gewinnen kann – und nebenbei: wie gut Tom Cruise und Nicole Kidman in diesem Film sind – das zeigt Kubrick so nebenbei, während er den wahren Diskurs dieses Films eröffnet. Sollte man das Begehren um der Liebe willen kontrollieren, und ist nicht die Kontrolle selbst schon der Verrat, ein Verrat, der vor allem der Frau Unrecht tut, die sich in das Subjekt der Liebe und in das Objekt der Begierde spalten soll? Daß die Frau von ihrem eigenen Begehren spricht, ein Bild, das sich buchstäblich in die Wahrnehmung des Mannes einfrißt, von einem Augenblick, in dem sie zugleich den einen liebt und den anderen begehrt, das setzt so etwas wie eine negative Spiegelung in Gang. Auf den Allegro-Satz der Leichtfertigkeit, des frivolen Spiels, folgt ein presto der Gefühle. Mit jedem Wort, jeder der Gesten der Frau, jedem unmerklichen Zusammenzucken des Mannes wächst die Empfindung: Jetzt wird es ernst. Man könnte diese Szene als intimen Naturalismus, eine Seelenentblößung in Ingmar Bergmans Manier ansehen, auf die dann verschiedene Traum-Sequenzen folgen. Aber diese Deutung würde den Film konventioneller erscheinen lassen, als er ist. Diese Intimität funktioniert in der Kubrickschen Konstruktion nur als Spiegelung der vorherigen Szene; die Gefangenschaft im Labyrinth der Wohnung, im Labyrinth der Liebe offenbart sich als Gegenpol zu der Erfahrung im „hohen Raum" der Herrschaftsarchitektur. Wieder folgt auf die Erfahrung der Weite, dort, wo man „keine Seele kennt", die Erfahrung der Enge, das Verirren in einem Raum, den man nirgends überblicken kann (und Kubricks Kamera tut das ihre, die bürgerliche Wohnung als selbstgeschaffenes Labyrinth zu kennzeichnen, in der es weder Anfang noch Ende, nicht Eingang und Ausweg gibt). Vielleicht kennt man hier nichts anderes – und hätten wir nicht auch über dieser Wohnung jene sarkastische Neon-Schrift *Home* gerne gesehen, die über dem Heim von Mr. Alexander und seiner Frau in A CLOCKWORK ORANGE prangte? Der Zerfall der Familie und des Paares, den wir aus so vielen Kubrick-Filmen kennen, ist *das Andere* der erfahrenen Fremdheit im hohen Raum. Auf die Erfahrung von Fremdheit und Ausschluß folgt die Klaustrophobie, das auf sich selbst zurückgeworfene Empfinden.

So beginnt der dritte Satz, die eigentliche Traumdichtung. Wie bei Schnitzler wird der Arzt nun an das Totenbett eines Mannes gerufen, der freilich anders als bei dem Wiener Autor schon tot ist, als der Arzt gerufen wird, und eben dort, im Haus des Toten, beginnt seine erotische Odyssee, im Angesicht des Todes und seiner verzweifelten Abwehr. Die Tochter des Toten macht ihm, gleich nachdem sie von ihrer bevorstehenden Heirat erzählt hat, eine nicht minder verzweifelte Liebeserklärung. Nun, da der Vater nicht mehr ist, dem sie in offenkundig eben solch enger Bindung angehörte wie es die Heldin von KILLER'S KISS tat, sieht sie sich dem Schreckbild einer bürgerlichen Ehe ausgeliefert, eine furchtbare Spiegelung der Ehe des Arztes. Sie verlangt von ihm befreit, erlöst, auch erniedrigt zu werden, und ist doch gleich wieder gefangen in ihrer Rolle, als ihr Verlobter, ganz Kontrolle, ganz ruhiges Verständnis, auftaucht. Die Szene hat Bill verwirrt und berührt. Ist er nun in der Rolle des begehrten Mannes, Anlaß und Bild der Auflösung der Liebe?

Dr. Harford kann sich nicht entschließen, nach Hause zurückzukehren. Er läßt sich von einer freundlichen Hure ansprechen und mit in ihre Wohnung nehmen, und, wiederum anders als bei Schnitzler, ist es ein Anruf seiner Frau auf seinem Handy, der ihn vom Vollzug des Ehebruchs abhält.

Im übrigen verweigern (ebenfalls im Gegensatz zur „Traumnovelle") in EYES WIDE SHUT die Menschen für ihre merkwürdigen Dienste nicht das Entgelt. Bill kommt in den Club, in dem sein Freund spielt, von dem wir erfahren, daß auch er einst Arzt werden wollte. Auch er also eine Spiegelung, ein Doppelgänger. Er erfährt von geheimen Séancen, bei denen Nachtigall mit verbundenen Augen spielen muß. Aber nicht ganz blind ist er, im Spiegel kann er die nackten Körper der Frauen sehen. Bill ist fasziniert von seinen Andeutungen und besteht, nachdem er das geheime Paßwort – „Fidelio" – erfahren hat, darauf, sich bei der Orgien-Inszenierung dieser Nacht einzuschleichen. Nach anfänglichem Zögern gibt Nachtigall nach. Bill wird sich mit einem Taxi an seine Fährte heften. Zuvor aber muß er sich eine Maskerade besorgen.

So gelangt er zum Haus des Kostümverleihers, seinem Akzent nach zu urteilen ein russischer Immigrant. Dort wird Harford Zeuge jener Szene, die Schnitzler beschrieben hat, nur daß aus den „Femerichtern" zwei asiatische Männer in Clownskostümen geworden sind. Und auch die Geschehnisse in der Villa draußen vor der Stadt folgen weitgehend Schnitzlers „Traumnovelle", bis auf einen entscheidenden Unterschied: Harford wird gezwungen, die Maske abzunehmen. Kubrick inszeniert diese mysteriöse Orgie als erhabene Groteske; es ist eine Oper der Maskierungen und der Körper, ein Nachhall von De Sade, die Ästhetisierung und Arithmetisierung der Liebe, das vollständige Gegenbild zum bürgerlichen Konzept der Liebe. Hier ist Dr. Harford am Kern- und Umkehrpunkt seines Traumes angelangt. Er sieht die Frau wie durch die Augen eines Kindes, das in den Machtraum lüsterner Väter eingedrungen ist. Er sieht die Frau durch die Augen des Vaters. Und er sieht sie in einer bizarren Travestie eines Gottesdienstes: Zwölf Frauen stehen im Kreis, lassen auf

Geheiß eines rotgewandeten „Bischofs" die Kleider fallen und begeben sich auf seine herrischen Stockschläge hin (wieder ist es da: dieses dem Körper entrissene Ding, der Knochen, der zur Waffe wurde) mit einem devoten Senken des Kopfes zu ihren „Auserwählten". Aber kaum ist der Kreis gelöst, da scheinen sich die strengen Regularien auch schon aufzulösen; die sexuellen Szenen zerfransen an den Rändern des hohen Raumes, während die Masken ihre Strenge verlieren. „Daß jede dieser Unverhüllten doch ein Geheimnis blieb und aus den schwarzen Masken als unlösliches Rätsel große Augen zu ihm herüberstrahlten, das wandelte ihm die unsägliche Lust des Schauens in eine fast unerträgliche Qual des Verlangens", heißt es bei Arthur Schnitzler. In EYES WIDE SHUT scheint dieser Prozeß abgebrochen: Bill Harford erlebt vor allem die Qual des Schauens.

Bill starrt – und wird angestarrt. Zwei Masken blicken zu ihm; er grüßt, und sie grüßen zurück. Dann tritt eine der Frauen zu ihm, wie zum Tanze, doch sie will ihn warnen. Was ist real an dieser Warnung? Wie könnte er noch fliehen?

Und so wird er entlarvt, weil er das Paßwort für das Haus nicht kennt (später werden wir erfahren, daß es ein solches gar nicht gibt) und, ein Kubrickscher Schlenker, weil jemand, der zu dieser Gesellschaft mit dem Taxi vorfährt, den Argwohn der vielen Wächter wecken mußte. In der Szene, in der sich die geheimnisvolle Frau als Opfer für den enttarnten Eindringling anbietet – wir können ebenso endlos Vermutungen darüber anstellen, wer das ist, wie darüber, warum sie das tut –, scheint sich als Farce zu ereignen, was es in Kubricks Filmen sonst nicht gibt: das Opfer und die Erlösung. Es ist nur ein Spiel, womöglich, ein Traum. Aber schlimmer noch: Das Opfer ist sinnlos.

Am nächsten Tag macht sich Dr. Harford daran, die Stationen seiner nächtli-

chen Reise aufzusuchen, und alles erscheint nun – auch ganz buchstäblich – in anderem Licht. Die Bedeutungen seiner Traumreise entziehen sich, mehr und mehr scheinen ihre Stationen Teile einer Intrige, deren Beteiligte entweder verschwunden sind, wie die Prostituierte und ihr Freund, der Pianist, oder sich von einer Spielfigur in einen Spieler verwandelt haben, wie der Inhaber des Kostümverleihs, der vom entsetzten Vater zu einem schlichten Zuhälter geworden ist. Am Ende ist Bill Harford wieder da, wo er begonnen hat: Er wird ausgeschlossen, und alles, so muß er erkennen, war nur Zeichen und Warnung für diesen Ausschluß. Ziegler klärt ihn über die „wahren" Umstände auf: Man habe ihn, ebenso wie den kleinen Pianisten, nur so erschrecken wollen, damit sie keine weiteren Nachforschungen anstellen, alles andere sei Inszenierung, der Tod der Frau nur ein weiterer zufälliger Drogenfall. Als Harford am Anfang vorgibt, nicht zu verstehen, worum es überhaupt geht, sagt – ausgerechnet – Ziegler zu ihm: „No Games, Bill". Als er nach Hause zurückkehrt, findet er die verlorene Maske im Bett neben seiner schlafenden Frau. Er wird – so wenig wie wir – erfahren, wie sie dorthin gelangt ist und wer der Autor dieser letzten Inszenierung ist.

Viermal ist Bill in seiner Traumnacht der Frau begegnet, und jedesmal wendete sich sein Begehren auf die selbe Weise. Nicht in die Frau, sondern in den Raum, in dem sie auf magische Weise gefangen gehalten wird, will er eindringen, und jedesmal scheitert er daran, sie zu befreien, sie wenigstens zu beschützen. Die Tochter des Toten in ihrer Panik, ihre Sehnsucht endgültig zu verlieren, die todgeweihte Prostituierte, die Tochter des Kostümverleihers, die der Vater als *geisteskrank* bezeichnet, und schließlich die Frau auf der Orgie, die sich weigern muß, mit ihm den Ort zu verlassen. So kehrt Bill jedesmal auf doppelte Weise „unverrichteter Dinge" zurück; weder hat er seine verlorene phallische Macht zurückgewinnen können, noch konnte er ein Geheimnis der Frauen lüften, ihre Abhängigkeit von einer rivalisierenden Macht, die stärker ist als er. (Er scheitert also noch gründlicher als ein uns wohlbekannter Landvermesser, der in einen anderen fremden väterlichen Raum eindringen wollte und dabei ebenfalls an der Zwiespältigkeit der Frau zu leiden hatte. Hören wir nicht Kafka lauthals lachen, während er seinen Text vorträgt, und sehen wir, geblendet von dem *Skandal*, den alles Erotische immer noch, vermutlich schon wieder mehr denn je, zu machen hat, nicht die bittere Komödie dieses so reformierten und zivilisierten Alex DeLarge?)

Leitmotivisch kehrt nun auch das Motiv des Todes wieder, kulminierend in der Szene der *Nekrophilie*, die wie eine Paraphrase der Szene aus THE SHINING wirkt, in der Jack Torrance der Toten im *verbotenen Zimmer* begegnet. Bill beugt sich in der Leichenhalle über den nackten Körper einer toten Frau, von der er annehmen mag oder nicht, daß es sich um seine Retterin der vergangenen Nacht handelt. Kurz bevor er sie küßt, in einer Geste, die sehr ähnlich derjenigen ist, in der sich die Masken-Gesichter bei der Orgie einander näherten, wird er von der Stimme des Kollegen zurückgerissen: „What Are You Doing?" Ja, was tut Bill da? Er möchte, ein wahrer Romantiker, die Frau und den Tod zugleich umarmen. Vielleicht doch *a very bad thing.* Auch das ist ein Augenblick des Erwachens und der Verurteilung.

So wie THE SHINING mehrere „Einfallstore" für das Phantastische geöffnet hat, um am Ende keine davon zu schließen, keine aber auch als *Lösung* bestehen zu lassen, so weist EYES WIDE SHUT mehrere Anfänge des Träumens und mehrere Vorgänge des Erwachens auf, ohne daß wir einen Punkt ausmachen könnten, an dem wir sagen können: Nun sind wir *wirklich* in einem Traum!

In der Szene der großen Orgie scheint es gewiß, doch da beginnt auch schon der umgekehrte Vorgang, und ebenso oft, wie wir zu träumen begonnen haben, erwachen wir nun auch wieder. Ist das Ende das *endgültige* Erwachen, wie es sich die Protagonisten versichern, oder doch nur ein Schritt über eine weitere Grenze der Traumarchitektur? Auch dieser Film von Stanley Kubrick könnte wieder von vorn beginnen.

Das Träumen war nicht heilsam in der „Traumnovelle", es hatte sich in einem Labyrinth verlaufen, an dessen Ende sich nicht nur die Liebe, sondern auch die Wahrheit als Illusion erwiesen. Das Begehren konnte sich, anders als in der melodramatischen Erzählweise, nicht mehr von der Liebe abspalten und auf diese Weise kontrolliert und möglicherweise bestraft werden, im Gegenteil, die Liebe zu einem setzt das Begehren nach allem eigentlich erst in Schwung, so wie das Interesse an der Wahrheit des anderen erst die Phantasmen ins Leben ruft. Leichter und schneller kann man es nicht sagen, daß Liebe nur als ein Prozeß der Selbstaufhebung denkbar sein kann. Eine absurde Erfahrung, deren Bewegung sogleich in Agonie endet, sobald sie sich als Mythos von der Wirklichkeit befragen lassen muß. Kubricks Lesart geht noch eine Ebene tiefer. Er dekonstruiert nicht nur die Beziehung, sondern auch ihr Subjekt. „Kein Traum ist nur ein Traum", sagt der Held am Ende, und er könnte ebensogut sagen: Keine Wirklichkeit ist nur Wirklichkeit. Wenn alle Kubrick-Helden versuchen, über die Grenzen ihrer Welt (über die Grenzen ihrer Sprache und über die Grenzen ihres Blicks) hinauszugelangen, dann gelangen sie diesmal über ihre Grenzen, indem sie etwas versuchen, was der Konvention nach unmöglich ist: ineinander hineinzusehen.

Kubrick ist in diesem Film nicht daran gelegen, ein „Statement" über die Liebe ab-

zugeben; das Entscheidende ist vielmehr seine Neugier: Auch EYES WIDE SHUT ist ein „Was-wäre-wenn"-Film. Er folgt einer Fährte: dem durch Offenheit und Eifersucht ausgelösten Traum eines Mannes, aber zugleich läßt er sich immer wieder auf Seitenfährten locken, folgt, selber einmal mehr labyrinthisch, den Nebenaspekten, blickt in Bilder und Spiegel. Das Dekonstruktionswerk von Staat, Gesellschaft, Klasse, Familie und Person ist nun zugleich ins Stadium höchster Intimität und höchster Abstraktion gelangt. So wenig bedarf es also, sagt uns Kubricks Film, um eine Ehe, mehr noch: um eine Person aus dem Gleichgewicht zu bringen. Und so viel geschieht aus diesem Zerfallsprozeß heraus, unter vielem anderen löst sich daraus das Piano-Motiv, in dem ein gemein wider-harmonischer, großartiger Ton wiederkehrt, und obwohl man den musikalischen Regelverstoß stets erwartet, ist man doch jedesmal von neuem überrascht, alarmiert und – zumindest wenn man einiges von den Zumutungen der modernen Kunst und Musik verarbeitet hat – bezaubert.

Und nicht zuletzt ist EYES WIDE SHUT auch ein Film über eine Set-Erfahrung, über Schauspieler und Stars, die, im wirklichen Leben miteinander verheiratet, auch ihre Grenzen bestimmen und überschreiten mußten. EYES WIDE SHUT ist, wie einst 2001, die Geschichte einer Odyssee an den Rand des Verstehens und darüber hinaus, und es ist die Geschichte einer paranoiden Auflösung wie THE SHINING. Der Regisseur legt genügend Spuren zum eigenen Werk aus, um das Kreisen seiner Motive in Gang zu setzen: Zum Beispiel sagt Bill zu seiner Tochter, als die sich ein *pet* zu Weihnachten wünscht, dasselbe „We'll see about that", wie es der Astronaut in 2001 zu seiner Tochter sagte; die Geschichte dieser Familie ist wie die Spiegelung der von THE SHINING (was wäre, wenn man, statt sich voneinander abzukapseln, einander alles zu offenbaren versuchte?); die Visionen des öffentlichen Schauspiels von Sexualität erinnern an das Ende von A CLOCKWORK ORANGE; das Empfinden des Helden, in einem gesellschaftlichen Raum zu verkehren, ohne wirklich dazuzugehören, erinnert an BARRY LYNDON. Und so weiter. Die Kreise im Inneren des Films (z.B. versprechen die beiden „Models" auf der Party, Bill ans Ende des Regenbogens zu führen, und im Kostümverleih „Rainbow" beginnt auch seine Odyssee) ergänzen sich mit Kreisen in Kubricks Gesamtwerk. Wenn BARRY LYNDON ein Film der melancholischen Öffnungen durch die Rückwärtsfahrten der Kamera war und FULL METAL JACKET ein Film der gro-

tesken Verknüpfung von Distanz und Nähe, dann ist EYES WIDE SHUT der Film des Kreisens. Kubricks „Tunneleffekte" sind hier sparsamer eingesetzt, dafür gibt es in einer ganzen Reihe von Einstellungen einen beängstigenden Aspekt der Tiefenschärfe. Mal sind wir mittendrin, mal zu einem hinterhältigen analytischen Sehen herausgefordert. Das Subjekt und die objektive Betrachtung kommen nicht zusammen. Ich wage zu behaupten, daß Schnitzler mit der „Traumnovelle" das Scheitern der Psychoanalyse als *Heilmittel* der bürgerlichen Welt vorweggenommen hat, und daß Kubrick mit EYES WIDE SHUT unter vielem anderen auch vom Scheitern des psychologischen Realismus – nebst einer Seitenlinie des Phantastischen – im Kino gesprochen hat. Und richtig großartig wird sein Film einmal mehr, weil er in seiner langen Herstellungsphase nicht bloß für jede Sequenz genau das Richtige gefunden hat, sondern auch durch das, was man unterwegs fortgelassen hat, viele erklärende, viele verbindende Szenen. Viel von dem, was in Gefahr steht, statt Spur schon Antwort zu sein. Beim Versuch, ineinander zu sehen, verändern die Charaktere von EYES WIDE SHUT auch den filmischen Raum. Alice und Bill sind hinter die Spiegel gelangt.

Zwanzig Jahre lang hatte Stanley Kubrick das Projekt einer Verfilmung von Arthur Schnitzlers „Traumnovelle" aus dem Jahr 1926 mit sich getragen, ebenso lange wie der Autor von seinem ersten Entwurf bis zur endgültigen Ausarbeitung verstreichen ließ, und als Kubrick schließlich das zusammen mit Frederic Raphael verfaßte Drehbuch realisierte, gestalteten sich die Dreharbeiten genau so, wie es der Legende dieses Regisseurs entsprach: Aus den ursprünglich avisierten drei Monaten wurden fünfzehn, und dies bei sieben Drehtagen pro Woche. Der selbst aufgestellte Rekord der Anzahl von Takes wurde gebrochen: 95 Aufnahmen soll es von einer einzigen Szene gegeben haben. Aber die Komplikationen hielten an: Im März 1997 verließ Harvey Keitel den Set – für die Regenbogenpresse mit einer im Wortsinne schmutzigen Geschichte –; im Januar 1998 sollte endlich Drehschluß sein, aber Kubrick war mit dem Material nicht zufrieden. Er bestand darauf, eine Reihe von Szenen nachzudrehen, und weil Jennifer Jason Leigh mittlerweile bei David Cronenbergs EXISTENZ arbeitete, stand sie dafür nicht mehr zur Verfügung. So mußten alle ihre Szenen mit Marie Richardson neu gedreht werden. Im Juni 1998 schließlich entließ Kubrick seine Schauspieler nach 19, statt der veranschlagten auch nicht eben bescheidenen, neun Monaten Drehzeit. Die *Set Decorations* im Pinewood-Studio wurden abgebaut – einschließlich jener Seitenstraßen von New York, die so authentisch wirken, als wären es die Originale, aus denen ein Edward Hopper die Luft der Impression herausgemalt hat, und die (beinahe) perfekt an die Aufnahmen *on location* anschließen, die Kubrick von einem zweiten Aufnahmeteam in New York aufnehmen ließ – und bei Warner machte man eine erste Rechnung auf. Das Budget war von den veranschlagten 40 auf über 55 Millionen Dollar angewachsen. Schon glaubte man, noch halbwegs glimpflich davongekommen zu sein und setzte mutig einen Starttermin für EYES WIDE SHUT an: Am 18. Dezember 1998 sollte der Film in den USA herauskommen. Da Kubrick dafür bekannt war, daß er seine Starttermine gerne am Ende des Jahres sah, konnte die Nachricht, die Premiere werde auf den Februar 1999 verschoben, kaum Gutes verheißen. Und während dieser Zeit hielt man die Gerüchteküche in Gang: Würden wir Tom Cruise nackt und mit erigiertem Penis sehen? Einen echten Geschlechtsverkehr von Hollywoods Star-Ehepaar? Auch daß der Film zumindest zur Hälfte in Schwarz/weiß gedreht sei, war zu hören, und wenn

es gar nichts mehr von EYES WIDE SHUT zu berichten gab, meldeten sich Stars der dritten und vierten Reihe, um zu behaupten, sie hätten eine Nackt- oder Sex-Szene bei Kubrick abgelehnt, um stattdessen den vierten Teil der sauberen Familienunterhaltung RETURN OF THE MAN-EATERS FROM MARS zu drehen. Tom Cruise und Nicole Kidman führten einen Prozeß gegen EXPRESS ON SUNDAY, der ihnen homosexuelle Neigungen unterstellte. Im November 1998 publizierte *Daily News* – endlich! – den wahren Grund für Harvey Keitels Hinauswurf. Er sollte die Sache mit dem Realismus in einer erotischen Szene zu wörtlich genommen haben. Das klingt jedenfalls aufregender als die üblichen „künstlerischen Differenzen". Nicole Kidman spielte von September bis November in einer von David Hare inszenierten Version von Schnitzlers „Reigen" und war auf der Bühne für kurze Zeit nackt zu sehen. Ein Bühnenklassiker als Trailer-Clip! Im Januar 1999 hatte Christian Rouet, der Chef der Entwicklungsabteilung von George Lucas' Industrial Light & Magic, Kubrick öffentlich angeklagt, seine Dienste nur solange in Anspruch genommen zu haben, bis es dem monomanen Regisseur gelungen sei, die Software von ILM zu knacken. Die *Post-Production* jedenfalls führte Kubrick in eigener Regie durch, strengte zwischendurch noch einen Prozeß gegen die satirische Zeitschrift *Punch* an, die ihn ein halbes Jahr zuvor einen „manischen Verrückten" genannt hatte, und schließlich setzte er einen neuen Starttermin fest: 15. September 1999. Das alles mochte vieles zugleich sein: höchst geschickt lancierte Publicity, die aus Kubricks Untugend der Termin-Überziehung wenigstens einen Werbegewinn zu holen verstand; ein wenig Dampf, der aus einem Kessel neurotischer Klaustrophobie entweichen mußte; Kubricks Kunst der Inszenierung nicht nur vor der Kamera; Ausdruck einer nach wie vor puritanischen Öffentlichkeit, die einen erotischen Skandal unter dem Signum der großen Kunst witterte (zumindest die amerikanische Version mußte dann die kühnen Erwartungen enttäuschen). Und dann? Wieder waren Kritik und Publikum höchst gespalten. Nur daß EYES WIDE SHUT auch auf Ablehnung einstiger Bewunder traf. Ob Kubrick ein „erstaunlich moderner" Film gelungen sei, wie es in *Il Manifesto* hieß, oder ob es sich, wie Andreas Kilb in der *Zeit* schrieb, um „ein grandioses Fossil, das aus unvordenklicher Ferne ins Kino der neunziger Jahre gespült wurde", handelte, ob nur die psychologischen und darstellerischen Parforce-Szenen oder im Gegenteil die abstrakten, ort- und zeitlosen Traumszenen überleben, wird sich zeigen. „Mittlerweile haben sich doch die Beziehungen zwischen Männern und Frauen geändert", meinte Frederic Raphael, der so gern den Stoff ein wenig modernisiert hätte, aber von Kubrick immer wieder auf die Treue zu Arthur Schnitzler verpflichtet, ja verdammt wurde. „Glaubst du? Ich nicht!" war Kubricks Antwort. Der kleine Dialog ist so gemein wie alle Kubrick-Filme. Glauben wir, daß der Mensch sich verändern könne, mehr als ein wenig Sex, Macht und Tod, Dame, König, Pferd hin- und herzuschieben in der Lage sein wird? Mehr als dem Körper Dinge entreißen zu können, und dem Geist Maschinen? Wieder hat Kubrick einen Menschen in der Revolte gezeigt. Nicht bloß einen, der vor Eifersucht halb verrückt ist. Sondern einen, der das Verbotene erblickt hat. Was es ist? Oh, gewiß nicht die makellosen nackten Körper, die Kubrick mit Bedacht in kleinen Momenten der Entweihung zeigt. Eine Nicole Kidman auf der Klobrille oder Kopulationen der Maskierten, die eher an den Slapstick-Koitus von A CLOCKWORK ORANGE erinnern. Nicht Sexualität ist der Skandal von EYES WIDE SHUT, sondern die Idee des Sub-

jekts darin. Je größer die Sehnsucht nach Einheit, desto größer der Bruch. Und der größte Genuß bleibt einmal mehr der größten Korruption vorbehalten.

Müßte die Liebe traumlos sein? Unsere populäre Mythologie behilft sich damit, daß sie nur den Traum von Liebe zuläßt. In EYES WIDE SHUT gibt es keinen der melodramatischen Gründe, die die Liebe als verhinderte retten. Aber vielleicht ist es gar kein Widerspruch. Kubrick, der Künstler, hat immer „gegen die Zeit" gearbeitet, seine Kunst machte das Kino zur wahren Zeitmaschine. EYES WIDE SHUT ist, der Tod Stanley Kubricks nach Abschluß dieser Arbeit mag es allzu melodramatisch betonen, auch ein „Tod in New York". Die Spur des Begehrens führt in den Tod, vielleicht. Dr. Harford (wir wissen: Stanley Kubrick verlangte von seinem Drehbuchautor einen Namen, der irgendwie nach „Harrison Ford" klingen sollte, und heraus kam ein Name, der verdächtig nach Kubricks Wohnsitz Hertfordshire klingt) folgt seinem erotischen Traum, der Lust des Sehens und der Qual des Begehrens, wie einem fragmentierten Tadzio-Bild. Aber Bill Harford stirbt nicht, er wird „wiedergeboren", als notwendige Trivialität. Lucchino Viscontis Film MORTE A VENEZIA (Der Tod in Venedig 1970) hat Kubrick verabscheut. (Versuchen wir nicht, zwischen beiden zu vermitteln!) Er hat die transgressiven Szenen, alles, was an *gender crossing* und Homosexualität erinnert, aus der Oberfläche seines Films getilgt. Es ist, wie bei allem, was Kubrick an Offensichtlichem in seiner Arbeit immer wieder geschnitten hat, dennoch nicht verschwunden. Der apollinische Mensch, der Mensch auf der Suche nach dem Modell, taucht in seinen dionysischen Untergrund, und ihm wird klar, daß er da alles und nichts verloren hat. Wie Fellinis CASANOVA am Ende nur mit einer weiblichen Puppe glücklich werden kann, traurig-apollinisch glücklich immer-

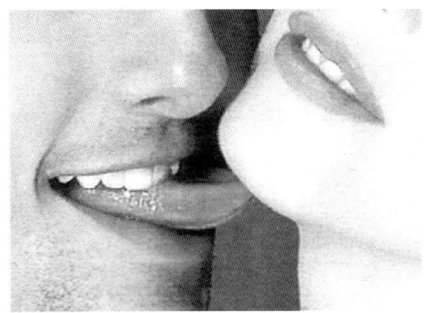 

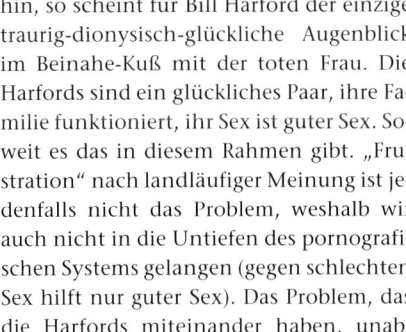

hin, so scheint für Bill Harford der einzige traurig-dionysisch-glückliche Augenblick im Beinahe-Kuß mit der toten Frau. Die Harfords sind ein glückliches Paar, ihre Familie funktioniert, ihr Sex ist guter Sex. Soweit es das in diesem Rahmen gibt. „Frustration" nach landläufiger Meinung ist jedenfalls nicht das Problem, weshalb wir auch nicht in die Untiefen des pornografischen Systems gelangen (gegen schlechten Sex hilft nur guter Sex). Das Problem, das die Harfords miteinander haben, unab-

hängig von ihren persönlichen Schwächen und Ängsten, unabhängig von *Fear and Desire,* ist nicht psychologisch. Es ist philosophisch. Kubrick stellt nicht die Frage, warum eine Beziehung nicht oder dann doch funktioniert, er stellt die Frage: Was ist die Liebe? Und hat in Schnitzler einen idealen Komplizen. Ach was: Einen Doppelgänger. EYES WIDE SHUT ist eine Einladung und eine Falle für die Post-Psychoanalyse. Der erste Film, in dem Lacan sich heillos verirren würde. Oder, wie man so sagt, zu sich kommen könnte.

Anhang

Verzeichnis der im Text zitierten Quellen

Herbert Achternbusch: Dumm – dümmer – Kino. In: *Süddeutsche Zeitung*. Nr. 62 vom 16. März. München 1999

Ken Adam zitiert nach Jürgen Berger (Hg.): Production Design: Ken Adam. München 1994

Gian Piero Brunetta: Stanley Kubrick: Odyssee im Kino. In: Jürgen E. Müller/Markus Vorauer (Hg.): Blick-Wechsel. Tendenzen im Spielfilm der 70er und 80er Jahre. Münster 1993.

Vinzenz B. Burg: Autor und Text. Zur neueren Filmtheorie. In: Hans Günther Pflaum: *Jahrbuch Film* 78/79. München 1978

Michel Ciment: Kubrick. München 1982.

Michael R. Collings: Stephen King und seine Filme. München 1987

Martje Grohmann: Kubrick zelebriert den Horror. In: *Süddeutsche Zeitung* vom 4./5. Oktober. München 1980

Pauline Kael: Stanley Strangelove. In: *New Yorker*, Vol 47, Nr. 46. New York 1972

Stuart M. Kaminsky: American Film-Genres. Approaches to a Critical Theory of Popular Film. New York 1974

Andreas Kilb: Armee der Schatten. Stanley Kubricks Vietnam-Film FULL METAL JACKET. In: *Die Zeit* Nr. 42. Hamburg 1987

Kay Kirchmann: Stanley Kubrick: Das Schweigen der Bilder. Marburg 1996

Thomas Kliche: Stanley Kubrick. In: *Film Forum* Nr. 2. Berlin 1999

Werner Kließ: 2001 – ODYSSEE IM WELTRAUM. In: *Film*, Nr. 8. Velber 1968

Theodor Kotulla: Wege zum Ruhm. In: *Filmkritik*, Nr. 12. München 1957

Dieter Krusche: Reclams Filmlexikon. Stuttgart 1973

Emanuela Martini: Un film, un genere. In: *Film TV*, Nr. 11. Mailand 1999

Maitland McDonagh: Die Exploitation-Generation. In: Alexander Horvath (Hg): The Last American Picture Show. New Hollywood 1967 – 1976. Wien 1995

Uwe Nettelbeck: DR. STRANGELOVE. In: *Filmkritik*, Nr. 5. München 1964

Thomas Rabby: A CLOCKWORK ORANGE. In: Norbert Stresau (Hg.): Enzyklopädie des phantastischen Films. Meitingen 1986 ff.

Stefan Reinecke: Hollywood goes Vietnam. Der Vietnamkrieg im US-amerikanischen Film. Marburg 1993

Kurt Scheel: Ich & John Wayne. Lichtspiele. Berlin 1998

David Schow: Return of the Curse of the Son of Mr. King, Book Two. In : *Whispers* Nr. 17/18, zit. nach Collings

Markus Sieber: SPARTACUS. In: *Zoom*, Nr. 18. Zürich/Bern 1978

Richard Stradner: Weltraumperspektive. Zum Tod von Stanley Kubrick. In: *Freitag*, Nr. 11. Berlin 1999

Günter Peter Straschek: Handbuch wider das Kino. Frankfurt/M 1975

Reinhold E. Thiel: Lolita. In: *Filmkritik*, Nr. 8. München 1962

Kristin Thompson, David Bordwell: Space and Narrative in the Films of Ozu. In: *Screen*, Vol. 17. Nr. 2

Willi Winkler: Augen auf, Mund zu. Aus dem Nachlaß von Stanley Kubrick. In: *Süddeutsche Zeitung*, Nr. 72. München 1999

Bibliographie

Bücher

John Baxter: Stanley Kubrick: A Biography. Carrol & Graf, 1997

Piers Bizony: 2001 – filming the future. London Aurum 1994

Michel Ciment: Kubrick. Calmann-Levy, Paris 1980. Englisch: Holt, Rinehart and Winston, New York 1983. Deutsch: Bahia, München 1982

Wallace Coyle: Stanley Kubrick: A Guide to References and Resources. G. K. Hall & Co., Boston/London 1980

Rainer Crone/Petrus Graf Schaesberg (Hg.): Stanley Kubrick – Still moving picture.s Fotografien 1945-1950. Regensburg 1999

Daniel DeVries: The Films of Stanley Kubrick. William B. Eerdman, Grand Rapids, Michigan 1973

Mario Falsetto: Stanley Kubrick: A Narrative and Stylistic Analysis. 1994

Mario Falsetto: Perspectives on Stanley Kubrick. 1996

Enrico Ghezzi: Stanley Kubrick. La Nuova Italia, Il castoro cinema Bd. 38, Florenz 1977

James Howard: Stanley Kubrick Companion. 1999

Peter W. Jansen, Wolfram Schütte (Hrsg.): Stanley Kubrick. Hanser, Reihe Film Bd.18, München 1984

Greg Jenkins: Stanley Kubrick and the Art of Adaptation: Three Novels, Three Films. 1997

Norman Kagan: The Cinema of Stanley Kubrick. Holt, Rinehart and Winston, New York 1972. Französisch: Le Cinéma de Stanley Kubrick. L'Age d'Homme, Coll. Cinéma vivant, Lausanne 1979

Kay Kirchmann: Stanley Kubrick. Das Schweigen der Bilder. Hitzeroth, Aufblende, Schriften zum Film Bd. 6, Marburg 1995

Barry Krusch: Ideas. CD-ROM. 1998

Vincent LoBrutto: Stanley Kubrick: A Biography. 1997

James Monaco: Kubrick. The New School Department of Film, Zoetrope 7, New York 1974

Luis M. Garcia Mainar, Reingard Nischik (Hrsg.): Narrative and Stylistic Patterns in the Films of Stanley Kubrick. European Studies in Humanities. 1999

Thomas Allen Nelson: Kubrick: Inside a Film Artist's Maze. Indiana University Press, Bloomington 1982. Deutsch: Wilhelm Heyne Verlag, Heyne Filmbibliothek Nr.64, München 1984

Gene D. Phillips: Stanley Kubrick. A Film Odyssey. Popular Library, New York 1975/1977

Horst Schäfer (Red.): Materialien zu den Filmen von Stanley Kubrick. filmforum, Duisburg 1975

Joachim Steffen (Red.): Stanley Kubrick. Arbeitskreis Kino, Lübeck 1978

Sergio Toffetti: Stanley Kubrick. Moizzi, Contemporanea cinema Bd. 12, Mailand 1978. Deutsch: Klaus Guhl, Reihe kino heute Bd. 3, Berlin-West 1979

Alexander Walker: Stanley Kubrick directs. Harcourt Brace Jovanovich, New York 1971/1973. Deutsch (erweiterte Ausgabe): Stanley Kubrick. Die Biographie. Henschel, Berlin 1999

Kubrick Multimedia Film Guide. Patrick J. Larkin, Lehigh University: http://www.indelibleinc.com/kubric

Internetseiten

http://www.lehigh.edu/~pjl2/kubrick.html

http://www.indelibleinc.com/kubrick

http://search.excite.com/relocate/sr=webresult|ss=+kubrick|id=168

http://pages.prodigy.com/kubrick/

http://www.krusch.com/kubrick/kubrick.html

http://www.kubrick.dk/

http://www.krusch.com/kubrick/
http://pubweb.acns.nwu.edu/~mdk899/
   overlook.html
http://www.doc-h.demon.co.uk/shining.
   htm

Aufsätze und Kritiken (allgemein):
Michael Althen: Die unsägliche Lust des
   Schauens. Stanley Kubrick stirbt im Al-
   ter von 70 Jahren – vier Monate vor dem
   Start von EYES WIDE SHUT. In: Südeutsche
   Zeitung 9.3. 1999
Alfred Appel Jr.: The Eyehole of Know-
   ledge. Voyeuristic Games in Film and Li-
   terature. In: Film Comment 3/1973
Roy Armes: A Critical History of the British
   Cinema. Oxford University Press, New
   York 1978, S.293-299
Olivier Assayas: La ligne de fuite perdue. In:
   Cahiers du Cinéma 337/1982
Robin Bean: How I learned to stop worry-
   ing and love the cinema. In: Films and
   Filming, Juni 1963 (Interview)
Jürgen Berger (Hrsg.): Production Design:
   Ken Adam. Meisterwerke der Filmarchi-
   tektur. München 1994
Jeremy Bernstein: Profiles: How About a
   Little Game? In: The New Yorker
   12.11.1966
Freddy Buache: Le cinéma anglais, autour
   de Kubrick et Losey. L'Age d'homme,
   Lausanne 1978, S. 303-312
Jackson Burgess: The Antimilitarism of
   Stanley Kubrick. In: Film Quarterly
   1/1964
Mark Carducci: In Search of Stanley Ku-
   brick. In: Millimeter 12/1975
Allan Casebier: Film Appreciation. Jovano-
   vich, New York 1976, S. 106-110
René Chateau: Entretien avec Dalton
   Trumbo. In: Positif 64-65/1964 (Inter-
   view mit Trumbo)
Michel Ciment: De „James Bond" à „Barry
   Lyndon". Entretien avec Ken Adam. In:
   Positif 191/1977. Deutsch in: Michel Ci-
   ment: Kubrick. München 1982, S.
   205-211 (Interview mit Adam)

Michel Ciment: Entre raison et passion. In:
   Positif 186/1976. Deutsch in: Michel Ci-
   ment: Kubrick. München 1982,
   S. 58-123
Michel Ciment: Entretien avec James B.
   Harris. In: Positif 158/1974. Deutsch in:
   Michel Ciment: Kubrick. München
   1982,S. 201-202
Michel Ciment, Bertrand Tavernier: Entre-
   tien avec Kirk Douglas. In: Positif
   112/1970 (Interview)
Michel Ciment: L'Odyssée de Stanley Ku-
   brick. In: Positif 98/1968. Deutsch in:
   Michel Ciment: Kubrick. München
   1982, S.33
Close Up – Storie della visione Nr. 7, Juli
   1999 – Beiträge von Serafino Murri, Ro-
   berta Ascarelli, Marcello Walter Bruno,
   Geffredo Fofi, Plinio Perilli, Kent Jones.
Claude Michel Cluny in: Cinéma 266/1981
   (Buchrezension)
Claude Michel Cluny: Stanley Kubrick. In:
   Dossiers du cinéma. Cinéastes II. Caster-
   man, Tournai 1974, S.129-132
Jean-Pierre Coursodon, Bertrand Tavernier:
   Trente ans de cinéma américain. CIB,
   Paris 1970, S.216-21
Peter Cowie: 50 Major Film Makers. Tan-
   tivy Press, London 1973, S.143-146
Peter Cowie: Stanley Kubrick. In: Interna-
   tional Film Guide 1965. A. S. Barnes,
   New York/Tantivy Press, London 1965,
   S. 26-29
Harriett and Irving Deer: Kubrick and the
   Structures of Popular Culture. In: Jour-
   nal of Popular Film 3/1974
Christian Descamp in: Cahiers du Cinéma
   319/1981 (Buchrezension)
Jean-Philippe Domecq in: Positif 239/1981
   (Buchrezension)
Jack Ellis: A History of Film. Prentice-Hall,
   Englewood Cliffs, N.J. 1979, S.268-373
M. Etten: Weltbilder für´s 20. Jahrhundert.
   Zum 60. Geburtstag von Stanley Ku-
   brick. In: film-dienst 14/1988

Helmut Färber: Regisseur-Biographie: Stanley Kubrick. Bundesarbeitsgemeinschaft der Jugendfilmclubs, Aachen 1964

Hans Feldmann: Kubrick and His Discontents. In: Film Quarterly 1/1976

Jacques Fieschi in: Cinématographe 64/1981 (Buchrezension)

Joseph Gelmis: The Film Director as Superstar. Doubleday, New York 1970/Secker & Warburg, London 1971, S. 293-316 (Interview)

Jörg Gerle: „Schöne Musik". Die Musik zu Stanley Kubricks Filmen. In: film-dienst 7/1999

Jean-Luc Godard: Kubrick, Stanley. In: Cahiers du Cinéma 150-151/1963. Deutsch in: Godard/Kritiker. Hanser, München 1971, S. 159

Ulrich Gregor: Geschichte des Films ab 1960. C. Bertelsmann, München 1978, S. 459-463

Raymond Haine: Bonjour Monsieur Kubrick. In: Cahiers du Cinéma 73/1957 (Interview)

Curtis Lee Hanson: War: James B. Harris. In: Cinema (Berkeley) 1/1965 (Interview)

Peter Hasenberg: Stanley Kubrick, der Moralist mit dem Perfektionsfanatismus. In: film-dienst 16/1978

Klaus Hellwig: Die Reise in Zeit und Raum. In: Kirche und Film 6/1969

Stanley Hochman (Hrsg.): A Library of Film Criticism. American Film Directors. Ungar, New York 1974, S. 231-239

John Hofsess: Mind's Eye. In: Take One 5/1971 (Interview)

Penelope Houston: Kubrick Country. In: Saturday Review 25.12.1971 (Interview); The Times 8.1.1972 (Interview)

Roger Hudson: Putting the magic in it. In: Sight and Sound 2/1966 (Interview mit Anthony Harvey)

Roger Hudson: Three Designers. In: Sight and Sound 1/1964-65 (Interview mit Ken Adam)

Robert Johnson: Kubrick's Obsession. In: Screen Education 27/1965

Konrad Karkosch: Stanley Kubrick. In: Film-Revue 24/1960

Andreas Kilb: Der Herr des Auges. Zum Tode des Filmregisseurs Stanley Kubrick. In: Die Zeit 11.3.1999

Kay Kirchmann: The Eye is Shut. Zum Tode von Stanley Kubrick. In: Der Schnitt 2/99

Robert Phillip Kolker: A Cinema of Loneliness. Penn, Kubrick, Coppola, Scorsese, Altman. Oxford University Press, New York 1980, S.69-138

Richard Koszarski (Hrg.): Hollywood Directors 1941-1976. Oxford University Press, Oxford/London/New York 1977, S. 306-309 (Text von Kubrick)

Daniel Kothenschulte: Das unbekannte Meisterwerk. Zum Tode von Stanley Kubrick. In: film-dienst 7/1999

Dieter Krusche: Wie ich lernte, den Film zu lieben. In: Frankfurter Rundschau 28.3.1964

Stanley Kubrick: How I Learned To Stop Worrying and Love Cinema. In: Films and Filming 9/1963

Stanley Kubrick: Words and Movies. In: Sight and Sound 1/1961

William Kuhns: Movies in America. Pflaum, New York 1971, S. 226-229

Hans-Thies Lehmann: Die Raumfabrik - Mythos im Kino und Kinomythos. In: Karl Heinz Bohrer (Hrg.): Mythos und Moderne. Suhrkamp, edition suhrkamp Bd.1144, Frankfurt am Main 1983, S. 572-609

Gérard Lenne: Le Cinéma „fantastique" et ses mythologies. Editions du Cerf, Paris 1970

Wolfgang Limmer: Ein Exzentriker der Perfektion. In: Süddeutsche Zeitung 21.7.1972

Gérald Mast: A Short History of the Movies. Bobbs-Merrill, Indianapolis 1976, S. 492-495

W. H. Matthews: Mazes and Labyrinths: Their History and Development. Longmans, Green and Co., London 1922

Matthias Matussek: Augen weit geöffnet! In: Der Spiegel 11/1999

Marco Meier: Echt oder falsch? – Kubrick im Cyberspace. In: Weltwoche 16.4.199

Tom Milne: How I Learned to Stop Worrying and Love Stanley Kubrick. In: Sight and Sound 2/1964

Vicente Molina-Foix: Entretien avec Stanley Kubrick. In: Cahiers du Cinéma 319/1981 (Interview)

James Monaco: Why Still Photographers Make Great Directors. In: The Village Voice 22.12.1975

Patricia Moraz: Il faut courir le risque de subtilité. In: Le Monde 23.10.1980 (Interview)

Ken Moskowitz: Clockwork Violence. In: Sight and Sound 1/1976

Robin Noble: Killers, Kisses and Lolita. In: Films and Filming 3/1960

Eric Norden: Stanley Kubrick. In: Playboy, September 1968 (Interview)

William Parrill: Stanley Kubrick. In: John R. May, Michael Bird (Hrsg.): Religion in Film. University of Tennessee Press, Knoxville 1982, S. 189-195

Gene D. Phillips: Kubrick. „Killer's Kiss", „The Killing" and film noir. In: American Classic Screen 1/1980

Gene D. Phillips: Kubrick. In: Film Comment 4/1971 (Interview)

Gene D. Phillips: The Movie Makers: Artists in an Industry. Nelson-Hall, Chicago 1973, S. 114-131

James Price: Stanley Kubrick's Divided World. In: London Magazine 2/1964

Maurice Rapf: Kubrick. In: Action 1/1969 (Interview)

David M. Rorvik: As Man Becomes Machine. Abacus, London 1975

Lee Russell: Stanley Kubrick. In: New Left Review 26/1964

F. Russo: Intervista con Stanley Kubrick. In: La Fiera del Cinema 1/1961 (Interview)

Paolo Santarcangeli: Le livres des labyrinthes. Gallimard, Paris 1974

Andrew Sarris: The American Cinema. In: Film Culture 28/1963

Richard Schickel: Art Was His Fragile Fortress. In: New York Times 22.3.1999

Josef Schneider: „Ich würde liebend gerne mehr Filme machen!" Interview mit dem versteckten Starregisseur Stanley Kubrick über Abgeschiedenheit, Mythen und Produktivität. In: Die Weltwoche 29.7.1993

Georg Seeßlen: Lauter letzte Filme. Das Kino des Stanley Kubrick. In: epd Film 5/1999

Michel Sineux: Maestro, musique! Image et son dans le cinéma de Stanley Kubrick. In: Positif 186/1976

Michel Sineux: La symphonie Kubrick. In: Positif 239/1981

Franz-Josef Spieker: Stanley Kubrick, Jahrgang 28. In: F - Film 1/1958

Joanne Stang: Film Fan to Film Maker. In: The New York Times Magazine 12.10.1958

Philip Strick, Penelope Houston: Interview with Stanley Kubrick. In: Sight and Sound 2/1972

John Russell Taylor: Directors and Directions: Cinema for the Seventies. Eyre Methuen, London 1975, S. 100-135

J. M. Thie: Filme als sinnliches Kalkül. In: Filmbeobachter 19/1980

Karin Thimm: Wege zum (Film-)Ruhm. In: Abendzeitung (München) 16.11.1957

Bob Thomas (Hrg.): Directors in action. Bobbs Merril, New York 1973 (Interview)

Lyn Tornabene: Contradicting the Hollywood Image. In: Saturday Review 28.12.1963

Adrian Turner: Doomwatcher. In: The Movie (London) 79/1981

Renaud Walter: Entretien avec Stanley Kubrick. In: Positif 100-101/1968 (Interview)

Robin Wood: Stanley Kubrick. In: Richard
Roud (Hrsg.): Cinema: A Critical Dictio-
nary. Secker & Warburg, London 1980,
S. 560-565
Basil Wright: The Long View. Secker &
Warburg, London 1974, S. 670-67

Colin Young: The Hollywood War of Inde-
pendence. In: Film Quarterly 3/1959
Jacques Zimmer in: Image et Son 359/1981
(Buchrezension)
Personality of the Month: Stanley Kubrick.
In: Films and Filming 12/1956

Die Filme

1950 – DAY OF THE FIGHT
Regie: Kubrick – Buch: Kubrick, Robert Rein
– Kamera: Kubrick – Schnitt: Kubrick, Julian
Bergman – Musik: Gerald Fried – Ton: Ku-
brick – Kommentar: Robert Rein – Sprecher:
Douglas Edwards – Darsteller: Walter Car-
tier, Vincent Cartier, Nate Fleischer – Pro-
duktion: Kubrick, Jay Bonafield, USA 1950 –
Länge: 16 Min. – Format: 16mm, Schwarz-
weiß – Verleih: (R.K.O. Radio) British Film
Institute, London
Der Film wurde in Deutschland nicht ver-
liehen.

Bibliographie
Monthly Film Bulletin 563/1980

1951 – FLYING PADRE
Regie: Kubrick – Buch: Kubrick – Kamera:
Kubrick – Schnitt: Kubrick, Isaac Kleiner-
man – Musik: Nathaniel Shilkret – Ton: Kubrick, Harold R. Vivian – Sprecher: Bob Hite
– Produktion: Kubrick, Burton Benjamin für
die Serie „Screenliner", USA 1951 – Länge: 9
Min. – Format: 16mm, Schwarzweiß – Verleih: (R.K.O. Radio/Pathé)
Der Film wurde in Deutschland nicht verliehen.

Bibliographie
Monthly Film Bulletin 563/1980

1952/53 – THE SEAFARERS
Regie: Kubrick – Buch: Will Chasen – Kamera: Kubrick – Schnitt: Kubrick – Sprecher:
Dan Hollenbeck – Produktion: Lester Coo-
per für Seafarers International Union, At-

lantic and Gulf Coast District (AFL), USA
1953 – Länge: 30 Min. –
Format: 16mm, Farbe
Der Film wurde in Deutschland nicht verliehen.

1953/53 – FEAR AND DESIRE
Regie: Kubrick – Drehbuch: Kubrick, Ho-
ward O. Sackler, nach einem Entwurf von
Howard O. Sackler – Kamera: Kubrick –
Schnitt: Kubrick – Musik: Gerald Fried –
Sprecher: David Allen – Dialogregie: Toba
Kubrick – Regie-Assistent: Steve Hahn, Bob
Dierks – Bauten: Herbert Leovitz – Darstel-
ler: Frank Silvera (Mac), Kenneth Harp
(Lieutenant Corby/der General), Virginia
Leith (das Mädchen), Paul Mazursky (Sid-
ney), Steve Coit (Fletcher/Adjudant des Ge-
nerals) – Produktion: Kubrick, Howard O.
Sackler, Martin Perveler für Stanley Kubrick
Productions Ltd., USA 1952/53 – Länge: 68
Min. – Format: 35mm, Schwarzweiß – Ur-
aufführung: 29.3.1953, New York – Verleih:
(Joseph Burstyn Inc.)
Der Film wurde in Deutschland nicht ver-
liehen.

Bibliographie:
Modern Photography, September 1953 –
Motion Picture Herald 4.4.1953 – The New
York Herald Tribune 1.4.1953 – The New
York Times 1.4.1953 – The New Yorker
11.4.1953 – Newsweek 13.4.1953 – Theatre
Arts 5/1953 – Time 3.4.1953 – Variety
1.4.1953

1955 – KILLER'S KISS
(Der Tiger von New York)
Regie: Kubrick – Drehbuch: Kubrick, Howard O. Sackler – Kamera: Kubrick – Schnitt: Kubrick – Musik: Gerald Fried – Choreographie: David Vaughan – Darsteller: Frank Silvera (Vincent Rapallo), Jamie Smith (Davy Gordon), Irene Kane (Gloria Price), Jerry Jarret (Albert, Manager), Ruth Sobotka (Iris, Tänzerin), Mike Dana, Felice Orlandi, Ralph Roberts, Phil Stevenson (Gangster), Julius Adelman (Besitzer der Schaufensterpuppen-Fabrik), David Vaugham, Alec Rubin (Versammlungsteilnehmer) – Produktion: Kubrick, Morris Bousel für Minotaur Productions, USA 1955 – Länge: 67 Min. – Format: 35mm, Schwarzweiß – Uraufführung: 28.9.1955, New York – Deutsche Erstaufführung 12.12.1958 – FSK: ab 16, nffr. – Verleih: United Artists; (Lehmacher)
Der Film wurde 1959 bei den Filmfestspielen von Locarno mit dem „Goldenen Leoparden" ausgezeichnet.

Bibliographie
American Classic Screen 1/1980 – Cahiers du Cinéma 135/1962 – Evangelischer Film-Beobachter 165/1959 – Film Daily 29.9.1955 – film-dienst 1.1.1959 (fd-Nr. 7673) – Filmkritik 4/1959 – Monthly Film Bulletin 266/1956 – Positif 100-101/1968 – Sight and Sound 1/1956, 4/1956 – Spielfilme im Deutschen Fernsehen 1968/69 – Süddeutsche Zeitung 25.4.1959, 15.11.1969 – Variety 21.9.1955, 29.9.1955

1955/56 – THE KILLING
(Die Rechnung ging nicht auf/Killing)
Regie: Kubrick – Drehbuch: Kubrick, nach dem Roman „Clean Break" von Lionel White – Dialoge: Jim Thompson – Kamera: Lucien Ballard – Schnitt: Betty Steinberg – Musik: Gerald Fried – Ton: Earl Snyder – Ausstattung: Ruth Sobotka-Kubrick – Kostüme: Rudy Harrington – Regie-Assistent: Alexander Singer (auch Regisseur des zweiten Aufnahmeteams) – Darsteller: Sterling Heyden (Johnny Clay), Coleen Gray (Fay), Vince Edwards (Val Cannon), Jay C. Flippen (Marvin Unger), Marie Windsor (Sherry Peatty), Elisha Cook (George Peatty), Ted De Corsia (Randy Kennan), Joe Sawyer (Mike O'Reilly), Timothy Carey (Nikki Arane), Kola Kwarian (Maurice), James Edwards (Parkplatzwächter), Jay Adler (Leo), Joseph Turkel (Tiny), Tito Vuolo, Cecil Elliott, Dorothy Adams, Herbert Ellis, James Griffith, Steve Mitchell, Pary Carroll, William Benedict, Charles R. Cane, Robert B. Walling – Produktionsleitung: Clarence Eurist – Produktion: James B. Harris für Harris-Kubrick Productions, USA 1955/56 – Länge: 84 Min. – Format: 35mm, Schwarzweiß – Uraufführung 20.5.1956, New York – Deutsche Erstaufführung 27.11.1956 – FSK: ab 18, nffr. – FBW: wertvoll – Verleih: 35mm: United Artists

Bibliographie:
Literarische Vorlage:
Lionel White: Clean Break. E.P. Dutton, New York 1955
Aufsätze und Kritiken:
Danny Peary: Cult Movies. The Classics, the Sleepers, the Weird, and the Wonderful. Delta, New York 1981, S.175-179
Zeitschriften und Zeitungen:
American Classic Screen 1/1980 – Atlas Filmheft Nr. 72 – Besprechungsunterlage der BAG, Aachen 1966 – Cahiers du Cinéma 80/1958 – Cinéma 25/1958 – Evangelischer Film-Beobachter 8/1957 – Film (Velber) 6/1966 – Film Culture 3/1956, 9/1956 – film-dienst 13.12.1956 (fd-Nr. 5484) – Filmkritik 2/1957 – Films and Filming 9/1956, 12/1956 – Frankfurter Allgemeine 19.1.1957, 6.8.1966 – Frankfurter Rundschau 10.5.1969 – Image et Son 109/1958 – Illustrierte Film-Bühne Nr. 3436 – Kölner Stadt-Anzeiger 28.11.1956 – Monthly Film Bulletin 271/1956 – New York Herald Tribune 21.5.1956 – The New York Times 21.5.1956 – Newsweek 18.6.1956 – Il Ponte 6/1956 – Positif 21/1957, 29/1958 – Sight

and Sound 2/1956, 3/1956 – Spielfilme im Deutschen Fernsehen 1968/69 – Stuttgarter Zeitung 10.6.1966 – Süddeutsche Zeitung 23.5.1966 – Der Tagesspiegel 21.12.1956 – Téléciné 73/1958 – Time 4.6.1956 – Variety 23.5.1956 – Die Welt 21.12.1956

**1957/58 – PATHS OF GLORY
(Wege zum Ruhm)**
Regie: Kubrick – Drehbuch: Kubrick, Calder Willingham, Jim Thompson, nach dem Roman von Humphrey Cobb – Kamera: Georg Krause, Hannes Staudinger – Schnitt: Eva Kroll – Musik: Gerald Fried – Ton: Martin Müller – Bauten: Ludwig Reiber – Kostüme: Ilse Dubois – Regie-Assistent: Helmut Ringelmann, Dixie Sensburg, Franz-Josef Spieker, Peter H. Falke – Darsteller: Kirk Douglas (Colonel Dax), Ralph Meeker (Corporal Paris), Adolphe Menjou (General Broulard), George MacReady (General Mireau), Wayne Morris (Leutnant Roger), Richard Anderson (Major Saint-Auban), Joseph Turkel (Soldat Arnaud), Timothy Carey (Soldat Férol), Peter Capell (Vorsitzender des Kriegsgerichts), Susanne Christian (deutsches Mädchen), Bert Freed (Sergant Boulanger), Emile Meyer (Priester), John Stein (Captain Rousseau), Ken Dibbs (Soldat Lejeune), Jerry Hausner (Besitzer der Schenke), Harold Benedict (Captain Nichols), Frederic Bell (verwundeter Soldat) – Produktion: James B. Harris für Harris-Kubrick Productions/Bryna Productions, USA 1957 – Länge: 87 Min. – Format: 35mm, Schwarzweiß – Uraufführung 18.9.1957, München (für geladene Gäste); 25.10.1957; New Yorker Premiere: 25.12.1957 – FSK: ab 12, ffr. – FBW: wertvoll – Verleih: 35mm: United Artists – 16mm: UIP; Landesfilmdienst Hannover

Bibliographie:
Literarische Vorlage:
Humphrey Cobb: Paths of Glory. The Viking Press, New York 1935; Dell, 1957. Deutsch: Wege zum Ruhm. Scherz, Bern 1959

Aufsätze und Kritiken:
William Bayer: The Great Movies. Hamlyn, London/New York 173, S. 114-116
Burckhardt Heer: Wege zum Ruhm. Besprechungsunterlage der BAG, Aachen 1978
Robert Hughes: Film: Book 2. Films of Peace and War. Grove Press, New York 1962, S. 256
Gabriel Miller: Screening the Novel. Ungar, New York 1980, S. 116-142
Louis Seguin: Une critique dispersée. 10/18, Paris 1976, S. 89-94
Zeitschriften und Zeitungen:
Abendzeitung (München) 30.3.1957, 31.10.1978 – Bianco e Nero 4/1958 – Cinéma 27/1958, 194/1975, 198/1975 – Cinema Nuovo 126/1958 – Cinématographe 13/1975 – Ecran 36/1975 – L'Express 5.3.1959 – Evangelischer Filmbeobachter 783/1957 – Film Culture 2/1958 – film-dienst 14.11.1957 (fd-Nr.6371) – Filmbulletin 2/1970 – Filmcritica 84/1959 – Filmkritik 12/1957 – Films and Filming 2/1958, 5/1958 – Films in Review 1/1958 – Frankfurter Allgemeine 10.3.1958 – Illustrierte Film-Bühne Nr. 3973 – Image et Son 140-141/1961, 295/1975, 299/1975, 308/1976 – Jeune Cinéma 86/1975 – Monthly Film Bulletin 289/1958 – Münchner Merkur 22.11.1957 – Neue Zürcher Zeitung 9.5.1959 – The New York Times 26.12.1957 – The New Yorker 4.1.1958 – Newsweek 9.12.1957 – Le Nouvel Observateur 31.3.1975 – Positif 29/1958, 100-101/1968, 112/1970, 143/1972 – La Quinzaine Littéraire 1.9.1972 – La Revue du cinéma 295/1975, 308/1976 – Saturday Review 21.12.1957 – Sight and Sound 3/1957, 4/1957 – Der Spiegel 14.1.1959 – Stuttgarter Zeitung 29.7.1958 – Süddeutsche Zeitung 22.11.1957, 17.3.1972, 23.3.1973, 30.1.1981 – Der Tagesspiegel 22.6.1958 – Téléciné 198/1975 – Time 9.12.1957 – Variety 20.11.1957 – The Village Voice 12.2.1958 – Die Weltwoche 24.4.1970 – Zoom-Filmberater 5/1970

1959/60 – SPARTACUS (Spartacus)
Regie: Kubrick – Drehbuch: Dalton Trumbo, nach dem Roman von Howard Fast – Kamera: Russell Metty – Spezialaufnahmen: Clifford Stine – Regie des zweiten Aufnahmestabes: Irving Lerner – Schnitt: Robert Lawrence – Schnittassistenz: Robert Schultz, Fred Chulack – Musik und musikalische Leitung: Alex North – Assistierender Dirigent: Joseph E. Gershenson – Ton: Waldon O. Watson, Joe Lapis, Murray Spivack, Ronald Pierce – Ton-Schnitt: Arnold Schwarzwald – Production Design: Alexander Golitzin – Einleitungstitel und Spezialeffekte: Saul Bass – Bauten: Eric Orsom – Ausstattung: Russell A. Gausman, Julia Heron – Kostüme: Peruzzi, Valles, Bill Thomas – Maskenbildner: Bud Westmore – Frisuren: Larry Germain – Historische und technische Beratung: Vittorio Nino Novarese, Norman Deming – Regie-Assistent: Marshall Green – Darsteller: Kirk Douglas (Spartacus), Laurence Olivier (Marcus Crassus), Jean Simmons (Varinia), Charles Laughton (Gracchus), Peter Ustinov (Lentulus Batiatus), John Gavin (Julius Cäsar), Tony Curtis (Antonius), Nina Foch (Helena Glabrus), Herbert Lom (Tigranes), John Ireland (Crixus), John Dall (Glabrus), Charles McGraw (Marcellus), Joanna Barnes (Claudia), Harold J. Stone (David), Woody Strode (Draba), Peter Brocco (Ramon), Paul Lambert (Gannicus), Robert J. Wilke (Gardehauptmann), Nicholas Dennis (Dionysius), John Hoyt (römischer Offizier), Frederic Worlock (Laelius), Dayton Lummis (Symmachus), Jill Jarmin (Julia), Joe Haworth (Marius) – Herstellungsleitung: Kirk Douglas – Produktionsassistenz: Stan Margulies – Produktion: Edward Lewis für Bryna Productions, Inc., USA 1959/60 – Länge: 197 Min. – Format: 70mm, Super Technirama, Technicolor – Uraufführung 5.10.1960, New York – Deutsche Erstaufführung 16.12.1960 (DDR: 18.3.1966) – FSK: ab 16, ffr. (Video: ab 12) – FBW: wertvoll – Verleih: 70mm: Amazonas (restaurierte Fassung); UIP (alte Fassung); CIC (neue Fassung) – Video: CIC – Filmmusik: MCAD Nr.10256 (40:30 Min.); Tsunami TCI Nr.0603 (79 19 Min.); SVC Nr.5994 (147:17 Min., 2 CDs in limitierter Ausgabe)
Die Regie des Films wurde von Anthony Mann begonnen und nach acht Drehtagen von Kubrick übernommen.
Die amerikanische Fassung wurde nach der Uraufführung vom Verleih Universal Pictures von 194 auf 184 Min. gekürzt. Die Länge der deutschen Fassung beträgt 193 Min.
1992 kam eine rekonstruierte, ungekürzte Originalfassung (OmdU) des Films in die Kinos.
Der Film erhielt 1960 vier Oscars für: Beste Kostüme (Bill Thomas, Valles), Bester Nebendarsteller (Peter Ustinov), Beste Ausstattung (Julia Heron, Alexander Golitzen, Eric Orbom, Russell A. Gausman), Beste Kameraführung (Russell Metty).

Bibliographie
Literarische Vorlage:
Howard Fast: Spartacus. Modern Library, New York 1951; Deutsch: Spartacus. Dietz, Berlin-DDR 1954; Rheinische Verlags Anstalt, Wiesbaden 1959 (als Taschenbuch rororo Bd. 4784)
Zeitschriften und Zeitungen:
American Cinematographer 1/1961 – ARD-Magazin 1/1986 – Cineaste 3/1974 – Cinéma 61/1961 – Deutsche Zeitung 21.12.1960 – epd Film 9/1992 – Esquire, März 1961 – Evangelischer Film-Beobachter 265/1961 – film-dienst 1/1961, 16/1992 (Nr.9 806 und Nr.24 628) – Film Quarterly 1/1960 – Filmkritik 1/1961 – Films and Filming 1/1961, 4/1961 – Films in Review 9/1960 – Filmspiegel (DDR) 15.6.1966 – Frankfurter Allgemeine Zeitung 19.12.1960 – Frankfurter Rundschau 17.12.1960 – Illustrierte Film-Bühne Nr. 5084 – Life 24.10.1960 – Monthly Film Bulletin 324/1961 – The New Republic 14.11.1960 – The New York Times 7.10.1960 – The New Yorker 13.10.1960 – Newsweek 9.3.1959, 17.10.1960 – Positif 43/1961, 45/1962, 64-65/1964, 112/1970 (Interview mit Kirk Douglas) – Présence du Cinéma 10/1962 – Saturday Review 12.10.1960 – Sight and Sound 1/1960, 4/1960 – Sonntag (DDR)

10.7.1966 – Stuttgarter Zeitung 7.12.1961 – Süddeutsche Zeitung 1.4.1961 – Der Tagesspiegel 13.4.1961 – tageszeitung 10.2.1990 – Téléciné 393/1961 – Variety 12.10.1960 – The Village Voice 13.10.1960 – Vorwärts 13.1.1961 – Die Welt 18.2.1961 – Zoom-Filmberater 18/1978

1962 – LOLITA (Lolita)
Regie: Kubrick – Drehbuch: Kubrick, nach dem Roman von Vladimir Nabokov – Kamera: Oswald Morris, Denys Coop – Schnitt: Anthony Harvey – Musik: Nelson Riddle, Bob Harris – Ton: Len Shilton – Mischung: H. L. Bird – Bauten: William Andrews, Sid Cain – Ausstattung: Andrew Low – Kostüme: Elsa Fennell – Regie-Assistent: René Dupont, Roy Millichip, John Danischewski – Regie des zweiten Aufnahmeteams: Dennis Stock – Darsteller: James Mason (Humbert Humbert), Sue Lyon (Lolita), Shelley Winters (Charlotte Haze), Peter Sellers (Clare Quilty), Diana Decker (Jean Farlow), Jerry Stovin (John Farlow), Suzanne Gibbs (Mona Farlow), Gary Cockrell (Dick, Lolitas Ehemann), Marianne Stone (Vivian Darkbloom), Cec Linder (Arzt), Lois Maxwell (Schwester Mary Lore), William Greene (Swine), C. Dernier Warren (Potts), Isobel Lucas (Louise), Maxine Holden (Pförtner im Krankenhaus), James Dyrenforth (Beale), Roberta Shore (Lorna), Eric Lane (Roy), Shirley Douglas (Mrs. Starch), Roland Brand (Bill), Colin Maitland (Charlie), Irvin Allen (Krankenpfleger), Marion Mathie (Miss Lebone), Craig Sams (Rex), John Harrison (Tom) – Produktionsleitung: Robert Sterne – Produktion: James B. Harris für Seven Arts Productions/A.A. Productions/Anya/Trans-World Pictures, Großbritannien 1960/61 – Länge: 154 Min. – Format: 35mm, Schwarzweiß – Uraufführung 12.6.1962, New York – Deutsche Erstaufführung 21.6.1962 – FSK: ab 18, nffr. – Fernsehausstrahlung: ARD 31.7.1983; ZDF 6.3.1987; TM 3, 23.9.1996; SW 3, 15.4.1999; N 3, 23.4.1999; ORB 18.4.1999 – Verleih: 35mm: Lupe; MGM – Filmmusik: Rhino Records Nr.R2 72841 (48:26 Min.)

Der Film wurde von November 1960 bis März 1961 in England und in Albany, New York, gedreht.

Bibliographie
Literarische Vorlage:
Vladimir Nabokov: Lolita. G.P. Putnam's Sons, New York 1955. Deutsch: Rowohlt, Reinbek 1959 (als Taschenbuch: rororo Bd.635)
Drehbuch:
Vladimir Nabokov: Lolita: A Screenplay. McGraw-Hill, New York 1974/1983
Aufsätze und Kritiken:
Jahrbuch IV der Filmkritik. Emsdetten 1964, S. 79-82, 366-368
Alfred Appel: The Annotated Lolita. McGraw-Hill, New York 1970
Alfred Appel: Nabokov's Dark Cinema. Oxford University Press, New York 1974, S. 228-245
Bandon French: The Celluloid Lolita: A Not-So-Crazy Quilt. In: Gerald Peary/Roger Shatzkin (Hrsg.): The Modern American Novel and the Movies. Ungar, New York 1978, S. 224-235
Pauline Kael: I Lost It At the Movies. Boston/Toronto 1965, S. 203-209
Vladimir Nabokov: Strong Opinions. McGraw-Hill, New York 1973
Karena Niehoff: Stimmt es – Stimmt es nicht? Herrenalb 1962, S. 215-218
Gerald Preary, Roger Shatzkin (Hrg.): The Modern American Novel and the Movies. Frederick Ungar, New York 1978, S. 224-235
Andrew Sarris (Hrg.): The Film. Indianapolis/New York 1968, S. 11-14
Alexander Walker: Sex in the Movies. Penguin, Harmondsworth, Middlesex 1968, S. 171-173
Zeitschriften und Zeitungen:
L´Arc 24/1964 – Cahiers du Cinéma 136/1962, 141/1963 – Cinéma 70/1962, 270/1981 – Cinématographe 67/1981 – Deutsche Zeitung 17.7.1962 – Esquire, September 1962 – Evangelischer Film-Beobachter 347/1962 – Film Comment 5/1973, 5/1974 – film-dienst 4.7.1962 (fd-Nr. 11

201) – Film Journal 21/1963 – Film Society Review, Oktober 1965 – Filmkritik 8/1962 – Films and Filming 2/1962, 11/1962 – Films in Review 7/1962 – Frankfurter Allgemeine Zeitung 7.7.1962 – Frankfurter Rundschau 23.6.1962 – Illustrierte Film-Bühne Nr. 6150 – Image et Son 159/1963 – Jugend und Film 9/1962 – Life 25.5.1962 – Monthly Film Bulletin 345/1962 – Neue Zürcher Zeitung 20.9.1962 – The New Republic 2.7.1962 – The New York Times 14.6.1962 – The New Yorker 23.6.1962 – Newsweek 18.6.1962 – Playboy, Januar 1964 (Interview mit Nabokov) – Positif 48/1962, 100-101/1968 – Sight and Sound 4/1960 (Interview), 4/1962 – Der Spiegel 6.6.1962 – Stuttgarter Zeitung 25.6.1962, 9.7.1962 – Süddeutsche Zeitung 26.6.1962 – Der Tagesspiegel 23.6.1962 – Time 10.10.1960, 22.6.1962 – Variety 13.6.1962 – The Village Voice 5.7.1962 – Die Welt 23.6.1962 – Die Zeit 29.6.1962

1963 – DR. STRANGELOVE, OR HOW I LEARNED TO STOP WORRYING AND LOVE THE BOMB (Dr. Seltsam oder Wie ich lernte, die Bombe zu lieben)

Regie: Kubrick – Drehbuch: Kubrick, Terry Southern, Peter George, nach dem Roman „Red Alert" von Peter George – Kamera: Gilbert Taylor, Kelvin Pike – Spezialaufnahmen: Wally Veevers – Schnitt: Anthony Harvey – Musik: Laurie Johnson – Lieder: „We'll Meet Again" von Lew Pollack und Erno Rapee, gesungen von Vera Lynn, sowie „Try a Little Tenderness"; „When Johnny Comes Marching Home"; „Riders in the Sky" – Ton: John Cox – Mischung: H. L. Bird – Production Design: Ken Adam – Bauten: Peter Murton – Titel: Pablo Ferro – Kostüme: Bridget Sellers – Luftfahrttechnische Fachberatung: Captain John Crewdson – Regie-Assistent: Eric Rattray – Darsteller: Peter Sellers (Captain Lionel Mandrake/Präsident Merkin Muffley/Dr. Strangelove), George C. Scott (General „Buck" Turgidson), Sterling Hayden (General Jack D. Ripper), Keenan Wynn (Colonel „Bat" Guano), Slim Pickens (Major T. J. „King" Kong), Peter Bull

(Botschafter De Sadesky), Tracy Reed (Miss Scott), James Earl Jones (Lieutenant Lothar Zogg), Jack Creley (Mr. Staines), Frank Berry (Lieutenant H. R. Dietrich, D.S.O.), Glenn Beck (Lieutenant W.D. Kivel, Navigator), Shane Rimmer (Captain G. A. „Ace" Owens, Copilot), Paul Tamarin (Lieutenant B. Goldberg, Funker), Gordon Tanner (General Faceman), Robert O'Neil (Admiral Randolph), Roy Stephens (Frank), Laurence Herder, John McCarthy, Hal Galili (Mitglieder der Verteidigungstruppe der Militärbasis Burpleson) – Produktionsleitung: Clifton Brandon – Produktion: Kubrick, Victor Lyndon für Hawk Films, Ltd. Großbritannien 1962/63 – Länge: 95 Min. – Format: 35mm, Schwarzweiß – Uraufführung 29.1.1964, New York und London – Deutsche Erstaufführung 10.4.1964 – FSK: ab 16, nffr. – FBW: wertvoll – Verleih: 35mm: Columbia – 16mm: BJF-Clubfilmothek; Landesfilmdienst Bayern, Berlin – Video: Columbia TriStar; Katholische Medienzentrale Stuttgart; Landesbildstelle Halle; Landesfilmdienst Bayern

Der Film wurde nach der Preview in New York am 3.12.1963 von Kubrick von 102 auf 95 Minuten gekürzt.

Bibliographie

Literarische Vorlage:
Peter George: Red Alert. Ace Books, New York 1958
Drehbuch:
Peter Bryant (= Peter George): Dr. Strangelove, Or: How I Learned to Stop Worrying and Love the Bomb. Bantham, New York 1963. Französisch: Dr. Folamour. France-Empire, Paris 1964
Film (München) 8/1964/25 (von Hans-Dieter Roos übersetztes Protokoll des Films)
Aufsätze und Kritiken:
ARD (Hrsg.): Spielfilme im Deutschen Fernsehen 1967/68, S. 64-65
William Bayer: The Great Movies. Hamlyn, London/New York 1973, S. 76-80
Julius Bellone (Hrsg.): Renaissance Of The Film. London 1970, S. 71-78

Jean-Louis Bory: Des yeux pour voir. Paris 1971, S. 244-250
Stuart Byron, Elisabeth Weis (Hrsg.): Movie Comedy. New York 1977, S. 179-183
Richard Corliss: Talking Pictures. Penguin, New York 1975, S. 348-352
Rolf Giesen: Science-Fiction. 30 Klassiker des SF-Kinos. Roloff & Seeßlen, Schondorf 1981, S. 53-54
Kenneth von Gunden, Stuart H. Stock: Twenty All-Time Science Fiction Films. Arlington House, New York 1982, S. 159-169
Stanley Kauffmann: A World on Film. New York 1966, S. 14-19
Dwight Macdonald: On Movies. Englewood Cliffs 1969, S. 189-293
Gerald Mast: The Comic Mind. Bobbs-Merrill, Indianapolis/New York 1973, S. 316-319
John E. O'Connor, Martin A. Jackson (Hrsg.): American History – American Film. Ungar, New York 1979, S. 219-235
Andrew Sarris: Confessions of a Cultist. New York 1970, S. 119-122
Jack G. Shaheen (Hrsg.): Nuclear War Films. Southern Illinois University Press, Carbondale/Edwardsville 1978, S. 58-67
John Simon: Private Screenings. New York 1967, S. 105-107
Ewald Streeb: Dr. Seltsam oder Wie ich lernte, die Bombe zu lieben. Besprechungsunterlage der BAG 1964, Aachen 1964
Lawrence Suid: Guts & Glory: The Great American War Movies. Addison Wesley, Reading, Mass. 1978, S. 190-195
William Wolf: Landmark Films. Paddington Press, New York/London 1979, S. 268-277
Zeitschriften und Zeitungen:
American Quarterly 5/1979 – Basler Nachrichten 28.2.1973 – Berner Tagesnachrichten 5.12.1973 – Cahiers du Cinéma 155/1964, 156/1964 – Cinéma 86/1964 – Deutsche Zeitung 11.4.1964 – Esquire, Februar 1964 – Evangelischer Film-Beobachter 16/1964/200 – Evangelischer Film Berater 195/1964 – Film (München) 7/1964 – Film Comment 1/1964, 4/1964, 2/1965, 3/1965 – film-dienst 17/1964 (Interview)(fd-Nr.12 687) – Film Quarterly 1/1964, 3/1964, 2/1965 – Film Society Review 2/1967 – Filmkritik 3/1964, 4/1964, 5/1964, 11/1968 – Films and Filming 2/1964, 5/1964 – Films in Review 2/1964 – Filmstudio 43/1964 – Frankfurter Allgemeine Zeitung 6.2.1964, 20.4.1964 – Frankfurter Hefte 6/1964 – Frankfurter Rundschau 17.4.1964 – Illustrierte Film-Bühne Nr. 6768 – Journal of Popular Film 1/1976 – kino heute 3/1979 – Monthly Film Bulletin 361/1964 – Neues Film-Programm Nr. 7008 – New Politics 2/1964 – The New Republic 1.2.1964, 21.3.1964 – The New York Herald Tribune 30.1.1964, 27.4.1964 – The New York Review of Books 6.2.1964 – The New York Times 31.1.1964 – The New Yorker 1.2.1964 – Newsweek 3.2.1964 – Positif 64-65/1964, 101-102/1968 – Rheinischer Merkur 8.5.1964 – Saturday Review 25.1.1964 – Science-Fiction-Times 127/1972 – Sight and Sound 3/1963, 1/1964, 2/1964 (Interview) – Der Spiegel 22.1.1964 – Stuttgarter Nachrichten 20.6.1964 – Stuttgarter Zeitung 22.6.1964 – Süddeutsche Zeitung 12.2.1964, 20.3.1964 (Interview), 10.4.1964, 9.11.1969 – Der Tagesspiegel 27.9.1964 – Time 31.1.1964 – Twen, April 1964 – Variety 22.1.1964 – The Village Voice 13.2.1964 – Die Welt 15.2.1964 – Die Zeit 10.4.1964

1965/68 – 2001: A SPACE ODYSSEY
(2001 – Odyssee im Weltraum)
Regie: Kubrick – Drehbuch: Kubrick, Arthur C. Clarke, nach der Kurzgeschichte „The Sentinel" von Arthur C. Clarke – Kamera: Geoffrey Unsworth, John Alcott – Spezialaufnahmen: Kubrick – Kamera-Assistent: Kelvin Pike – Überwachung: Wally Veevers, Douglas Trumbull, Con Pederson, Tom Howard – Ausführung: Colin J. Cantwell, Bryan Loftus, Frederick Martin, Bruce Logan, David Osborne, John Jack Malick – Schnitt: Ray Lovejoy – Musik: Ballettsuite „Gayaneh" von Aram Chatchaturjan; „Atmosphères", „Lux aeterna", „Requiem" von György Ligeti; „An der schönen blauen Donau" von Johann Strauß; „Also sprach Za-

rathustra" von Richard Strauss – Ton: A.W. Watkins – Tonschnitt: Ed Winston Ryder – Mischung: H. L. Bird – Stimme von HAL 9000: Douglas Rain – Production Design: Tony Masters, Harry Lange, Ernest Archer – Bauten: John Hoesli – Kostüme: Hardy Amies – Wissenschaftliche Beratung: Frederick I. Ordway – Regie-Assistent: Derek Cracknell – Darsteller: Keir Dullea (Dr. David Bowman), Gary Lockwood (Dr. Frank Poole), William Sylvester (Dr. Heywood R. Floyd), Daniel Richter (Affe „Moowatcher"), Leonard Rossiter (Dr. Andreas Smyslow), Margaret Tyzack (Elena), Robert Beatty (Ralph Halvorsen), Sean Sullivan (Dr. Robert Michaels), Frank Miller (Mann von der Bodenkontrolle), Penny Brahms, Edwina Carroll (Stewardessen), Alan Gifford (Pooles Vater), Vivian Kubrick („Squirt", Dr. Floyds Tochter – in den Credits nicht erwähnt), Glenn Beck, Bill Weston, Mike Lovell, Edward Bishop, Ann Gillis, Heather Downham, John Ashley, Jimmy Bell, David Charkham, Simon Davis, Jonathan Daw, Peter Delmar, Terry Duggan, David Fleetwood, Danny Grover, Brian Hawley, David Hines, Tony Jackson, John Jordan, Scott Mackee, Laurence Marchant, Darryl Paes, Joe Refalo, Andy Wallace, Bob Wilyman, Richard Wood – Produktion: Kubrick, Victor Lyndon für Stanley Kubrick Productions, Ltd./Metro-Goldwyn-Mayer, Inc., USA/ Großbritannien 1965/68 – Länge: 165 Min. (von Kubrick autorisierte Fassung: 141 Min.; deutsche Fassung: 149 Min.) – Format: 35mm und 70mm, Super Panavision in Cinerama, Technicolor (Kopien: Metrocolor) – Uraufführung 2.4.1968, Washington; New Yorker Premiere: 3.4.1968; Premiere der endgültigen Fassung: 6.4.1968 – Deutsche Erstaufführung 11.9.1968 – FSK: ab 12, ffr. – FBW: wertvoll – Verleih: 70mm: MGM (UIP) – 16mm: UIP – Video: MGM/UA Home; Warner; Landesbildstelle Karlsruhe, Hannover – Filmmusik: Polydor Nr.831 068-2 (56:25 Min., mit der Musik von Richard Strauss und Johann Strauß, György Ligeti und Aram Chatchaturjan); Rhino Records Nr.R2 72562 (78:49 Min.);

VSD-5400 (35:35 Min., mit der nicht verwendeten Musik von Alex North); MGM Nr. 2315 034

Gedreht von Dezember 1965 bis Mai 1966, zunächst in den Shepperton-Studios, dann in den EMI-MGM British Studios, Borehamwood, England. Die Herstellung der Special Effects dauerte von Mitte 1966 bis Ende 1967.

Der Film wurde nach der New Yorker Premiere von Kubrick in zwei Tagen von 160 auf 141 Min. gekürzt.

Der Film wurde 1968 mit einem Oscar für Beste Spezialeffekte (Stanley Kubrick) ausgezeichnet.

Bibliographie

Literarische Vorlage:
Arthur Charles Clarke: The Sentinel. Zuerst veröffentlicht unter dem Titel „Sentinel of Eternity" in: Ten Story Fantasy. New York 1951; nachgedruckt in: Jerome Agel (Hrsg.): The Making of Kubrick's 2001. New York 1970, S. 15-23
Drehbuch:
L'Avant-Scène du Cinéma 231-232/1979
Bücher:
Jerome Agel (Hrsg.): The Making of Kubrick's 2001. New American Library, New York 1970
Arthur C. Clarke: 2001: A Space Odyssey. New American Library, New York/Hutchinson, London 1968. Deutsch: 2001 – Odyssee im Weltraum. Econ, Düsseldorf/Wien 1969; Heyne, München 1971/1983 (Bd. 06/3259)
Arthur C. Clarke: The Lost Worlds of 2001. New American Library, New York 1972/Gregg Science Fiction Series, Boston 1979. Deutsch: „2001" – Aufbruch zu verlorenen Welten. Das Logbuch der Kapitäne Clarke und Kubrick. Goldmann, München 1983; Goldmann Science Fiction, Bd. 23426
Arthur C. Clarke: The Odyssey File. Panther, London 1985
Jean Paul Dumont, Jean Monod: Le foetus astral. Essay d´analyse structurale d´un my-

the cinématographique. Christian Bourgeois, Paris 1970
Carolyn Geduld: Filmguide to 2001: A Space Odyssey. Indiana University Press, Bloomington/London 1973

Aufsätze und Kritiken:
Thomas Atkins (Hrsg.): Science Fiction Films. Monarch Press, New York 1976, S. 29-47
William Bayer: The Great Movies. Hamlyn, London/New York 1973, S. 207-210
Jean-Louis Bory: La nuit complice. Paris 1972, S. 259-262
John Brosman: Movie Magic. The story of special effects in the cinema. Macdonald, London 1974, S. 218-229
Claude Michel Cluny: Dossiers du cinéma. Film I. Casterman, Paris 1971, S .49-52
Ernest Ferlita, John R. May: Film Odyssey: The Art of Film as Search for Meaning. Paulist Press, New York/Toronto 1976, S. 140-145
Rolf Giesen: Science-Fiction. 50 Klassiker des SF-Kinos. Roloff & Seeßlen, Schondorf 1981, S. 58-62
Rolf Giesen: Der phantastische Film. Edition 8 1/2, Ebersberg 1983, S. 102-105
Harvey R. Greenberg: The Movies in Your Mind. Saturday Review Press, New York 1975, S. 257-262
Kenneth von Gunden, Stuart H. Stock: Twenty All-Time Science Fiction Films. Arlington House, New York 1982, S. 183-199
Peter Hasenberg/Wolfgang Luley/Charles Martig (Hrsg.): Spuren des Religiösen im Film. Matthias-Grünewald-Verlag, Mainz/ Katholisches Institut für Medieninformation, Köln 1995, S. 244-246
William Johnson (Hrsg.): Focus on Science Fiction Film. Englewood Cliffs, N.J. 1972, S. 126-133
Stanley Kauffmann: Figures of Light. New York 1971, S. 70-75
Marsha Kinder, Beverle Houston: Close-Up. Harcourt, New York 1972, S. 85-92
Marsha Kinder, Beverley Houston: Self and Cinema. Redgrave, Pleasantville 1980, S. 285-344

Damon Knight (Hrsg.): Turning Point. Essays on the Art of Science Fiction. Harper & Row, New York 1977, S. 277-284
Philip Nobile (Hrsg.): Favorite Movies. Macmillan, New York 1973, S. 225-235
Dominique Noguez: Le cinéma, autrement. Union générale d'éditions, Paris 1977, S. 127-133
James Robert Parish, Michael R. Pitts: The Great Science Fiction Pictures. Scarecrow Press, Metuchen, N.J. 1977, S. 333-335
Danny Peary: Cult Movies. The Classics, the Sleepers, the Weird, and the Wonderful. Delta, New York 1981, S. 366-371
Andrew Sarris (Hrsg.): Film 68/69. New York 1969, S. 53-63
John Simon: Movies Into Film. New York 1971, S. 311-313
Bob Thomas (Hrsg.): Directors in Action. New York 1973, S. 21-25 (Interview)
Michael Schaaf: 2001 – Odyssee im Weltraum. Besprechungsunterlage der BAG, Aachen 1973
William Wolf: Landmark Films. Paddington Press, New York/London 1979, S. 302-313
Basil Wright: The Long View. Secker & Warburg, London 1974, S. 670-679
Gene Youngblood: Expanded Cinema. Studia Vista, London 1970, S. 139-156
70 Interviews du Nouvel Observateur. Le Terrain Vague, Paris 1969 (Interview)
Die Science Fiction Filme. Zweiter Kino Verlag, Hamburg, Cinema-Buch Bd. 9, S. 92-101
Zeitschriften und Zeitungen:
Abendzeitung (München) 12.6.1978 – Action (Hollywood) 1/1969 (Interview) – American Cinematographer 6/1968, 10/1969 – Artforum 6/1969 – L'Avant-Scène du Cinéma 231-232/1979 (Protokoll) – Der Bund 27.12.1968 – Les Cahiers de la Cinémathèque 7/1972 – Cahiers du Cinéma 209/1969 – Christian Science Monitor 10.5.1968 – Cinéaste 1/1968 – Cinefantastique 1/1975 – Cinema (Berkeley) 4/1966, 2/1968 – Cinema (Cambridge) 2/1969 – Cinema (Schweiz) 60/1970 – Cinéma (Paris) 131/1968 – Cinéma & Film 7-8/1969 – Le

Courrier 2.10.1968 – Evangelischer Film-Beobachter 425/1968 – Eye 8/1968 (Interview) – Fernsehen und Film, April 1970 – Fiction 179/1968 – Le Figaro littéraire 7.10.1968 – Film (Velber) 9/1968 – Film 1969 (Jahrbuch, Velber) – Film Comment 3/1969, 4/1969, 4/1971 – Film Culture 48-49/1970 – film-dienst 8.10.1968 (fd-Nr.15 732), 8/1975/1-3 – Film Heritage 2/1968, 4/1968 – Film Journal 1/1972, 9/1972 – Film Quarterly 1/1968, 3/1968 – Film Society Review 5/1970, 6/1970 – Filmberater (Schweiz) 11/1968 – Filmcritica 194/1969, 204-205/1970 – Filmkritik 9/1968, 11/1968 (Interview) – Films and Filming 10/1968, 2/1976 – Films in Review 5/1968 – Frankfurter Allgemeine Zeitung 13.12.1968 – Frankfurter Rundschau 13.12.1968, 30.11.1973, 24.12.1972 – Handelsblatt 21.10.1968 – Image et Son 222/1968 – Inter/View 8/1970 – Jeune Cinéma 34/1968 – Journal de Genève 30.9.1968 – Journal of Popular Culture 1/1968, 4/1971 – Journal of Popular Film 3/1978 – Kölner Stadt-Anzeiger 21.9.1968 – Les Lettres francaises 21.8.1968, 2.10.1968 – Life 5.4.1968, Midi-Minuit Fantastique 22/1970 (Interview) – Le Monde 1.10.1968 – Monthly Film Bulletin 413/1968 – The Movie 79/1981 – Münchner Merkur 13.9.1968 – National Zeitung (Schweiz) 28.9.1968 – The New Leader, Mai 1968 – The New Republic 4.5.1968 – The New York Times 4.4.1968, 14.4.1968 (Interview), 12.5.1968, 3.5.1970 – The New York Times Magazine 16.1.1966 (Interview) – The New Yorker 13.4.1968, 24.4.1965 (Interview) – Newsweek 12.9.1966, 15.4.1968 – Le Nouvel Observateur 23.9.1968 (Interview), 7.10.1968 – The Observer 5.5.1963 – Playboy 9/1968 (Interview) – Positif 98/1968, 100-101/1968, 104/1969 – Psyche (Stuttgart), Dezember 1978 – Publik 6.12.1968 – Quarterly Review of Film Studies 3/1978 – Science Fiction Times 130/1973 – Screen 1/1969 – Sight and Sound 1/1966, 2/1966, 2/1968, 3/1968, 3/1969, 4/1969, 1/1970, 4/1970, 4/1971 – Spandauer Volksblatt 1.3.1970 – Der Spiegel 20.5.1968 – Stuttgarter Zeitung 26.10.1968 – Süddeutsche Zeitung 16.9.1968 – Tages Anzeiger (Schweiz) 27.9.1968 – Tages Nachrichten (Schweiz) 31.12.1968 – Der Tagesspiegel 1.3.1970 – Take One 5/1968, 11/1968 – Die Tat 2.10.1968 – Téléciné 148/1968 – Variety 3.4.1968 – Vogue 155/1968 – The Village Voice 11.4.1968 – Die Welt 27.4.1968 – Die Weltwoche 16.8.1968 – Die Woche (Schweiz) 27.9.1968 – ZDF Monatsjournal 12/1990 – Die Zeit 20.9.1968, 8.4.1998 – Zeit-Magazin 20/1988

1971 – A CLOCKWORK ORANGE
(Uhrwerk Orange)

Regie: Kubrick – Drehbuch: Kubrick, nach dem Roman von Anthony Burgess – Kamera: John Alcott – Kameraführung: Ernie Day, Mike Molloy – Schnitt: Bill Butler – Musik: „Music for the Funeral of Queen Mary" von Henry Purcell; „Molly Malone" von James Yorkston; die Ouvertüren zu „Wilhelm Tell" und „Die diebische Elster" von Gioacchino Rossini; „Beethoviana" von Walter Carlos (= Wendy Carlos) nach Themen von Purcell und Beethoven; „Symphonie Nr.9", 2. und 4. Satz, von Ludwig van Beethoven; „Pomp and Circumstance", March Nr. 1 und 4, von Edward Elgar; „Scheherazade" von Nikolai Rimski-Korssakow; „Time Steps" von Walter Carlos; „Overture to the Sun" von Terry Tucker; „I Want to Marry a Lighthouse Keeper" von Erika Eigen; „Singin' in the Rain" von Arthur Freed und Nacio Brown, gesungen von Gene Kelly – Arrangements und elektronische Musik: Walter Carlos – Ton: Brian Blamley – Production Design: John Barry – Bauten: Russell Hagg, Peter Shields – Bilder und Skulpturen: Hermann Makkink, Liz Moore, Cornelius Makkink, Christiane Kubrick – Kostüme: Milena Canonero – Regie-Assistent: Derek Cracknell, Dusty Symonds – Darsteller: Malcolm McDowell (Alex DeLarge), Patrick Magee (Mr. Alexander), Michael Bates (Barnes, Gefängnisaufseher), Warren Clarke (Dim), John Clive (Schauspieler), Adrienne Corri (Mrs. Alexander), Carl Duering (Dr. Brodsky), Paul Farrell

(Stadtstreicher), Clive Francis (Joe, Untermieter), Michael Gover (Gefängnisdirektor), Miriam Karlin (Mrs. Weathers), James Marcus (Georgie), Aubrey Morris (P.R. Deltoid), Godfrey Quigley (Gefängnispfarrer), Sheila Raynor (Mutter), Madge Ryan (Dr. Branom), John Savident (Dolin, Verschwörer), Anthony Sharp (Innenminister), Philip Stone (Vater), Pauline Taylor (Psychiaterin), Margaret Tyzack (Rubinstein, Verschwörerin), Steven Berkoff (Polizist), Lindsay Campbell (Inspektor), Michael Tarn (Pete), David Prowse (Julian), Jan Adair, Vivienne Chandler, Prudence Drage (Dienstmädchen), John J. Carney (Geheimdienstmitarbeiter), Richard Connaught (Millyboy), Carol Drinkwater (Schwester Feeley), Cheryl Grunwald (vergewaltigtes Mädchen), Gillian Hills (Sonietta), Barbara Scott (Marty), Virginia Weatherell (Schauspielerin) – Produktionsleitung: Jan Harlan – Herstellung: Hawk Films, Ltd. – Produktion: Kubrick, Bernard Williams für Polaris Productions/Warner Brothers, Inc., Großbritannien 1970/71 – Länge: 137 Min. – Format: 35mm, Breitwand 1:1,66, Technicolor – Uraufführung 20.12.1971, New York – Deutsche Erstaufführung 23.3.1972 – FSK: ab 16, ffr. – FBW: wertvoll – Verleih: 35mm: Warner Columbia – Video: Warner Home; Landesbildstelle Karlsruhe – Filmmusik: WEA Nr.7599-27256-2 (45:21 Min., mit der Musik von Wendy Carlos und Edward Elgar); East Side Digital ESD Nr.81362 (46:54 Min., enhanced CD mit CD-ROM-Teil über Leben und Werk der Komponistin Wendy Carlos); Warner Bros. Nr.K46 127 Gedreht in den Pinewood Studios, London, den EMI-MGM British Studios, Borehamwood und an verschiedenen Schauplätzen in England.

Bibliographie

Literarische Vorlage:
Anthony Burgess: A Clockwork Orange. Heinemann, London 1962/Norton, New York 1972. Deutsch: Uhrwerk Orange. Heyne, München 1972 (Heyne Bücher Bd. 928)

Drehbuch:
Stanley Kubrick's Clockwork Orange. Based on the novel by Anthony Burgess. Ballantine Books, New York/Lorrimer, London 1972
Bücher:
Chantal Timmermans: The Social Impact of A Clockwork Orange. A survey based on press criticism. Université de l'Etat, Mons 1974/75
Filmbulletin (Katholischer Filmkreis Zürich) 81/1973 (Sondernummer)
Aufsätze und Kritiken:
Jean-Louis Bory: La lumière écrit. Paris 1975, S. 244-250
Anthony Burgess: 1985. Little, Brown and Co., Boston 1978 (Deutsch: 1985. Heyne Verlag, München 1982)
Michel Ciment: Kubrick. München 1982, S. 148-163 (Interview)
David Denby (Hrsg.): Film 71/72. New York 1972, S. 163-171
Rolf Giesen: Science Fiction. 50 Klassiker des SF-Films. Schondorf 1981, S. 67-70
Lawrence Graver (Hrsg.): Mastering the Film and other Essays. Knoxville 1977, S. 171-178
Kenneth von Gunden, Stuart H. Stock: Twenty All-Time Science-Fiction Films. New York 1982, S. 223-236
Pauline Kael: Deeper Into Movies. Boston/Toronto 1973, S. 373-378
Stanley Kauffmann: Living Images. New York 1975, S. 88-90
James Robert Parish, Michael R. Pitts: The Great Science Fiction Pictures. Metuchen, N.J. 1977, S. 63-65
Franz Rottensteiner (Hrsg.): Polaris 1. Ein Science Fiction Almanach. Insel, Frankfurt/Main 1973, S.243-270
Louis Seguin: Une critique dispersée. 10/18, Paris 1976, S.104-109
John Simon: Reverse Angle. New York 1982, S. 53-56
John W. Tilton: Cosmic Satire in the Contemporary Novel. Bucknell University Press, Lewisburg 1977
Geoffrey Wagner: The Novel and the Cinema. London 1975, S. 307-313
Alexander Walker: Double Takes. London 1977, S.136-140

Jürgen Wernicke: Uhrwerk Orange. Besprechungsunterlage der BAG. Aachen 1973

Zeitschriften und Zeitungen:
Abendzeitung (München) 16.6.1972, 23.6.1972, 24.6.1972 – The American Scholar 3/1972 – The Antioch Review 3/1978 – Atlantic, März 1972 – Basler Nachrichten 14.10.1972 – Bayerische Staatszeitung 21.7.1972 – Cahiers du Cinéma 293/1978, 296/1979 – Cinema (Berkeley) 3/1972, 4/1972 – Cinéma 166/1972 – Cinéma Québec März/April 1972 – Deutsches Allgemeines Sonntagsblatt 16.7.1972 – Ecran 6/1972 – L'Europeo 7.9.1972, 21.9.1972 – Evening Standard 13.1.1972 – L'Express 17.4.1972 (Interview) – Il Falcone Maltese 1/1974 – film-dienst 2.5.1972 (fd-Nr.17 806) – Film Heritage 2/1972, 3/1972, 4/1972 – Film Quarterly 3/1972, 2/1973, 2/1981 – Filmberater 4/1972 – Filmbulletin (Zürich) 81/1973 (Sondernummer) – Filmecho-Filmwoche 1.4.1972 – Filmkritik 6/1972 – Films and Filming 2/1972, 5/1972, 1/1975, 10/1975 (Interview mit Malcolm McDowell) – Films in Review 1/1972 – Filmschau 38/1972 – Frankfurter Allgemeine Zeitung 9.3.1972 – Frankfurter Rundschau 14.4.1972 – Image et Son 262/1972 – Inter/View 19/1972 – Jeune Cinéma 63/1972 – Journal de Genève 14.11.1972 – Journal of Popular Film 2/1972, 3/1972 – Jugend Film Fernsehen 3/1972 – Kölner Stadt-Anzeiger 8.4.1972 – Les Lettres françaises 19.4.1972 – Life 4.2.1972 – Literature and Film Quarterly 2/1973 – The Los Angeles Times 13.2.1972 (Interview mit Burgess), 21.2.1972 (Interview) – Luxemburger Wort 16.12.1972, 30.12.1972 – Meanjin Quarterly 4/1974/157 – Medium 5/1972 – Le Monde 13.4.1972, 22.4.1972, 22.8.1978 – Monthly Film Bulletin 457/1972 – National Review 13.12.1971, 10.1.1972 – National-Zeitung (Schweiz) 7.10.1972 – Neue Zürcher Zeitung 25.9.1972 – The New Republic 1.1.1972, 8.1.1972 – The New York Times 20.12.1971, 9.1.1972, 30.1.1972 (Interview), 27.2.1972 – The New Yorker 1.1.1972

– Newsweek 3.1.1972 (Interview) – Le Nouvel Observateur 24.4.1972 – Pardon, März 1972 – Playboy, Januar 1972, September 1974 (Interview mit Burgess) – Positif 136/1972, 139/1972 (Interview) – La Quinzaine Littéraire 16.4.1972 – Rolling Stone 20.1.1972 (Interview), 8.6.1972 (Interview mit Burgess) – The Saturday Review 25.12.1971 (Interview) – Screen 2/1972, 3/1972 – Sight and Sound 1/1971, 4/1971, 2/1972 (Interview), 4/1972 – Der Spiegel 14.2.1972 – Stuttgarter Zeitung 11.2.1972, 7.4.1972 – Süddeutsche Zeitung 5.2.1972, 24.6.1972 – Tages-Anzeiger Magazin 37/1972 – Der Tagesspiegel 23.3.1972 – Take One 1/1971, 3/1972, 5/1972 – Die Tat (Schweiz) 16.9.1972 – Telegrafo 25.8.1972 – Time 20.12.1971, 27.12.1971 – The Times Saturday Review 8.1.1972 (Interview) – tv-radio zeitung (Schweiz) 17.9.1972 – Variety 15.12.1972 – The Velvet Light Trap 13/1974, 16/1976 – The Village Voice 30.12.1971 – Vita e Pensiero 6-7/1971 – Die Welt 25.1.1972 – Die Weltwoche 13.9.1972 – Women & Film 2/1972 – Die Zeit 31.3.1972 – Zoom-Filmbeobachter 10/1973

1973/75 – BARRY LYNDON (Barry Lyndon)
Regie: Kubrick – Buch: Kubrick, nach dem Roman „The Memoirs of Barry Lyndon" von William Makepeace Thackeray – Kamera: John Alcott, Paddy Carey – Schnitt: Tony Lawson – Schnitt-Assistent: Peter Krook – Musik: „Sarabande" von Georg Friedrich Händel; „Hohenfriedberger Marsch" von Friedrich II. von Preußen; Marsch aus „Idomeneo" von Wolfgang Amadeus Mozart; „Deutscher Tanz Nr.1, C-dur" und „Trio für Klavier in Es-Dur, Op. 100" von Franz Schubert, gespielt von Ralph Holmes (Violine), Moray Welsh (Cello), Anthony Goldstone (Piano); Cavantine aus dem „Barbier von Sevilla" von Giovanni Paisiello; „Konzert für Violoncello in E-Moll" von Antonio Vivaldi, gespielt von Pierre Fournier; Adagio aus dem „Konzert für zwei Cembali und Orchester in C-Moll" von Johann Sebastian Bach; „Women of Ireland" und „Tin Whistles" von Sean O'Riada, gespielt von „The

Chieftains" – Musikalische Leitung: Leonard Rosenman – Ton: Robin Gregory – Tonschnitt: Rodney Holland – Tonschnitt-Assistent: George Akers – Mischung: Bill Rowe – Erzählerstimme: Michael Hordern (dt. Fassung: Siegmar Schneider) – Produktionsentwurf: Ken Adam – Bauten: Roy Walker, Jan Schlubach – Ausstattung: Vernon Dixon – Kostüme: Ulla-Britt Söderlund, Milena Canonero – Frisuren und Perücken: Leonard – Choreografie: Geraldine Stephenson – Regieassistenten: Brian Cook, David Tomblin, Michael Stevenson – Assistent des Produzenten: Andros Epaminondas – Darsteller: Ryan O'Neal (Redmond Barry/Barry Lyndon), Marisa Berenson (Lady Lyndon), Patrick Magee (Chevalier de Balibari), Hardy Krüger (Hauptmann Potzdorf), Steven Berkoff (Lord Ludd), Gay Hamilton (Nora Brady), Marie Kean (Barrys Mutter), Diana Körner (Lieschen), Murray Melvin (Reverend Samuel Runt), Frank Middlemass (Sir Charles Lyndon), André Morell (Lord Wendover), Arthur O'Sullivan (Straßenräuber Freney), Godfrey Quigley (Hauptmann Jack Grogan), Leonard Rossiter (Hauptmann Quinn), Philip Stone (Graham), Leon Vitali (Lord Bullingdon), Dominic Savage (der junge Bullingdon), Roger Booth (König George III.), Anthony Sharp (Lord Harlan), Ferdy Mayne (Unparteiischer beim Duell), John Bindon, Billy Boyle, Jonathan Cecil, Peter Cellier, Geoffrey Chater, Anthony Dawes, Patrick Dawson, Bernard Hepton, Anthony Herrick, Barry Jackson, Wolf Kahler, Patrick Laffan, Hans Meyer, David Morley, Liam Redmond, Pat Roach, Frederick Schiller, George Sewell, John Sharp, Roy Spencer, John Sullivan, Harry Towb – Produktionsleitung: Bernard Williams – Herstellungsleitung: Jan Harlan – Herstellung: Hawk Films, Ltd. – Produktion: Kubrick, Bernard Williams für Peregrine Film, London/Warner Brothers, Inc., USA/Großbritannien 1973/75 – Länge: 187 Min. (deutsche Fassung: 184 Min.) – Format: 35mm, Eastmancolor, Breitwand 1:1,66 – Uraufführung: 18.12.1975 in New York und London – Deutsche Erstaufführung: 17.9.1976 – FSK: ab 12, ffr. – FBW: besonders wertvoll – Verleih: 35mm: Warner-Columbia – Video: Warner Home – Filmmusik: Warner Bros. Nr. 7599-25984-2 (51:06 Min.)

Der Film wurde 1976 mit vier Oscars ausgezeichnet für Beste Kameraführung (John Alcott), Beste Ausstattung (Vernon Dixon, Ken Adam, Roy Walker), Beste Kostüme (Milena Canonero, Ulla-Britt Söderlund), Beste Musik-Adaption (Leonard Rosenman).

Bibliographie

Literarische Vorlage:
Martin L. Anisman (Hrsg.): William Makepeace Thackeray: The Luck of Barry Lyndon. New York University Press, New York 1970
William Makepeace Thackeray: The Memoirs of Barry Lyndon. London 1844. Deutsch: Barry Lyndon, Aufbau, Berlin/Weimar 1961; Wilhelm Heyne Verlag, Heyne Bücher Bd. 5277, München 1976
William Makepeace Thackeray: Barry Lyndon. Andrew Sanders, Oxford 1999
William Makepeace Thackeray: The Luck of Barry Lyndon: A Romance. Edgar F. Harden, Oxford 1999
Aufsätze und Kritiken:
Hans C. Blumenberg: Kinozeit. Frankfurt am Main 1980, S. 16-20
Jean-Louis Bory: Rectangle multiple. Paris 1977, S. 253-256
Robert A. Colby: Thackeray´s Canvass of Humanity. An Author and His Public. Ohio State University Press, Columbus 1979
Pauline Kael: When the Lights Go Down. New York 1980, S. 101-106
Stanley Kauffmann: Before My Eyes. New York 1980, S. 180-183
M. K. Gillian Parker (Hrsg.): The English Novel and the Movie. Ungar, New York 1981, S. 95-107
Alexander Walker: Double Takes. London 1977, S. 122-126
Zeitschriften und Zeitungen:
American Cinematographer 3/1976 – Cahiers du Cinéma 271/1976 – Cinéma 214 /1976 – Cinema e Cinema 9/1976 – Ciné-

matographe 21/1976 – Commonweal, März-April 1976 – Deutsche Zeitung 1.10. 1976 – Deutsches Allgemeines Sonntagsblatt 3.10.1976 – Ecran 50/1976 – Evening Standard 11.12.1975 – L'Express 30.8.1976 (Interview) – Film Criticism 2/1976, 3/1978 – film-dienst 26.10.1976 (fd-Nr. 19 995) – Film Heritage 3/1976 – Film Quarterly 1/1976, 3/1976, 4/1976, 4/ 1981 – Filmbeobachter 1/1976 – Film Comment 2/1976 – Filmcritica 268/1976 – Filmkritik 1/1977 – Filmreport 17-18/1976 – Films and Filming 2/1976, 5/1976, 1/1977, 10/1977 – Films in Review 2/1976 – Frankfurter Allgemeine Zeitung 16.2.1976, 24.9.1976 – Frankfurter Rundschau 18.9. 1976 – Gong (Italien) 11/1976 – Imgage et Son 308/1976 – Jeune Cinéma 97/1976 – Kirche und Film 8/1976 – Kölner Stadt-Anzeiger 17.9.1976 – Konkret 25.3.1976 – Luxemburger Wort 24.12.1976 – Mad Magazine 9/1976 – Medium 10/1976 – Monthly Film Bulletin 504/ 1976 – Neue Zürcher Zeitung 23.9.1976 – The New Republic 3.1.1976, 10.1.1976 – New York Times Magazine 29.12.1975 – The New York Times 21.12.1975, 29.12.1975, 11.1.1976 – The New Yorker 29.12.1975 – Newsweek 22.12.1975 – Le Nouvel Observateur 13.9.1976 – Paese sera 17.9.1976 – Positif 179/1976, 186/1976 – La Quinzaine Littéraire 15.10.1976 – La Revue du Cinéma 308/1976 – Rocky Mountain Review 4/1978-79 – Rolling Stone 29.1.1976 – Salmagundi 3/1977 – Saturday Review 10.1. 1976 – Sight and Sound 2/1974, 1/1976, 2/1976 – Der Spiegel 5.1.1976, 13.9.1976 (Interview) – Stuttgarter Zeitung 17.9.1976 – Süddeutsche Zeitung 14.2.1976, 16.9. 1976 – Der Tagesspiegel 16.9.1976 – Time 15.12.1975 – The Times 6.12.1975, 12.12. 1975, 14.12.1975 – Variety 17.12.1975 – The Village Voice 29.12.1975 – Die Welt 27.12.1975 – Die Weltwoche 22.9.1976 – Die Zeit 17.9.1976 – Zoom-Filmberater 18/1976

1978/80 – THE SHINING (Shining)

Regie: Kubrick – Drehbuch: Kubrick, Diane Johnson, nach dem Roman von Stephen King – Kamera: John Alcott – Steadicam-Kameramann: Garrett Brown – Luftaufnahmen: Greg McGillivray – Schnitt: Ray Lovejoy – Musik: „Musik für Saiteninstrumente, Schlagzeug und Celesta" von Bela Bartók; „Lontano" von György Ligeti; „Utrenja", „Jakobs Erwachen", „De Natura Sonoris Nr.2" von Krzysztof Penderecki; „Home" von Henry Hall; „The Shining", „Rocky Mountains" von Wendy Carlos und Rachel Elkind – Ton: Ivan Sharrok, Richard Daniel, Bill Rowe – Production Design: Roy Walker – Bauten: Les Tomkins – Kostüme: Milena Canonero – Regie-Assistenten:Brian Cook, Terry Needham, Michael Stevenson – Darsteller: Jack Nicholson (Jack Torrance), Shelley Duvall (Wendy Torrance), Danny Lloyd (Danny Torrance), Scatman Crothers (Dick Hallorann), Barry Nelson (Stuart Ullman), Philip Stone (Grady), Joe Turkel (Lloyd), Anne Jackson (Ärztin, in der 146 Min.-Fassung), Tony Burton (Durkin, in der 146 Min.-Fassung), Lia Beldam (junge Frau im Bad), Barry Dennen (Watson), David Baxt, Manning Redwood (Ranger), Lisa und Louise Burns (Gradys Töchter), Robin Pappas (Krankenschwester, in der 146 Min.-Fassung), Alison Coleridge (Sekretär), Burnell Tucker (Polizist), Jana Sheldon (Empfangsdame), Kate Phelps (Frau an der Rezeption), Norman Gay (verletzter Kunde) – Produktionsleitung: Douglas Twiddy – Ausführender Produzent: Jan Harlan – Herstellung: Hawk Films, Ltd., London – Produktion: Kubrick für Peregrine Film, London/The Producers Circle Company (Robert Fryer, Martin Richards, Mary Lea Johnson), Großbritannien/USA 1978/80 – Länge: 146 Min. (L: 119 Min.; der Film wurde von Kubrick für die USA auf 144 Min. und für Europa auf 119 Min. gekürzt) – Format: 35mm, Farbe, Breitwand 1:1,66 – Uraufführung 23.5.1980 New York – Deutsche Erstaufführung 16.10.1980 - FSK: ab 16, ffr. - FBW: besonders wertvoll - Verleih: 35mm: Warner Columbia - Video: Warner

Gedreht von Mai 1978 bis April 1979 in den EMI-Elstree Studios, England, in den Rocky

Mountains bei Oregon und im Gla-
cier-Nationalpark, Montana

Bibliographie:
Literarische Vorlage:
Stephen King: The Shining. New English
Library, London 1977/Doubleday, New
York 1978. Deutsch: Shining. Bastei Verlag,
Bergisch Gladbach 1982
Aufsätze und Kritiken:
Roy Huss/T. J. Roos (Hrsg.): Focus on the
Horror Film. Prentice-Hall, Englewood
Cliffs 1972
John Parker: Jack Nicholson. Mehr Clown
als Macho. Heyne Verlag, München 1991,
Heyne Filmbibliothek 32/219, S. 204-211
John Simon: Reverse Angle. New York 1982,
S. 406-408
Zeitschriften und Zeitungen:
Abendzeitung (München) 17.10.1980 –
American Cinematographer 8/1980 – Ame-
rican Film 6/1980, 7/1980, 8/1980 – Ca-
hiers du Cinéma 317/1980 – Cinéfantasti-
que 1/1978, 3/1978, 4/1978 (Interview mit
King), 2/1980 – Cinéma 253/1980 – cine-
ma-Programmheft Nr.3 – Cinématographe
62/1980 – Deutsche Volkszeitung
18.12.1980 – Evening Standard 23.5.1980 –
FBW Langfilme 1979/80 – Film Comment
4/1980 – Film Criticism 1/1982 –
film-dienst 29.10.1980 (fd-Nr. 22 670) –
Film Quarterly 3/1981 – Filmbeobachter
19/1980 – Filme 6/1980 – Das Filmjahr
1980-81/219 – Filmkritik 4/1981 – Films in
Review 7/1980 – Fischer Film Almanach
1981/158 – Frankfurter Allgemeine Zeitung
21.10.1980, 4.11.1980 – Frankfurter Rundschau 17.10.1980 – Image et Son 355/1980,
358/1981, 359/1981 – Jeune Cinéma
131/1980 – Journal of Popular Film 2/1981
– Kirche und Film 11-12/1980 – Kölner
Stadt-Anzeiger 18.10.1980 – The Los Angeles Times 1.6.1980 – medien + erziehung
6/1980 – Monthly Film Bulletin 562/1980 –
National Review 27.6.1980 – Neue Zürcher
Zeitung 23.10.1980 – The New Republic
14.6.1980 – The New York Times 24.5.1980,
8.6.1980 – The New Yorker 1.6.1980,
9.6.1980 – Newsweek 26.5.1980, 2.6.1980 –

Positif 234/1980, 238/1981, 239/1981 –
Rheinischer Merkur 24.10.1980 – Sight and
Sound 1/1980, 4/1980, 2/1981 – Der Spiegel
20.10.1980 – Stuttgarter Zeitung
18.10.1980 – Süddeutsche Zeitung
4.10.1980, 17.10.1980 – Der Tagesspiegel
16.10.1980 – tageszeitung 11.11.1980 –
Take One 2/1978, 1/1979 (Interview mit
King) – Time 2.6.1980 – Variety 28.5.1980 –
The Village Voice 2.6.1980, 5.11.1980 – Die
Welt 21.10.1980 – Die Zeit 17.10.1980 –
Zoom-Filmberater 21/1980, 23/1980

1987 FULL METAL JACKET (Full Metal Jacket)
Regie: Kubrick – Drehbuch: Kubrick, Michael Herr, Gustav Hasford, nach dem Roman „The Short-Timers" von Gustav Hasford – Kamera: Douglas Milsome – Luftaufnahmen: Ken Arlidge, Samuelsons Austra-
lia – Schnitt: Martin Hunter – Musik: „Transition", „Parris Island", „Ruins", „Leonard", „Attack", „Time Suspended", „Sni-
per" von Abigail Mead; „Full Metal Jacket"
von Abigail Mead und Nigel Goulding;
„Hallo Vietnam" von Johnny Wright;
„Chapel of Love" von The Dixie Cups;
„Wooly Bully" von Sam the Sham and the
Pharaos; „I Like It Like That" von Chris
Kenner; „These Boots Are Made For Wal-
kin'" von Nancy Sinatra; „Surfin'Bird" von
The Trashmen; „The Marines' Hymn" von
The Goldman Band; „Paint It Black" von
The Rolling Stones – Ton: Edward Tise –
Tonschnitt: Nigel Galt, Edward Tise – Mi-
schung: Andy Nelson, Mike Dowson – Spe-
zialeffekte: John Evans, Peter Dawson, Jeff
Clifford, Alan Barnard – Regie-Assistent:
Terry Needham, Christopher Thompson –
Produktionsdesign: Anton Furst – Kostüme:
Keith Denny, John Birkenshaw – Bauten:
Rod Stratfold, Les Tomkins, Keith Pain, Ste-
phen Simmonds – Darsteller: Matthew Mo-
dine (Pvt. Joker), Adam Baldwin (Animal
Mother), Vincent D'Onofrio (Pvt. Leonard
„Gomer" Pyle), R. Lee Ermey (Gunnery Sgt.
Hartman), Dorian Harewood (Eight Ball),
Kevyn Major Howard (Rafterman), Arliss
Howard (Pvt. Cowboy), Ed O'Ross (Lt.
Touchdown), John Terry (Lt. Lockhart),

Kierson Jecchinis (Crazy Earl), Kirk Taylor (Payback), Tim Colceri (Doorgunner), John Stafford (Doc Jay), Bruce Boa (Poge Colonel), Ian Tyler (Lt. Cleves), Sal Lopez (T.H.E. Rock), Gary Landon Mills (Donlon), Papillon Soo Soo (Da Nang Hooker), Peter Edmund (Snowball), Ngoc Le (Scharfschützin), Leanne Hong (Motorbike Hooker), Tan Hung Francione (Arvn Pimp), Marcus D'Amico (Hand Job), Costas Dino Chimona (Chili), Gil Kopel (Stork), Keith Hodiak (Daddy Da), Peter Merrill (Fernsehjournalist), Herbert Norville (Daytona Dave), Nguyen Hue Phong (Kameradieb), Duc Hu Ta (toter NVA), Parris-Island-Rekruten und Vietnam-Soldaten: Martin Adams, Kevin Aldridge, Del Anderson, Philip Bailey, Louis Barlotti, John Beddows, Patrick Benn, Steve Boucher, Adrian Bush, Tony Carey, Gary Cheeseman, Wayne Clark, Chris Cornibert, Danny Cornibert, John Curtis, John Davis, Harry Davies, Kevin Day, Gordon Duncan, Phil Elmer, Colin Elvis, Hadrian Follett, Sean Frank, David George, Laurie Gomes, Brian Goodwin, Nigel Goulding, Tony Hague, Steve Hands, Chris Harris, Bob Hart, Derek Hart, Barry Hayes, Tony Hayes, Robin Hedgeland, Duncan Henry, Kenneth Head, Liam Hogan, Trevor Hogan, Luke Hogdal, Steve Hudson, Tony Howard, Sean Lamming, Dan Landin, Tony Leete, Nigel Lough, Terry Lowe, Frank McCardle, Gary Meyer, Brett Middleton, David Milner, Sean Minmagh, Tony Minmagh, John Morrison, Russell Mott, John Ness, Robert Nichols, David Perry, Peter Rommely, Pat Sands, Jim Sarup, Chris Schmidt-Maybach, Al Simpson, Russell Slater, Gary Smith, Roger Smith, Tony Smith, Anthony Styliano, Bill Thompson, Mike Turjansky, Dan Weldon, Dennis Wells, Michael Williams, John Wilson, John Wonderling – Produktionsleitung: Phil Kohler – Ausführender Produzent: Jan Harlan – Produktion: Kubrick, Philip Hobbs für Warner Brothers, Inc., USA/Großbritannien 1987 – Länge: 116 Min. – Deutsche Erstaufführung 8.10.1987 (Video: 11.10.1991) – FSK: ab 16, ffr. – FBW: besonders wertvoll – Verleih: 35mm: Warner Bros. – Video: Warner Home – Filmmusik: Warner Bros. Nr.7599-25613-2 (41:56 Min.)

Der Film wurde nach fünfjähriger Vorbereitungszeit mit einem Etat von 17 Millionen Dollar in der Umgebung von London gedreht.

FULL METAL JACKET erhielt 1987 den Kritikerpreis-Preis Großbritanniens für die beste Regie, 1988 den Davidai Donatello für die beste ausländische Produktion und den Ciak d´oro als bester ausländischer Film.

Bibliographie

Aufsätze und Kritiken:
Stefan Reinecke: Hollywood goes Vietnam. Der Vietnamkrieg im US-amerikanischen Film. Hitzeroth, Aufblende, Schriften zum Film Bd 5, Marburg 1993 – Andreas Kilb: Armee der Schatten. Stanley Kubricks Vietnam-Film FULL METAL JACKET. In: *Die Zeit* Nr. 42. Hamburg 1987
Zeitschriften und Zeitungen:
Abendzeitung (München) 8.10.1987 – film-dienst (Nr.26 400) – Fischer Film Almanach 1988/110 – The Globe and Mail 26.6.1987 – Neue Zürcher Zeitung 30.7.1987 – Newsweek 29.6.1987 – Süddeutsche Zeitung 9.10.1987 – The Village Voice 8/1987 – Die Zeit 9.10.1987

1999: EYES WIDE SHUT (Eyes Wide Shut)
Regie: Kubrick – Buch: Kubrick, Frederic Raphael, nach dem Roman „Traumnovelle" von Arthur Schnitzler – Kamera: Larry Smith – Kamera des zweiten Aufnahmeteams: Patrick Turley, Malik Sayeed, Arthur Jaffa – Spezialeffekte: Garth Inns – Schnitt: Nigel Galt – Musik: Jocelyn Pook („Backwards Priests", „Migrations", „Naval Officer", „The Dream"); Chris Isaak („Baby Did A Bad Bad Thing"); Brad Mehldau („Blame It On My Youth"); Concertgebouw Amsterdam („Jazz Suite 2, Waltz 2"); The Victor Sylvester Orchestra („When I Fall In Love", „I'm In The Mood For Love"); Dominic Harlan („Musica Ricercata Nr.2"); Wiener Philharmoniker („Requiem"); Dominic Harlan („Gray Clouds"); Oscar Peterson Trio („I

Got It Bad & That Ain't Good") – Produktionsdesign: Les Tomkins, Roy Walker – Bauten: Kevin Phipps, John Fenner – Ausstattung: Terry Wells Sr., Lisa Leone – Kostüme: Marit Allen – Regie-Assistent: Brian W. Cook – Darsteller: Tom Cruise (Dr. William Harford), Nicole Kidman (Alice Harford), Sydney Pollack (Victor Ziegler), Marie Richardson (Marion), Rade Sherbedgia (Milich), Todd Field (Nick Nightingale), Vinessa Shaw (Domino), Alan Cumming (Desk Clerk), Sky Dumont (Sandor Szavost), Fay Masterson (Sally), Leelee Sobieski (Milichs Tochter), Thomas Gibson (Carl), Madison Eginton (Helena Harford), Louise Taylor (Gayle), Stewart Thorndike (Nuala), Julienne Davis (Mandy), Carmela Marner (Dienstmädchen) – Ausführender Produzent: Jan Harlan – Co-Produzent: Brian W. Cook – Produktion: Kubrick für Warner Bros., USA/GB 1999 – Länge: 159 Min. – Uraufführung: 16.7.1999 in New York – Verleih: 35mm: Warner

Bibliographie
Literarische Vorlage:
Arthur Schnitzler, Otto P. Schinnerer: „Rhapsody: A Dream Novel". AMS Press, New York 1971/1999
Arthur Schnitzler: Dream Story. Sun & Moon Press. New York 1995
Arthur Schnitzler: Traumnovelle. Fischer Frankfurt 1999
Arthur Schnitzler: Traumnovelle/Stanley Kubrick/F. Raphael: Eyes wide shut. Fischer. Frankfurt 1999
Bücher
Stanley Kubrick, Arthur Schnitzler, Frederic Raphael: Eyes Wide Shut. Warner Books 1999
Frederic Raphael: Eyes Wide Open: A Memoir of Stanley Kubrick. Ballantine, New York 1999; deutsch: Eyes wide open. Eine Nahaufnahme von Stanley Kubrick. Ullstein, Berlin 1999
Vanity Fair, Special Issue: Hollywood 96. New York, April 1996
Zeitschriften und Zeitungen:
Evening Standard 22.6.1999 – Los Angeles Times 14.7.1999 (Interview mit Tom Cruise), 16.7.1999 – Newsweek 19.7.1999 – Der Spiegel 11/1999, 27/1999 – Süddeutsche Zeitung 15.3.1999, 14.6.1999, 16.7.1999 – New York Times 5.7.1999 – Variety 12.7.1999 – Die Zeit 23.7. 1999 – Frankfurter Rundschau 17.7. 1999 – Tageszeitung 19.7. 1999

Bildnachweis

Filmbulletin;
Institut Jugend Film Fernsehen.
Die Abbildung auf Seite 13 ist dem Band Rainer Crone/Petrus Graf Schaesberg (Hg.): Stanley Kubrick – Still moving picture.s Fotografien 1945-1950. Regensburg Schnell + Steiner 1999 entnommen.

Die Abbildung auf Seite 120 ist dem Band Piers Bizony: 2001 – filming the future. London Aurum 1994 entnommen.

Wir danken allen, die uns Bilder zur Verfügung gestellt haben, für ihre Unterstützung.